개정판
텔레비전 화면깨기

개정판
텔레비전 화면깨기

최영묵·주창윤 지음

국립중앙도서관 출판시도서목록(CIP)

텔레비전 화면깨기 / 최영묵 ; 주창윤 [공]지음. -- 개정판. --
서울 : 한울, 2003   p. ;   cm. -- (한울아카데미 ; 535)

ISBN 89-460-3094-1 93070

326.76-KDC4
384.55-DDC21   CIP2003000306

개정판 서문

텔레비전 프로그램은 수시로 바뀐다. 하지만 프로그램을 만드는 방송국이나 제작자, 시청자는 쉽게 변하지 않는다. 『텔레비전 화면깨기』는 수시로 변하는 텔레비전 '현상'을 좇기보다 텔레비전이라는 미디어의 '본질'을 드러내기 위한 작업이다. 이 작업은 수시로 변하는 현상에 대한 '포착'에서 출발할 수밖에 없고, 그것이 텔레비전 비평이 겪는 가장 큰 어려움이다.

『텔레비전 화면깨기』 초판을 내고 1년여의 세월이 흘렀다. 길지 않은 시간이었지만 그동안 <야인시대>, <인어아가씨>와 같은 프로그램이 새로 생기고 <전원일기>와 같은 간판 프로그램이 사라지기도 했다. 연예인 비리에 대한 검찰 수사로 우리 사회가 시끄럽기도 했고, 이 과정에서 토크 쇼 사회자의 대표로 '군림'했던 서세원 씨가 잠적하기도 했다.

필자들은 지난 2002년에도 방송의 변화를 주시하면서, 그때 그때 프로그램 비평이나 방송 문제에 대한 의견을 신문이나 저널을 통해 발표하였다.

초판을 읽은 독자들이나 대학에서 교재로 쓰신 분들이 몇 가지 의견을 보내왔다. 각 비평문의 필자 이름을 밝히는 것이 좋을 것 같다는 의견이나 장별로 이끄는 글의 수준이나 '수위'가 조금씩 차이가 있는 것 아니냐는 지적도 있었다. 먼저, 각 비평문의 필자 이름을 밝히는 문제는 초판에서도 고민한 바 있지만, 아직도 토론을 통한 상호수정의 '미덕'이 중요하다고 보기 때문에 수용하지 않았다. 그리고 각 장의 앞부분에 있는 이끄는 글의 수준이나 수위가 서로 다른 문제는 그 장에서 다루는 주제의 편차에 따라 불가피한 면이 있다는 점을 밝히는 것으로 대신한다.

개정판의 가장 큰 변화는 '7장 텔레비전 작가 비평'을 새로 추가했다는 것이다. 텔레비전에 '작가'가 있느냐에 대해 논란이 있는 것이 사실이지만, 필자들은 텔레비전 프로그램이 유통시장에서 판매되는 '상품'이기 이전에 하나의 문화생산물이라는 점을 더 중시하고 있다. 그렇게 볼 때 텔레비전 프로그램은 이론의 여지없이 하나의 '작품'이고, 그 작품을 만든 사람들에 대해서도 정당하게 평가하고 '비평'할 필요가 있다. 하지만 국내에서 텔레비전 작가 비평은 거의 이루어지지 않고 있다. 우선 '표민수론'과 '정길화론'을 넣은 것은 향후 방송 PD나 '작가들'에 대해서 실명비평을 게을리하지 않겠다는 '의지표현'으로 봐주었으면 한다.

이 밖에 각 장별로 지난해 새로 쓴 비평문 41편을 추가하였고, 시의성 등에 문제가 있는 일부를 제외했다. 한 해 사이에 꽤 많은 부분을 추가할 수 있었던 것은 순전히 '공동작업'의 힘이다. 개정 작업을 하면서 다행히 초판에서 어쩔 수 없었던 몇 가지 문제점을 바로잡을 수 있었다. 미비한 점이 많음에도 초판을 읽고 '격려'와 '질책'을 주셨던 많은 업계와 학계 여러분들께 감사드린다.

2003년 2월
최영묵·주창윤

초판 서문

텔레비전 화면을 깬다고? 다소 도발적인 제목의 텔레비전 비평서를 세상의 식탁 위에 올려놓는다. 비평이란 일견 자연발생적인 것처럼 보인다. 문학이 존재하고 – 독자는 문학을 이해하고 감상하기를 원하므로 – 문학비평이 존재한다. 텔레비전이 안방이나 거실에 놓여 있고 – 시청자는 텔레비전의 영향을 받고 텍스트를 이해하고 감상하기를 원하므로 – 텔레비전 비평도 존재한다. 비평은 텍스트의 시녀인지도 모른다. 그러나 비평의 역사는 비평이 자연발생적인 것이 아니라 텍스트만큼 복잡한 구조를 지니고 사회적 관계를 매개한다는 점을 보여준다. 이런 점에서 비평은 정치적이고, 문화적이며, 이데올로기적이다.

텔레비전 화면을 깬다는 도발적인 제목도 어쩌면 필자들이 텔레비전에 대해 갖고 있는 이데올로기나 편향을 담고 있는지도 모른다. 그러나 좀더 정확히 말한다면, 이 책은 텔레비전 화면을 깨기 위한 것이 아니라 텔레비전을 지키고 그 나름의 좌표를 설정하기 위한 것이다. 필자들은 '지금 여기' 텔레비전 문화가 지니는 위기감과 혼란에 대한 비판적 성찰을 통해서 희미한 불빛이라도 찾아보고자 했다.

텔레비전 비평은 텔레비전과 관련된 다양한 영역들과 비교하면 아직은 일천한 수준에 머물러 있다. 텔레비전이 지니는 엄청난 사회적 영향력을 고려할 때, 비평이 활성화되지 못한 것 자체가 의심스러울 뿐이다. 사실상 텔레비전을 진지하고 예술적인 매체로 인식한 것도 그리 오래 전의 일이 아니다. 텔레비전은 태생적으로 진지하기보다 가벼웠으며, 예술이기보다 산업에 가까웠고, 자율적이기코다 권력이나 제도의 압력에서 벗어나지 못했기 때문이다. 그러나 필자들은 텔레비전을 가볍게보다 진지하게, 산업이기보다 대중예술로 바라보고자 했으며, 때때로 현재의 텔레비전 문화에 대한 불만을 예각적으로 드러내고자 했다.

이 책은 필자들의 오랜 우정과 격려의 작은 결과물이다. 정확히 20년 전 필자들은 우연히 같은 대학의 신입생으로 만났고, 함께 공부하고 같은 연구기관에서 일하면서 같은 시기, 다른 신문에 텔레비전 비평을 쓰다가 2001년 초 각각 대학에 새로운 삶의 터전을 잡았다. 아마도 20년 전 우리는 누구도 학문의 길을 선택하리라고 생각하지 않았다. 왜냐하면 한 사람은 정치부나 사회부 기자가 되어 이 시대의 논객이 되기를 원했고, 또 한 사람은 시인과 텔레비전 드라마 연출가가 되어 수채화 같은 멜로 드라마를 만들고 싶어했기 때문이다.

그런 탓인지 필자들은 비슷한 환경에서 함께 지내면서 공부해왔지만, 텔레비전을 바라보는 시각은 다르다. 한 사람은 사회적, 역사적 진실에 관심을 더 많이 가지면서 보도나 시사 프로그램, 다큐멘터리 등에 주목해온 반면, 다른 한 사람은 대중예술로서 텔레비전을 바라보고자 했기 때문이다. 우리가 선뜻 텔레비전 비평서를 함께 내기로 결정한 것도 서로에게 부족한 부분들을 조금이나마 메워주리라 믿었기 때문이다. 그러므로 이 책은 서로의 공백을 메우는 작업이었다. 독자들은 어느 경우 같은 프로그램을 두 필자가 상이하게 비평한 것도 만나볼 수 있을 것이다. 그것이 오히려 독자가 비평적 판단의 기준을 잡는 데 유용하리라 생각한다.

이 책의 첫 장은 텔레비전 비평의 이해로 독자에게 비평의 본질, 비평의 역사, 비평의 대상과 방법, 비평의 판단기준, 그리고 독자가 좋은 비평을 쓰기 위해서 어떻게 구성을 해야 하는가를 기술했다. 텔레비전 비평의 윤곽을 잡고 비평적 사고를 하는 데 도움을 주리라 생각한다. 마지막 장인 방송구조 비평을 제외하면 대부분은 텍스트 비평(특히 장르 비평)에 집중되어 있다. 텔레비전 비평의 핵심은 여전히 텍스트 비평이어서 보도와 시사 프로그램, 다큐멘터리, 드라마, 연예·오락 프로그램, 시트콤·코미디 등에 초점을 맞추었다.

대부분의 비평 사례들은 2000년과 2001년 중반까지 ≪한겨레≫(최영묵)와 ≪경향신문≫(주창윤)의 방송주평 코너에 실렸던 것들이지만, 일부는 시사주간지와 잡지 등에 발표되었던 것들이다. 따라서 이 책에 실린 비평들은 1999년 중반에서 2001년 초반까지 두드러졌던 '텔레비전 현상'을 주요 대상으로 삼고 있다. 신문지면의 한계 때문에 다양한 비평 방법에 따라 글을 쓴 것이 아니라 주관적 판단과 평가에 의존하는 경우가 많았다. 그럼에도 불구하고 필자들은 규범적 인상비평 수준에서 벗어나 장르, 이데올로기, 수용자, 미학 등을 고려하고자 애썼다. 신문에 실렸던 일부 내용을 고쳤고, 독자들이 좀 더 이해하기 쉽도록 총론(제1장 텔레비전 비평의 이해)과 각 장(章)의 앞머리에 프로그램 장르에 관한 '이끄는 글'을 추가했다.

 필자들은 여기서 텔레비전 비평이 텍스트 비평에 국한되어야 한다고 주장하는 것은 아니다. 텍스트 비평이 비평의 고갱이지만 작가 비평, 수용자 비평, 페미니즘 비평, 역사 비평, 이데올로기 비평 등으로 확대되어야 한다고 생각한다. 그러기 위해서는 좀더 심층적이고 이론적인 작업이 별도로 필요할 것이다. 각각의 비평 대상과 방법에 따른 깊이 있는 장문(長文)의 비평을 이 책에 포함시키지 못한 것이 필자들의 입장에서는 못내 아쉽다. 그 아쉬움과 부끄러움을 채우는 작업은 차후 필자들의 몫일 것이다.

 금년 여름 가뭄이 유난히 길고 지루하게 지속되었듯이 텔레비전도 오랫동안 비평의 가뭄을 겪고 있다. 우리가 대지를 적시는 단비를 기대하는 것처럼, 여러 모로 부족한 이 책이 텔레비전 비평의 대지를 미약하나마 조금이라도 적셔줄 수 있다면, 그리고 독자들로 하여금 텔레비전을 경험하고 이해하는 데 작은 안내자라도 될 수 있다면, 더 이상 바랄 것이 없겠다. 도판사진을 구하는 데 도움을 준 KBS, MBC, SBS, EBS 홍보 담당자 분들께 감사드린다. 끝으로 책이 출간될 수 있도록 도움을 준 도서출판 한울의 김종수 사장님을 비롯한 모든 분들께도 감사드린다.

2001년 여름
주창윤·최영묵

차례

개정판 서문 5

초판 서문 7

제1장 텔레비전 비평의 이해 15

1. 비평의 본질 17
2. 텔레비전 비평의 역사 22
3. 텔레비전 비평의 대상 25
4. 텔레비전 비평의 방법 27
5. 텔레비전 비평의 기준 33
6. 텔레비전 비평 쓰기 35

제2장 보도와 시사 프로그램 비평 39

1. 보도 미디어로서의 텔레비전 39
2. 텔레비전 뉴스의 이해 40
3. 텔레비전 뉴스 비판 43
4. 텔레비전 뉴스 바로보기 44
5. 시사토론 프로그램의 중요성 47
6. 시사토론 프로그램의 전망 49

KBS1 〈9시 뉴스〉 52 / MBC 〈뉴스데스크〉 54 / SBS 〈8시 뉴스〉 56 / MBC 〈피자의 아침〉 58 / 권희로 보도 60 / SBS 〈평양생방송〉 62 / 입시보도 64 / 토론 프로그램 사회자론 66 / 토론 프로그램과 패널 68 / MBC 〈100분 토론〉 70 / 〈대선후보 TV 토론〉 72 / 각 방송사 대선후보 초청토론 74 / 텔레비전의 신문비평 76 / MBC 〈PD수첩〉 '황색의 질주 10년 스포츠신문' 78 / KBS1 〈도올의 논어 이야기〉 80 / 남북정상회담 이후 방송의 과제 82 / MBC 〈미디어비평〉 84

제3장 다큐멘터리 비평　87

1. 다큐멘터리 '논쟁'　87
2. 다큐멘터리의 역사와 유형　91
3. 다큐멘터리의 구성요소　93
4. 다큐멘터리의 평가　97
부록: 자연 다큐멘터리 제작 지침　100

MBC 〈이제는 말할 수 있다〉　104 / MBC 〈미국〉 10부작　106 / KBS2 〈추적 60분〉　108　/ KBS1 기획특집 〈남과 여 아름다운 공존〉　110 / KBS1 신년 스페셜 〈고선지〉　112 / MBC 〈한국 100년, 우리는 이렇게 살았다〉　114 / KBS1 〈환경스페셜〉　116 / 신년 다큐멘터리: SBS '달터공원 버섯 이야기', KBS1 '박범신의 히말라야 통신'　118 / 환경 다큐멘터리론　120 / EBS 〈하나뿐인 지구〉 122 / KBS1 〈시청자 칼럼 우리 사는 세상〉 1　124 / KBS1 〈시청자 칼럼 우리 사는 세상〉 2　126 / KBS2 〈VJ특공대〉, SBS 〈휴먼TV 아름다운 세상〉, EBS 〈10대 리포트〉　128 / 경인방송 르포 〈시대공감〉　130 / MBC '너구리 파문' 과 SBS '귀신소동'　132 / KBS2 〈인간극장〉 '작은 거인 4형제'　134 / MBC 〈성공시대〉　136

제4장 텔레비전 드라마 비평　139

1. 텔레비전 드라마의 장르　139
2. 텔레비전 드라마 비평의 초점　148

MBC 〈전원일기〉　152 / MBC 〈전원일기〉 1000회　154 / KBS2 〈태양은 가득히〉, MBC 〈온달왕자들〉, SBS 〈덕이〉　156 / KBS1 〈용의 눈물〉　158 / 역사 드라마의 쟁점　162 / 역사 드라마 전성시대　164 / KBS1 〈태조왕건〉　166 / MBC 〈홍국영〉　168 / KBS2 〈부부클리닉 사랑과 전쟁〉　170 / 멜로 드라마의 변화　172 / MBC 〈네 멋대로 해라〉　176 / MBC 〈위기의 남자〉　180 / 폭력 드라마론　184 / MBC 〈황금마차〉 외　186 / MBC 〈소나기〉　190 / MBC 〈순수청년 박종철〉　192 / SBS 〈야인시대〉　194 / 인물중심 역사 드라마들　196

제5장 연예·오락 프로그램 비평 201

1. 연예·오락물 들여다보기 201
2. 버라이어티 쇼 202
3. 토크 쇼 205
4. 대중음악 프로그램 207
5. 연예·오락 프로그램 비평의 초점 210

연말 연기대상 212 / KBS2 〈윤도현의 러브레터〉 214 / MBC 귀신 시리즈 216 / MBC 〈타임머신〉, KBS2 〈블랙박스〉 218 / SBS 〈쇼! 일요천하〉 '신동천하' 220 / MBC 〈느낌표〉 '책책책 책을 읽읍시다' 222 / KBS2 〈TV동화, 행복한 세상〉 224 / SBS 〈한밤의 TV연예〉 226 / KBS2 〈뮤직뱅크〉, MBC 〈음악캠프〉, SBS 〈생방송 인기가요〉 228 / 주말 저녁 버라이어티 쇼 230 / MBC 〈목표달성 토요일〉 232 / 탤런트 박철과 개그맨 남희석 234 / KBS2 〈한국이 보인다〉 '북한청년 동일섭' 236 / SBS 〈남희석 이휘재의 멋진 만남〉 238 / KBS2 〈서세원 쇼〉, SBS 〈남희석의 색다른 밤〉 외 240 / SBS 〈아름다운 성〉 242 / SBS 〈이홍렬 쇼〉 244 / EBS 〈퀴즈 천하통일〉 246 / 시청률 허상 248

제6장 시트콤·코미디 비평 251

1. 시트콤 장르의 특성 251
2. 한국 시트콤의 발전과정 254
3. 웃음의 기제 257
4. 코미디 260

MBC 〈남자 셋 여자 셋〉 262 / SBS 〈순풍산부인과〉 1 268 / SBS 〈순풍산부인과〉 2 270 / SBS 〈웬만해선 그들을 막을 수 없다〉 272 / KBS2 〈청춘〉 274 / MBC 〈뉴 논스톱〉 276 / 〈심슨 가족〉 〈프렌즈〉 외 278 / MBC 〈코미디하우스〉 '허무개그' 284 / KBS2 〈개그콘서트〉 '연변총각' 286

7장 텔레비전 작가 비평 289

1. 텔레비전 작가는 없다? 289
2. 작가의 의미 291
3. 텔레비전 작가 비평 293
4. 텔레비전 작가, 산업, 수용자 295

드라마 PD 표민수론 300 / 다큐 PD 정길화론 302 / KBS1 〈TV문학관〉 '다리가 있는 풍경' 306 / KBS1 〈TV문학관〉 '홍어' 308 / KBS2 〈겨울연가〉 310 / MBC 〈고백〉 312 / SBS 〈사랑의 전설〉 314

제8장 방송구조 비평 317

1. 방송과 공익성 그리고 규제 317
2. 미디어 환경변화와 텔레비전 319
3. '방송법'과 사회권력 321
4. 텔레비전과 시청자의 권리 324
5. 뉴미디어 시대 시청자 시민운동의 전망 325

연예계 비리 수사 328 / 시청자의 방송개혁운동 330 / ≪조선일보≫, 한나라당과 MBC 332 / 방송과 정치 334 / KBS2 〈서세원 쇼〉 폐지운동 336 / 지상파 디지털 방송 338 / 각 방송사 편성 개편 340 / 편성 규제 342 / KBS2 〈웹 매거진〉, MBC 〈웹 투나잇〉, SBS 〈토크넷 쇼〉 344 / 위성방송 시민채널 346 / 케이블 텔레비전 OUN 〈TV 바로보기〉 348 / 유아교육 프로그램 350 / 넘치는 간접광고 352 / 월드컵 방송론 354 / 방송과 스포츠 중계권 356 / 방송기술 발전의 현주소 358 / 월드컵 중계방송 360 / 프로그램 '표절' 논란 362

참고문헌 369

찾아보기 376

제1장
텔레비전 비평의 이해

    텔레비전은 모든 것이다. 텔레비전은 서로 다른 예술형식(드라마, 영화, 음악, 무용, 시각 디자인 등)뿐만 아니라 저널리즘의 형식들도 포함하고 있다. 텔레비전은 저널리즘과 관련해서 특정 지역, 국가, 국제 정치이기도 하다. 전쟁, 재난, 대통령 연설, 취임, 국가적 추모행사 등을 포함해서 수많은 것들이 뉴스를 통해서 전달된다. 또한 텔레비전은 스포츠, 교육 프로그램, 지적 토론 프로그램, 퀴즈 게임 쇼 등을 포함하며, 광고까지 방영한다. 텔레비전은 많은 이익을 남기는 규제 산업이기도 하다. 따라서 텔레비전은 매우 복합적인 기술이다.

— 리틀존(Littlejohn), 1981: 147.

  텔레비전은 어느 매체보다도 복합적이다. 텔레비전은 예술, 경제, 정치, 문화, 교육의 모든 요소들을 담고 있다. 텔레비전은 우리의 일상생활에도 깊숙이 침윤되어 있다. 우리들 가정생활의 리듬은 텔레비전의 리듬과 밀접히 연결되어 있다. 우리는 텔레비전을 보면서 즐거움을 얻고, 정보를 얻으며, 교육을 받고, 더불어 살고 있다는 공동체 의식을 키운다. 텔레비전을 배제한 채 정치를 논할 수 없으며, 대중예술과 현대문화를 말하기도 어렵다. 영화, 라디오, 인터넷 등도 우리의 일상생활 속에 자리잡고 있지만, 텔레비전만큼 개인, 가족, 사회 전반에 걸쳐 커다란 영향력을 발휘하지 못한다.

  텔레비전이 지니는 복합성과 사회적 영향력을 고려한다면, 텔레비전을 가볍게 논할 수가 없다. 텔레비전이 도입된 이후부터 텔레비전의 효과, 기능, 제도 등에 관한 많은 이론과 방법들이 개발되었지만, 텔레비전 – 텍스트 – 수용자 사이의 매개고리로서 텔레비전 비평은 부족한 편이었다. 텔레비전 비평이 수용자로 하여금 텔레비전을 경험하고 이해하는 폭을 넓히는 데 기여한다는 사실에도 불구하고, 비평이 제대로 이루어지지 않은 것은 의아스러운 일이다.

텔레비전이 비평의 대상으로 인정받지 못한 몇 가지 이유들이 있다. 첫째, 텔레비전은 예술이 아니라 오락산업으로만 인식되었기 때문이다. 텔레비전 드라마, 버라이어티 쇼, 퀴즈 게임 쇼 등은 오직 시청률을 높이기 위한 상품으로 생각되었기 때문에 진지하게 탐구할 필요가 없었던 것이다.

둘째, 텔레비전의 복합성 때문에 비평을 수행하는 데 어려움을 겪었다. 텔레비전은 영화나 연극처럼 고유한 미적 형식으로 짜여져 있는 것이 아니라, 생산과정과 텍스트의 관습이 전혀 다른 다양한 프로그램들 — 드라마, 다큐멘터리, 뉴스, 광고 등 — 로 구성되어 있어서 비평의 기준을 설정하기가 대단히 어려웠다.

셋째, 텔레비전을 비평하려면 인쇄매체의 도움이 필요한데, 신문과 잡지 등은 같은 광고 시장을 놓고 싸워야 한다는 이유 때문에 지면을 텔레비전에 할애하는 데 인색했다.

넷째, 텔레비전 작가(제작자)의 지위가 낮게 평가된 것도 비평의 대상으로 인정받지 못한 이유였다. 텔레비전 프로그램을 만드는 제작자들은 예술가로서 지위를 부여받지 못했다. 텔레비전은 산업, 제도, 조직의 영향력이 압도적이어서 제작자(작가)의 영향력은 낮다는 것이다. 텔레비전 작가가 텔레비전 제도의 압력에서 벗어나지 못하는 제작자로 간주되는 상황에서 비평을 기대하기는 어려웠다.

과거에는 경제적, 문화적 이유로 텔레비전의 지위가 낮게 평가되어 비평이 확대되지 못했지만, 현재 수많은 신문, 잡지, 학술지 등은 텔레비전 비평을 싣고 있다. 따라서 현재는 더 많은 텔레비전 비평이 필요한 것이 아니라, 개선된 비평이 필요하다.

여기서는 텔레비전 비평과 관련된 기본적인 지식과 방법을 서술한다. 첫번째 절은 텔레비전 비평이란 무엇인지 본질적인 문제를 살펴보고, 두번째 절은 텔레비전 비평이 역사적으로 어떻게 전개되어왔는가를 간략하게 기술한다. 세번째와 네번째 절은 텔레비전 비평의 대상과 방법을 논의하고, 다섯번째 절은 텔레비전 비평의 척도를 제시한다. 마지막 절에서는 좋은 텔레비전 비평을 쓰기 위한 절차와 과정을 기술한다.

1. 비평의 본질

비평이란 무엇인가? 아리스토텔레스 이후 수많은 비평가들이 이 근본적인 질문에 대답해왔고, 나름대로 정의해왔다. 그러나 은유적으로 표현한다면, 비평이란 일종의 발효제와 같은 것이 아닐까? 비평은 맥락-작가-텍스트-수용자의 상호관계 속에서 텍스트의 의미를 발효시키는 기제가 아닌가 싶다. 비평은 텍스트를 사회적 맥락 속에 위치시키며, 작가가 일차적으로 규정해 놓은 의미들을 깊이 있게 재해석하고, 텍스트의 구조를 재구성하며, 수용자나 독자가 텍스트의 의미를 감상하고 이해하는 데 안내자의 역할을 수행한다. 이 모든 과정은 일종의 텍스트 의미의 발효과정이다. 텍스트의 의미가 비평의 발효과정을 거침으로써 독자는 새로운 맛을 느낄 수 있다. 비평은 중요한 세 가지 요소─척도, 평가, 성찰성─를 내포하고 있다.

① 척도: 척도란 비평의 잣대나 기준이다. 전통 비평에서부터 현대 비평에 이르기까지 다양한 비평의 척도(혹은 방법)들이 제시되어왔다. 텍스트는 윤리적, 미학적, 형식적, 사회적 시각에서 볼 수 있고, 문화와 이데올로기의 척도를 사용해서 평가될 수도 있다.
② 평가: 평가는 분석적 해석으로 왜 좋은지 왜 나쁜지에 대해서 가치판단을 내리는 것이다.
③ 성찰성: 소개나 기술의 차원을 넘어 수용자나 작가로 하여금 그 의미를 개인적으로나 사회적으로 반추할 수 있도록 이끄는 것이다.

앞의 세 가지 요소들은 서로 분리되어 있는 것이 아니라 연결되어 있다. 어떤 비평의 척도를 사용하는가에 따라서 좋고 나쁜지에 대한 가치평가도 달라진다. 비평의 척도와 평가가 상대적일지라도, 비평의 기준을 사회에 둘 것인지, 수용자에 둘 것인지, 작가에 둘 것인지, 혹은 텍스트 자체에 둘 것인지에 따라 고유의 보편적 평가기준이 존재한다. 좀더 일반적인 평가기준으로는 진실성, 효용성, 창조성, 복합성과 일관성을 제시할 수 있다(박철희·김시태, 1988: 34-38). 진실성은 텍스트를 사회에 초점을 맞추는 것으로 사회현실을 얼마나 제대로 담아내는가와 관련되어 있다. 물론 진실성은 누구의 진실이냐에 따라 다르겠지만, 그렇다고 해서 진실이 무한정한 것은 아니다. 진실이 사실 자체를 의미하는 것이 아니라 역사적 진실을 의미한다면, 특정 텍스트가 과연 역사적으로 진실했는가 진실하지 않았는가를 판단할 수 있다.

효용성은 수용자에게 미치는 영향을 기준으로 하여 평가하는 것이다. 텍스트가 수용자에게 주는 영향으로 즐거움, 정보, 교육 등이 있다. 텍스트가 수용자에게 얼마나 독서나 시청의 즐거움을 주는지, 그리고 얼마나 교육적인 기능을 담당하는지에 따라서 가치를 평가할 수 있다. 창조성은 주로 작가와의 관계에서 논의되는데, 얼마나 개성적이고 창의적으로 표현하는가를 의미한다. 창조성은 낭만주의 예술의 평가기준이지만, 문학뿐만 아니라 현대 대중문화에서도 중요한 기준임에 틀림없다. 복합성과 일관성은 텍스트의 수준에서 구성과 기술적 표현이 잘되어 있는가를 의미한다. 우리가 흔히 "구성이 좋다"거나 "잘 짜여져 있다"고 말할 때, 복합성과 일관성의 기준을 사용해서 평가한 것이다.

비평의 기능 중 하나가 수용자에게 텍스트에 대한 이해와 설명의 폭을 넓히는 것이라면, 비평이 텍스트에 대한 기술을 넘어서서 수용자로 하여금 무엇인가 성찰하도록 이끄는 것도 중요하다. 좋은 비평은 수용자가 자신의 삶, 제도, 사회에 대해 반추할 수 있도록 유도해야 한다. 성찰성은 텍스트와 수용자, 그리고 수용자와 사회 사이를 이어주는 중요한 비평의 요소이다.

비평의 기능

비평은 사전적 의미로 '구분하다', '식별하다', '권위 있는 의견을 말하다' 등의 뜻이 있다. 이것은 특정 텍스트를 기술(description)하고, 분석(analysis)하며, 해석(interpretation)하고, 평가(evaluation)한다는 것이다. 비평이란 용어는 일반적으로 '결점 찾기(fault-finding)'에 사용된다(Williams, 1976: 84-86). 따라서 비평은 부정적 판단을 의미하는 경우가 지배적이었다. '결점 찾기'는 비평의 용어가 폭넓게 사용되기 시작한 17세기 이후부터 현재까지도 받아들여지고 있다. 따라서 우리가 다른 사람이나 대상을 비평한다고 할 때, 비평받는 사람은 불쾌하게 생각하는 경우가 적지 않다. 긍정적이거나 건설적인 말보다는 부정적이거나 파괴적인 의미가 지배적이기 때문이다.

텔레비전 비평도 마찬가지이다. 우리나 서구에 관계없이 텔레비전 비평에는 부정적인 평가가 많은 편이었다(김진호, 1984; 김훈순, 1994; Shelby, 1966; Rossman, 1975; Adkins, 1983). 이들 연구들은 신문의 텔레비전 비평분석이었기 때문에, 신문의 견제기능으로 부정적 평가가 지배적이었다고 볼 수 있다. 또한 비평가들이 텔레비전의 공적, 사회적 역할에 대한 비판과 감시자로서 결점 찾기에 무게중심을 더 두었기 때문일 수도 있다.

텔레비전 제작자들은 비평을 매우 부정적으로 생각한다. 제작자들은 텔레비전 비평이 피상적이고, 정보를 제공하지도 못하고, 인상적인 느낌만 가득할 뿐이라고 비판한다. 제작자와 비평가 사이의 갈등은 좀처럼 해소되지 못하고 있다. 이런 점에서 슈래그(Schrag, 1982)는 '합리적 옹호 비평(rational advocacy criticism)'을 제시하기도 했다. 이것은 학문적으로 증명된 방법론을 바탕으로 비판보다는 옹호를 중시하는 방송 비평의 한 방식이다. 합리적 옹호 비평을 통해서 텔레비전 제작자가 더 좋은 프로그램을 많이 제작하도록 유도할 수 있다는 것이다.

텔레비전 비평가가 지나치게 프로그램의 부정적인 측면만 부각시킬 필요가 없는 것처럼, 슈래그의 주장처럼 긍정적인 평가만을 강조하는 것도 적합하지는 않다. 텔레비전 비평의 기능은 대상에 대해 파괴적인 공격에 있는 것도 아니고, 좋은 것만 칭찬해주는 것도 아니다. 비평이 수용자나 작가에게 유용한 관점을 제공하기 위해서 텍스트를 기술하고, 분석하며, 해석하고, 평가하는 것이라면, 비평의 기능은 '비판적 안내자로서의 역할'에 있다. 안내자로서의 역할이란 단순히 관광안내자처럼 소개하는 것이 아니라, 프로그램의 하찮은 부분과 내부의 깊은 부분 모두를 간파함으로써 수용자로 하여금 이해와 성찰을 이끄는 것이다. 비평이 통찰력 있는 안내자로서의 기능을 수행하기 위한 필수조건으로 올릭(Orlik, 2000: 53-60)은 다섯 가지를 제시한다.

① 제작자와 수용자 사이 다리 놓기: 제작자와 수용자 사이의 커뮤니케이션 관계를 연결시킴으로써, 비평은 서로에게 이해의 폭을 넓히는 데 기여해야 한다.
② 새로운 방향 제시: 비평이 창조적이기 위해서는 새롭거나 혁신적인 형식이나 내용이 나아갈 방향을 제시해야 한다.
③ 방송 체제의 변화 제시: 비평은 프로그램뿐만 아니라, 프로그램의 제작 체제의 변화까지 설명해야 한다.
④ 대안과 감시의 역할 수행: 비평은 감시와 비판의 역할을 수행해야 한다.
⑤ 오락: 텔레비전이 오락산업이라는 점을 무시할 수 없으므로 오락성에 대한 평가(긍정적이든 부정적이든)를 배제하지 말아야 한다.

전통 비평과 현대 비평

비평은 전통적으로 문학과 예술에서부터 시작되어 영화, 라디오, 텔레비전 등 대중문화 일반에까지 확대되었다. 문학예술의 비평방법들은 현대의 미디어 비평에도 적용되고 있지만, 전통 비평과 현대 비평 사이에는 차이가 있다. 알렌(Allen, 1992: 15-34)은 전통 비평과 현대 비평을 나누고 있는데, 전통 비평은 낭만주의 비평이나 작가 비평을, 현대 비평은 20세기 초반 이후 발전된 비평의 방법들이다.

전통 비평은 작품(work)[1]과 작가에 초점을 맞춘다. 낭만주의 시대에 예술가들은 신의 영감을 받은 창조적인 능력을 지닌 개인이었다. 예술가가 텍스트의 의미를 결정하고 지배함으로써 작가는 의미의 유일하고 중심적인 원천으로 정의되었다. 전통 비평은 창조적 작가가 생산한 작품 그 자체와 예술가로서의 작가문제를 주로 탐구한다.

1960년대 이후 현대 비평은 작가의 위치에 의문을 제기해왔다. 예를 들어 바르트(Barthes, 1977)는 작가의 죽음을 말하고 있는데, 이것은 단순히 작가가

---

1) 소설, 영화, 텔레비전 드라마 등은 작품(work)이나 텍스트(text)로 불릴 수 있다. 다만 작품은 독자나 수용자보다 작자의 입장을 우선시하지만, 텍스트는 작가의 시야를 떠나 작품 자체 형식이나 독자나 수용자의 관계를 더 강조한다.

<표 1-1> 전통 비평과 현대 비평

	전통 비평	현대 비평
대상	작품(work)	텍스트
초점	예술의 자율성과 창조성	텍스트 구조, 수용, 맥락
목적	예술의 본질	텍스트의 사회적 관계
작가, 수용자 관계	예술가로서 작가	텍스트-수용자
비평의 접근방법	작가비평, 낭만주의 비평 등	기호학, 이데올로기 비평, 해체비평, 페미니즘 비평 등

사라졌다는 뜻이 아니다. 바르트가 말하는 작가의 죽음은 세 가지 의미를 지닌다. 첫째, 전통 비평에서 지나치게 신화화된 작가 이미지를 거부한 것이다. 둘째, 작가가 텍스트 의미의 원천이자 기원이라는 생각에서 벗어나서 의미 생산자로서 독자나 수용자의 역할을 강조한 것이다. 셋째, 하나의 텍스트는 수많은 "문화적 요인들이 서로 충돌하는 다차원적 공간"(Barthes, 1977: 146)이므로 작가에 의해 고정된 것은 아니라는 것이다.

현대 비평은 '작가와 작품의 관계'에서부터 '텍스트와 수용자의 관계'에 주목한다. 텍스트는 예술가로서 작가가 의미를 고정시켜놓은 자족적인 것이 아니라 복잡한 사회적 코드, 관습, 상징의 재배열로 인식된다. 따라서 현대 비평은 텍스트의 구조, 수용, 맥락 등에 관심을 가지며, 의미가 만들어지는 사회적 맥락에도 초점을 맞춘다.

텔레비전 비평은 전통 비평보다 현대 비평의 영역에 가깝다. 전통 비평에서처럼 순수예술의 본질이나 예술의 자율성과 창조성보다는 텔레비전 텍스트, 산업, 수용자 등의 관계에 관심이 높기 때문이다. 그렇다고 해서 텔레비전 비평이 전통 비평의 중요 개념들, 작가의 의미나 창조성으로서의 작품의 개념을 배제해서는 안된다. 텔레비전 텍스트가 문학, 미술, 음악 등과 같이 특정한 예술가 개인의 작업이 아니라 집단적 제작방식을 취하고 있다하더라도 작가의 문제는 여전히 중요하며, 새로움이나 독창성도 가치 있는 평가기준 중의 하나이다.

2. 텔레비전 비평의 역사

텔레비전 비평은 문학이나 순수예술의 비평과 비교할 때 초보적인 단계에 머물러 있다. 미국에서 텔레비전이 등장하기 이전 라디오 비평은 1920년대 초반부터 행해졌는데 대체로 기술 문제에 초점을 맞추었다. 1920년대 초반 미국의 라디오 비평은 프로그램 내용보다 얼마나 기술적으로 잘 전달되었는가가 하나의 평가 척도였다.

이것은 방송 비평의 발전이라는 측면에서 바람직한 것은 아니었다. 왜냐하면 라디오 프로그램이 전자적 기능을 제대로 수행하고 있는가에만 관심을 기울였기 때문이다. 방송은 단지 과학과 기술에 적용될 뿐이지 공적 정보매체와 대중예술로서 받아들여지지 않았던 것이다. 미국에서 초기 라디오 방송에 대한 선입관은 라디오에만 그친 것이 아니라 텔레비전의 등장 이후에도 여전히 이어졌다.

미국의 텔레비전 비평에 대한 본질적인 문제가 제기된 것은 1946년 이후였다. 이것은 저널리스트나 학자들로부터 나온 것이 아니라 FCC의 청서(Blue Book)에서 비롯되었다. 『방송사의 공적 책임에 대한 보고서(*The Report on Public Service Responsibility of Broadcast Licensees*)』는 방송사업자들이 공공의 이익을 위해서 FCC와의 약속을 얼마나 잘 이행했는가를 조사한 것이었다. 보고서는 텔레비전이 지역과 사회에 대한 공적 사건을 다루는 데 미흡했으며 지나친 상업주의로 사회적 기능을 수행하지 못했다고 비판했다. 방송의 공적 책임에 관한 논쟁은 당시 등장하기 시작한 텔레비전 비평에도 영향을 미쳤다. 보고서는 라디오와 텔레비전의 교육적 역할을 강조한 것이었기 때문에 규범적 방송 비평이 확대되었다.

1960년대에 들어와서 텔레비전 비평은 사회과학자들과 인문학자들의 관심을 끌었지만, 대부분 부정적인 것이었다. 사회과학자들은 방송의 영향과 효과를 중심으로 방송 프로그램의 폭력성과 성 표현을 집중적으로 비판했다. 인문학자들도 방송 프로그램의 심미적 의미와 구조를 분석했지만, 방송 프로그램의 미학적 수준을 폄하했다. 특히 CBS가 지원한 클래퍼(Klapper)의 『매스 커뮤니케이션의 효과(The Effects of Mass Communication)』나 에론(Eron) 등이 조사한 『아동의 공격성 연구(Learning of Aggression in Children)』등은 방송의 부정적 효과에 대한 관심을 증폭시켰고, 텔레비전 비평은 프로그램과 수용자 사이의 규범적 관계를 중요하게 여겼다(Orlik, 2000: 38-48).

미국에서 텔레비전 비평은 1950년대부터 시작되었지만, 단순한 리뷰나 프리뷰(preview)의 수준을 넘어서 인문학적 비평이 활성화된 것은 1970년대 이후였다. 뉴콤(Newcomb)은 1970년대 초부터 1980년대 중반까지 미국 텔레비전 비평을 재검토하면서 1970년대 텔레비전 비평을 활성화시킨 세 가지 요인을 지적한다. 첫째, 1970년대 초 시청자나 비평가들이 심각하게 논의할 필요가 있다고 판단한 프로그램[MTM의 제작 프로그램들, <매시(M*A*S*H*)> 등]들이 많이 제작되었다. 둘째, 텔레비전 비평은 문학과 영화 비평으로부터 많은 영향을 받았다. 셋째, 영국의 마르크스 문화연구들의 영향으로 미국 방송 비평가들은 텔레비전을 사회 제도 속에서 바라보는 경향이 높아졌다(Newcomb, 1986: 220-221). 이전에는 간헐적으로 실렸던 신문의 방송 비평도 고정적으로 게재되고, 1978년에는 텔레비전 비평가협회(Television Critics Association)가 창립되었다. 이것은 텔레비전이 사회적 맥락에서 진지한 문화적·예술적 매체로 인정받았다는 것을 의미한다.

미국 텔레비전 비평이 1970년대 중반 이후에서야 확대된 구조적 배경에는 신문의 관계설정도 적지 않게 작용했다. 신문 등의 인쇄매체는 라디오가 도입되었을 때 경쟁관계로 생각하지 않았다. 그러나 텔레비전이 등장하자 상황은 바뀌었다. 신문은 텔레비전과 광고경쟁을 해야 했기 때문에 텔레비전을 새로운 경쟁자로 파악했다.

신문들은 텔레비전과 관련된 기사를 다루는 데 인색했으며 비판적으로 평가했다. 미국에서 1960년대 말에 이르러서야 비로소 신문은 텔레비전 현상을 가장 중요한 문화적 현상으로 파악해서 정기적으로 다루어야 할 가치가 있는 대상으로 받아들였다(Watson, 1985: 70). 그럼으로써 신문의 텔레비전 비평도 과거 부정적 태도에서 긍정적 태도로 바뀌었다. 신문이 텔레비전이라는 매체를 인정하면서 기사나 비평을 싣는 데 적지 않은 시간이 걸린 것이다.

이것은 신문이 연극 비평이나 영화 비평을 취급했던 방식과 다른 점이었다. 연극이나 영화가 신문 안으로 들어오는 데는 긴 시간이 필요하지 않았다. 연극이나 영화가 신문을 경제적으로 위협한다고 판단되지 않았기 때문이며, 20세기 초반 신문의 상업적 저널리즘이 확대되면서 자연스럽게 연극과 영화 비평은 고정적으로 게재되었다. 1960년대 후반부터 미국에서 신문이 텔레비전을 다루지 않을 경우, 자신들의 독자를 잃어버릴 수 있다는 우려가 텔레비전과의 관계설정을 바꿔놓은 것이다.

우리의 경우도 신문에 방송 비평이 실리기 시작한 것은 1970년대 후반 이후였다. 1970년대 초반까지 신문의 방송기사나 비평은 매우 제한적이었다. 대부분의 방송 관련 기사는 짤막한 스트레이트 기사에 지나지 않았다. 1974년 신문들은 텔레비전을 독자적인 비평의 장으로 인식하면서 《한국일보》에 '주부의 TV주평', 《중앙일보》에 '주간 TV 비평'이 게재되었고, 1977년 《동아일보》에 'TV주평', 1978년 《조선일보》에 'TV주평'이 신설되었다. 1978년부터 각 일간지마다 텔레비전 주평과 모니터 난이 고정·확대되었다. 초창기에는 언론학자나 문학 비평가들이 텔레비전 비평을 쓰다가 이후에는 기자들이 거의 대부분 방송 비평을 담당했다. 지금은 언론학자, 문화평론가, 방송인 등이 텔레비전 비평을 맡고 있다.

1980년대 들어오면서 '한국방송비평학회'와 '방송학회' 등이 창립되면서 방송 비평은 저널리즘 비평에서 벗어나서 독자적인 장르로 자리잡게 되었다. 텔레비전 비평은 다양한 방법을 바탕으로 전개되었지만, 주로 기호학적 분석방법을 드라마에 적용한 것들이 대부분이었다. 1990년 4월 방송 비평 토론회 모음집인 『방송 비평』이 나오면서 아카데믹 비평이 점차 늘어나기 시작했다. 아카데믹 비평의 전통 속에서 텔레비전 비평의 영역은 지속적으로 확대되어왔지만, 텔레비전 비평이 이론의 굴레에서 벗어난 것은 아니었다.

3. 텔레비전 비평의 대상

첫머리에서 논의했듯이, 텔레비전은 복합적인 매체여서 텔레비전 비평 역시 단일한 기준이나 대상에만 국한되지 않는다. 텔레비전 비평의 대상은 텍스트뿐만 아니라 텍스트 외적인 요소들, 산업과 정책, 제작과정과 편성, 제작자, 텍스트(프로그램), 수용자를 포함한다. 텔레비전 비평의 일차적 대상이 텍스트라고 하더라도, 텔레비전이 지니는 사회적, 공적 역할을 고려한다면, 텍스트 외적인 문제를 등한시할 수도 없다. 텔레비전 비평의 대상을 제대로 파악하기 위해서는 적어도 다음 네 가지의 관점이 요구된다.[2]

① 내적 인식: 비평의 대상 자체에 대한 이해와 인식을 의미한다. 즉 텔레비전 산업, 제도, 작가나 텍스트의 내재적 특성을 파악하는 것이다.
② 내적 평가: 비평의 대상이 보여주는 가치가 좋은지 나쁜지를 평가하는 것이다. 제작방식이 적합한지, 도입되는 산업과 제도(법, 정책 등)가 옳은지 옳지 않은지를 묻는 것이다.
③ 외적 인식: 비평의 대상과 관련된 외적인 조건과 관계를 파악하는 것이다.
④ 외적 평가: 비평의 대상과 관련된 외적 인식을 바탕으로 평가하는 것이다.

'내적'이란 텍스트, 텔레비전 산업 혹은 제작과정 자체에 대한 속성을 의미한다. 예를 들어 텔레비전 산업이라면 산업 그 자체의 특성이 무엇인지, 텍스트의 경우에는 텍스트가 갖고 있는 미적 형식, 장르, 내용에 중심을 두는 것이다. '외적'이란 텍스트, 산업, 제작과정에 대한 배경이나 맥락을 의미한다. 텔레비전 산업이라면 텔레비전 산업과 다른 문화산업(영화, 애니메이션 등)의 관계, 경제와 텔레비전 산업의 관계 등을 의미하고, 텍스트의 경우라면 텍스트가 제작되는 과정, 수용자와의 관계 등 텍스트 자체가 아닌 맥락을 의미한다.

---

[2] 올릭(Orlik)은 텔레비전 비평이 복합이론비평이 되어야 한다는 전제하에 내적 인식, 외적 인식, 내적 평가, 외적 평가의 과정을 강조한다(Orlik, 2000: 503-527). 그러나 올릭은 지나치게 텍스트 중심으로 네 과정을 평가하고 있다는 한계가 있다. 따라서 여기서는 텍스트뿐만 아니라 다른 비평의 대상에까지도 확대해서 적용했다.

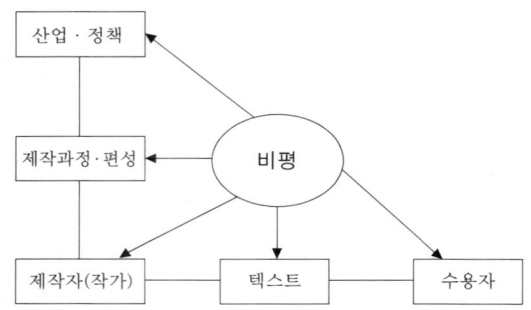

<그림 1-1> 텔레비전 비평의 대상

'인식'이 제도, 정책, 텍스트 등을 조사하고 파악하며 이해하는 과정이라면, '평가'는 대상들이 좋은지 나쁜지, 성공했는지 실패했는지를 곱씹어보는 것이다. 즉 기술(description)과 이해의 과정을 인식이라고 한다면, 가치의 문제를 따지는 것은 평가라고 할 수 있다.

텔레비전 비평의 일차적 대상인 텍스트를 복합적으로 평가하기 위해서 앞의 네 가지 요소들이 어떻게 개입되는지 텔레비전 드라마의 예를 들어보자. 내적 인식은 텍스트의 표현방식에 대한 이해로 텍스트가 대중적 즐거움을 만들어내기 위해서 어떤 형식을 사용하는지를 파악하는 것이다. 즉 드라마가 수용자를 끌어들이는 방식을 분석하는 것이다. 외적 인식은 드라마가 제작되는 맥락에 대한 이해이다. 기술적 방식에 대한 이해와 더불어 산업적 측면에서 시청률과 수익성을 따져보는 것이다.

내적 평가는 시청자의 반응을 고려하지 않고, 드라마의 내용, 의미, 구성 등을 평가하는 것이다. 즉 드라마 내용의 가치와 완성도를 미학적 차원에서 분석하는 것이다. 외적 평가는 드라마가 수용자에게 어떤 영향을 미치는지 논의하는 것이다.

텔레비전 비평의 대상을 바라보는 네 가지 관점은 모든 대상에 동일한 무게로 적용되는 것은 아니며, 비평가는 어느 특정 시각에 초점을 맞출 수도 있다. 예를 들어 우리가 산업과 정책 비평을 시도한다고 해보자. "산업 비평이 방송산업의 작동방식을 점검하고 그것에 대해 평가를 내리는 비평이고, 정책 비평이 방송을 둘러싼 각종 법, 제도, 정책을 분석하고 평가하는 작업"(원용진, 2000: 69)이라고 한다면, 외적 인식과 외적 평가를 중요하게 고려해야 한다.

결과적으로 텔레비전을 비평하고자 할 때, 어떤 대상을 비평할 것인지를 명확히 한 이후에 적합한 관점을 사용할 수 있다. 이때 하나의 관점에 의존할 수도 있고, 네 가지 관점을 모두 활용할 수도 있다. 다만 저널리즘 비평은 제한된 지면의 한계를 고려한다면 특정한 하나의 관점을 선택하여 집중하는 것이 좀더 현실적일 것이다.

4. 텔레비전 비평의 방법

텔레비전 비평의 대상은 비평의 방법과 직접적으로 연결되어 있다. 비평의 대상이 무엇인가에 따라서 비평의 방법도 달라질 수밖에 없다. 커뮤니케이션 모델로부터 비평의 접근방법들을 서술할 수 있다(Vande Berg, Wenner, Gronbeck, 1998: 48-50). 일반적으로 커뮤니케이션 모델은 제작자 – 텍스트 – 수용자의 관계와 제도, 맥락, 문화 등이 포괄적으로 매개된다. 커뮤니케이션 모델을 기초로 각각의 구성요소들을 다음과 같이 기술할 수 있다.

① 제작자: 연출가, 제작에 참여하는 기술진, 연기자, 극작가.
② 텍스트: 음성 코드, 영상 코드(촬영, 배경, 세트, 분장 등) 등으로 구성된 프로그램.
③ 수용자: 성별, 연령, 계급, 인종 등에 따른 시청자로 이들의 인구학적, 사회적 배경은 텍스트의 의미를 해석하는 데 차이를 보일 수 있다.
④ 제도: 좁은 의미는 방송제작 시스템이지만 넓은 의미는 방송제도, 정부규제제도, 광고제도 등을 말한다.
⑤ 맥락: 텍스트가 제작되고 방영되는 기간(예를 들어 현재 상황)을 포함하는 조건.
⑥ 문화: 일상생활과 사회구조를 포함하는 총체적인 의미체계.

<그림 1-2>는 커뮤니케이션 모델에 따른 비평의 방법들을 알기 쉽게 열거한 것이다. 텍스트 비평의 경우 장르 비평, 기호학적 비평, 서사구조 비평, 수사학적 비평 등을 포함하지만, 이것들이 이데올로기 비평이나 문화 비평

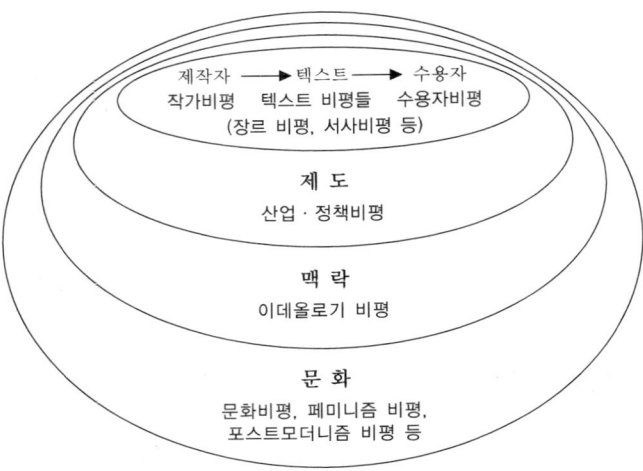

<그림 1-2> 커뮤니케이션 모델에 따른 비평의 방법[3]

 과 배타적인 것은 아니다. 왜냐하면 기호학이나 서사구조 비평은 텍스트의 내재적 의미뿐만 아니라 문화적, 사회적 의미까지 분석하기 때문이다. 따라서 텍스트로부터 이데올로기를 분석하는가, 혹은 맥락이나 사회구조로부터 텍스트를 분석하는가에 따라서 텍스트 비평과 이데올로기나 문화 비평은 구분될 수 있다. 여기서는 비평의 방법들을 자세히 논의하기보다 방법들의 핵심요소만을 간략하게 기술한다.[4]

---

3) 이 도식은 밴드 버그(Vande Berg), 웨너(Wenner), 그론벡(Gronbeck)에 따른 것이다(Vande Berg, Wenner, Gronbeck, 1998: 49). 이들은 제도를 맥락보다 큰 개념으로 사용했지만, 필자들은 맥락이 제도를 포함하는 것으로 바꾸었다. 커뮤니케이션 모델에 따라서 비평의 방법을 구분할 때 한계가 발생할 수밖에 없다. 텍스트 비평의 방법으로 기호학, 장르 비평, 서사비평 등을 들 수 있다. 기호학 비평은 이데올로기 비평과 맞물려 있으며, 장르 비평도 수용자, 산업과의 관계에서 해명할 때 설명력이 더 높아진다. 수용자비평의 경우도 장르 문제와 연결되어 있으며, 문화비평의 방법으로 제시된 페미니즘 비평과 불가분 관계를 맺고 있다. 예를 들어 여성 수용자가 멜로드라마를 통해서 어떤 즐거움을 얻는가를 분석하고자 할 때, 장르 문제와 페미니즘 시각이 함께 필요하기 때문이다.
4) 비평의 방법들을 좀더 구체적으로 알고 싶다면 다음과 같은 책들을 참고할 수 있다. 작가비평의 경우 ≪프로그램/텍스트≫(2001년 통권 4호) '텔레비전과 작가주의' 특집을 참고하고, 텍

작가 비평

작가 비평은 텔레비전 비평의 영역에서 가장 홀대받고 있다. 텔레비전의 제도적, 구조적 요인이 지배적이기 때문에 텔레비전 작가의 텍스트 지배력이 낮게 평가되었기 때문이다. 텔레비전 작가가 순수예술이나 영화 작가에 비해서 상대적으로 자율성이 낮더라도, 그들이 자신의 개성을 표현하지 못하고 제도의 한계 내에 갇혀 있을 뿐이라고 말할 수는 없다. 작가는 자신의 미적 감수성과 영향력이 텍스트의 생산에 중요한 역할을 하는 개인으로 정의할 수 있고, 작가주의(authorship/auteurism)는 특정 작품 하나에서 나타나는 것이 아니라 텍스트의 총체(corpus of texts) 속에서 발현되는 '세계관'과 '스타일'을 의미한다.

사리스(Sarris, 1979)는 진정한 작가의 세 가지 전제조건을 제시한다. 첫째, 기술적 능력(시나리오, 연기, 영상, 편집, 음악 등을 자유롭게 활용할 수 있는 능력)을 지녀야 한다. 둘째, 개성 표현의 능력으로 자신만의 스타일을 만들어내야 한다. 셋째, 유기적으로 내적 의미(interior meaning)를 만들어낼 수 있어야 한다. 내적 의미는 영상의 재료들(미장센 등)을 통해서 의미를 표현해내는 감독의 연출능력을 말한다.

우리가 특정 작가를 비평한다고 할 때, 기술적 능력, 스타일의 특성, 독특한 의미생산 방식, 세계관, 일관된 주제의식 등에 초점을 맞추는 것이 필요하다. 동시에 작가 개인에만 국한하기보다 작가 구조(사회적 맥락 속에 놓이는 작가의 위치)에도 관심을 기울여야 한다.

텍스트 비평

텍스트 비평은 텔레비전 비평의 핵심이다. 텍스트 비평 방법에는 기호학적 비평, 장르 비평, 서사 비평 등 다양한데, 기본적으로 텍스트의 구조에 초점을 맞추어서 사회적 의미를 읽어낸다. 기호학적 비평은 텍스트의 구조를 통

스트 비평, 장르 비평, 이데올로기 비평, 서사비평, 수용자비평 등과 관련해서 『텔레비전과 현대비평』(앨런 편, 김훈순 역)과 『텔레비전 비평론』(원용진 저)은 유용한 지식을 제공할 것이다. 『텔레비전 문화연구』(황인성 편)는 국내 텔레비전 프로그램을 분석한 것으로 이론적이기보다 실제적인 정보를 준다는 점에서 추천할 만하다.

합적(syntagmatic) 구조와 계열적(paradigmatic) 구조로 구분해서 분석한다. 통합적 구조는 이야기를 구성하는 사건들이 어떻게 연결되어 의미를 만들어가는가(시간적 관계)를, 계열적 구조는 하나의 장면이 어떻게 찍혀서 의미를 만들어내는가와 의미를 발생시키는 이항 대립항(예를 들어 자연 : 문명, 선 : 악 등)을 밝히는 것이다. 그럼으로써 텍스트가 어떤 사회적 의미를 내포하는지 추적한다.

장르 비평은 드라마, 시트콤, 다큐멘터리 등 특정 프로그램에서 반복되는 전통적 관습과 특성 등을 분석한다. 드라마 장르라면 멜로 드라마, 로맨틱 드라마, 경찰 드라마 등 다양한 하위 장르들이 존재한다. 각각 하위 장르의 특성은 드라마의 의미구성 방식에 중요한 틀로 기능한다. 예를 들어 로맨틱 드라마라면 '(신분이나 조건에서) 어울리지 않는 두 남녀의 만남'(재벌이나 상류 사회 아들과 평범한 여사원 등) 속에서 벌어지는 사건이 주를 이룬다. 장르 비평은 장르 자체의 관습보다는 장르의 변주방식이나 장르의 혼합, 장르의 변화과정 등을 분석하는 것이 더 유용하다. 우리가 장르를 "텍스트 코드화의 형식일 뿐만 아니라, 산업, 텍스트, 수용자(주체) 사이의 지향점, 기대, 관습의 체계들"(Neals, 1980: 19)이라고 정의한다면, 장르 비평은 특정 장르 자체에만 국한하기보다 장르를 구성하는 외적 요인들도 고려해야 한다.

서사 비평은 '누구에게 무엇이 일어났는가'를 말하는 이야기(story)와 '그 이야기가 어떻게 전달되는가'를 말하는 담론(discourse)에 초점을 맞춘다.[5] 이야기는 발생순서에 따라 배열된 일련의 사건들이라고 말할 수 있는데, 행위, 우발적 사건, 인물들의 관계, 배경, 작가의 문화적 코드 등으로 구성되어 있다. 담론은 이야기되는 방식이다. 예를 들어 어떤 등장인물이 길거리에서 여러 사건들을 차례로 목격했다고 하자. 이것은 사건의 전개과정과 관계되므로 이야기지만, 목격자가 어떤 방식으로 그것을 이야기한다면 담론이 된다. 하나의 사건을 어떻게 이야기하는가, 어떻게 표현하는가에 따라서 의미는

---

[5] 서사비평과 관련해서 번역되어 있는 시모어 채트먼(Seymour Chatman)의 『영화와 소설의 서사구조: 이야기와 담화(Story and Discourse: Narrative Structure in Fiction and Film)』를 참고하면 유용하다.

달라질 수밖에 없다. 이런 점에서 서사 비평의 이야기와 담론의 관계는 기호학 비평의 통합적 구조와 계열적 구조의 관계와 유사하다. 다만 서사 비평은 이야기의 배열이나 전개보다 구성하는 요소들 사이의 관계에 주목하고, 이야기가 어떻게 전달되는가에 따라서 실제작가 – 내포작가 – 서술자 – 피화자 – 내포독자 – 실제독자[6]의 관계에 주목하지만, 이것들을 비평과정에 직접 포함시킬 필요는 없다.

수용자 비평

수용자 비평은 텍스트 중심적인 비평에 대한 비판에서부터 제기되었다. 텍스트가 어떤 의미를 제시하고 있다 하더라도 수용자가 반드시 그 의미를 그대로 받아들이는 것은 아니다. 수용자가 텍스트의 의미를 해독하고 즐거움을 얻는 방식은 계급, 성(gender), 세대 등 다양한 사회인구학적 요인에 영향을 받을 수밖에 없다. 그렇다면 사회인구학적 요인들에 따라서 수용자는 텍스트를 어떻게 해석하고, 텍스트로부터 어떤 즐거움을 얻으며, 텍스트의 경험이 어떻게 수용자의 일상경험과 연결되어 있는지를 검토할 필요가 있다. 수용자의 즐거움, 해석, 경험 등은 하나의 요인이 아니라 여러 가지 요인들이 결합되어 형성된다. 예를 들어 20대 여성 노동계급 수용자는 다른 집단의 수용자들에 비해 다른 해석적 위치를 취할 수 있다. 수용자 비평은 개별 수용자에게 관심을 기울이는 것이 아니라 의미와 해독을 공유하는 수용자 집단에 대한 구체적인 통계조사나 심층인터뷰 분석을 기초로 비평의 근거를 제시한다. 수용자 비평은 각각의 수용자 집단을 수동적 개인으로 간주하기보다 적극적인 의미생산자로서 파악하면서 비평의 논리를 전개시킨다.

---

6) 실제작가 – 내포작가 – 서술자 – 피화자 – 내포독자 – 실제독자는 담론의 참여자들이다. 『허클베리 핀(Huckleberry Finn)』의 예를 들어보자. 실제작가는 사뮤엘 클레멘스(Samuel Clemens)이고 내포작가는 마크 트웨인(Mark Twain), 서술자는 주인공 헉(Huck), 피화자는 소설에서 헉의 이야기를 듣는 사람이며, 내포독자는 마크 트웨인이 가정했던 독자며, 실제독자는 소설을 읽는 독자이다. 그러나 이와 같은 구분이 텔레비전 서사비평에서 별다른 함의를 제공하지는 못한다.

제도·정책 비평

텔레비전은 중요한 사회제도 중의 하나이다. 텔레비전이 공영방송 제도를 취하는지 상업방송제도를 취하는지에 따라서 텍스트의 성격이 달라질 수밖에 없다. 다만 상업방송사라고 해도 공적 역할을 무시할 수는 없다. 텍스트 비평이 텔레비전 비평의 주류를 형성하고 있기 때문에, 제도와 정책 비평은 그리 활발하지 못한 편이다. 그러나 방송산업의 작동방식을 검토하고 평가를 내리거나, 텔레비전을 둘러싼 각종 법, 제도, 정책 등을 평가하고 분석하는 작업은 필요하다. 제도와 정책 비평의 대상자는 일차적으로 일반 시청자라기보다 방송법, 방송제도, 방송산업, 방송정책 등을 담당하고 수행하는 정책 담당자나 산업종사자들이다. 특히 최근 들어 정보통신기술이 발달함에 따라 방송영상산업의 규모가 커지고 새로운 매체들이 속속 등장하고 있기 때문에 제도와 정책 비평의 중요성이 커지고 있다.

이데올로기·문화 비평

이데올로기 비평과 문화 비평은 명확히 구분되지 않는다. 다만 이데올로기 비평은 지배구조가 지배 이데올로기를 만들어낸다는 전제하에 텍스트의 생산구조와 텍스트 관계에 초점을 맞추고, 문화 비평은 텍스트의 수용구조과 역사적 맥락을 더 강조하는 경향이 있다. 문화를 삶의 방식이며 의미체계로 구성되어 있는 것으로 정의한다면, 텔레비전 텍스트는 불평등한 사회구조를 반영하거나 매개하는 내용들을 포함할 수밖에 없다. 남성의 이미지에 비해 여성의 이미지는 왜곡된 방식으로 표상되는 경우가 적지 않으며, 사회구조를 지배하고 있는 계급의 세계관이 텔레비전 텍스트 안에 내밀히 개입하기도 한다. 이데올로기나 문화 비평은 지배집단이 현상유지를 위해서 현실을 왜곡하고 다른 의미로 대체하는 것들에 대한 비판적 분석이다. 페미니즘의 시각에서 불평등한 여성의 표상방식과 가부장적 질서를 비판할 수 있으며, 노동계급의 시각에서 불평등하게 보도되는 텔레비전 뉴스의 허위의식을 밝혀낼 수도 있다. 이데올로기와 문화 비평은 분석의 엄밀함을 위해서 기호학이나 신화분석을 활용할 수 있으며, 텍스트와 정치적, 경제적, 문화적 구조

사이의 관계에 주목하기도 한다.

5. 텔레비전 비평의 기준

텔레비전 비평의 판단기준은 비평의 대상이나 방법과 불가분의 관계를 맺고 있다. 판단기준은 무엇이 좋은지 나쁜지에 대한 척도이다. 비평의 대상이 무엇인지, 그리고 대상을 어떤 방법으로 분석하고 평가할 것인지에 따라서 판단기준은 달라질 수밖에 없다. 텔레비전 작가 비평의 판단기준은 수용자 비평의 판단기준과 다르다. 작가 비평에서 특정 작가의 세계관과 스타일이 높은 평가를 받았다 하더라도 수용자 비평에서 동일한 평가를 받기는 어렵다. 또한 뉴스 비평의 판단기준은 드라마 비평의 판단기준과 다르다. 이런 점에서 비평의 판단기준은 비평가가 갖고 있는 철학, 관점, 지향점을 내포한다.

텔레비전 비평의 대상과 방법에 따른 모든 판단기준을 제시하는 일은 지나치게 복잡하고 번거로우며 비현실적이다. 게다가 비평의 판단기준은 사회적 맥락에 따라 달라지기도 한다.[7] 윤리적 판단기준으로 과거 선정적이라고 비난받은 프로그램이 현재의 시점에서 보면 선정적이지 않은 프로그램으로 평가될 수 있다. 과거에 어떤 이유로 나쁘다고 평가된 프로그램이 시간이 지나면서 좋은 프로그램으로 평가받을 수도 있다. 비평의 판단기준은 정확히 고정되어 있는 것이 아니라 변화하고 유동적이다. 그렇다면 우리가 텔레비전이 좋거나 나쁘다고 판단할 수 있는 포괄적인 기준은 존재하지 않는 것인가? 멀간(Mulgan, 1990)은 텔레비전 평가의 일곱 가지 기준을 제시한다.

첫째, 텔레비전 제작자의 관점에서 좋은 프로그램을 평가하는 것이다. 판단기준은 전문가주의(professionalism)이다. 전문가주의는 기술적 능력(제작부터 편집에 이르기까지)의 발휘 여부, 형식의 완결성, 내용의 적합성, 형식과 내용

---

[7] 브런스돈(Brunsdon, 1990)은 영국의 좋은 프로그램의 평가기준으로 리얼리즘을 꼽고 있다. 이것은 영국문화나 방송철학과 관계되어 있는데, 상업방송이 지배하는 미국의 경우 리얼리즘을 가장 중요한 평가기준으로 사용하지는 않는다.

의 조화 등을 포함한다.

둘째, 산업의 입장에서 좋은 프로그램의 판단기준은 경제적 효율성이다. 특정 프로그램이 얼마나 경제적인가(시청률뿐만 아니라 수익성이 높다는 점에서)가 중요한 척도이다. 이것은 지나치게 산업적 기준에 의한 것이어서 텔레비전의 문화적 특성을 배제하는 한계가 있다.

셋째, 미학의 기준으로 텔레비전 프로그램을 평가하는 것이다. 이것은 내적 예술성에 초점을 맞추는 것으로 드라마나 다큐멘터리 프로그램의 평가기준으로 많이 사용된다. 텍스트의 구성요소들이 유기적으로 연결되어 있는지, 형식의 완벽함을 구현하고 있는지 그리고 새로움을 추구하고 있는지 등이 하위기준으로 활용된다.

넷째, 텔레비전이 공통의 경험과 가치를 제시하는가를 판단기준으로 설정할 수 있다. 텔레비전은 한 사회 내에서 공통의 경험을 구성하는 데 중요한 매체이기 때문이다. 공통의 경험 제시라는 기준으로 보면, 남북이산가족 관련 프로그램이나 서울 올림픽과 관계된 프로그램들은 좋은 평가를 받는다.

다섯째, 비판자로서 텔레비전이 지배구조를 감시하고, 민주적 매체로서 역할을 수행하며, 민주적 포럼을 제시하여 공론 영역을 활성화하는가의 여부이다. 이것은 뉴스나 시사 프로그램의 평가에 적합한 기준이다.

여섯째, 생태학(ecology)의 관점에서 텔레비전이 바람직한 도덕, 윤리, 가치를 전달하고 있는가도 판단기준으로 사용된다. 텔레비전이 어린이와 청소년에게 바람직한 도덕과 윤리를 보여주는지 사회규범을 무너뜨리지는 않는지 등을 평가하는 것이다. 어느 프로그램이 선정적이고 폭력적이어서 나쁘다고 말한다면 생태학의 기준을 활용한 것이다.

일곱째, 텔레비전이 다양성(diversity)을 제공하고 있는가를 기준으로 삼는 것이다. 다양성의 판단기준은 블룸너(Blumner, 1991)가 제시하듯, 프로그램에 반영되는 의견, 집단, 이슈 등 가치의 다양성, 프로그램 장르의 다양성, 편성의 다양성, 목표 시청자의 다양성 등을 포함한다.

이러한 일곱 가지 판단기준은 상충할 수도 있다. 텔레비전이 공통의 경험을 얼마나 잘 만들어내는가 하는 것은 현상유지와 공동체 의식을 강조하는 지배구조의 정치적 영향력에 좌우될 수 있으며, 텔레비전이 비판자로서 공론 영역을 활성화하는 문제와 부딪힐 수 있다. 경제적 효율성의 판단기준은 다른 기준들과도 대립된다. 따라서 판단기준들이 비평의 대상과 관계없이 동일하게 사용될 수 있는 것은 아니다.

일곱 가지 판단기준을 비평의 대상과 연결시켜 생각해보자. 텔레비전 비평의 대상이 제작과정과 편성에 관한 것이라면, 다양성은 중요한 척도가 될 수 있다. 제작인력의 다양성(여성 제작자가 어느 정도 참여하는가 등), 채널 내 장르의 다양성이나 시청자의 다양성, 가치의 다양성이 어느 정도 구현되고 있는가를 분석·평가함으로써 텔레비전을 평가할 수 있다.

작가가 비평대상일 경우 뉴스나 보도 프로그램의 기자와 드라마 작가(연출가와 극작가)를 구분해서 전문가주의의 판단기준을 적용할 수 있다. 기자의 전문가주의로 공정성의 실천기준과 기자윤리 등이 있으며, 드라마 작가는 개별 작품과 관련해서 내용과 형식의 유기적 결합, 시청자에 대한 흡입력, 주제의식 그리고 작가의 전체 작품을 대상으로 하는 비평의 경우 세계관과 스타일을 함께 고려해서 평가한다. 비평대상이 텍스트인 경우 미적 기준과 관련해서 일상성, 리얼리즘, 독창성, 텍스트의 완결성 등을 판단기준으로 설정할 수 있는데, 이것은 각각의 장르마다 다르다. 그밖에도 텔레비전이 공통의 경험을 만들어내는지 여부, 비판적 감시자로서 민주적 포럼의 제시 여부, 그리고 좋은 윤리나 가치의 전달 여부는 텍스트-수용자-사회를 연결짓는 포괄적인 판단기준이다.

6. 텔레비전 비평 쓰기

우리는 지금까지 텔레비전 비평의 지평을 넓히기 위한 기본적인 요소들을 살펴보았다. 텔레비전 비평의 기초를 숙지한 이후에 해야 할 작업은 좋은 비평 쓰기이다. 비평은 독자와 의미의 공유과정이기 때문에, 비평가는 독자가 공감하고 이해할 수 있도록 문장과 구성에 신경을 써야 한다.

비평의 첫 단계는 분석하고자 하는 텍스트를 선택하고, 비평가가 대답하고자 하는 질문을 명확히 하는 것이다. 이를 위해서 비평가는 프로그램에서 거짓말, 실수, 심각한 왜곡을 발견해야 하며, 6개월이나 1년 이상의 장기적인 기간에 걸쳐서 나타나는 경향과 유형을 파악해야 하고, 프로그램이 갖는 사회적, 문화적 효과와 함의를 심각하게 고려해야 한다.

두번째 단계인 글쓰기에는 비판적 분석이 필요하다. 비판적 분석은 해석, 주장의 논리적 전개, 구체적인 증거 제시를 포함한다. 밴드 버그 등(Vande Berg, Wenner, Gronbeck, 1998)은 좋은 비평문의 구성으로 다음과 같은 과정을 제시한다.

Ⅰ. 도입
  1. 관심을 환기시키는 첫 문장
  2. 비평의 필요성과 정당성 제시
   1) 왜 선택한 비평의 주제가 중요한가?
   2) 분석을 통해서 얻은 비판적 성찰의 개요나 의미
   3) 비평 분석방법의 유용성
  3. 비평가들이 이전에 사용한 방법과 절차에 대한 비판적 검토
  4. 비평의 주요 내용과 관련된 주요 핵심의 간략한 서술

Ⅱ. 본문
  1. 비평가가 사용하는 방법에 대한 구체적이고 상세한 설명
  2. 텍스트 분석
  3. 비평가의 주장을 뒷받침하는 충분한 근거와 논리 제시
   1) 독자가 비평가의 주장과 해석이 타당하다고 판단할 수 있도록 근거와 논리 제공
   2) 주장과 논리를 제시하기 위한 요소들
    (1) 프로그램을 통한 구체적인 인용
    (2) 플롯, 장면, 조명, 카메라 앵글, 미장센 등에 대한 구체적 설명

(3) 이론과 관련된 문헌이나 자료의 인용
(4) 유용한 정보자료(신문 보도, 프로그램 리뷰 등)의 인용
(5) 권위 있는 정보원(시청률 조사결과 등)의 자료 인용

Ⅲ. 결론
  1. 도입 부분에 제기한 질문의 재진술
  2. 필자의 분석, 주장, 증거, 논리 등을 통한 간결한 결론
  3. 결론의 함의
   1) 주제의 함의
   2) 유사한 분석방법을 사용하게 될 미래의 비평가를 위한 조언
   3) 텔레비전 시청자나 산업종사자에 대한 함의

우리가 비평문을 쓸 때 위와 같은 구성과 전개방식을 반드시 따를 필요는 없다. 너무 기계적인 글쓰기는 독자로 하여금 읽는 재미를 반감시킨다. 저널리즘 비평의 경우 지면이 제한되므로 텍스트 분석을 위한 절차나 과정을 기술할 수 없다. 이 경우에는 관심을 환기시키는 도입부분의 첫 문장, 비평의 정당성과 필요성, 한정된 증거의 제시, 비평의 함의로 구성하는 것이 바람직하다.

만일 우리가 짧은 비평이 아니라 아카데믹 비평을 하고자 한다면, 위와 같은 절차를 따르는 것이 유용할 것이다. 도입, 본론, 결론으로 구성하기보다 자신이 명확히 제시하고자 하는 핵심이나 주장을 중간 제목으로 활용해서 초점을 부각시킬 필요가 있다. 좋은 비평을 하기 위해서 비평의 방법과 절차에 대한 이해가 필수적이지만, 텍스트에 따라서 여러 가지 비평 방법들을 혼합해서 활용할 수도 있다. 지나치게 기존의 비평방식을 그대로 따라갈 필요는 없다.

이상에서 텔레비전 비평을 위한 기본적인 논의로서 비평의 본질, 텔레비전 비평의 짧은 역사, 비평의 대상과 방법, 비평의 가치척도, 비평문의 구성 등을 살펴보았다. 이와 같은 내용들이 충분한 지식을 제공하는 것은 아니지만 텔레비전 비평의 윤곽을 잡는 데는 유용할 것이다. 다음 장부터는 구체적인

장르 비평과 관련해서 보도·시사 프로그램, 다큐멘터리, 드라마, 연예·오락 프로그램, 시트콤·코미디 등의 특징을 살펴본 다음 실제 비평 사례를 첨부하였다. 독자들이 한국 텔레비전의 현실과 저널리즘 비평을 이해하는 데 도움을 줄 것이다.

제2장
보도와 시사 프로그램 비평

1. 보도 미디어로서의 텔레비전

텔레비전은 오락적 성격이 강한 매체임에도 불구하고 그 엄청난 영향력 때문에 보도매체로서의 중요성이 나날이 커지고 있다. 특히 ENG(Electric News Gathering) 카메라 보급 이후 위성을 이용한 보도(SNG: Satellite News Gathering)에 이르기까지 기술이 급속도로 발전함으로써 생동감 있는 실시간 텔레비전 뉴스를 일상적으로 볼 수 있게 되었다. 미국의 케이블 텔레비전 방송에 불과했던 CNN(Cable News Network)은 걸프전을 생중계로 전세계에 내보낸 후 세계적인 뉴스 채널로 자리잡았다. CNN은 2001년 9월에도 뉴욕 세계무역센터 여객기 자살테러 장면을 실시간으로 전세계에 방송하는 '위력'을 발휘했다. 인터넷의 등장으로 보도 미디어로서 텔레비전의 기능이 위축되는 면도 있지만 앞으로도 한동안은 시사보도 미디어로서 텔레비전의 위상은 확고할 것이라고 예측할 수 있다.

시사보도 영역의 대표적인 프로그램으로는 각 시간대의 뉴스와 <PD수첩>(MBC), <추적 60분>(KBS)과 같은 심층보도 프로그램, 생방송 토론 프로그램 등을 들 수 있다. 2001년 4월 28일 첫선을 보인 <미디어 비평>(MBC)은 텔레비전의 본격적인 미디어 보도 비평 프로그램으로서 새로운 영역을 열어가고 있기도 하다.

2. 텔레비전 뉴스의 이해

미국의 사회학자 게이 터크만(Gaye Tuchman)이 주장하듯 텔레비전 뉴스는 '세계로 향해 열린 창'이다. 이 창을 통해 바라보는 세계는 창의 크기와 창틀의 수, 유리의 맑고 흐린 정도, 창이 나 있는 방향이 길거리인지 뒷골목인지에 따라 달라진다. 또한 이 창을 바라보고 있는 시청자의 위치, 즉 창에 가까이 있는가 아니면 멀리 떨어져 있는가, 고개를 삐딱하게 꼬고 있는가 아니면 바로 세우고 있는가 등에 따라서 달라질 수밖에 없다(Tuchman, 1978). 한마디로 텔레비전이 보여주는 '새로운 이야기들(news)'은 그 사회를 지배하는 다층적 권력의 요구에 따라 재구성된 것이다. 그렇기 때문에 뉴스는 진실(truth)이 아니다. 파편화된 사실들(facts)을 적당히 배열해놓은 것일 뿐이다. 그러나 우리는 창으로 보이는 풍경이 자연 그 자체인 것으로 이해하듯이 텔레비전에서 제공하는 뉴스를 객관적 사실 그 자체로 인식하는 경향이 있다.

텔레비전이 현대인의 삶에서 영향력이 있는 미디어로 정착한 것은 대체로 1950년대 이후 미국에서라고 할 수 있다. 1950년대의 한국전쟁과 1960년대 암스트롱의 달 착륙, 케네디와 닉슨의 텔레비전 대선 토론 등은 뉴스미디어로서 텔레비전이 안방에 정착하는 데 크게 기여했다고 할 수 있다. 1970년대 이후 ENG 카메라가 등장하고 케이블 텔레비전 시대가 열림으로써 텔레비전은 역사적으로 새로운 전기를 맞게 된다. 특히 CBS의 앵커맨 월터 크롱카이트(Walter Cronkite)는 베트남으로 날아가 전쟁의 무모함을 역설함으로써 베트남전 종식에 결정적으로 기여했다는 평가를 받기도 했다. 이후 텔레비전 관련 기술 발전에 가속도가 붙게 된다. 1990년대 이후 걸프전 당시 테드 터너의 CNN은 전황을 현지에서 생생하게 위성을 통해 전세계 가정에 배달함으로써 텔레비전의 위력을 다시 한번 입증시켰다. 위성을 이용하여 뉴스를 전달하는 SNG 시대가 열린 것이다. 텔레비전 기술은 더욱 발전하여 위성방송(DBS), 디지털 방송 시대가 열렸으며, 현재는 새로운 일상 미디어로 자리잡고 있는 인터넷과 결합 혹은 경쟁하며 새로운 뉴스 미디어의 패권을 겨루고 있다.

텔레비전 뉴스는 음성과 영상의 결합으로 사실성이 뛰어나며 속보성이 있

새로운 정보통신기술은 텔레비전 뉴스의 생산과정과 유통과정을 전면적으로 변화시키고 있다.

는데다가 원하는 모든 사람이 동시간에 볼 수 있다. 그렇기 때문에 영향력이 지금까지 존재했던 그 어떤 미디어보다 크며, 이에 따른 사회적 책임도 강하게 강제되는 경향이 있다. 뉴스 미디어로서 텔레비전의 특성은 기술적, 법적, 경제적 측면에서 구분하여 이해할 수 있다.

먼저 기술적으로는 반복 없이 일과성으로 지나가버린다는 점, 신문과 같은 색인(index) 기능이 없다는 점, 생동감 있는 영상이 뒷받침된다는 점, 카메라 등 장비가 노출되기 때문에 취재행위가 취재원에 큰 영향을 준다는 점, 필요에 따라 화면 조작이 가능하다는 점, 전파가 유한하기 때문에 방송국의 수가 제한된다는 점 등을 들 수 있다. 이런 기술적 특성은 텔레비전 뉴스의 장점이자 한계로 작용한다. 법적 측면에서 보면 신문 등 여타 미디어에 비해 강하고 다양한 규제를 받으며, 그 막대한 영향력 때문에 언론의 자유보다는 사회적 책임이 더 강조된다. 경제적 측면에서는 재원을 주로 광고에 의존하기 때문에 오락성이 강하며, 여러 프로그램을 동시에 시청하는 것이 불가능하므로 경쟁(시청률 등)이 심하고, 프로그램 제작비가 지속적으로 상승하는 경향이 있다는 점을 들 수 있다.

그밖에도 2001년 9월 뉴욕 세계무역센터 테러사건 관련 보도에서 드러났듯이, 텔레비전 뉴스는 영상에 지나치게 의존하는 경향이 있으며, 기술적 한계로 취재의 범위가 상대적으로 제한되는 문제도 있다. 이러한 텔레비전의 속성이 복합적으로 작용함으로써 텔레비전 뉴스는 보도를 드라마화하거나, 스캔들 중심의 가벼운 이야깃거리로 구성한다거나 흑백논리로 단순화하는 등 많은 문제점과 한계를 갖는다.

최근에 속속 개발되는 신기술은 뉴스의 취재, 기사작성, 보도, 현장 중계 등 뉴스의 생산과 유통과정 전체를 크게 변화시키고 있다. 특히 디지털 기술이나 컴퓨터 그래픽 등 첨단 정보통신 기술이 텔레비전 뉴스에 응용되면서 많은 변화가 드러나고 있다. 최근 두드러지고 있는 텔레비전 뉴스의 변화경향은 다음과 같이 정리할 수 있다.

첫째, 인터넷 등으로 전세계가 연결되는 미디어 환경이 일반화됨에 따라 뉴스의 취재 체제와 유통구조가 지구화(globalization)되고 있다.

둘째, 방송 뉴스의 지역화 추세가 진행되고 있다. 세계적인 영상 통신사의 등장과 KU-Band 인공위성의 등장으로 인공위성 사용료가 저렴해지자 지역적 관심사가 개입된 국내·국제 뉴스를 독자적으로 보도하려는 지역방송이 늘어나고 있다.

셋째, 케이블 텔레비전과 위성방송 등 새로운 뉴스 채널의 등장으로 기존의 공중파 텔레비전 뉴스가 크게 도전받고 있다.

넷째, 뉴스 보도가 대형 이벤트를 중심으로 생방송(live)화, 쇼화되는 추세로 나아가고 있다.

다섯째, 인터넷을 비롯한 정보기술의 발전에 따라 보도국과 뉴스 스튜디오 시스템이 바뀌고 있다.

여섯째, 취재 보도 시스템의 개편추세를 지적할 수 있다. 먼저 대규모 인원감축이 이루어지고 있으며, 계선(line) 구조를 축소하는 방향으로 개편되고 있으며, 일일 뉴스의 심층 분석 보도 등이 강화되고 있다(이민웅, 1996: 34-39 참조).

그밖에도 전반적 사회환경의 변화도 텔레비전 뉴스의 변화를 추동하고 있다. 매체내·매체간의 경쟁이 가열되고 있다는 점도 중요하다. 매체내든 매체간이든 경쟁은 독자 또는 시청자의 확보 경쟁으로 귀결된다. 실제로 최근 들어 매체경쟁은 포괄적인 의미에서 수용자, 메시지 내용, 경영에 의해서 좌우되고 있다. 특히 경쟁의 지표가 되는 수용자의 수는 메시지의 내용과 경영에 결정적인 요인으로 작용하고 있다.

3. 텔레비전 뉴스 비판

과거 권위주의 정권 시절까지 국내 텔레비전 뉴스는 '땡전 뉴스'니 '정권의 나팔수'니 하여 정치권력의 홍보수단으로 작용해온 면이 강했던 것이 사실이다. YS 정권 이후 DJ 정권에 이르기까지 언론자유, 특히 방송의 자유는 지속적으로 확대되어왔다고 할 수 있다. 그럼에도 아직까지 국내 텔레비전의 뉴스 보도는 많은 한계를 가지고 있다.

가장 보편화된 텔레비전 보도의 문제는 현상유지를 위한 보수적 담론을 유포하고 강화한다는 것이다. 공적 책임에서 자유로울 수 없는 텔레비전 방송은 언제나 공정성, 공익성, 공공성, 객관성과 불편부당성 같은 가치를 표방하고 보도 활동을 하게 된다. 이러한 추상적 이념들은 기존 정치권력과 자본의 영향을 받아 일정하게 왜곡되어 텔레비전 뉴스에 나타난다. 요컨대 반공주의 혹은 자본주의와 같은 현재의 지배 이념에 도전하거나 의심하는 일체의 것들은 보수적 현상유지 '담론'을 통해 배제한다. 권위 있게 포장된 다음과 같은 도덕적 담론이 대표적이다. "법을 지켜야 한다" "이성적으로 행동해라" "온건한 것이 미덕이다" "공권력은 불편부당하다" "합의가 민주주의의 기본가치다" "행위에 대한 책임을 져라" "강한 것은 아름답다" "평화를 지켜야 한다" "근면만이 살길이다" "관용을 베풀라" "선택의 자유는 보장돼 있다" "평등한 사회다" "우리 것은 좋은 것이다" 등등. 이런 주장 자체가 잘못된 것은 아니지만 현실상황에 무관하게 진리로 포장하여 전면으로 내세운다는 점이 문제다.

다음으로 텔레비전에서 일상적으로 뉴스를 선택하는 기준, 혹은 뉴스가치 기준에 문제가 있다. 일반적으로 미디어에서 어떤 이슈가 뉴스(사건)로 선택되는 가치판단 기준으로는 적시성, 공간적 근접성, 대중적으로 알려진 정도,

기이함, 인간적 관심사, 충격의 정도, 갈등의 강도 등을 꼽는다. 이러한 일반적 기준에다가 텔레비전 뉴스에는 다음과 같은 속성이 더해진다.

우선 텔레비전 뉴스는 즉시성과 새로움만을 추구하는 경향이 있다. 속보성과 현장성이 중요하기는 하지만 남북관계나 일본 역사교과서 문제와 같은 중요한 사안도 관심을 지속적으로 기울이지 않는다는 점이다. 다음으로 사건을 드라마처럼 엮음으로써 시청자의 흥미를 유발하는 경향이 있다. 그러다 보니 얼마 전 세상을 떠들썩하게 했던 무기수 신창원 '탈옥사건' 보도에서 드러났듯이, 그가 누구냐, 왜 지금 문제가 되고 있느냐 하는 점과 무관하게 뉴스 보도의 대상이 되는 사람을 스타로 만드는 성향이 있다.

셋째, 시간이 제한되어 있고 적절하게 영상이 뒷받침되어야 한다는 한계 때문에 뉴스를 거두절미하여 단순화하거나 관계되는 사람 중심으로 구성하는 경향이 있다. 그런 이유로 매일매일 열심히 텔레비전 뉴스를 봐도 사건의 전말을 이해하기 어려운 경우가 많다.

넷째, 사회를 구성하고 있는 다수자의 입장 혹은 중산층 시각에서 이슈에 접근하며 세상일을 서열화하거나 위계화하는 경향이 있다. 자신의 가치를 보편적이고 객관적인 가치로 포장하고 기존의 위계질서 중심으로 세상에 질서를 부여한다.

또한 텔레비전 뉴스는 복잡하게 얽히게 마련인 주요 쟁점들을 단순하게 흥미 중심으로 거두절미하여 보도함으로써 어떤 사건이나 사회 문제의 총체적 측면이나 역사적 맥락을 제거해버린다. 이는 성폭력 문제나 노동자 시위 등과 관련된 보도에서 잘 드러난다. 결국 텔레비전 뉴스는 기득권 세력이나 지배 권력의 문제점이나 한계는 은폐하고 '공권력' '질서' '보호자'의 이미지만 강조함으로써 궁극적으로 지배 권력이나 기득권 세력을 옹호하게 된다.

4. 텔레비전 뉴스 바로보기

앞서 지적했듯이 우리가 매일매일 보는 텔레비전 뉴스는 기술적, 상황적 한계 때문에 의도했건, 의도하지 않았건 일정하게 사실(facts)을 재구성함으로써 현실을 왜곡할 수밖에 없다. 지금까지 국내에서 텔레비전 보도의 문제로 제기된 점들을 정리하면 다음과 같다.

첫째, 널려 있는 세상의 일들을 선택하여 보도하는 과정에서 특정 사안을 묵살·은폐하거나 과장·축소하여 보도한다. 자신이나 집권세력에 불리한 사실은 아예 보도하지 않는 경우도 많다. 반대로 자신이나 자신이 기대고 있는 집단에 유리한 것은 과장하거나 확대하여 보도한다.

둘째, 사안에 따라서는 사실을 의도적으로 왜곡하는 경우도 비일비재하다. 예를 들면 노동운동이나 진보집단의 활동은 '색깔론' 등을 동원하여 악의적으로 왜곡하기도 한다.

셋째, 사회적 갈등에 대하여 "둘 다 나쁘다"는 식의 무책임한 양비론을 유포하기도 한다. 사회 내의 갈등은 대체로 약자가 강자에게 항의하는 과정에서 발생하는 경우가 많은데, 양쪽을 모두 비판함으로써 결국 강자 혹은 기득권자의 이익을 보호하는 것이다.

넷째, 저널리즘 정신에 입각하여 공정한 판단이 필요한 사안에 대하여 기계적 균형을 유지함으로써 편파보도 시비에서 벗어나려고 하기도 한다. 영향력이 날로 확대되고 있는 NGO 등 대안적 사회세력의 다양한 문제제기에 대하여 기계적 균형만을 추구함으로써 사안의 중요성을 희석시키기도 한다. 지난 총선 때 시민연대의 '낙천·낙선운동' 관련보도나 참여연대의 '소액주주운동' 등에 대한 보도가 대표적이다.

다섯째, 대부분의 방송사는 보도의 전문성이 상대적으로 약하기 때문에 정부기관이나 공안관련 단체의 자료 등에 대해서는 최소한의 확인절차도 없이 보도하는 경향이 있다. 이럴 경우 텔레비전 뉴스는 정치권력의 홍보수단으로 전락하게 된다.

여섯째, 텔레비전 뉴스는 심층보도를 기피하는 경향이 있다. 현상만 좇아다닐 수밖에 없는 근본적 한계에 기인하는 것이기도 하지만, 보도매체임에도 정치권력에 종속됨으로써 논평(editorial) 기능이 약화되었기 때문이기도 하다.

일곱째, 보도태도의 이중성이다. 동일한 사건이라도 상황변화나 이해관계에 따라 전혀 다른 기준을 적용하여 보도하기도 한다. 이는 정치적 취약성 때문이라고 할 수 있다. 남북정상회담 전후의 북한관련 텔레비전 보도는 전형적인 사례라고 할 수 있다.

여덟째, 어떤 사안은 특정 장면이나 구절만을 인용하여 보도하거나 편파적으로 장면을 제시하는 경우도 많다. 발생했거나 존재하고 있는 것을 근거로 보도한다는 점에서 날조는 아니지만 맥락을 무시하고 자신의 입맛에 따라 인용 혹은 선택함으로써 결국 사건이나 사안의 본질을 희석 혹은 왜곡시킨다.

텔레비전에서 내보내는 뉴스조차도 시청률 시장에서 유통되는 상품으로 자리를 잡게 되었다는 점을 이해하는 것도 중요하다. 많은 사람이 눈길을 주거나 많이 팔릴수록 이윤도 높아지기 때문에 다른 미디어와 마찬가지로 텔레비전 뉴스도 시청률 향상을 위해 수단과 방법을 가리지 않는 것이다. 그렇기 때문에 우리는 수돗물을 정화하여 먹듯이 텔레비전 뉴스도 적당히 걸러서 읽거나 볼 필요가 있다. 가령 다음과 같은 사항들을 따지면서 텔레비전 뉴스를 보다 보면 다양한 권력관계와 이해관계를 이해하는 데 실마리를 찾을 수 있을 것이다.

첫째, 뉴스 보도에 덧붙여진 각종 수식장치를 배제하고 실질적인 것들을 골라낸다. 상당수의 뉴스는 순수한 정보보다 부수적이고 불필요한 이야기가 주축을 이루고 있다.

둘째, 뉴스에 담긴 정보요소(5W 1H)를 중심으로 보고 설득적 요소는 가급적 버린다. 예를 들면 상업 광고(CM)가 그러하듯이 텔레비전 뉴스도 특정 메시지를 의도적으로 엮은 것이라는 점을 주목하며 시청한다.

셋째, 뉴스 메시지에 담겨 있는 설득적 요소들을 분석한다. 그러다 보면 해당 방송사의 정치적, 사회적 성향을 파악할 수 있다.

넷째, 주요 외신 등은 인터넷 미디어나 신문 같은 다른 뉴스 미디어와 비교해본다. 그 과정에서 특정 방송사의 보도 성향과 뉴스의 정확성 등에 대한 이해를 확대할 수 있다.

다섯째, 텔레비전 뉴스 보도 내용과 현실적으로 관찰이 가능한 것을 비교해보고 다른 사람들과 토론해본다. 자신이 잘 알고 있는 분야나 주변에서 벌어진 일에 대한 방송보도를 챙겨서 보면 그것의 한계가 잘 드러난다.

여섯째, 방송 뉴스에서 강조하는 의제(agenda)가 실제로 중요한 것인지 검토해본다. 예를 들면 언론사 세무조사나 가수들의 출연거부와 같은 특정 이슈가 부각되는 현실적 이유가 무엇인지, 그것에 어떻게 대응할 것인지 스스로의 생각을 정리해보면 도움이 된다.

5. 시사토론 프로그램의 중요성

지금은 국내 지상파 텔레비전에서 생방송 토론 프로그램을 흔히 접할 수 있다. 이미 10년 이상 장수하고 있는 KBS의 생방송 <심야토론>이나 사회적 쟁점에 대하여 첨예하게 찬반토론을 벌이는 MBC의 생방송 <100분토론>, 토론의 형식에서 새로운 면을 보여주고 있는 EBS의 <난상토론> 등이 대표적인 지상파 방송사의 토론 프로그램이라 할 수 있다. 특히 최근 언론사 세무조사에 관련해서는 <100분 토론>, <심야토론>, SBS의 <토론 공방> 등과 같은 토론 프로그램에서 동시에 주제로 다루기도 했다.

토크 프로그램(토론 프로그램과 토크 쇼 등)은 이야기 미디어인 텔레비전의 가장 전형적인 프로그램 유형이자 현대 텔레비전 방송에서 가장 선호하는 장르이기도 하다. 이는 토크 프로그램이 갖는 고유한 특성과 사회적 기능에서 기인하는 것이다. 물론 토크 프로그램의 기능은 그 유형에 따라 달라질 수 있다. 지향하는 바가 다를 수 있기 때문이다. 그럼에도 우리는 텔레비전 토크 프로그램의 주요 기능으로 텔레비전의 저널리즘 성격 강화, 시청자 알권리 신장 등 여섯 가지 정도를 들 수 있다.

첫째, 전통적으로 취약하다고 간주되어온 방송의 저널리즘 성격을 강화해준다는 점이다. 이는 방송이 사회 문제를 자연스럽게 개진하고 처리할 수 있는 공론장 역할을 해야 한다는 당위성과 관련이 있다. 중요한 사회 이슈가 공개적으로 투명하게 논의될 경우 조작이나 왜곡의 가능성은 그만큼 줄어드는

토론 프로그램의 활성화는 텔레비전의 저널리즘 성격을 강화하여 사회의 투명성 제고, 민주주의 발전에 기여할 수 있다(사진은 KBS1 <심야토론>의 사회자 길종섭 씨).

것이다.

둘째, 유명 인사나 정치인 등 책임이 크다고 할 수 있는 '공인'을 등장시켜 그들과 전문가 집단이나 일반 시민이 대화할 수 있는 장을 제공할 수 있다는 점이다. 이렇게 함으로써 '공인'의 사회적 책임을 인식시키고, 시청자에게는 사회의 주요 영역과 공적 업무에 대한 알권리를 증진시킬 수 있다.

셋째, 주요 사회문제에 대한 정보 확산을 가져올 수 있다는 점이다. 텔레비전 방송은 지금까지 존재했던 미디어 중에서 가장 영향력이 크다고 할 수 있다. 그만큼 환경감시기능을 충실히 수행할 수 있는 가능성을 가지고 있다. 텔레비전 방송사는 토론 프로그램을 통해 핵폐기물 처리장이나 쓰레기 소각장 건설 문제부터 정치자금 공개 문제에 이르기까지 신속한 여론 수렴이 필요한 사안들에 대해서 시민들에게 정확한 정보를 전달하고 판단할 수 있는 기회를 줄 수 있다.

넷째, 토론 프로그램의 경우 다른 어떤 장르의 프로그램보다도 시청자 참여의 보장이 용이하다는 점이다. 토크 프로그램은 성격상 방청객, 전화, 인터넷, PC통신, 팩스 등 다양한 장치를 통한 시청자의 적극적 참여를 유도할 수 있어야만 성공할 수 있기 때문이다. 대부분의 시사토론 프로그램은 시청자가 직접 토론자로 참여하거나 우편이나 전화, 전자우편 등을 통해 다양한 견해를 제시할 수 있도록 문호를 개방하고 있다.

다섯째, 예산을 많이 투입하지 않고도 공익적이며 수준 높은 방송 프로그램을 실현할 수 있다는 점이다. 최근 지상파방송이 위기를 맞고 있는 가장 큰 이유로 인터넷 관련 미디어 확산에 따른 영향력의 약화와 제작비의 지속적 상승을 꼽는 사람들이 많다. 요즘 많은 시청자를 확보하고 있는 <태조왕건>(KBS1)이나 <여인천하>(SBS)와 같은 대하드라마의 경우 제작비가 매회당 1억 원을 넘기도 한다. 반면에 토론 프로그램은 출연료나 세트 설치비 등을 제하면 돈이 거의 들지 않는다.

여섯째, 토론 프로그램은 생산적 토론 문화를 사회적으로 확대시킴으로써 방송이 민주주의 교육장 역할을 할 수 있도록 도울 수 있다. 영상시대를 맞아 텔레비전은 이미 학교보다 더 강력한 교육공간이 되고 있다. 텔레비전이 단순한 오락수단이 아니라 공론의 장이라고 한다면, 다양한 토론 프로그램은 자기 의견은 정확히 표현하고 남의 견해는 신중하게 경청하는 합리적인 토론문화를 정착시키는 데 크게 기여할 수 있다. 특히 우리나라는 민주적 토론문화가 부재하다는 점에서 필요성이 더욱 크다고 할 수 있다.

6. 시사토론 프로그램의 전망

텔레비전 토론 프로그램의 3요소는 토론의 주제, 토론자(패널), 사회자이다. 어떤 주제로 누가 나와서 어떻게 토론하느냐에 따라 프로그램의 성패가 갈라지는 것은 당연하다.

우선 가장 중요한 것은 토론의 주제다. 지나치게 전문적이거나 일상적인 것은 시청자의 관심을 끌기가 어렵다. 시사 현안에 대한 기민한 대처와 사회 문제에 대한 깊은 관심에서 나오는 기획성이 조화를 이루는 것이 중요하다. 주요 현안만을 따라다니다 보면 '교사 인터넷 누드사건'이나 인터넷 음란물과 같은 선정적 주제나, 선거나 정당정치 등과 같은 거대 담론을 추종하기 쉽다. 정치관련 현안은 한국 정서로 볼 때, 다수의 관심사항임에 틀림없지만 합리적인 토론문화가 약하기 때문에 토론을 해봐야 별로 남는 것이 없다는 한계가 있다. 대부분 토론 프로그램의 주제를 보면 언론문제나 문화영역, 노동문제나 여성·환경 문제, 시민생활 등에 관련된 주제는 그리 자주 등장하지 않는다.

다음으로 토론의 재미나 수준은 전적으로 패널(토론자)에 달려 있다. 쟁점이 중심인 경우 핵심 이해당사자는 나오지 않으려고 하기 때문에 섭외에 어려움이 클 수밖에 없다. 쟁점이 되고 있는 사안의 이해 당사자가 직접 나오는 것이 바람직하지만, 경우에 따라서는 당사자이기 때문에 오히려 이야기를 제대로 못할 수도 있다. 대부분의 제작자들은 스타 시스템의 연장선에서 거물이나 대중적 인지도가 높은 사람을 패널로 선호하는 경향이 있다. 2001년 6월 30일 <심야토론>에 나온 김동길 씨나 8월 30일 <100분 토론>에 나온 이철승 씨처럼 '개그맨' 뺨치는 수준을 보여주는 경우도 있지만, 그런 유형의 인사들이 참여하는 토론들은 내용 없는 '객담'에 빠지는 경우가 많다. 사회 각계의 전문 영역에서 일하는 다양한 숨은 논객을 발굴하려는 노력을 기울일 수 있어야 토론의 수준과 다양성이 제고될 수 있다.

토론 프로그램 사회자의 성향(personality)은 프로그램의 성패를 좌우하는 결정적인 요소가 된다. 사회자는 주제와 대본에 따라 프로그램을 진행하는 일종의 '교통순경'이다. 다른 장르와 달리 토론 프로그램에서는 사회자의 순발력을 바탕으로 하는 즉흥대사(ad lib)가 긴장과 극적 재미를 주는 데 결정적 역할을 한다. 그렇기 때문에 사회자는 그 역할에 맞는 최소한의 요건을 갖추고 있어야 한다.

첫째, 사회자는 화술이 뛰어나야 할 뿐만 아니라 텔레비전의 메커니즘에 익숙해 있어야 하며, 정확한 판단력과 순발력을 겸비하고 있을 필요가 있다. 이야기를 하다 보면 전혀 예측할 수 없는 상황이 발생할 수 있고, 이러한 가변적 상황이 시청자에게는 매우 재미있는 요소일 수 있기 때문에 사회자는 이를 적절히 수습하고 원만하게 프로그램을 이끌 수 있어야 한다.

둘째, 사회자는 시청자들이 친근감을 느낄 수 있는 용모를 갖출 필요가 있고, 신뢰감을 줄 수 있도록 논의되는 각 사안의 본질을 꿰뚫어볼 수 있는 안목을 가지고 있어야 한다.

셋째, 사회자는 지나치게 말이 많으면 곤란하고, 논쟁이 되는 문제에 대해서는 어느쪽에도 치우치지 않으면서 문제의 핵심을 중심으로 생동감 있게 이야기가 전개될 수 있도록 유도할 수 있어야 한다.

넷째, 사회자는 어떤 경우에도 쟁점 사안에 대한 다양한 관점을 포용할 수 있는 관용의 자세를 가져야 한다. 나아가 각양각색이게 마련인 시청자의 취향을 충분히 반영하기 위해서는 사안을 여러 각도에서 바라볼 수 있는 열린 마음이 필요하다.

그밖에도 토론 프로그램이 제대로 자리잡기 위해서 제작자는 시청자나 방청객의 견해를 좀더 충실하게 반영하기 위해 고민할 필요가 있다. 전화나 인터넷을 통해 의견을 표명하는 시청자가 엄청나게 많은 것은 주지의 사실이다. 그러나 실제 방송에는 그중 두서너 명의 견해만이 개진될 뿐이다. 방청객도 마찬가지다. 생방송 토론 프로그램의 속성상 어쩔 수 없는 면이 있기는 하지만 전화와 인터넷을 통한 의견수렴이 형식적인 것이 아니라면 마지막에 의견을 종합하여 사회자가 정리해준다거나 다른 방식으로 이를 정리하여 방송할 필요가 있다.

토론 프로그램은 사실 한 사회 토론문화, 나아가 민주주의 성숙 정도의 척도라고 할 수 있다. 요컨대 토론 프로그램은 민주주의 성숙 정도를 반영할 수밖에 없다는 것이다. 그럼에도 불구하고 텔레비전의 막강한 영향력으로 볼 때, 잘 짜여진 토론 프로그램은 사회의 토론문화가 성숙할 수 있도록 선도할 수 있으며, 토론문화의 교과서 기능을 할 수도 있다는 측면에 주목할 필요가 있다.

왜 바깥 세상을 제대로 보여주지 못하는가

KBS1 <9시 뉴스>

뉴스는 '세계로 향해 열린 창'으로 비유된다. 바깥 세상의 소식을 그대로 전달한다는 소박한 믿음 때문이다. 우리는 뉴스를 통해서 있는 그대로의 세상은 아닐지라도 어떤 일들이 발생하고 있는지를 파악한다. 그러나 뒤집어 보면, 우리가 바라보는 뉴스의 창틀이 어떻게 형성되고 있는가 하는 것이 중요하다.

2001년 4~5월의 <9시 뉴스>(KBS1)를 한번 보면, 사건을 보도하는 뉴스의 창틀이 투명해 보이지 않는다. 무엇보다 사회에 대한 비판적 감시자로서 역할이 부족하며, 우리 사회의 정치, 경제, 사회 현실을 제대로 담아내지 못하기 때문이다.

첫째, <9시 뉴스>는 정부여당에 대한 비판적 감시견으로서가 아니라 보호견의 역할에 충실해 보인다. 4월과 5월 동안 국회파행의 보도를 보면, 파행의 일차적 책임이 국회법에서 보장된 무기명 비밀투표를 실시하지 않은 여당에 있는데도 <9시 뉴스>는 정확한 시시비비를 가리지 않고 국회정상화만 지속적으로 보도했다. 5월 21일 안동수 전 법무장관 충성메모와 6월 22일 군수뇌부 골프 파동은 취재를 하고도 제때 보도하지 않았다. 뉴스가 권력구조를 보호하는 데 급급해 있다는 인상에서 벗어나기 어렵다.

둘째, 노사관련 보도도 객관성을 상실하고 있다. 4월 10일 발생한 대우 자동차 인천공장 노조원 진압이 극단적인 예이다. <9시 뉴스>는 11일 24번째 아이템으로 과잉진압 논란을 보도했다. 사안의 중요성에 비해 비중이 낮게 취급되었고, 파문이 확산되어감에도 불구하고 12일에는 보도조차 하지 않았다. 특히 노조의 합법적 행위에 대한 경찰의 법집행 방해 문제가 제대로 전달되지 않았다.

셋째, <9시 뉴스>는 시의성이 떨어지는 아이템들을 많이 다루고 있다. 5월 내내 방영된 가정문제 관련 보도는 시의성이 없는 것들이었다. 이와 같은 내용들은 다큐멘터리를 통해서 심층적으로 제작하면 더 좋았을 내용들이었

<9시 뉴스>는 비판적 감시자로서의 기능이 부족하며 시의성이 떨어지는 아이템을 많이 다루고 있다.

다. 5월 4일 드라마 <태조왕건>에서 나오는 궁예의 최후를 뉴스로 처리한 것도 이해하기 어렵다. 6월 5일 개그우먼 이영자 씨의 지방흡입수술 관련 내용은 3개의 아이템으로 보도되었으며, 다음날에도 무리한 살빼기 보도가 있었다. 이것은 하나의 아이템으로 보도하는 것이 적절하며, 나머지는 연예정보 프로그램에서 다루면 되는 것들이었다.

　최근 들어 정부, 신문, 방송, 시민단체 사이의 갈등이 첨예화되면서, 텔레비전 뉴스는 압도적으로 정부와 여당의 입장을 옹호하는 데 몸바쳐 뛰고 있다. 제5공화국 시절 머릿기사로 "전두환 대통령은…… 또한 이순자 여사는……"을 보도하던 '땡전 뉴스'와 '또한 뉴스'처럼 노골적인 모습을 보이지는 않지만, <9시 뉴스>는 정부여당에 대해 예각적인 비판을 하지 못하고 있다. 뉴스가 세계로 향해 열린 창이라면, 그 창틀은 투명하고 깨끗해야 한다. 권력의 먼지가 너무 많이 끼어 있어서 저널리즘의 본질이 약화되고 있어서 아쉬울 뿐이다.

제2장 보도와 시사 프로그램 비평

저널리즘 정신이 실종되고 있다

MBC <뉴스데스크>

<뉴스데스크>(MBC)를 보다 보면 확실히 달라진 면이 있다. 일기예보다. 나머지는 더 나빠지거나 더 뻔뻔해졌다. 얼마 전까지만 해도 MBC의 뉴스는 고전을 면치 못했다. 무기력증으로 "보도국이 위기에 처해 있다"는 자성과 저널리즘 정신의 실종이라는 진단도 나왔다. 이후 MBC 보도국은 시청률 회복을 위해 절치부심해온 것으로 알려져 있다. 그런 탓인지 최근 <뉴스데스크>의 시청률이 올랐다고 한다.

떠난 시청자를 불러들일 수 있었던 힘은 무엇일까? 저널리즘 정신의 복원이나 MBC 특유의 공신력이 회복되고 있기 때문이 아니라, 뉴스를 홍보 공간화하고 이기주의적인 편파보도에다가 무책임한 연성보도를 남발한 데 있는 것 아닌가 하는 의구심이 든다. 몇 가지 사례를 보자.

요즘 지상파 방송은 일상적으로 뉴스를 자사 홍보 공간으로 이용하고 있다. 2000년 <허준>과 <가을동화>에 대한 MBC와 KBS의 뉴스 홍보는 눈 뜨고는 못 봐줄 수준이었다. 이후에도 MBC는 박찬호 독점중계권 보도, 2001년 4월 2일 자사 스포츠 채널 개국 관련보도 등 갈수록 노골적으로 홍보에 열을 올리고 있다. 이런 홍보 뉴스를 통해 자기 사업을 널리 알리는 단기적 이익을 얻을 수는 있을 것이다. 하지만 결국 뉴스의 공정성 나아가 방송의 공신력을 스스로 허둘어버리게 된다.

자사 중심의 편파보도 경향도 심해졌다. 각 방송사와 광고공사, 신문사 등의 이해관계가 첨예하게 얽혀 있는 미디어 랩 관련 <뉴스데스크>의 보도는 전형적인 모습이었다. 서울대 학생들이 MBC의 뉴스를 가장 많이 본다는 2001년 4월 2일 <뉴스데스크>의 단신보도도 그렇다. 서울대 학보인 ≪대학신문≫에서 조사한 것은 학생들의 선호매체, 매체평가, 언론개혁을 보는 시각 등이었다. 조사 결과의 핵심은 ≪한겨레≫와 ≪조선일보≫에 대한 학생들의 선호도가 높았다는 점, 71.7퍼센트가 언론사 세무조사를 공개해야 한다고 보았다는 점, ≪한겨레≫의 언론권력 비판과 안티조선운동에 대하여 각각

<뉴스데스크>는 '시청률 강박증'에서 벗어나야 한다.

63퍼센트의 학생들이 긍정적 평가를 내렸다는 점 등이었다. 이런 점에 대해서는 일언반구도 없이 자사 뉴스 선호도가 높았다는 점만 보도한 것은 낯뜨거운 일이다.

끝으로 무책임한 연성보도의 남발 문제다. <뉴스데스크>는 2000년 백양 관련 선정보도로 방송위원회로부터 경고를 받은 바 있다. 2001년에도 크게 달라지지 않았다. 2001년 4월 2일 <뉴스데스크>에서는 ≪한겨레≫의 '심층해부 - 언론권력' 시리즈와 관련하여 '물고 물리는 싸움'에다가 '자기들끼리 해결할 수 있는 문제' 운운하는 보도를 내보냈다. 객관성을 빙자한 면피성 보도였다. 4월 7일 '음란물 몰려온다'는 일본의 음란 사이트 관련 보도도 그렇다. 최근 일본의 인터넷 성인 사이트들이 일제히 한글 서비스를 시작했다는 사실을 홍보하자는 것도 아니고 그 의도가 무엇인지 알 수 없는 선정보도였다.

방송 보도에서 불변의 가치는 공정성과 다양성, 그리고 높은 질적 수준이다. 유독 <뉴스데스크>에만 문제가 있다는 것은 아니다. 김중배 사장 취임 후 '공영'방송인 MBC는 '제3의 길'을 표방한 바 있다. '제3의 길'은 뉴스 보도가 정도를 걷는 것에서부터 출발해야 할 것이다.

넘치고 치우치는 '한 시간 빠른 뉴스'

SBS <8시 뉴스>

SBS는 8시에 메인뉴스를 내보낸다. 9시대에는 별 경쟁력이 없기 때문이다. 덕분에 다른 방송사보다 '한 시간 빠른' 뉴스가 되었다. SBS는 <8시 뉴스>를 통해 '신속한 전달로 국민생활 패턴을 정보화 사회에 걸맞게 변화시키는 역할'을 하고 있으며, 내용에서도 가치중립과 생활밀착형 정보로 차별화를 꾀하고 있다고 주장한다. 하지만 <8시 뉴스>에서 '가치'나 '생활'을 찾기는 어렵고, 그리 공정한 것 같지도 않다.

지난 2002년 5월 26일 <SBS 8시 뉴스>는 온통 월드컵 이야기뿐이었다. 16개 뉴스 아이템 중 14개가 축구 이야기였다. 미스코리아의 축구 관전과 대표선수와 미팅 이야기까지 기삿거리로 삼았다. KBS나 MBC의 뉴스에도 축구 이야기가 많았지만 SBS처럼 '도배'를 하지는 않았다.

대선 관련 보도에서는 노골적 편향을 드러낸다. 보도 분량이나 형식은 나름대로 공정하다. 하지만 화면이나 카메라 앵글, 보도내용 등은 확연히 편파적이다. 여론조사 보도에서 단적으로 드러난다. 지난 3월 말에 전국 여론조사를 실시한 결과 노 후보가 이 총재보다 10% 이상 앞선 것으로 나오자, 대상자 수를 1,000명 더 늘려 다시 조사를 해보았다. 그래도 10% 이상 노 후보가 앞선 것으로 나오자 아예 보도를 하지 않았다. 반면 5월 15일에는 '오차범위 접전'이라는 보도를 통해 "노무현, 이회창 두 후보의 지지율 격차가 상당히 좁혀진 것으로 나타났다"며 "당선 가능성에서는 이회창 후보가 노무현 후보를 크게 앞서는 것으로 조사됐다"고 보도하고 후속 아이템도 편성했다.

새로 시작하는 자사 드라마의 오픈세트 개장 소식을 주요 뉴스로 내보낸다든지 '미녀들도 축구관전'(5월 26일), '과소비 안되요'(5월 27일), '너무 살빼면 불임'(5월 28일) 등과 같은 '눈에 띄는' 연성 아이템을 편성하는 것은 그야말로 '차별화' 시도라고 치자. 하지만 주요한 쟁점이나 비리 관련 사안은 무시하거나 면피성 보도로 일관하는 것은 어찌 보아야 할까? 자사 노

SBS <8시 뉴스>는 '한 시간 빠른 뉴스'로서 장점을 살리지 못하고 있다.

조가 지나친 '보신주의'라고 비판하기도 했다.

SBS 뉴스는 가치중립과 계몽주의 탈피를 '지향'한다고 한다. 그렇다면 특정 후보에 대한 노골적 편들기는 '지양'해야 한다. 가치중립과 몰가치나 보신주의는 별개다. 가볍고 쓸데없는 연성 아이템이 많다는 지적에 대해서는 생활밀착형 뉴스가 많은 것이라고 항변한다. 하지만 SBS <8시 뉴스>에 '서울지역방송'으로서 서울사람들의 '생활'에 밀착하는 뉴스는 잘 보이지 않는다. 상업방송 뉴스에서 저널리즘 정신을 기대하는 것은 지나친 일일까?

그것 표절이야! 아니면 말고?

MBC <피자의 아침>

사람들의 입에 오르내리는 정도로만 본다면 MBC의 <피자의 아침>은 '성공'한 프로그램이다. 기자와 피디(producer)의 퓨전을 강조한 이름에서부터 연예인 에이즈 '괴담', 최근의 조성모 뮤직 비디오 관련보도에 이르기까지 지속적으로 세간의 논란거리를 제공하고 있기 때문이다. 2000년 9월 8일 <피자의 아침> 연예뉴스 코너에서는 금주의 사건사고 소식 중 첫번째로 조성모의 새 뮤직 비디오에 대한 군부대의 제소와 타이틀 배경음악 표절 시비 등에 관련된 기사를 내보냈다.

이에 대해 조성모의 팬들은 MBC 홈페이지 게시판을 비롯하여 방송위원회, 민주언론운동시민연합, 언론개혁시민연대 등 주요 시민언론운동 단체의 게시판에서 '인터넷 전쟁'을 벌이고 있다. 텔레비전의 연예계 스타 관련보도와 팬들의 불편한 관계는 새삼스러운 일이 아니지만, 이번 조성모 보도 파문은 인터넷 시대 연예 저널리즘의 새로운 국면을 예고하고 있다.

이날 <피자의 아침>은 조성모의 새로운 뮤직 비디오 관련 파문이 잇따르고 있다는 전제하에 군부대와 현역군인의 제소, 타이틀 배경음악 표절시비, 군부대 반발 마케팅 이용 의혹 등을 보도하였다. 군의 제소 문제야 분명한 사실을 근거로 한 것이지만 이어진 표절시비나 마케팅 이용 의혹 등에 대한 보도는 조성모 팬이 아닌 입장에서 보더라도 '오해'의 소지가 있다. 가요 표절 문제가 아무리 심각하다고 해도 명확한 근거를 제기하지 않고 '표절시비' 운운한 것이나, 군부대의 반발을 예상하고 이를 음반 판매에 이용하려 한 것 같다는 '일각의' 의혹제기가 있다는 식의 보도는 신중했다고 보기 어렵다. 나중에 사실무근으로 밝혀지면 "아니면 말고"라고 넘어갈 건가. 이런 면에서 이날 보도는 허위보도는 아닐지 몰라도 무책임한 부실보도였다.

팬들의 사이버 항의도 전에 없이 격렬하고 끈질기다. <피자의 아침> 게시판은 조성모 팬들이 항의하는 글로 도배가 된 상태이고, 다른 단체 게시판에도 끊임없이 사과와 처벌, 그리고 동참을 요구하는 글이 올라오고 있다. 그들

MBC의 기자와 피디의 '퓨전' 시도는 일단 실패했다(사진은 <피자의 아침>).

의 요구는 간단하다. 시청률을 위한 허위보도였음을 인정하고 '성모님'과 팬들에게 사과하라는 것이다. 국내 팬클럽도 이제는 서구화되는 모양이다. 모랭 등의 견해에 따르면 현대 대중문화의 한 축인 팬클럽과 관련하여 우리는 세 가지를 기억할 필요가 있다. 팬클럽은 스포츠에서 시작된 탓인지 배타적이며 승부(음반판매 등)에 집착하는 경향이 있다. 또한 팬클럽은 스타와 하나 되기를 꿈꾸는 팬들의 예배당이다. 끝으로 최근 팬덤(fandom)을 주도하는 대중가요 팬클럽의 경우 초기 음반판매에 절대적 영향력을 미친다는 점이다.

이런 팬덤의 속성으로 볼 때 이번 조성모 보도관련 파문은 서막에 불과하다. 적극적 팬들의 존재가 부실보도를 일삼고 있는 국내 텔레비전의 연예보도를 위협하여 공정보도 풍토를 만드는 데 기여할 것인지, 아니면 연예보도 자체를 위축시킬 것인지는 두고 볼 일이다. 그건 그렇고 <피자의 아침>의 장점으로 피자와 기자, 콘텐츠에서 퓨전의 성격을 강조하고 있다. 그렇다면 보도에서도 사실과 뜬소문을 '퓨전'해도 된다는 것인가.

배타적 민족논리를 앞세운 '반일' 상업주의

권희로 보도

　권희로(權禧老) 씨가 31년의 수감생활 끝에 석방되어 고국으로 돌아온 날, 공교롭게도 한일 올림픽 대표팀 평가전이 도쿄 니시가오카 스타디움에서 열렸다. 하룻동안 정치와 스포츠 두 분야에서 일본이 방송의 주요 이슈로 취급되었다.

　권희로 씨가 재일 한국인에 대한 차별대우에 항의해 일본 폭력배 2명을 사살하고 인질극을 벌이다 체포되어 오랜 수감생활을 마치고 석방되었다는 사실은 상당한 뉴스 가치를 지닌다. 이것은 권희로 씨가 다른 나라가 아닌 일본에서 한국인 차별에 저항했기 때문이다. 한일간의 역사적, 정서적 문제의 핵심에 권희로 씨가 놓여 있는 것이다.

　권희로 씨가 귀국한 1999년 9월 7일에 KBS1, MBC, SBS는 모두 권희로 씨 내용을 톱 뉴스로 방영했다. KBS1은 10분 동안 5개의 아이템으로 '마침내 고국 품에', '내 뿌리는 한국', 'A급 밀착 경호', '일본에 묻고 싶다', '한 맺힌 인생유전' 등을 보도했다. MBC도 10분 이상 동안 6개의 아이템으로 한국에 도착하는 과정, 어머니 영정을 사찰에 모시는 것, 권희로 씨의 인생역정, 비행기 내 표정, 일본 언론의 보도, 한국에서의 첫날 등을 내보냈다. 그밖에도 KBS2는 권희로 씨 삶의 역정을 다룬 영화 '김의 전쟁'을, 인천방송은 보도특집으로 권희로 씨 기자회견을 녹화중계했다. 권희로 씨에 대한 뉴스 가치를 부정하는 것은 아니지만, 방송사들은 권희로 씨를 다분히 독립투사와 같은 영웅으로 그려냈다.

　방송사들의 권희로 씨에 대한 보도태도에서 쉽게 알 수 있는 것은 배타적인 민족논리를 앞세운 일종의 '일본 상업주의'이다. 일본 문화에 대한 강한 거부감을 통해서, 그리고 국민정서라는 명목으로 국수주의를 상업화하고 있는 것이다. 그러면서도 다른 한편으로 방송사들은 일본 오락 프로그램 베끼기에 앞장서고 있다. 그동안 수없이 일본 프로그램 표절 문제가 제기되었지만 별로 개선되지 않았다. 방송사들은 직접 표절보다는 교묘하게 간접 표

각 방송사의 권희로 영웅 만들기 보도는 배타적 민족논리를 앞세운 일본 상업주의의 전형을 보여준다.

절하거나 표시 안 나도록 아이디어를 훔치고 있다. 게다가 일본관련 역사 다큐멘터리는 사실이나 진실보다는 가설의 역사에 치중하는 경향이 있다. 모두 다 시청률을 의식한 일본 상업주의의 발로이다.

　방송사의 일본에 대한 이중적 태도를 받아들이기 어렵다. 역사문제와 관련해서 방송사의 일본 보도는 냉정함을 유지할 필요가 있다. 민족감정과 국민정서의 시각에서 일본을 다룬다면, 그것은 오히려 역사적 진실을 우리 스스로 외면하는 것일 수 있다. 우리가 일본을 넘어서고자 한다면 과거사와 관련된 문제들, 정신대나 재일 한국인 차별 등을 심층적으로 줄기차게 파헤쳐야 한다. 감정적으로 대응할 때 순간적인 카타르시스를 얻을 수는 있겠지만, 이것이 우리가 일본을 바라보아야 하는 관점은 아니다. 왜냐하면 역사적 진실의 초점이 흐려지기 때문이다.

용두사미로 끝난 최초 '평양 생방송'

SBS <평양생방송>

SBS가 창사 10주년 기념 특별기획 <평양생방송>을 마쳤다. 이는 지난 2000년 9월 추석 연휴시기 KBS가 백두산에서 생방송한 <한민족 특별기획—백두에서 한라까지>와 함께 정상회담 이후 남북관계 변화를 방송에 담아보고자 하는 시도였다고 할 수 있다. <한민족 특별기획>이 최초의 '남북 공동제작'이었다는 점을 의식했는지 SBS는 이번 기획이 사상 최초의 '평양 생방송'이었다는 점을 집중 부각시키고자 하였다.

SBS 취재진은 2000년 9월 8일 평양에 도착하여 9~10일, 13~14일 4일에 걸쳐 8시 뉴스 시간에 몇 꼭지씩 생방송을 내보내고 16일 돌아왔다. 당초에는 9~10일 북한 노동당 창건기념식 관련 사항을 현지에서 보도하고, 이어 16일부터 18일까지 평양을 비롯하여 신의주, 사리원, 개성 등지에 거주하는 북한 주민의 실생활과 경의선 복원구간, 북측 이산가족 찾기 사업 등을 생방송으로 집중 보도하기로 되어 있었다. 그러나 어떤 연유에서인지 집중 보도를 시작하기로 한 날 서울로 돌아와버렸다.

SBS 특별취재진은 9~10일 이틀은 예정대로 대동강변 특별 스튜디오에서 방북인사 평양도착 장면과 노동당 창건일 기념행사와 평양시내 표정을 생방송으로 내보냈다. 김대중 대통령 노벨평화상 수상 소식이 전해진 13일에는 이에 대한 평양 쪽의 반응과 북미 공동선언 관련 사항이 방송되었는데, 북한에서 보도된 것을 인용하여 내보내는 수준이었다. 14일에는 모처럼 최초의 평양 생방송다운 내용을 내보냈다. 경의선 복원현장, 새로 개통된 평양과 남포 간 고속도로, 현대와 북측이 합작으로 공사중인 체육관 건설현장, 평양동물원의 진돗개, 북한 만화영화의 총본산인 조선과학교육영화촬영소 등 현장에 나가 직접 촬영하고 인터뷰한 내용이었다. 그리고 끝이었다.

16일에는 '새 지평을 열었다'라는 타이틀로 평양 특별취재진의 귀환소식과 이번 방북 취재에 대한 정리와 평가를 내보냈다. 귀환을 했다고 하고 다시 평양을 연결하겠다는 등 진행도 혼란스러웠던데다가, "북한 전역을 발로

북한관련 보도는 소재주의에서 벗어나야 한다(사진은 SBS <평양생방송>).

뛰며 살아 숨쉬는 현장을……" "13일 김대중 대통령의 노벨상 수상 발표를 전세계 모든 언론 가운데 유일하게 평양 반응을 타전……" "50년간 헤어졌던 우리의 모습을 보다 심도 있게 영상에 담았다" 운운하며 시종 낯뜨거운 자화자찬으로 일관했다.

하고 싶은 이야기는 두 가지다. 첫째, 남북관계가 변하고 있듯이 방송사의 북한관련 보도태도도 변해야 한다는 점이다. 무모한 선점경쟁이나 한건주의는 진정한 화해와 협력에 도움이 되지 않는다. 둘째, 사소한 문제 같지만 일정변경에 대한 설명과 사과가 없었다는 점이다. "사상 최초의 생방송" 운운하며 북한 취재를 시작하여 결국 '용두사미'로 일정을 변경한 채 끝내면서 이렇다 할 설명 한마디 없었다. 확정되지도 않은 것을 일단 하겠다고 내보내고, 그리하지 못했음에도 모르쇠로 일관하는 것은 스스로 공신력을 훼손하는 행위다.

방송사가 정치적 상황변화에 적극 대처하는 과정에서 발생한 사소한 실수라고 항변할 수도 있다. 그러나 북한보도와 관련하여 소재주의나 선점경쟁은 이미 냉전시대의 낡은 옷이다. 지금은 북한, 통일과 관련하여 저널리즘의 기본 원칙을 고수하면서, 젊은 세대도 공감할 수 있는 프로그램 개발에 주력하는 '진검승부'를 해야 할 때다.

널뛰기 혹은 '호들갑 저널리즘'
입시보도

대한민국에서 대학입시는 '전쟁'이다. 방송을 비롯한 미디어는 대학을 한 줄로 세우거나 학벌주의를 조장하는 입시보도를 통해 이 전쟁을 부추긴다. 여기에다가 얼마 전부터는 매년 이맘때 '대형 오보'를 내는 것이 하나의 '전통'으로 자리를 잡았다. 금년에는 각 언론사의 일사불란한 허위보도의 영향으로 한 여학생이 자살하기도 했다.

수능시험이 있던 2002년 11월 6일과 가채점 결과가 나온 7일 KBS, MBC, SBS 세 방송사 메인뉴스는 방송저널리즘의 현주소를 극명하게 드러냈다. 첫날은 점수가 올랐다고 호들갑을 떨더니, 하루 만에 점수가 떨어졌다고 야단법석이었다.

11월 6일 저녁방송 때 3사는 약속이나 한 듯이 '수능 10~20점 상승'을 메인뉴스 머릿기사로 내보냈다. 보도형식이나 정보원도 거의 유사했다. 이런 터무니없는 정보의 출처는 입시산업의 첨병 사설학원 관계자들이었다. 이어 평균점수 상승에 따라 중상위권 경쟁이나 눈치작전이 치열해질 것이라는 '소설'을 쓰는 것도 잊지 않았다.

바로 다음날 7일에는 '삼구동성'으로 "2~3점 하락할 듯"이라며 전날의 보도를 가볍게 뒤집었다. 이날 보도의 근거는 교육과정평가원의 가채점 결과였다. 아무리 방송사의 경쟁이 치열하다고 해도, 수험생들이나 여러 입시관계자와 인터뷰 등 최소한의 노력도 없이 몇몇 사설학원 관계자의 이야기에 의존하여 무책임한 보도를 내보내는 것은 이해하기 어렵다.

세 방송사의 보도가 유사했지만 그 태도나 정보원 편중이라는 면에서 볼 때 '대표공영방송' KBS의 <9시 뉴스>가 가장 무사안일했다. 그런 면에서 7일 내보낸 '난이도 조절 실패, 교육당국 왜 헤매나'라는 기사는 '보도 실패, 한국방송 왜 헤매나'로 하는 것이 좋을 뻔했다. 이후에도 세 방송사는 별일 없었다는 듯, 학교교육의 실패를 질타하고 무슨 새로운 정보라도 되는 양 "재수생 초강세" "재수생 늘어난다"는 식의 무책임한 보도를 계속하

세 방송사의 입시보도는 무책임한 '호들갑 저널리즘'의 전형을 보여주고 있다(사진은 대학수학능력 시험을 치르는 학생들)

고 있다.

 이렇듯 대입과 관련한 텔레비전 뉴스는 근거 없는 예측과 호들갑으로 점철되어 있다. 언론기관으로서 최소한의 자존심이나 전문성도 없이 그저 자극적 이슈만 따라다닌다. 입시에 모든 것을 걸고 있는 수험생이나 그 가족의 마음을 조금이라도 헤아린다면 그런 무책임한 보도는 나오지 않을 것이다. 더 심각한 것은 '호들갑 저널리즘'이 비단 대학입시 관련 보도에서만 나타나는 것이 아니라는 점이다. 방송사 내부에서 저널리즘 정신 회복을 위한 기자들의 '자정선언'이 나와야 할 때다.

유시민, 네 '색깔'대로 하라
토론 프로그램 사회자론

MBC 생방송 <100분 토론> 진행자인 유시민에 대해 말들이 많다. 이 프로그램의 사회적 비중과 그의 '화려한' 전력으로 볼 때 말이 많을 만도 하다. 유시민은 2000년 7월부터 정운영 교수의 후임으로 <100분 토론> 진행을 맡아, '베트남전'을 시작으로 '표현의 자유와 청소년 보호' 'SOFA와 주한 미군' '방송 선정성 논란' '말썽 많은 의료개혁' 등 현재 한국사회의 아킬레스건에 닿아 있는 뜨거운 주제를 '요리'해왔다.

흔히 토크나 토론 프로그램 사회자의 기본 소양으로 뛰어난 화술과 순발력, 친근한 외모, 주요 쟁점에 대한 통찰력, 경제적 언어구사능력, 포용성 등을 든다. 최근 유시민과 관련된 논란은 시사토론 프로그램 사회자의 자질과 능력에 관한 것이 아니라 그의 외모나 전력시비 등 본질에서 벗어나 있다.

유시민에 대한 첫번째 문제제기는 이전의 시사 프로그램 진행자들이 그러했듯이 결국 정치권으로 진출하는 것 아니냐는 '의혹'이다. <100분 토론> 진행을 정치권 진출의 발판으로 삼는 것 아니냐는 우려다. 이 부분에 대해서는 본인이 극구 부인하고 있고, 줄이나 서야 하는 정치인보다는 시사 프로그램 사회자가 더 매력 있는 직업일 수 있다는 점에서 더 이상 의심할 필요는 없을 것 같다.

다음으로 그의 생김새나 강한 사투리, 눈을 치뜨는 버릇 등 외모에 대한 비판이다. 한마디로 <100분 토론>을 진행하는 그를 보고 있는 것이 불편하다는 것이다. 말쑥한 외모에 매끄러운 '혀'를 가진 요즘 잘나가는 토크 쇼 사회자들과 비교해볼 때 그런 생각이 들 수도 있을 것 같다. 그러나 시사토론 프로그램은 쇼나 코미디가 아니다. 뿐만 아니라 시사토론 프로그램이 일부 계층이나 집단을 '불편'하게 만들고 있다면 그만큼 성공적이라는 반증이기도 하다. 다만 텔레비전이 감성적 미디어라는 면에서 볼 때 강하고 거친 것보다는 부드럽고 친근한 이미지가 호소력이 있음은 분명하다.

끝으로 유시민이 토론과정에서 중립적이지 않거나 토론 내용에 대한 전문

토론 프로그램 사회자는 지나치게 토론이 가열되면 '소방수'가 되어야 하고, 분위기가 냉각되면 '방화범'이 되어야 한다(<100분 토론>의 전 진행자 유시민 씨).

성이 떨어진다는 비판이다. 그럴듯한 지적이지만 별반 타당해 보이지 않는다. '중립성'이나 '전문성'이라는 말 자체가 지극히 상대적이기 때문이다. 그 말을 하는 사람이 누구냐, 그리고 어느 지점에 서 있느냐에 따라 의미가 달라진다. 예를 들어 '의료개혁'과 관련하여 의사, 약사, 일반 시청자가 느끼는 중립성과 전문성의 의미는 다르다는 것이다.

시사토론 프로그램 사회자의 기본 임무는 '교통순경'처럼 토론을 원활하게 진행하는 것이다. 문제는 <100분 토론>에서 다루는 주제가 대부분 사회적으로 첨예하게 대립되고 있는 사안들이라서 '교통순경'으로 임무가 끝나지 않는다는 점이다. 이럴 경우 진행자의 가장 중요한 역할은 주요 쟁점이 부각되고, 각 이해집단의 본 모습이 드러나도록 '개입'하는 데 있다. 이 과정에서 토론이 지나치게 과열되면 '소방수'가 되어야 하고, 토론자들이 몸을 사려 분위기가 냉각되면 '방화범'이 되어야 한다. 형식적 중립성의 고수는 오히려 프로그램의 생기를 잃게 만든다.

유시민이 머리를 물들이고 아무리 부드러운 웃음을 짓는다 해도 그의 '색깔'을 싫어하는 사람들이 달라지지는 않는다. 지금 유시민이 고민해야 할 것은 오히려 권력에 대한 비판, 사회적 약자에 대한 노골적 옹호와 같은 '유시민 색깔'을 어떻게 강화할 것이냐 하는 점이다.

'궐석 토론'의 묘미와 한계
토론 프로그램과 패널

　2001년 2월 22일 MBC 생방송 <100분 토론>에서 진풍경이 벌어졌다. 나오기로 했던 노무현 해양수산부 장관과 한나라당 안택수 의원이 생방송 하루 전에 일방적으로 불참을 통보하는 바람에 사람 대신 명패만 참석하는 이변이 발생한 것이다. 제작진은 두 자리를 비워놓고 토론을 강행했다. 이날 토론주제는 언론사 세무조사와 관련하여 정치적 쟁점이 되고 있는 '언론개혁인가 언론장악인가'였다. 결과만을 보자면 이번 '궐석(闕席) 토론'에서는 오히려 집중력 있는 논의가 이루어졌고, 여러 시민의 의견이 개진되었다는 점에서 실보다 득이 많았다고 할 수 있다. 하지만 다른 면에서 우리나라 토론문화의 한계와 텔레비전 토론 프로그램의 딜레마도 극명하게 드러냈다.

　가장 돋보인 것은 제작진의 '배짱'이었다. 대타를 급조하여 '면피'하는 편법을 버리고 위기상황을 정면돌파했다는 점이다. 나오겠다고 했던 비중 있는 인사가 갑자기 못 나오겠다고 한다면 그 자체도 중요한 쟁점이기 때문에 이를 토론에 적절히 활용한 것이다.

　두 정치인의 '불참의 변'은 이랬다. 우선 노무현 장관은 일부 특권을 누리는 언론에 대해 문제제기를 한 것이기 때문에 당사자라고 할 수 있는 언론사에서 나오지 않으면 토론이 의미가 없다고 했다. 반면 안택수 의원은 한나라당이 공영방송에서 하는 언론개혁관련 토론에는 불참하기로 당론을 정했기 때문에 나갈 수 없다고 이유를 밝혔다. 노 장관은 이미 여러 경로를 통해 족벌신문 폐해와 개혁의 필요성을 역설한 바 있다. 그간의 일부 언론의 '딴지걸기'에 대응하기 위해서라도 텔레비전에 나와 좀더 명확하게 소신을 밝히는 것이 바람직했다. 안 의원의 불참 사유는 그가 토론에 참여하더라도 앵무새처럼 당론만을 이야기할 수밖에 없음을 잘 보여준다.

　<100분 토론>은 정치인들의 '변명'을 통해 현시점에서 언론개혁을 논의하는 것이 얼마나 힘겨운 일인지를 보여줌으로써 소기의 목적의 절반 이상을 달성했다. 하지만 이번의 '역공'으로 향후 비중 있는 정치권 인사들을

토론 프로그램의 성패는 적절한 패널 섭외에 달려 있다(사진은 2001년 8월 <100분 토론>에 참여한 이철승 씨).

섭외하기가 더욱 어려워질 가능성이 커졌다. 이를 계기로 향후 <100분 토론>에서는 정치인을 아예 빼버릴 수 있다면 좋겠지만 대부분 첨예한 쟁점은 그렇게 하기가 곤란할 것이다.

 텔레비전 토론은 쟁점이 되고 있는 사회적 관심사를 정리하고 시민 교양에 기여할 수 있는 대표적 공익 프로그램이라고 할 수 있다. 향후 국내에서 텔레비전 토론이 민주주의와 토론의 학습장으로 정착하기 위해서는 많은 '적'들과 싸워야 한다. 보스의 나팔수 노릇을 할 수밖에 없는 정치인들, 사주에 충성을 바쳐야 하는 언론인이나 그 패밀리, 양지를 극구 싫어하는 기득권층 등. 이 모든 집단이 당장은 토론 프로그램의 적일 수 있다. 그러나 인내심을 가지고 밀고 가야 한다. 방송사가 공신력과 시민의 신뢰를 쌓아가다 보면 이러한 주변의 '적'들은 서서히 사라질 수밖에 없다. "진정 이 땅에 우익은 죽었는가"라고 울분을 토로하는 제작자의 심정이야 이해할 수 있지만, 지금 이 시점에 그들이 텔레비전 토론에 참여할 수 없는 이유, 참여하기 싫은 자유도 어떻든 존중해야 한다.

더 이상 '아름다운' 성역은 없다

MBC <100분 토론>

다시 문제는 신문개혁이다. 언론개혁시민연대 등 시민단체의 집요한 개혁 요구와 안티조선운동, 동아일보 회장의 추태와 '조폭 공방전' 등이 이어지고 있지만 사회적 파장은 그리 크지 않았다. 2001년 1월 11일 방송된 <100분 토론> '신문개혁 어떻게 할 것인가'는 신문개혁 문제를 다시 한번 수면 위로 끌어올렸다.

몇몇 족벌신문이 '침묵의 카르텔' 속에서 여론을 지배하고 있는 한국 현실에서 신문개혁 논란은 파시즘적 지배논리와 상식의 싸움이다. 때문에 <100분 토론>의 목적이 어떤 합의를 도출하는 데 있다면 '신문개혁'은 실패할 수밖에 없는 주제였다. 개혁의 대상이 되는 신문이나 그 기득권 논리에 동조하는 수구세력과 개혁의 필요성을 절감하는 '보통사람'의 견해차는 합의에 도달할 수 있는 성질의 것이 아니기 때문이다. 당연히 토론은 '신문개혁 어떻게'가 아니라 '왠? 신문개혁'에 집중될 수밖에 없었다. 그 과정에서 기득권 집단의 억지논리와 '물타기', 치매 수준의 현실인식을 관찰할 수 있었던 것이 소득이라면 소득이다.

개혁진영의 주장은 아주 간단하다. 신문사는 공공문제에 개입하거나 여론 만드는 것을 본업으로 삼고 있다. 때문에 족벌의 여론 '농단'을 막아야 하고 이를 위해 소유지분을 분산하고 판매나 광고의 투명성을 제고해야 한다는 것이다. 그 방법으로 개인 소유지분 제한, 발행부수 공개, 국회 언론발전위원회 구성, 정기적 세무조사와 발표 등을 제시한다.

신문개혁 반대 진영의 주장은 거의 억지 수준이다. 우선 외적 힘에 의한 신문개혁 주장은 언론의 자유를 침해할 수 있기 때문에 내부에서 자율적으로 개혁을 하도록 해야 한다는 주장이다. 기자들이 사주의 '용병 혹은 경비견'으로 전락하고 있다는 비판이 공공연한 상황에서 누가 자율개혁을 한다는 것인가? 다음으로 사주의 소유지분제한은 재산권 침해로 위헌소지가 있다는 주장이다. 자주 듣던 이야기다. 공공의 목적에 따라 기업이나 개인의 재산권

<100분 토론>은 우리 사회의 '성역깨기'에 앞장서고 있다.

을 제한하는 사례는 비일비재하다. 또한 신문사나 기자에게 여러 사회적 특혜를 베푸는 것은 사주의 재산증식을 보호하기 위한 것이 아니다. 세번째로 시장에서 다수의 독자를 확보하고 있는 것을 인정해야 한다는 주장이다. 소위 조중동의 강한 시장지배력은 그간의 불공정 경쟁과 정치적 특혜의 결과다. 신문시장의 정상화는 오히려 모두가 바라는 바다. 끝으로 구조개혁은 자칫 시스템의 붕괴를 가져온다거나 한국 신문 역사에 영광스러운 순간도 있었다는 주장은 이날 토론의 '백미'였다고 할 수 있다.

이로써 <100분 토론>에서는 세번째 신문개혁 관련 토론을 내보냈다. 미디어간 상호비평이 취약한 현실에서 <100분 토론>의 선도성은 높이 평가할 필요가 있다. <100분 토론>이 독보적일 수 있는 이유는 외압에 굴하지 않고 권력핵심과 맞닿아 있는 문제를 과감하게 주제로 선정하고 그 이념적 성향과 무관하게 토론자를 선정한다는 점에 있다. 문제는 보수적 입장의 많은 사람들이 토론참여 자체를 꺼려 한다는 데 있다. <100분 토론>에서는 앞으로도 자주 신문개혁, 언론권력화 문제를 메뉴에 올릴 필요가 있다. 미디어간 상호비판과 견제를 통해 침묵의 카르텔이 붕괴되고, 나아가 각 미디어의 투명성이 제고된다면 우리 사회의 민주주의도 그만큼 앞당겨질 수 있기 때문이다.

미디어 정치시대 열렸다
<대선후보 TV토론>

대선 후보들의 두번째 텔레비전 토론이 끝났다. 12월 16일 마지막 사회문화 분야 토론을 남겨놓고 있다. 대선 후보들이 텔레비전에 모여 자웅을 겨루는 것은 지난 1997년에 이어 두번째다. 텔레비전의 힘은 각 후보자의 모습을 차별 없이 투명하고, 뚜렷하게 보여준다는 데 있다. 바야흐로 텔레비전 정치 시대가 도래한 것이다.

일부에서는 형식의 경직성과 내용의 상투성을 들어 텔레비전 토론 무용론을 주장하기도 한다. 하지만 텔레비전 토론이 거듭될수록 후보들의 '진면목'이 드러나는 등 몇 가지 새로운 양상이 드러나고 있다는 점에 주목할 필요가 있다.

우선 가장 중요한 변화는 후보들이 상대에 대한 부정적 흠집내기보다는 나름의 소신과 식견을 중심으로 이야기를 풀어가려 한다는 것이다. 대안정치세력의 후보가 어깨를 나란히 하며 토론에 나섬으로써 이야기의 소재와 범위도 더 넓어졌다. 선거공간이 아니라면 대안정치세력이 주류 텔레비전에서 이렇게 활개를 치기는 어렵다. 양당 사이의 공방전에 이골이 난 시청자에게는 새로운 경험을 할 수 있는 기회이기도 하다.

물론 텔레비전 토론의 어쩔 수 없는 한계도 보인다. 아직도 사회자가 중간에서 시간과 내용을 통제하며 철저하게 교통정리를 하는 '공정'한 형식을 고수하고 있다. '난상토론'의 재미를 반감시키지만 나름대로 질서정연한 논의가 가능하게 하는 면도 있다.

토론의 수준이 떨어지고 실제 영향력도 미미하다는 지적도 있다. 가볍고 감성적인 텔레비전의 속성상 무겁고 추상적인 이야기는 제대로 전달되지 않는다. 말의 내용보다 말하는 사람의 표정이나 태도가 더 중요하다. 후보들이 새로운 정책과 비전을 보여주기보다 동어반복과 동문서답의 '허무개그'를 하는 것처럼 보이는 것은 이러한 한계 때문이기도 하다. 이 후보나 노 후보 공약들보다는 권 후보의 '원조당-신장개업당' 같은 '말장난'이 더 기억

텔레비전 토론에서는 후보자의 논리나 주장보다는 분위기나 이미지와 같은 감성적 요소가 더 중요하게 작용한다.

에 남을 수밖에 없다.

　그런 면에서 텔레비전 토론 후에 누가 더 잘했는지 '경마중계'하듯 보도하는 것은 큰 의미가 없다. 어차피 텔레비전 토론은 정책과 비전의 경연장이 아니라 '말 잔치'이기 때문이다. 주장의 논리나 현실성보다는 말하는 사람의 생김새나 분위기, 여기서 드러나는 사람됨이, 인간에 대한 예의 같은 부수적 요소들이 더 중요하다. 그런 면에서 통계적으로 텔레비전 토론의 영향이 그리 크지 않다는 것은 다행스러운 일일 수도 있다. 하지만 텔레비전 토론은 중요하다. 특정 후보와 인간적 신뢰관계 형성을 가능하게 하여 투표율 제고 등에 기여할 수도 있다.

　두 차례의 토론을 통해 세 후보는 나름대로 부드러운 이미지를 형성함으로써 텔레비전과 친화력을 확보한 것으로 보인다. 마지막인 세번째 토론에서는 본인 의지와 무관하게 '진검승부'를 할 수밖에 없다. 뒤진 자는 뭔가 반전의 계기를 마련하려 할 것이고 앞선 자는 굳히기에 들어갈 것이기 때문이다. 양자 사이에서 반사이익을 얻는 방법도 좀더 다양해질 것 같다. 12월 16일 '마지막 승부'를 기다리는 이유는 이 때문이다.

편들기와 악의적 공격······ 방송사의 '본색'

각 방송사 대선후보 초청토론

텔레비전의 대선후보 검증토론 '예선'이 끝났다. 방송사들은 최소한의 공정성도 없이 특정 후보를 노골적으로 편들거나 어떤 후보에 대해서는 '인신공격'을 하기도 했다. 대권 후보들의 경륜과 비전을 이해하고, 의혹에 대한 '해명'을 기대했던 시청자들은 사실상 '사기'를 당한 셈이다. 후보 검증이 아니라 방송사의 '본색' 검증이었다.

다수의 관심을 끈 것은 지지도가 높은 거대야당 후보의 토론이었다. 지지자가 많지만 반대하는 사람도 가장 많기 때문이다. 이회창 후보는 KBS <심야토론>(10월 19일)과 SBS <토론공방>(10월 25일)에 참여했다. 하지만 MBC의 <100분 토론>에는 출연하지 않았다. 야당의 대선 후보는 선거국면에서 가장 강력한 '뉴스메이커'다. 납득할 만한 이유도 없이 공영방송에 출연을 거부하는 것은 절대권력자의 '언론 길들이기'를 떠오르게 한다.

그나마 이회창 후보가 출연한 <심야토론>과 <토론공방>도 패널 구성과 토론 내용은 대통령의 기자회견이나 후보자 홍보방송을 연상하게 했다. 쟁점이나 의혹은 드러나지 않았고, 패널들은 무기력한 '앵무새' 수준이었다.

<심야토론>은 패널과 진행자에 의한 노골적 편들기의 한 전형이었다. 패널을 자사의 프로그램 진행자들로 한정함으로써 '이견'의 가능성을 봉쇄했다. 진행자 길종섭 씨는 정몽준 후보의 경우 생모문제에서 정몽준식 화법까지 시비를 걸었고, 노무현 후보에 대해서는 초등학교 생활통지표까지 동원하여 '인신공격'을 서슴지 않았다. 하지만 이회창 후보의 경우 초미의 관심사인 아들 병역비리 문제를 양심적 병역거부와 연계하여 비껴가는 등 다른 후보와 현저한 차이를 보였다. 언론노조는 길종섭 씨가 이회창 후보가 나온 경기고 언론인 모임 '화동클럽' 회원임을 지적하고 사퇴를 요구하고 있다.

<토론공방>은 잘 짜여진 한 편의 '드라마'였다. 어렵게 토론장에 나온 패널들은 1분에 묶여 발언이 제한되었고, 진행자(엄광석)는 이 후보 연설의

KBS와 SBS는 16대 대선후보초청토론에서 유력후보였던 이회창 씨를 노골적으로 편들어 물의를 일으키기도 했다.

보조자 수준에 머물렀다. 아들 병역비리 문제는 '여사' 인터뷰로 대체하였고, 한나라당의 정체성, 북핵문제, 군사정권에서의 행보와 같은 쟁점들은 '맛보기 수준'의 질문에 '물타기 식'으로 답함으로써 화합의 무대가 마무리되었다.

이렇듯 두 방송사는 이회창 후보 검증의 장을 '유세의 장'으로 연출하였다. 물론 이 후보의 방송 '길들이기'가 위력을 발휘한 것이기도 하다. 선거공간에서 방송은 '공정한 심판'이 되어야 한다. 두 방송사는 이번 토론을 통해 심판으로서 자질이 전혀 없음을 잘 보여주었다. 하지만 합동토론 등 아직도 기회는 남아 있다.

* 이회창 후보는 MBC의 <100분토론> 출연을 계속 거부하다가 2002년 11월 7일에야 방송토론에 응했다.

여론 왜곡 견제, 정규 프로그램으로 편성해야
텔레비전의 신문비평

텔레비전과 신문은 경쟁적이면서 상호의존적인 관계에 놓여 있다. 경쟁은 인쇄매체와 영상매체라는 고유한 특성으로 비롯되지만 광고시장이라는 경제적 이유가 더 크게 작용한다. 동시에 텔레비전의 사회적 역할과 영향력에 대한 신문의 견제도 경쟁 관계를 형성하게 만들었다. 텔레비전과 신문이 상호의존적인 것은 매체의 속성과 관계없이 언론으로서 공적·사회적 역할 때문이다.

신문의 텔레비전 비평은 1970년대 후반 이후부터 활성화되어왔지만, 텔레비전의 신문비평은 국내나 외국에서조차 거의 이루어지지 않고 있다. 몇 해 전 <정범구의 세상읽기>(KBS1)에서 텔레비전의 신문비평이 부분적으로 시도되었지만, 본격적인 신문비평 프로그램은 아니었다. 이후 <시사포커스>(KBS1)에서 월 1회 본격적인 신문비평이 시도되기도 했다.

텔레비전은 권력의 지배로부터 무기력해왔다는 사실 때문에 또 다른 권력인 신문을 비판하지 못했다. 그러나 최근 신문개혁을 둘러싸고 벌어지는 텔레비전과 신문 사이의 첨예한 대립관계를 보면서, 텔레비전도 신문에 대한 비판과 비평의 기능을 본격적으로 시도할 필요성을 느낀다. 이것은 신문개혁이라는 모토에서가 아니라 우리 사회의 쟁점을 공론화하고 시청자이면서 독자인 국민들에게 다양한 정보의 관점을 제공하기 위해서이다.

MBC는 방송 3사 중에서 신문개혁과 관련된 프로그램을 제작하는 데 가장 적극적이었다. 2001년 <100분 토론>은 '신문개혁 어떻게 할 것인가'(1월 11일), '신문개혁 자율인가 타율인가'(2월 1일), '언론개혁인가 언론장악인가'(2월 22일)를 방영했고, <PD수첩>도 '다시 신문개혁을 말한다'(1월 16일), '황색의 질주 스포츠신문'(2월 27일)을 통해서 신문개혁을 강조했다. 필자는 신문개혁 관련 MBC 프로그램들이 김대중 정부의 정치적 의도와는 무관하게 신문개혁에 대한 사회적 공론화가 필요하다는 제작자들의 현실인식에서 출발했다고 생각한다.

MBC는 난항을 거듭한 끝에 2001년 4월 28일부터 <미디어 비평>을 신설하여 방송하고 있다(사진은 초창기 진행자 손석희 아나운서).

　MBC가 산발적으로 신문개혁을 공론화하는 방식에서 벗어나서 신문비평 프로그램을 정규편성하기를 기대해본다. 신문개혁을 내세우기보다 사실(fact)을 중심으로 한 저널리즘의 입장에서 사회적 쟁점의 스팩트럼을 보여줌으로써 다양한 관점과 시각을 제공해주기를 바라는 것이다. 그럼으로써 쟁점에 대한 궁극적인 판단을 시청자의 몫으로 남겨둔다면, 신문의 왜곡된 여론형성을 견제할 수 있으며, 시청자 사고의 폭도 넓어질 것이다. 다만 MBC가 얼마 전 미디어 랩과 관련된 보도에서처럼 자사 이기주의나 편향으로부터 벗어나기만 한다면 말이다.

족벌신문 '침묵 카르텔'을 깨자

MBC <PD수첩> '황색의 질주 10년 스포츠신문'

MBC와 스포츠신문의 '일전'이 계속되고 있다. 최근 족벌신문 비판의 선봉을 자처하고 있는 MBC는 <PD수첩>을 통해 스포츠신문들의 왜곡·과장·선정 보도 문제와 각종 불법행위를 심층 취재하여 보도한 바 있다. 예상대로 스포츠신문 등 보수 언론들은 무서운 결집력을 보이며 단체로 'MBC 죽이기'에 나섬으로써 미디어 전쟁이 본격화하고 있는 것이다. 미디어간 상호 견제와 비판은 자연스러운 일임에도 지금까지 국내에서는 족벌신문이 '밤의 대통령'으로 군림함으로써 방송의 신문비판은 사실상 불가능했다. 그런 면에서 이번 싸움은 중요하다.

지하철 가판대를 중심으로 판매되는 도색잡지 수준의 스포츠신문 문제는 어제오늘의 일이 아니다. 여러 시민단체에서 소송을 거는 등 사회적으로 거듭 문제가 되고 있음에도 불구하고 악화일로를 걷고 있다. 연예인 등에 대한 과장·왜곡 보도가 문제가 되면 '표현의 자유'를 내세우고 청소년 유해 매체물로서 문제가 되면 "청소년은 구매력이 없어 스포츠신문을 보지 않는다"는 식의 변명으로 일관하며 의연하게 버티고 있는 것이다. 그럴 수 있는 것은 스포츠신문의 배후에는 ≪조선일보≫, ≪한국일보≫, ≪국민일보≫와 같은 족벌신문이 있기 때문이다. <PD수첩> '황색의 질주 10년 스포츠신문' 편에서는 이러한 스포츠신문의 선정성 문제뿐만 아니라 족벌언론과의 관계, 지나친 광고의존 문제 등을 정면으로 치고 나간 바 있다.

'황색의 질주……' 방영 직후부터 ≪스포츠투데이≫가 계속해서 MBC를 집요하게 흠집내는 가운데 ≪스포츠조선≫, ≪스포츠서울≫, ≪한국일보≫, ≪조선일보≫의 동조비판도 잇따르고 있다. "PD수첩의 '무법의 질주'"와 같은 <PD수첩>을 정면으로 공격하는 기사에서 MBC 교양국 프로그램 때리기, '불륜왕국' '막가는 프로그램' 등 선정성에 관한 단골 메뉴에다가 <PD수첩>에서의 음성변조 문제까지 거론하고 있다. 모처럼 족벌신문 '자매들'이 단합하여 방송 손봐주기에 나섬으로써 '족벌신문 카르텔'

<PD수첩>은 피디저널리즘, 심층시사보도를 정착시키고 있다.

의 건재함을 과시하고 있는 것이다.

　방송에서 스포츠신문을 주목해야 하는 이유는 이들이 한국 저질 대중문화를 견인하고 있기 때문이다. 풍문과 억측으로 점철된 스포츠신문의 기사가 질타의 대상이 되는 텔레비전 연예오락 프로그램의 밑그림이 되고, 이는 방송 저질화의 주범이 되기 때문이다. 이러한 연예오락 프로그램은 다시 족벌언론의 먹이가 된다. 이번 <PD수첩>의 반격은 그릇된 연예 저널리즘 악순환 고리를 끊고자 하는 의지의 표현이라고 볼 수 있다.

　스포츠신문들이 MBC를 계속 때림으로써 노리는 것은 향후 절대 그런 보도를 하지 말라는 '흥정'의 의지라고 할 수 있다. 너도 별수없으면서 혹은 너는 더하면서 왜 쓸데없이 남을 가지고 시비냐는 식의 양비론 분위기를 확산함으로써 '침묵의 카르텔'을 유지하고자 하는 것이다. 결과적으로 스포츠신문의 호들갑은 일회성으로 끝났을 수도 있는 스포츠신문 문제가 확대 재생산되어야 하는 근거를 제공하고 있다. 무척 잘된 일이다. <PD수첩>팀은 보수 족벌 언론 '자매'들의 반격을 두려워하거나 이에 대하여 감정적으로 반발할 필요가 없다. 조용히 족벌언론 2탄, 3탄에다가 황색질주 2탄, 3탄을 만들어서 방송하면 된다.

경계해야 할 독선과 상징폭력

KBS1 <도올의 논어 이야기>

도올 김용옥의 <도올의 논어 이야기>(KBS1)에 대한 '장외 논란'이 점입가경이다. 도올은 2000년 10월부터 KBS에서 100회 방영 예정으로 편성한 <도올의 논어 이야기>를 진행하고 있다. 논어 강의는 지난주까지 38회가 방영되었다. 도올은 1997년 SBS에서 6회에 걸쳐 <명의 특강>을 한 이후 지난해에는 EBS에서 56회에 걸쳐 <노자와 21세기>를 강의하여 장안의 화제를 모은 바 있다. 이제는 잊혀질 만도 한데 끊임없이 인구에 회자되는 것을 보면 도올은 이제 확실히 텔레비전의 스타이다.

도올이 매주 금요일 밤 들려주는 공자님 이야기를 경청하기 위해서는 많은 인내가 필요하다. 그의 복장이나 외모, 청각을 자극하는 목소리, 독선적인 강의진행 방식, 특유의 장광설과 권위주의적 경전해석 등이 빚어내는 불협화음은 시청자를 불편하게 하기 때문이다. 그러나 고전에 대한 도올 특유의 쾌담과 지적 카리스마는 그 모든 한계를 뛰어넘는다. 텔레비전과 이질적인 도올이 새로운 대중의 스타가 되고 있는 것은 역설적이다.

처음에 도올의 논어강의가 화제가 된 것은 방청객 노인에 대한 부당한 대접이나 기독교에 대한 폄하 발언에 관련된 기독교계의 반발 등 그 강의의 본령과는 무관한 문제 때문이었다. 이 문제는 도올이 사과하고 해명함으로써 일단락되었다. 도올의 설명이나 비유는 거침이 없고 때로는 무모할 정도로 직선적이기 때문에 오해의 소지가 많다. 하지만 이는 그저 대중의 이해를 돕기 위한 도올 특유의 '방편설법'이라고 볼 수도 있다. 오히려 "자왈 학이시습지……" 하는 식의 구태의연한 방식으로 그의 긴 강의가 일관된다면 시청자는 단 10분도 버티기 어려울 것이다. 그의 동서고금을 넘나드는 일탈적 언어와 개그에 가까운 태도는 이 프로그램에 활기를 주는 '양념'이자 도올 특유의 대중에 대한 서비스라고 보는 것이 타당하다.

최근 도올 강의에 대한 비판은 형식이나 태도 문제에 국한되지 않는다. "공자는 없고 소인만 있으며 도는 사라지고 말장난만 남았다"는 비판이나 도올

도올의 지식대중화 실험은 '절반의 성공'으로 막을 내렸다.

의 논어 등 고전에 대한 권위적이고 독선적 해석의 한계와 고전만능주의 파시즘적 성향에 대한 비판 등이 그것이다. 물론 도올은 '노자를 웃기고 공자를 울린 남자'라는 식의 무모한 비난에 대하여 "9단이 9급을 상대할 수 없다"며 대응을 삼가고 있다. 그러나 그의 경전해석의 독단성과 과도한 권위의식에 대한 이의제기는 충분히 검토하고 해명할 필요가 있다. 도올은 호랑이를 잡으러 호랑이 굴에 가듯이 아주 정직하고 단순하게 더 많은 사람과 소통하기 위해서 텔레비전 강의를 시작했다고 스스로 밝힌 바 있다.

텔레비전이 파시즘의 도구가 될 수 있는 것은 그 즉각적이고 일방적인 영향력 때문이다. 도올은 텔레비전에서 '고도의 지적 엔터테인먼트로서의 예술'을 보여주겠다고 했다. 그러기 위해서는 더 개방적인 자세로 낮은 곳으로 임할 필요가 있다. 오만과 독선이 때로 '양념'일 수 있지만 그 지나침은 부족함만 못하다. 우상을 파괴하겠다면서 스스로 우상화되는 것은 아닌지 반문해볼 필요가 있다. 이러한 반성이 따르지 않는다면 도올의 고전 강의도 고전을 빙자한 새로운 상징폭력의 하나일 뿐이다.

*<도올의 논어 이야기>는 100회 방영될 예정이었으나 도올 선생이 석연치 않은 이유로 도중하차함으로써 2001년 5월 18일 제64강을 끝으로 전격 폐지되었다.

남북정상회담 이후 방송의 과제

남북정상회담의 열풍이 조금씩 가라앉고 있다. 2001년 6월 내내 방송은 정상회담의 특수에 흠뻑 빠져 있었다. 정상회담 기간 동안 방송 3사의 뉴스는 90퍼센트 이상을 정상회담 보도에 할애했다. 게다가 정상회담 이후 일주일 동안 KBS는 15개, MBC는 5개의 특집 프로그램을 방영했다. 지금은 방송이 어떻게 북한을 보도하고, 다양한 북한 관련 프로그램을 어떻게 제작할 것인지 심각하게 생각해야 할 때이다. 이제 냉전을 벗어나 본격적인 화해·협력 시대를 맞고 있다는 점에서 북한관련 보도나 프로그램은 새로운 원칙을 만들어야 한다는 것이다.

첫째, 북한 보도에서 저널리즘의 원칙이 준수되어야 한다. 정상회담 이전까지 방송의 북한보도는 편향적이었다. 북한 지배층의 비도덕성, 탈북과 귀순, 경제적 빈곤 등 부정적인 보도가 지배적이었기 때문이었다. 그러나 정상회담에 즈음해서 방송은 정반대의 보도태도로 일관했다. 정상회담 기간중 북한 보도 분석결과를 보면, 전체 374개의 뉴스 아이템 중에서 부정적인 것은 단지 5건에 불과했다. 물론 이것은 납득할 수 있다. 왜냐하면 언론이 정상회담의 분위기를 해쳐서는 안 된다는 국민적 합의 때문이다. 그러나 이제는 북한과 관련하여 뉴스를 제작하는 경우 정확성, 균형성, 중립성, 진실성 등과 같은 저널리즘의 원칙을 준수하여야 한다.

둘째, 방송사들은 북한 보도와 북한 관련 프로그램 제작에서 나름의 가이드라인을 설정하고 있다. 적어도 이와 같은 규칙들은 반드시 지켜져야 한다. 혹시 나중에 정상회담 합의사항들이 실행되는 과정에서 어떤 문제가 발생하더라도, 방송 3사는 일관성 있는 태도를 지니는 것이 필요하다. 과거처럼 특정 사안에 함몰되어 장기적인 맥락의 흐름을 놓쳐서는 안되기 때문이다.

셋째, 방송사들은 젊은 세대가 관심을 가질 수 있는 북한 관련 프로그램 제작에 관심을 기울여야 한다. 정상회담 이후에 방영된 특집 프로그램의 시청률을 분석해보면, 대부분 60세 이후의 시청자들이 연령별로 최고를 기록하

북한 보도에서 저널리즘의 원칙이 준수되어야 하고, 북한 관련 프로그램 제작 가이드 라인도 지켜야 한다.

고 있다. 단지 KBS의 <추적 60분> '북한영화 50년'만이 30대 시청자의 주목을 받았을 뿐이었다. 시청률 결과가 함축하는 바는 젊은 세대는 통일문제에 대해서 관심이 적다는 것이며, 또 다른 한편으로 방송사의 특집 프로그램이 젊은 시청자의 관심을 불러일으키는 데 실패했다는 것이다.

각 방송사는 최소한 저널리즘 원칙 및 제작 가이드라인 준수, 젊은 세대용 프로그램 제작이라는 세 가지 원칙을 반드시 준수할 필요가 있다. 방송이 한민족 공동체의 형성에 기여하고자 한다면, 그것은 요란스러운 목소리를 통해서가 아니라 차분하고 원칙 있는 보도태도를 통해서만이 가능하다.

금요일 밤 MBC의 '한계'를 본다

MBC <미디어비평>

<미디어비평>이 2002년 4월 26일이면 어언 방송 1년을 맞는다. 이전에도 일부 방송 프로그램에서 단발로 신문권력을 비판한 경우는 있었지만 <미디어비평>처럼 장기 '진지전'을 편 적은 없다. <미디어비평>이 '공론의 장'으로 자리를 잡음으로써 국내 방송저널리즘의 수준도 한 단계 올라서고 있다.

방송사 내부에서도 2년여의 논란을 벌이는 등 우여곡절 끝에 2001년 4월 28일 신문고시와 매체비평을 주제로 첫방송을 내보냈다. 지난 1년간 족벌언론 탈세, 안티조선운동, 방북단 보도, 대학입시 보도, 친일파 논란, 노무현과 메이저신문 죽이기, 인터넷 미디어 등 주요 보도와 언론계 현안을 나름대로 공정하게 정리하고 평가했다. 그 결과 내외적 역풍도 만만치 않았다. 내부사정으로 네 차례 방송이 나가지 않았고 진행자와 방송시간도 바뀌었다. ≪조선일보≫와는 '30억 소송'이 걸려 있다.

<미디어비평>의 구성을 보면 한 주간 신문과 방송의 주요 보도를 심층 분석하는 '뉴스초첨'과 언론동네의 이런저런 이야기를 현장취재 중심으로 엮는 '미디어 이슈'가 전부일 정도로 단출하다. 이따금씩 '촘스키 대담'이나 '긴급진단' 등을 추가하기도 하지만 대체로 두 꼭지로 구성한다.

처음 시작할 때 이 프로그램이 자사이기주의 수단으로 동원되거나 또 다른 편파에 빠지지 않을까 하는 우려도 있었다. 지난 1년간 방송을 돌아보면 이는 기우였음이 드러난다. 연예제작사협회(연제협)와 MBC의 갈등, 디지털 텔레비전 전송방식, 음반기획사와 방송사의 유착 등 MBC와 직접 관련된 이슈를 비평의 대상으로 삼을 경우에도 거리를 유지하면서 공정한 평가를 시도했다.

일부 논자들은 "왜 주제넘게 신문의 논조를 문제삼느냐?" 또는 "왜 특정 신문만 집요하게 물고 늘어지느냐"는 등 불공정하다고 주장한다. 왜곡과 조작을 '업'으로 삼고 있는 일부 신문의 논조를 문제삼는 것은 당연하다.

MBC는 2001년 4월 <미디어비평>을 정규 편성하여 방송저널리즘의 새 장을 열었다(사진은 <미디어비평>의 진행자 성경환 씨).

언론권력화를 선도하는 '주범'을 두고 '종범'을 표적으로 삼을 수도 없는 일이다. 언론 관련 이슈가 바닥이 나면 스스로 문을 닫게 될 것이라고 성급한 진단을 내리는 사람들도 있다. 하지만 지난 수십 년간 고여서 썩은 국내의 언론풍토, 그릇된 보도관행이 바뀌지 않는 한 <미디어비평>이 할 일은 갈수록 늘어날 것이다.

<미디어비평>을 시청률로 평가해 줄을 세우는 것은 MBC답지 못한 처사다. <미디어비평>을 내보내기는 하되, 금요일 저녁 주변부 시간으로 밀어놓는 것이 현재 MBC의 한계일지도 모른다.

제3장
다큐멘터리 비평

1. 다큐멘터리 '논쟁'

<동강>(KBS1)이나 <어미 새의 사랑>, <야생의 초원, 세렝게티>(이상 MBC)와 같이 잘 만들어진 한 편의 자연 다큐멘터리나 <이제는 말할 수 있다>(MBC)와 같은 역사 다큐멘터리는 우리에게 인간과 자연에 대하여 많은 생각거리를 던져준다. 비용과 시간, 제작인력, 제작 노하우가 고루 결합되어야만 좋은 다큐멘터리 프로그램이 만들어질 수 있다. KBS의 3대 스페셜이라는 <환경스페셜> <역사스페셜> <일요스페셜>은 한국의 대표적인 텔레비전 프로그램으로 자리잡았고, <하나뿐인 지구>(EBS)의 경우 환경 다큐멘터리로서 새로운 영역을 열고 장수하고 있는 프로그램이다. MBC나 SBS에서도 특집 형태로 양질의 다큐멘터리 프로그램을 주기적으로 내보내고 있으며 경인방송(*i*TV)에서도 최근 '시화호에 돌아오다'라는 자연 다큐멘터리를 제작하고 있다.

최근 들어 지상파 텔레비전에서 <몽골리안 루트>(KBS)와 같은 대작이라고 할 수 있는 다큐멘터리 프로그램 제작이 활성화되고 있는 것은 다큐멘터리 장르 자체가 수용자에게 호소력을 지니고 있기 때문이다. 또한 디지털 기술의 발전으로 소형의 경량화된 캠코더가 널리 보급되고, 디지털 캠코더로 무장한 1인 저널리스트(VJ: Video Journalist)들이 각광받음으로써 다큐멘터리 장르는 더욱 활성화되고 있다. 다큐멘터리는 있는 그대로의 세계를 영상에 담거나 실

아프리카 초원이나 극지방은 텔레비전 자연 다큐멘터리의 영원한 '보고'이다(사진은 2002년 12월 MBC에서 방영한 <야생의 초원, 세렝게티>).

제 사건을 소재로 삼기 때문에 사실적인 가치와 의미를 담는 '그릇'이기도 하다. 그러나 다큐멘터리도 다른 텔레비전 프로그램과 마찬가지로 제작자의 포괄적 선택과 가치 판단 기준, 이데올로기가 적절하게 결합하여 하나의 새로운 세계로 구성된 것이다. 이 점은 이미 초창기 다큐멘터리 영화 이론가들에 의해서 합의된 사항이다.

우리는 쉽게 다큐멘터리라는 말을 쓰지만 그 정확한 의미에 대해서는 누구도 단정해서 말하기 어렵다. 진실에 가까운 이야기를 담은 필름이나 프로그램 혹은 실제 존재하는 것을 가공 없이 보여주는 영상물 정도로 이해할 수 있을 것이다. 당연히 다큐멘터리에 대한 정의는 다양하다. 이는 정의의 차이만큼이나 다큐멘터리의 종류가 다양하다는 사실을 반영하고 있는 것이다.

몇몇 저명한 이론가의 다큐멘터리 개념을 보자. 로버트 플래허티(Robert Flaherty)는 다큐멘터리를 현실세계에 대한 탐구와 폭로(revelation)를 위한 영화로 정의하는 반면, 다큐멘터리라는 말을 처음 쓰기 시작한 존 그리어슨(John Grierson)은 실제세계에 대한 '창조적 처리(treatment)'라고 본다. 두 사람 모두 실제세계가 다큐멘터리의 주제 또는 기반이 된다는 것에 동의하지만 실제세계를 기록하고 표현하는 기술에 관해서는 다른 입장이라 할 수 있다. 플래허티가 있는 사실을 발견하여 전달하는 것만으로 다큐멘터리의 의미를 한정한다면, 그리어슨은 다른 사람에 의해서 촬영된 자료필름의 삽입을 당연시한다. 이는 편집(editing)이라는 과정을 인정하고 있음을 의미한다.

1932년 존 그리어슨은 다큐멘터리에 대한 자신의 믿음을 10가지 원칙으로 정리한 바 있다(원춘건, 1991: 30 참조).

첫째, 다큐멘터리는 기술적으로 사회를 관찰할 수 있는 가능성이 있는 매체이다. 왜냐하면 사회의 진실된 소리와 모습을 듣고 볼 수 있기 때문이다.

둘째, 다큐멘터리는 지역사회의 생활과 정보를 선택적이고, 창조적으로 분류, 제공하여 공동체의 삶을 유지하게 하는 예술형태이다.

셋째, 공동체에 속한 사람들과 그들의 주거지, 은밀한 곳, 사업장 그리고 오락장 같은 곳은 다큐멘터리로 하여금 공동체의 리얼리티를 보여줄 수 있게 하는 지표들이다.

넷째, 공동체의 리얼리티로부터 얻어낸 스토리는 시추에이션 코미디나 드라마 같은 것들보다 더욱 효과적으로 사회적인 문제나 불합리한 것들을 드러낼 수 있다.

다섯째, 다큐멘터리는 각개의 라디오나 텔레비전 방송국들이 방송을 내보내는 지역사회 삶의 질을 높이는 데에 사용되어야 한다.

여섯째, 드라마 제작자가 만들어낸 것보다 훨씬 더 놀랄 만한 일들이 현실에서는 벌어진다. 따라서 다큐멘터리는 인간적인 요소를 극화하여 보여줄 때와 마찬가지로 시청자에 대한 소구력, 공감대, 정서적인 영향 등을 스스로 갖추어야 한다.

일곱째, 다큐멘터리 제작자는 자신의 시야를 좁게 유지해야 한다. 그는 큰 그림 전체를 보여주기 위해서 작은 그림을 사용해야 한다.

여덟째, 다큐멘터리 제작자는 현실을 있는 그대로 보여주고, 그 현실이 어떻게 개선되어야 하는지를 시청자들에게 보여줬을 때 임무가 완수된다.

아홉째, 과거의 사실을 보도하는 뉴스 제작자와는 달리 다큐멘터리 제작자는 새로운 공동체에서의 행동을 주도할 사람들에게 봉사함으로써 미래의 뉴스를 만들어낸다.

열째, 다큐멘터리 제작자는 자유공동체의 임무가 그 스스로 갖고 있는 믿음의 체계로부터 스스로의 리얼리티를 창조하는 데에 있다는 것을 믿어야 한다. 즉 현실 속에서 현실을 재창조해야 한다는 사실을 확신해야 한다.

폴 로사(Paul Rotha)는 그리어슨의 입장을 가치론적 입장에서 좀더 진전시킨다. 그에 의하면 다큐멘터리는 현실적으로 존재하는 인간의 삶을 창조적으로 그리고 사회적 견지에서 해석한 것이어야 한다. 로사의 이러한 입장은 다큐멘터리의 소재를 실재하는 세계에만 한정하지 않는 것으로, 사회의 발전과 인간의 삶을 향상시키기 위한 것이라면 스튜디오에서 배우를 사용한 다큐멘터리의 제작도 가능하다고 보는 것이다(김서중, 1991: 12).

로사의 관점은 결국 전통적인 다큐멘터리에 대해서 다큐드라마(국내에서는 많은 다큐 프로그램에서 재연화면을 내보내기도 한다)의 현실적 존재를 인정함으로써 가능해진 것이다. 그럼에도 기본적으로 다큐멘터리는 현실적으로 존재하는 현실세계를 필름에 옮겨 담은 것을 의미하며, 다큐드라마도 그것이 극화한 소재는 현실세계에 기반을 두고 있다는 점에서는 본질적으로 동질성을 지닌다. 단지 소리와 영상의 조작 가능성을 인정하는 정도에서 다를 뿐이다.

BBC의 프로듀서들이 '합의'한 다큐멘터리에 관한 정의를 보면 다음과 같은 내용들이 포함되어 있다(박인규, 1996: 404).

① 포괄적인 의미에서 다큐멘터리라는 말은 뉴스와 시사물, 스튜디오 밖의 방송(outside broadcasts)을 포함한 텔레비전 논픽션물 전체를 의미한다.
② 다큐멘터리는 사실에 입각한 주제를 심도 있게 파고드는, 보통 로케이션 촬영을 통해 직접 주제를 나타내는, 제작에 오랜 기간이 걸리는 프로그램이다.
③ 다큐멘터리는 그 자체가 명백한 사실로 한정되거나 부분적 혹은 전체적인 의견일 수도 있다. 하지만 일반적으로 픽션은 이용하지 않는다.

정의에서 살펴본 바와 같이 다큐멘터리를 분석하는 과정에서 1차로 문제가 되는 것은 '사실'과 '재구성'의 문제다. 다큐멘터리가 다른 영상물 장르와 구분되는 것은 우선 그 소재가 실제세계(actuality)이기 때문이고, 둘째로 다큐멘터리의 영상은 그 탁월한 지표성(indexicality) 때문에 실제세계 자체로 보이지만 사실은 '재구성'된 것으로서 이미 실제세계와는 다른 새로운 창조물이라는 점이다.

2. 다큐멘터리의 역사와 유형

대체로 다큐멘터리 영화는 1920년대 이후 프랑스, 영국 등지에서 원주민이나 이누이트의 삶과 같은 것을 다루는 것으로 시작되었다. 1930년대 이후에는 35mm 대신 16mm 필름과 영사기가 널리 보급됨으로써 제작이 용이해졌다. 1950년대에 미국의 CBS는 한국전쟁을 소재로 한 <시 잇 나우(See it now)>라는 다큐멘터리를 제작·방영하여 큰 반향을 일으키기도 했다.

국내에서는 1960년대 중반 이후 영화감독 출신 프로듀서들이 다큐멘터리 프로그램을 제작하기 시작했다. KBS의 <카메라 초점>과 동양방송(TBC)의 <카메라의 눈> 같은 프로그램들이다. 이후 '잘살아보세'라는 사회적인 분위기에 발맞춰 역경을 이겨내는 인물들을 부각시킨 <인간승리> <인간만세> 등 계몽성 다큐멘터리들이 선보였다. 1970년대에 들어서면서 한국의 수려한 경관과 전통문화를 소개하는 다큐멘터리물인 <카메라백경> <내 고장 만세> <한국의 미(美)> <한국의 영상> 등이 제작되면서 다큐멘터리가 TV에서 확고한 영역을 구축하게 되었다고 볼 수 있다. 이후 컬러TV 방송이 시작된 1980년대에 들어서면서 대형 기획물들이 제작됨으로써 본격적인 TV 다큐멘터리 시대에 들어서게 된다. 소재의 영역도 확대되어 <사람과 사람> <어떤 인생> <인간시대> 등 휴먼 다큐멘터리를 비롯하여 <앨범 한국 백경> <코리아 환타지 백두대간> <휴전선의 사계> 등 한국영상시리즈, <꿀벌의 세계> <한국의 야생동물> <천적의 세계> <한국의 나비> 등과 같은 대형 자연 다큐멘터리 등이 제작되었다. 또한 사회·정치적 문제를 다룬 <실록 30년> <자본주의 100년> <한국동란> 등도 제작되어 관심을 모으기도 했다(김금동, 1993: 119).

다큐멘터리의 유형은 크게 두 가지로 나눌 수 있다. 첫째, 무엇을 다루는가, 즉 소재에 따른 분류 방법이다. 소재를 중심으로 분류한다면 사람을 다루는 <인간시대>(MBC)와 같은 휴먼 다큐멘터리, KBS에서 방영되었던 <한국의 미>와 같은 문화 다큐멘터리, 최근 유행하고 있는 <동강>과 같은 자연 다큐멘터리, <추적 60분>(KBS1), <PD수첩>(MBC), <그것이 알고 싶다>(SBS)와 같은 시사 다큐멘터리, <역사스페셜>(KBS1), <이제는 말할 수 있다>(MBC)와 같은 역사 다큐멘터리, <하나뿐인 지구>(EBS), <환경스페셜>(KBS1)과 같은 환경 다큐멘터리 등으로 구분할 수 있다.

다음으로 어떤 형식/제작방식으로 만드느냐, 즉 포맷에 따라 분류하는 방법이 있다. 우선, 야외촬영 영상에 성우의 내레이션을 입히는 방식이 있다(<영상기록 병원 24시> <제3지대> <일요스페셜> 등). 두번째로, 프로그램을 주도하는 MC가 있고 상황에 따라 재연화면을 삽입하는 경우이다(<역사스페셜> <추적 사건과 사람들> <그것이 알고 싶다> <성공시대> 등). 세번째로, 취재한 사람이 직접 스튜디오에 나와서 설명하는 형식이다(<PD수첩> <시사매거진 2580> <뉴스추적> 등). 실제 관련업무를 담당하는 사람들이 직접 현장을 보여주는 방식도 있다(<경찰청 사람들> <공개수배 사건 25시> <긴급구조 119> <경찰 24시> 등). 그밖에도 21세기형 저널리스트라는 VJ들이 6mm 카메라로 무장하여 사건 사고의 현장을 돌아다니며 작지만 질박하고 울림이 있는 이야기를 보여주는 VJ 다큐멘터리도 최근 늘어나고 있다. 경인방송 출범 이후 지금까지 의욕적으로 제작·방송하고 있는 <리얼 TV>류나 <VJ특공대>(KBS2) 등이 대표적이다.

이렇듯 국내의 다큐멘터리 프로그램은 최근 들어 재연방식까지 일반화됨으로써 그 영역이 더욱 확대되고 있다. 재연 중심의 프로그램도 꾸며낸 이야기가 아니라 사실을 바탕으로, 그 사실을 제대로 전달하기 위해 다양한 기법을 모색하는 것이라는 점에서 다큐멘터리로 볼 수 있다.

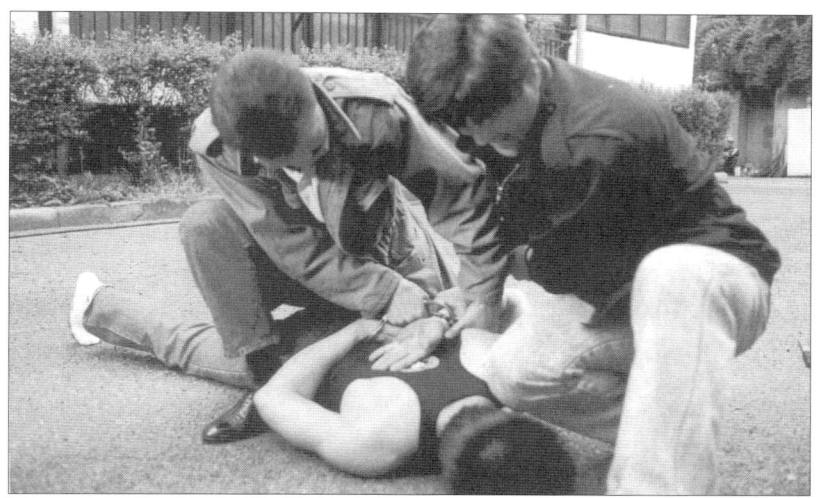

1990년대 중반 이후 6mm 디지털 캠코더로 무장한 VJ들이 본격적으로 다큐 프로그램 제작에 관여함으로써 다큐멘터리 영역이 확대되고 있다(사진은 경인방송의 <리얼TV>).

3. 다큐멘터리의 구성요소

사실성

다큐멘터리는 실제세계를 다룬다는 것이 전제되는 프로그램 장르이기 때문에 가장 중요한 요소는 사실성(actuality)의 문제이다. 다큐멘터리의 소재가 현실세계이기는 하지만 불가피하게 촬영한 현실을 '재구성'할 수밖에 없다는 본질적인 한계를 지닌다. 재구성이라는 것은 사실의 단편들을 새롭게 짜맞추는 것이기 때문에 그 맞춤의 방식에 따라 담고자 하는 의미가 달라질 수 있다.

일반적으로 다큐멘터리 영상물의 가장 큰 특징은 실제세계를 거의 완벽하게 재연할 수 있다는 것이다. 우리는 다큐멘터리를 보면서 그 영상이 마치 사실 그 자체인 것처럼 인식하는 경향이 있다. 그러나 다큐멘터리 영상물의 소리와 영상들이 어떻게 의미화되고 있는지 꼼꼼하게 검토해보면 다큐멘터리의 내용과 실재가 동일하지 않다는 점을 알 수 있다. 예를 들어 실제 사건이나 인물 또는 사람들의 생활 현장을 촬영한다고 하자. 어떤 장면을 화면에 담을 것인가에 대한 선택 문제에서부터 카메라 앵글, 시점, 조명 등 인위적 요소들이 촬영단계부터 개입될 수밖에 없으며, 또한 이를 편집하는 과정에서도 어떤 순서로 배열할 것인지, 음향효과는 어떻게 할 것인지, 내레이터는 누굴 쓸 것인지 등과 같은 여러 선택의 과정을 거칠 수밖에 없다. 극단적으로 말하자면 누가 그 작업을 하느냐에 따라서 정반대의 메시지를 담을 수도 있다.

지난 2000년 여름 KBS2에서 <인간극장> 10부작으로 방영된 '그 산골엔 영자가 산다'라는 다큐멘터리가 화제가 된 적이 있다. 영자의 순박함과 산골 삶의 아름다움을 잔잔하게 보여줌으로써 많은 사람들을 감동시킨 휴먼 다큐멘터리였다. '그 산골엔 영자가 산다' 제작자의 머릿속에는 이미 메시지가 결정되어 있었을 것이다. 그리고 그것을 중심으로 촬영하고 영상을 구성하였을 것이다. 만일 반대로 산간벽지에서의 삶이 갖는 곤궁함과 그 느낌을 중심으로 찍었다면 전혀 반대의 내용을 갖는 다큐멘터리가 될 수도 있었다는 이야기다.

이렇듯 한계가 명백함에도 불구하고 사람들은 다큐멘터리의 사실성에 관한 신화를 좀처럼 버리지 못한다. 다큐멘터리에 대한 전통적 비판으로는 두 가지가 있다.

첫째, 다큐멘터리는 선택의 오류를 범할 수밖에 없다는 것이다. 심지어 소재가 되는 대상이 촬영을 거부할 경우(아니면 촬영이 불가능할 경우) 이를 유사한 다른 어떤 것으로 대체할 수밖에 없기 때문에 현실의 제한된 일부분이 마치 전체인 것처럼 이야기할 수밖에 없다.

둘째, 민족주의나 가부장주의와 같은 추상적인 가치나 이념과 관련이 있는 사건 혹은 현실을 보여주려고 할 경우, 그 내면이나 본질을 드러낼 수 있는 대표적 영상을 확보하는 것이 불가능하기 때문에 대상을 피상적으로 표현하게 되어 본질을 왜곡한다는 것이다. 근본적으로 자료화면도 존재하지 않는 과거의 일인 경우에는 표현 자체가 불가능하다는 점도 지적할 수 있다. 과거의 어떤 사건을 적절히 보여주는 자료화면이 존재하는 경우에도 그 영상 속에는 당시의 상황을 찍은 제작자의 시각이 깔려 있음은 명백하다.

다큐멘터리 프로그램에 등장하는 해설자는 영상 이미지와 제작자가 구축하고자 하는 메시지의 간극을 '권위적으로' 메우는 역할을 한다(사진은 SBS <그것이 알고 싶다>를 진행하던 문성근 씨).

화법

전통적 다큐멘터리에서는 촬영영상이나 자료화면으로 표현할 수 없는 부분을 주로 해설의 삽입이라는 방식으로 해결하고자 했다. <그것이 알고 싶다>의 정진영이나 <역사스페셜>의 유인촌은 다큐멘터리에서 드러나 있는 해설자들이다. 그러나 <이제는 말할 수 있다>나 <환경스페셜> 혹은 일반적인 자연 다큐멘터리를 보면 해설자가 화면에 전혀 드러나지 않는다. 이는 의미 구성에서도 많은 차이를 가져올 수 있다.

다큐멘터리에서 화법이란 내레이션과 영상이 관계 맺는 방식을 의미한다. 적절한 화법을 구사해 시청자를 특정한 '위치(places)'에 놓이게 할 수 있다. 그런 면에서 다큐멘터리의 화법은 시청자를 전하고자 하는 이야기의 명시적인 주체로 보느냐 보지 않느냐에 따라 직접화법과 간접화법으로 구분할 수 있다(김서중, 1991: 14-15).

<역사스페셜>과 같은 직접화법의 다큐멘터리인 경우 화면에 해설자가 등장한다. 해설자는 영상과 제작자가 구축하고자 하는 의미의 간극을 권위적 내레이션(혹은 '신의 소리')으로 메우는 역할을 한다. 직접화법에서 해설자는 종종 당시의 사건을, 들어서 알고 있는 것이 아니라 실제로 알고 있는 존재로서의 역할

을 부여받으며, 이를 통해 시청자들의 경외감과 복종심을 얻어내고자 하는 것이다. 직접화법 다큐멘터리에서는 시·공간적으로 논리가 구성되는 일반적인 허구적 프로그램에서와는 달리 해설자가 구성하는 의미체계, 즉 설명에 의해서 논리가 구성되는 것이다. 여기서 해설자는 아주 권위 있는 모습을 하고 있으며, 그 권위를 영상적으로 구현하기 위해 해설자는 가능한 한 정면으로 시청자를 응시하는 양상을 하고 있다. 스튜디오에서 감히 카메라를 보고 이야기하는 것이다. 이를 통해 해설자는 수용자의 복종심을 획득할 수 있다.

간접화법 다큐멘터리의 경우 시청자는 해설자의 존재를 인식하기 어렵다. 화면에 얼굴을 드러내지 않을 뿐만 아니라 내레이션과 영상이 어우러져 그 존재가 잘 드러나지 않기 때문이다. 지난 1999년부터 절찬리에 방영하는 <이제는 말할 수 있다>(MBC)를 보자. 여기서 해설은 프로그램의 핵심이지만 해설자가 밖으로 드러나지는 않는다. 해설자가 화면에 등장하지 않는 경우 내레이션은 모든 것을 알고 있는 '신의 소리'로서 수용자에게 전달되며, 영상은 이를 뒷받침하는 증거로서 제시되는 것이다. 그런 이유로 해설자는 차분하고 권위 있는 목소리를 지니고 있어야 한다. 많은 경우 해설자는 고유의 권위를 근거로 하여 의미가 애매하거나 정당성이 약한 영상에 명시적 의미를 부여하거나 진실성을 담는 역할을 수행한다. 그럼으로써 현실의 한 측면이나 현실의 한 단면이 현실 그 자체인 것으로 권위를 부여받은 채 우리에게 전달되는 것이다.

이러한 권위적 해설자의 존재는 다큐멘터리의 진실성을 왜곡하는 전형적 메커니즘이라고도 할 수 있다. 그런 면에서 무성영화시대의 변사나 일반 프로그램의 사회자나 해설자와는 전혀 다른 지위를 갖는다. 예를 들어, <역사 스페셜>에서 유인촌은 '탤런트 유인촌'이 아니다. 그는 전지전능하게 과거의 일을 알고 있는 '신'이다. 의문의 눈초리로 화면을 응시하고 있는 시청자에게 베일에 싸여 있는 역사의 비밀을 은밀하게 알려준다.

제작자의 의도

다른 모든 텔레비전 프로그램과 마찬가지로 다큐멘터리에도 제작자의 의도가 강하게 개입된다. 모든 제작자는 자신들이 의미가 있다고 간주하는 현상에 대하여 시청자의 관심을 촉발하고자 하며, 이를 위해 정보를 전달하고 그 주제와 관련되어 우리가 일정한 태도나 행동을 취하기를 바란다고 볼 수 있다. 제작자의 의도가 단순한 사실의 전달에 있다고 해도 그 소재를 선택함으로써 스스로의 가치를 개입시키는 것이며, 주제도 그 연장선에서 결정된다고 할 수 있다.

다큐멘터리는 현실세계를 소재로 하고 현실세계를 영상으로 표현하고 있다는 점에서 현실을 그대로 반영하고 있는 것으로 인식되고 있으나, 역설적이게도 제작자의 판단이나 가치가 결정적인 역할을 한다는 점에 주목해야 한다. 다큐멘터리는 기본적으로 이데올로기 성향이 강한 장르일 수밖에 없는 것이다. 앞서 언급했듯이 전달방식이 지니는 왜곡의 문제, 그리고 주제를 취급하는 제작자의 관점의 문제는 다큐멘터리의 태생적 이데올로기성을 분석할 수 있는 가장 기본적인 요소이다. 따라서 다큐멘터리 프로그램을 이해하는 데 중요한 것은 그것이 객관적인가 주관적인가, 중립적인가 편파적인가, 사실성이 강한가 약한가 하는 따위의 문제가 아니다. 다큐멘터리 프로그램은 '진실'을 전달하는 것이 아니라 '진실'에 대한 하나의 해석이나 관점을 전달하는 것일 뿐이다. 단적으로 말하자면 우리는 다큐멘터리를 통해서 제작자가 어떤 메시지를 어떤 방식으로 전달하고자 하는지에 대해서만 이해하면 된다.

4. 다큐멘터리의 평가

최근 영상처리기술의 발달로 다큐멘터리 프로그램의 영역이 신속하게 확장되고 있다. 다큐멘터리 프로그램에 대한 평가기준은 당연히 그 유형에 따라 달라질 수밖에 없다. 그렇기 때문에 다큐멘터리 프로그램에 대한 일률적인 평가기준을 세우기는 어렵다.

다만 텔레비전 다큐멘터리 프로그램의 목표가 정치, 사회, 경제, 문화, 환

텔레비전은 자연·환경 다큐멘터리를 통하여 인간과 자연의 조화로운 삶의 방향을 제시해야 할 의무가 있다(사진은 MBC의 <팔색조의 비밀>).

경 등 제반 사회영역에 대한 이해를 넓혀 인간의 가치를 한 단계 상승시키는 데 있다면, 그 동기는 '진실의 추구'에 있어야 한다. 우리는 여러 사실들이 은폐되지 않고 드러날 때 사회적 투명성이 제고되고, 이는 곧 사회를 긍정적으로 변화시키는 데 기여한다는 점을 역사를 통해 알고 있다. 그렇기 때문에 진실은 다큐멘터리의 출발점이자 목표라고 할 수 있다.

 물론 텔레비전 카메라는 현실을 있는 그대로 반영하지 못하는 경우도 많다. 아니 사실상 현실 그대로를 보여주는 것은 불가능하다. 이 때문에 제작자의 의도와 재구성 문제, 메시지 전달을 위한 구성방식 등이 함께 검토되어야 한다. 한 장면 한 장면이 진실을 추구해야 하지만 더 중요한 것은 한 프로그램 전체가 추구하는 바와 지향하는 방향이다. 그 방향이 누가 봐도 공명정대해야 한다는 것이 아니라 그것이 분명히 드러나야만 우리는 그 프로그램이 전달하고자 하는 것을 명확하게 알 수 있기 때문이다. 어차피 한 편의 다큐멘터리는 '진실'이 아니라 진실에 관련된 한 '입장'을 전달할 수밖에 없는 것이다. 그 '입장'에 대한 판단은 전적으로 시청자의 몫이다.

1999년 KBS가 수달 다큐멘터리를 조작함으로써 한동안 장안이 시끄러웠던 적이 있다. 지난 2002년 MBC도 양재천 너구리를 가지고 '조작'을 했다가 사과방송까지 내보내는 해프닝을 연출하기도 했다. 일본에서도 산호초의 오염을 다룬 NHK의 다큐멘터리가 제작자에 의해 조작된 것임이 판명되어 문제가 된 적이 있다. 최근 케이블TV에 이어 위성방송의 등장으로 미디어간 경쟁이 더욱 치열해지고 있다. 조작 유혹은 갈수록 커질 수밖에 없다. 특히 각 방송사가 제작비 절감 등을 이유로 VJ를 적극 활용하고 있는 것도 문제다. 지난해 SBS의 <순간포착 세상에 이런 일이>의 '귀신소동'도 VJ 영상물의 문제를 드러낸 것이다. 여기서는 결론적으로 제작자들 스스로 설정한 자연 다큐멘터리의 촬영지침을 알아봄으로써 다큐멘터리 제작의 기본원칙과 방향에 대해서만 정리해보고자 한다.

자연은 모든 생명의 원천이며, 인류가 영원히 살아가야 할 터전이다. 그러나 현재 지구상의 자연은 인간에 의한 개발과 남획, 환경오염 등으로 파괴되어 많은 동식물이 멸종되어가고 있다. 편리함과 물질적 성장만을 추구해온 현대문명의 속성으로 인해 자연은 더 이상 인간의 '풍요로운 삶'의 모체가 되기 어려운 상태에 이르렀다. 특히 텔레비전은 현대인의 약탈적 소비생활을 부추겨왔기 때문에 자연보전에 앞장서야 하는 '역사적 사명'을 지니고 있다고 할 수 있다. 요컨대 현대인의 가장 일상적인 미디어로 굳건히 자리잡은 텔레비전은 인간의 자연에 대한 각성을 촉구하여 사람들이 자연을 아끼고 사랑하며, 되도록 모든 파괴요인을 배제함으로써 자연이 스스로 질서와 조화를 회복·유지하는 데 기여해야 할 의무가 있다는 것이다.

| 부록 |
자연 다큐멘터리 제작 지침

기획

① 자연 프로그램은 자연을 파괴하거나, 파괴를 조장하지 않도록 기획되어야 한다. 제작자는 보호를 요하는 천연기념물과 특정 야생 동식물을 포함한 야생 생물들의 생리/생태에 대한 기초자료를 사전에 숙지하여야 하며, 가능한 한 야생동물의 순환 일정에 따라 장기제작이 이루어져야 한다.
② 자연생태 보존 지역에서 촬영을 하거나 천연기념물과 특정 야생동식물을 대상으로 제작하는 경우, 환경부, 문화재 관리국, 산림청 등 해당 관계 기관의 허가를 사전에 얻어야 한다.
③ 시청자의 흥미를 끌기 위해 과다한 연출을 해서는 안된다. 인위적 연출이 필요한 경우 사전 기획시 허용범위, 제작방법 등 구체적인 내용을 반드시 데스크나 책임 프로듀서와 협의해서 시행한다.

촬영

① 해당 분야 전문가와 동행취재를 하거나, 전문가로부터 자문을 얻어 야생 생물들의 자연행동과 생태에 맞춰 촬영이 이루어지도록 한다.

② 제작팀은 가능한 한 제작의 편의를 위한 연출이나 인위적 조작을 지양하고, 끈질기게 기다려 야생생물들이 지니고 있는 자연 그대로의 모습을 담도록 노력한다.
③ 동물의 자연스러운 모습과 행동을 담기 어려운 경우에는 먹이와 냄새, 소리 등을 이용하여 촬영할 수 있으나, 대상동물이 제작팀의 간섭을 느끼지 못하도록 충분한 적응기간을 주어야 한다.
④ 촬영의 신속한 진행을 위해 움직이지 않는 야생동물을 위협하여 억지행동을 유발하거나, 위험한 곳으로 모는 행동을 하지 말아야 한다.
⑤ 새가 날아가는 장면을 촬영하기 위해 돌을 던지는 행위 등 제작의 편의를 위한 인위적 조작을 지양하고, 자연 그대로의 모습을 최대한 살려 촬영해야 한다.
⑥ 야생동물을 촬영할 때 동물간, 또는 동식물간의 관계에 촬영팀이 간섭해서는 안된다.
⑦ 촬영을 위해 주변 식생을 파괴하지 않음을 원칙으로 하되, 불가피한 경우에는 그 범위를 최소로 하고, 촬영 후에는 원상태로 복구시켜야 한다.
⑧ 특정 종(예: 곤충)의 촬영을 위하여 일부 서식처가 되는 생물체(예: 버섯)를 훼손해야 하는 경우 주변에 동일 생물의 건강한 다른 개체가 생존하고 있는지를 확인해야 한다.
⑨ 촬영으로 생물들의 번식과 포식의 행동에 영향을 주어서는 안되며, 촬영이 꼭 필요한 경우 망원렌즈, 무인 카메라 등 전문장비를 최대한 활용하여 그 영향을 최소화해야 한다.
⑩ 포식과 번식 등 생물의 중요한 행동에 영향을 줄 염려가 있는 경우, 야간 촬영에서는 가능한 조명을 사용하지 말고 고감도 카메라나 적외선 카메라를 사용한다. 단 사용할 경우에는 충분한 적응기간을 둔다.
⑪ 해당 지역의 동물을 대상으로 하지 않고 다른 지역에서 동물을 옮겨오거나, 사육된 동물을 해당 지역의 야생동물처럼 촬영하는 인위적인 조작 행위는 어떠한 경우에도 허용되지 않는다.
⑫ 세팅촬영은 자연상태에서는 도저히 촬영이 불가능한 생물의 생리, 생태

를 보여줄 필요가 있거나, 컴퓨터 그래픽 작업을 위한 기초그림 확보, 기타 꼭 필요한 경우에만 최소한으로 이루어져야 한다.
⑬ 세팅촬영은 야생과 동일한 환경에서 야생생물에게 스트레스를 주지 않는 조건에서 이루어져야 하며, 주인공 동물에 어떠한 피해도 주어서는 안된다.
⑭ 세팅촬영을 위해서 만든 인위적인 조건들로 인해 생태계가 왜곡되거나 파괴되어서는 안된다.

편집

① 인위적 촬영화면과 컴퓨터 그래픽 합성화면 등은 사실화면으로 오인되지 않도록 프로그램 방송시 자막 또는 해설을 통해 분명하고 정확하게 시청자에게 알려야 한다.
② 극적 효과를 위해 슬로 모션이나 그래픽 화면을 남발하지 않도록 한다.
③ 외부에서 촬영한 자연 프로그램의 자료그림을 활용할 때는 자료가 조작되지 않고, 적절하게 촬영되었는가를 데스크나 책임 프로듀서와 함께 검토한 후 사용해야 하며 자료의 출처를 꼭 밝혀야 한다.
④ 촬영된 장면들은 분명하고 정직한 편집방침에 따라 편집되어야 하며 다른 장소의 것과 섞거나 또는 오해를 불러일으킬 수 있는 방법으로 시청자를 기만해서는 안된다.
⑤ 희귀 또는 멸종위기 종을 대상으로 한 프로그램에서는 생태계 보호를 위해 방송에 필요한 내용을 넘어 해당 종의 서식 장소와 시기가 공개되지 않도록 주의를 기울인다.
⑥ 동식물의 명칭 및 설명에 관해서는 방송 전에 먼저 전문가에게 의뢰, 감수를 받아 올바른 내용을 전달할 수 있도록 한다.

※ 이 지침은 수달관련 조작파문 등을 거치며 방송사의 자연 다큐멘터리 제

작자들이 스스로 설정한 것이다. 물론 이 원칙을 모두 적용하다 보면 사실상 자연 다큐멘터리의 제작 자체가 불가능할 수도 있다. 하지만 가능한 한 지키려는 노력이 중요하며, 시청자 입장에서는 자주 방영되는 텔레비전의 자연 다큐멘터리 프로그램들이 이러한 원칙에 얼마나 부합하고 있는지 확인하면서 시청하고, 평가할 수는 있을 것이다.

정공법으로 풀어가는 한국 현대사의 '비밀'

MBC <이제는 말할 수 있다>

　MBC 특별기획 <이제는 말할 수 있다>가 종영을 앞두고 있다. 지난 1999년 9월 '제주 4·3'의 진상을 밝히는 첫회분을 내보낸 후 '동백림 사건' '조봉암과 진보당' '여순반란사건' 등 13편을 방영하였다. 2000년에는 6월 25일 양민학살을 다룬 'OO사단의 사라진 작전명령서'를 시작으로 '민족일보와 조용수'까지 내보냈다. <이제는 말할 수 있다>는 현실과 맞닿아 있는 현대 정치사의 주요 사건들을 28회에 걸쳐 정통 다큐멘터리 형식으로 다루고자 했다. <이제는 말할 수 있다>는 권력과 역사에 취약한 면이 있는 텔레비전에서 모처럼 보여준 '숨은 진실 찾기'의 노력이다.

　2000년판 <이제는 말할 수 있다>는 6·25 50주년 재조명('사라진 작전명령서' '미국의 세균전'), 남북관계의 새로운 인식('1994년 한반도 전쟁위기' '남북교류의 선행자들'), 한미관계의 재조명('민족일보와 조용수' '부산미문화원 방화사건' 등), 박정희 정권에 대한 성찰('김대중 납치사건' '건전가요와 금지곡' '전태일과 그후' '정인숙 피살사건' 등), 인권과 사회정의('군대 가서 죽은 이들' '베트남전의 포로 실종자들' '고문' 등) 같은 몇몇 주제에 집중하고자 했던 것으로 보인다.

　지난 1999년에 비해 사건의 역사적 비중은 떨어지지만 미국과 박정희 정권의 본질을 좀더 다각적으로 천착하고자 했다는 점에서 진일보한 면이 있다. 특히 박정희 기념관이 건립된다고 하고, "반미는 국익에 도움이 되지 않는다"는 권력 담론이 미디어를 지배하고 있는 상황에서 박정희 정권과 미국의 문제를 정공법으로 다루었다는 점은 충분히 평가받아야 할 부분이다. 이는 기록과 평가에는 인색하고, 과거를 미화하지 못할 바에는 덮어두는 것이 미덕으로 인정되는 국내 방송 풍토를 감안해볼 때 더욱 의미가 있다. 어려울 때는 침묵하다가 왜 이제서야 목소리를 높이느냐는 비판도 있지만, 지금도 현실권력과 관련된 문제를 천착하는 프로그램은 찾기 어렵다.

　그럼에도 소재나 구성방식에서 몇 가지 아쉬운 점도 있다. 우선 왜곡돼 온

한국 현대사의 진실찾기에 주력해온 <이제는 말할 수 있다>에 대하여 왜 이제서야 말하느냐는 비판이 있기도 하지만, 지금도 텔레비전에서 '권력비판' 프로그램은 찾아보기 어렵다.

한국현대사에 대한 성찰이 중요한 제작의도라고 할지라도 소재가 지나치게 정치사 영역에 한정되었다는 점이다. 둘째, 김대중, 조용수, 전태일, 정인숙, 실종자, 녹화사업 희생자 등과 같은 피해인물에 초점을 둔 프로그램들은 자칫 감상적 '한풀이'로 비칠 수도 있다는 점이다. '거리 두기'는 다큐멘터리 프로그램의 가장 큰 미덕이다. 그밖에도 '문제제기 - 자료화면 - 관계자의 증언 - 결론의 유도'라는 형식을 고수하고 있다는 점, 각종 증언이 중복되거나 형식적 안배에 따라 뻔한 이야기만 나열되는 경우가 있어 프로그램의 긴장을 떨어뜨리는 경우가 있다는 점, 제시되는 자료의 원천이 유사하다거나 증언에 참여하는 사람이 제한된다거나 하는 점도 보완될 필요가 있다.

자본과 정치권력의 지배를 받을 수밖에 없는 텔레비전에서 현실권력에 대한 문제제기나 현대사에 대한 성찰을 추구하는 프로그램은 찾아보기 어렵다. 모처럼 MBC가 공영방송임을 느끼게 했던 <이제는 말할 수 있다>가 2001년 어떤 모습으로 '부활'할지 벌써부터 기다려진다.

* <이제는 말할 수 있다>는 2001년, 2002년에도 계속 방송되었고, 2003년에도 1월 26일부터 '한반도 전쟁위기 1994, 2003', '기지촌 정화운동', '법난의 진실' 등을 방송했다. 앞으로도 '서해교전과 NLL', '북파공작원 2', '소파', '청송감호소' 등을 내보낼 계획이다.

제3장 다큐멘터리 비평 105

우리에게 '미국'은 무엇인가?
MBC <미국> 10부작

한국인에게 일본이 '가깝고도 먼 나라'라면 미국은 '멀지만 가까운 나라'다. 용산의 미군기지, 이태원, AFKN 방송, 할리우드 영화, CNN 방송 등 미국이라는 존재는 우리의 '일상' 속에 깊이 자리하고 있다. 하지만 미국에 대한 우리의 생각은 표피적 수준에 머물러 있다. 그러다 보니 한국인의 미국관도 '양키 고 홈'과 '해방군이자 영원한 우방'이라는 양극 사이를 오락가락한다.

<이제는 말할 수 있다>를 통해 한국 현대사 미스터리를 천착하던 일군의 MBC 시사제작국 PD들이 미국으로 갔다. 몇 년간 한국 현대사의 미스터리를 들여다보면서 미국이라는 '장벽'에 부딪혔고, 그 '본색'을 규명하고 싶었던 모양이다. 미국의 '본질'을 정공법으로 치고 들어간 MBC 연속기획 10부작 <미국>은 오히려 때늦은 감이 있다.

하지만 미국을 해부하는 것은 주한미군의 범죄 이해나 할리우드 영화의 환상깨기 등과는 차원이 다른 문제다. 영원한 우방이거나 세계의 경찰에 주눅이 들면 '우향우'가 되고, 주한미국 범죄에 분노하고 오노액션을 조롱하다 보면 필연적으로 '좌편향'의 오류에 빠질 가능성이 크다. 우리의 현실은 그 양자 중 하나를 선택하도록 강요하고 있기도 하다. 심층해부 다큐멘터리 <미국>은 이런 단순논리나 편견을 넘어서는 무엇인가를 보여줄 것이라는 기대를 갖게 했다.

<미국> 첫 회가 9·11 테러 1주년이 되는 9월 8일에 전파를 탄 것은 아주 적절한 선택이었다. 왜 '지금 갑자기' 미국이냐는 질문에 대한 답이자, 대중의 관심을 유도하기 위한 고려라고 할 수 있기 때문이다. 방송 시점은 적절했지만 편성시간이 밀린 것은 아쉽다. 일요일 저녁 11시 30분은 늦은 시간이라 절대 시청층이 적다. MBC의 공영성을 끌고 가는 프로그램들 대부분이 이런 시간대에 배치되고 있는 것은 되짚어봐야 할 문제이기도 하다.

제작진이 고심 끝에 끌어낸 소재는 9·11 테러 그후, 자유의 여신, 전쟁기

MBC의 <미국>은 단순논리와 편견을 넘어 미국의 '본질'을 극명하게 드러냈다.

계, 총기의 자유, 시민의 힘, 공립학교 개혁, 인종차별과 소수자보호, 할리우드, 언론자유(수정헌법 1조), 맥도널드 햄버거 등이었다. 10부작의 마지막 회가 끝까지 '달러 대 유로'와 '햄버거' 사이를 오락가락한 것을 보면 소재 선정과 내용의 수위 조절에 고민이 많았음을 짐작할 수 있다. 긍정적 소재와 부정적 소재가 반씩이다. 10부작 전편에 걸쳐 미국이라는 나라의 '존재'와 '본질'에 대하여 냉정하고 비판적인 시선을 고수하고 있다는 점이 가장 큰 미덕이다.

아쉬움이 있다면, IT산업 등을 통한 미국의 세계지배 전략이나 핵전략, 달러화, 미 군인의 정치무관심, 아메리카 인디언 등과 같이 대립각이 뚜렷한 소재들을 '의도적으로' 배제한 것은 아닌가 하는 점이다. 하지만 이런 점은 편견 없이 미국을 들여다보기 위한 불가피한 선택의 결과일 수도 있다.

사회고발은 없고 형식적 중립만……
KBS2 <추적 60분>

　KBS의 간판 시사프로그램 <추적 60분>이 무기력증에서 헤어나지 못하고 있다. 개편 때 폐지한다는 이야기까지 나돈다. '대표 공영방송' KBS의 현재를 상징으로 보여주고 있다. <추적 60분>은 KBS의 역사나 현실적인 무게로 볼 때 단순한 하나의 프로그램만은 아니다.
　한때 <추적 60분>은 사회고발을 위한 심층취재 프로그램의 대명사였다. 최근 <추적 60분>의 가장 큰 문제는 주한미군이나 권력부패, 소수자 인권 등 우리 사회의 뜨거운 이슈나 다수 시민의 관심사항을 외면하고 있다는 점이다. 그 대신 스페인 월드컵, 주름살 없는 사회, 고래잡이, 라이따이한 등 상대적으로 가벼운 주제를 아주 '공정하게' 다루고 있다.
　이따금씩 노동자나 권력핵심의 문제를 다루기도 하지만 전반적으로 자기 목소리가 없고 형식적 객관주의나 양시양비의 당위론에 빠져 있다. 강자와 약자의 갈등사안에 대한 문제의식 없는 객관주의는 사실상 무책임한 보신주의에 가깝다. 장기파업이나 쓰레기소각장 문제를 다루면서 '서로 양보하여 명랑사회 이룩하자'는 식의 무의미한 결론을 제시하는 것은 곤란하다. 시사프로그램에서 자기 주장을 노골적으로 드러내고 강변해야 한다는 것은 아니다. 사안에 대한 자신의 입장을 명확히 드러내야 한다는 이야기다. 형식적 중립은 기득권에 대한 '비겁한' 옹호이기 때문이다.
　시사고발이나 심층보도 프로그램의 경우 제작이 어렵고 권력집단의 압력을 받거나 갖가지 소송에 휘말릴 가능성이 높기 때문에 최고경영자의 관심과 뒷받침이 필요하다. 경영진이 자율보장과 지원이 아니라 간섭과 책임추궁을 일삼게 되면 시사프로그램은 말라죽을 가능성이 크다. 그런 면에서 <추적 60분>의 무기력증은 경영진의 간섭과 핍박에 제작진이 힘없이 굴복한 결과이다.
　현재 KBS에는 <일요스페셜> <시사포커스> <취재파일4321> 등 <추적 60분>과 형식과 내용이 유사한 프로그램도 여럿 있다. 이 프로그램들의

<추적 60분>은 형식적 객관주의에 매몰되어 한국 사회의 다양한 현실과 변화를 보여주지 못하고 있다.

성향도 크게 다르지 않다. 미군에 의한 여중생들의 죽음, 여야 할 것 없는 정치권력의 부패상, 유린되는 사회적 약자의 인권, 대안적 목소리나 새로운 정치세력에 대해서는 무관심하다. 대표 공영방송의 시사프로그램으로서 공신력과 권위, 목소리와 색깔을 잃고 있다.

<추적 60분>이 처음 KBS에 등장한 것은 1983년 2월이다. 국내에서 시사 다큐멘터리의 새 장을 열었던 <추적 60분>은 군사정권에 의한 안팎의 압력을 견디지 못하고 1986년 5월 막을 내렸다. 얼마 후 KBS는 '시청료 거부운동'이라는 치명적 상황을 맞았다.

성차별 없는 사회를 위하여

KBS1 기획특집 <남과 여 아름다운 공존>

지역차별, 장애인 차별, 여성차별 등 한국은 차별에 관한 한 둘째라면 서러운 나라다. 그중 가장 만연되어 있으면서도 거의 개선되지 않고 있는 것이 여성 차별이다. 실질적 성폭력 발생률이나 남아선호도는 금메달을 다툴 정도로 심각한 지경이고, UN에서 정치, 경제 등 전문영역의 여성 참여정도를 지수화한 여성권한 척도를 보면 102개국 중 '당당하게' 83위를 차지하고 있다. 모르긴 해도 방송에서의 여성차별과 성 상품화의 정도를 따져본다면 세계적 수준일 것임에 틀림없다.

KBS1에서 모처럼 가부장 사회에서의 여성차별 문제를 천착했다. 기획특집 <남과 여 아름다운 공존>(2000년 10월 25~26일 밤 12시)이 그것이다. <남과 여 아름다운 공존>은 그동안 한국사회에서 여성의 지위가 향상되어왔음에도 여성과 여성 모두를 불행하게 만드는 성차별의식이 여전하다고 보고 다양한 사례를 통해 그 해소방안을 모색하고 있다. 모두 2부로 구성된 <남과 여 아름다운 공존>에서는 국내외 취재 및 관련 전문가들과의 인터뷰를 통해 남성과 여성의 구분이 차별이 아닌 '차이'로 존중되어야 할 문제임을 드러내고 성역할에 따른 고정관념 탈피, 대안적 삶의 가능성 등을 찾고자 하였다.

제1부 '성, 무너지는 고정관념' 편에서는 "여성은 태어나는 것이 아니라 만들어지는 것이다"는 점을 다양한 사례를 통해 드러내고 있다. 학교 내 여학생 차별 문제에 대한 보고서 발표와 이를 계기로 학교, 가정에서 확산되어가고 있는 미국의 성평등 교육 사례를 보여주고, 카스트 제도의 잔재로 여성차별이 뿌리 깊은 인도에서는 결혼지참금 문제, 버림받은 과부들의 마을, 천민여성의 우상인 풀란데비(후에 <밴디드 퀸>으로 영화화됨) 인터뷰를 통해 남녀차별이 낳은 비극적 삶의 모습을 보여주고자 하였다. 스웨덴에서는 남녀평등부 장관 인터뷰, 당당한 미혼모 가정탐방 등을 통해 남녀평등을 구현하기 위한 사회적, 문화적 조건들을 점검하였다.

제2부 '남성, 권위의 갑옷을 벗다' 편에서는 "남성우월주의의 궁극적인

텔레비전은 지속적으로 남녀평등과 관련된 프로그램을 제작·방영할 필요가 있다(사진은 웨딩TV <웨딩TV 문화광장>).

피해자는 남성이다"라는 점을 역설적으로 입증하고자 했다. 일본의 중년남성 귀가거부 신드롬이나 자살률 증가, 호스티스바를 드나드는 우울한 남성 모습을 통해 마초적 삶의 이면을 조명하였고, 각종 연구 자료를 통해 남성도 결국 사회적으로 만들어지는 것임을 보여주었다. 새로운 대안으로 남자아이들에게 바느질을 가르치고 여자아이들에게 목공을 가르치는 스웨덴의 남녀평등 교육현장과 직장 대신 육아를 선택한 남성, 호주제를 반대하는 남성 등 새로운 삶을 추구하는 한국과 일본 남성의 모습을 담았다.

<남과 여 아름다운 공존>은 성차별 문제의 핵심을 드러내고 대안까지 제시하고 있는 잘 기획된 프로그램이었다. 그럼에도 편성시간대가 저녁 12시라는 것은 이해하기 어려웠다. 오전 11시에 재방송이 된 것은 그나마 다행이다. 성차별은 사회문제지만 방송이 이를 구조화하고 확산하는 데 앞장서온 점도 부정하기 어렵다. 방송과 같은 일상적 미디어가 변하지 않는 한 성차별은 개선될 가능성이 거의 없다. 여성단체에서는 여성할당제 도입, 방송관련 각종 법제에 여성차별 금지조항 신설, 여성관련 프로그램 편성 확대, 방송사의 성차별 해소활동 공개 등을 요구해왔다. 우선 방송부터 권위의 갑옷을 벗고, 남녀차별 현장 고발이나 평등한 삶의 현장 등과 관련된 프로그램을 정기적으로 내보낼 필요가 있다.

민족주의와 영웅의 불온한 '동거'

KBS1 신년 스페셜 <고선지>

<태조 왕건>이나 <허준>과 같은 역사 드라마를 놓고 역사학자와 제작자들이 가끔 논쟁을 벌인다. 드라마도 역사에 충실해야 한다는 주장과 드라마는 그냥 드라마로 이해해달라는 주문은 평행선을 긋게 마련이다. 텔레비전에서 선택된 인물은 영웅이 되고 선택된 역사나 사건은 신화가 되는 현실에서 다루고 있는 미세한 부분이 사실이냐 아니냐 하는 점은 부차적이다. 이는 역사 다큐멘터리의 경우에서도 동일하게 적용된다. 왜 그 사람, 그 사건이고 그를 통해 무엇을 보여주려고 하느냐가 더 중요하다.

KBS의 2001년 신년 스페셜 <고선지> 2부작을 보았다. 『신당서』 등에 의하면 한 시절 실크로드를 지배한 당나라의 고선지 장군은 고구려 유민 출신이다. 영국의 고고학자 스타인 박사는 고선지가 1만 기병을 이끌고 해발 4,574미터의 파미르 고원을 넘어 소발률국을 정벌한 것은 나폴레옹과 한니발의 원정을 능가하는 세계사적 사건이라고 주장한다. 세계사적 전투의 주인공이자 실크로드의 제왕, 망국 고구려의 후예, 그리고 비극적 최후. 얼핏 보아도 당나라 장군 고선지에게는 한국인의 심리를 자극할 만한 무언가가 있다.

제1부 '서역으로 간 고구려인'은 고선지 장군이 어떻게 현재의 신강 위구르 자치구까지 가서 위대한 장수가 되었는지, 그 뿌리 찾기다. 취재진은 『구당서』「고선지 열전」에서 『유성남기』에 이르는 문헌자료뿐만 아니라 타슈켄트, 돈황석굴, 서안시, 평양, 힌두쿠시 산맥, 타클라마칸 사막 등 현장을 답사하며 고선지 일가의 이동경로를 추적한다. 고선지는 모반을 우려한 당나라의 강제 분산정책에 따라 망국의 한을 품고 사막에 버려진 고구려인이었다는 사실을 입증하고자 한다.

제2부 '파미르를 넘어 세계사 속으로'는 고선지 장군의 소발률국 정벌로와 그가 최초로 패전의 아픔을 맛보았던 탈라스 전투 현장에 대한 답사 기록이다. 힌두쿠시 산맥을 넘어 소발률국을 정복한 것은 세계 전사에 길이 남을 쾌거였고, 고선지가 최초로 패한 탈라스 전투는 중국의 종이가 서방으로 전

정통 역사 다큐멘터리는 국수주의와 영웅주의에 함몰되기 쉽다(사진은 KBS1 <고선지>).

해지는 계기가 되었다는 점을 드러내고자 한다. 다소 비장한 마무리도 눈길을 끈다. 망국의 한을 품고 동서문화 교류의 요충 실크로드의 제왕이 된 고선지 장군은 세계 문명사를 바꾼 고구려의 혼이라는 것이다.

<고선지>의 미덕은 신강 위구르 자치구뿐만 아니라 파키스탄 등 5개국을 넘나들며 천산 산맥, 타클라마칸 사막, 돈황석굴 등 많은 역사적 볼거리를 찾아 제공하고 있다는 점이다. 하지만 전하고자 하는 메시지는 다소 위험해 보인다. 배타적 민족주의에다가 영웅주의, 대국 콤플렉스가 드러나기 때문이다. 고선지가 고구려 유민이라는 것을 지나치게 강조하거나, 약소국에 대한 철저한 유린을 미화하고, 실크로드의 동서문화 교섭사적 의미보다는 주제와는 별반 상관도 없는 제지술 전파에 대해서만 호들갑을 떠는 점이 그러하다. '죽은 독재자'를 떠올리지 않더라도 민족주의와 지배자, 영웅의 동거는 불온하다.

우리에게 근대의 의미는 무엇인가

MBC <한국 100년, 우리는 이렇게 살았다>

근대(modern)는 우리에게 무엇을 의미하는가? 한 세기를 마감하면서 지난 100년 동안 우리의 삶을 규정했던 근대의 문제가 최근 화두로 떠오르고 있다. 우리가 근대를 물어야 하는 이유는 간단하다. 근대는 지난 100년 동안 우리를 규정했던 가장 커다란 힘이었던 동시에, 지금도 우리의 삶을 지배하고 있기 때문이다. 구한말에서부터 일제 식민지, 미군정기, 남북분단 등의 역사적 경험은 한국의 근대 문제와 직접적으로 맞물려 있다.

역사학자나 문화 연구가들은 근대를 이론적이며 추상적으로 질문한다. 반면 MBC의 <한국 100년, 우리는 이렇게 살았다>는 무거운 주제를 가볍고 구체적으로 질문한다. <한국 100년, 우리는 이렇게 살았다>에서 돋보이는 점은 근대를 바라보는 역사적 시각이다.

한국 텔레비전에서 역사 다큐멘터리는 '위로부터의 역사'를 기술하거나, 증명되지 않는 가설의 역사를 영상화하는 경향이 두드러졌다. 고대사나 일본과 관련된 역사적 사실들은 텔레비전 역사 다큐멘터리에서 왜곡되거나 과장되기 일쑤였다. 그러나 <한국 100년, 우리는 이렇게 살았다>는 이 같은 관점에서 벗어나서 '아래로부터의 역사'와 '일상생활의 역사'라는 두 축에서 우리의 근대적 경험을 성공적으로 그려내고 있다.

1999년 2월 26일 첫번째로 방영된 '돈에 웃고 돈에 울고'부터 7월 15일 방영된 '전격공개! 100년 뇌물리스트'에 이르기까지 집중적으로 조명했던 것은 생활사의 흐름이었다. '닭 울음에서 전자시계까지'(3월 5일)는 시간 개념의 도입이 우리 일상생활의 흐름을 어떻게 바꾸었는가를 밝히고 있고, '장옷에서 배꼽티까지'(3월 12일)는 의상을, '보릿고개를 넘어 통일쌀로'(3월 19일)는 쌀과 밥상의 변화를 추적하고 있다. 게다가 역사에서 주변부에 위치해 왔던 여성의 삶과 관련해서 '여성의 사랑과 혼인'(5월 7일)과 '오줌세수에서 머드팩까지'(6월 17일)도 다루었다. 그밖에도 레저와 놀이의 변화과정으로 '나는 왜 스포츠에 열광하는가?'(5월 27일)와 '사교춤의 두 얼굴'(7월 8

아래로부터의 역사와 일상생활의 역사라는 두 축에서 우리의 근대적 경험을 성공적으로 그리고 있다(사진은 MBC <한국 100년, 우리는 이렇게 살았다>).

일) 등도 있다.

  <한국 100년, 우리는 이렇게 살았다>는 '아래로부터의 역사'나 '일상생활의 역사'에만 그치는 것이 아니라, 그것들이 어떻게 정치, 경제 권력과 관련되어 있는가 하는 점도 재미있고 알기 쉽게 풀어나가고 있다. 더욱이 이 역사 다큐멘터리의 미덕은 근대를 다루면서 자칫하면 빠지기 쉬운 식민지 근대화론의 위험도 적절히 피해가고 있다.

  지금까지 방영된 <한국 100년, 우리는 이렇게 살았다>에서 아쉬운 대목도 있다. 우선 일본에 비해서 미국의 문제가 상대적으로 약하게 기술되고 있다는 점이다. 또한 근대의 중요한 경험으로 공간과 장소(예를 들면 시장에서 백화점까지)의 변화와 기술이나 미디어 등의 도입(영화, 라디오, 텔레비전, 인터넷 등)이 어떻게 우리의 일생생활을 변화시켜왔는가도 다루지 않고 있다. 계속 방영될 예정인 <한국 100년, 우리는 이렇게 살았다>가 사관(史觀) 없는 기존의 역사 다큐멘터리 한계를 넘어서기를 기대한다.

제3장 다큐멘터리 비평 115

뿌리내리는 '더불어 삶'의 미학

KBS1 <환경스페셜>

KBS는 다큐멘터리 프로그램의 왕국이다. <일요스페셜> <역사스페셜>에다가 1999년부터 <환경스페셜>이 정규편성됨으로써 왕국의 지위가 더욱 굳건해졌다. 이를 시민교육과 계몽, 공익성과 유익성이라는 다큐멘터리의 장르 속성과 공영방송의 '궁합'이 잘 맞기 때문이라고만 말할 수는 없다. KBS가 이전의 관영적 성격에서 벗어나 좀더 적극적으로 공공성의 의미를 부여하고자 노력한 것이 결실을 맺고 있는 측면이 더 강하기 때문이다.

<환경스페셜>은 지난 1999년 5월 "후손에게 물려줄 좋은 환경을 가꾸고 지키는 데 앞장서겠다"는 시청자에 대한 약속 이행을 위해 설악산 백담계곡의 생명 이야기를 주제로 첫선을 보였다. 이후 지난 2001년 2월에는 '김 교수의 수돗물 전쟁 7년'을 방송했고, 70회를 맞아서는 떼죽음을 당하고 있는 철새이야기를 내보낸다. '김 교수의 수돗물 전쟁 7년' 편에서는 '누구나 사용하지만 아무도 먹지 않는' 서울의 수돗물 문제를 정면에서 다루었다. 기본적인 안전장치도 없이 무방비 상태에서 사는 국민들이 불쌍해서 '전쟁'을 포기할 수 없다는 김 교수 이야기 한 마디로 충분했다.

제작진이 생각하는 <환경스페셜>의 차별성은 철학이 담긴 생태환경 다큐멘터리를 지향함으로써 사람들이 환경문제를 머리가 아닌 가슴으로 느끼게 하고, 오염이나 환경파괴 문제에 대한 고발을 넘어서 설득력 있는 대안을 제시하기 위해 노력한다는 데 있다. 환경생태 문제에 접근하면서 그릇된 인간중심주의를 극복하고 모든 생명이 더불어 함께 살 수 있는 세상을 만드는 데 기여하겠다는 것이다.

지금까지 <환경스페셜>에서 방송한 주요 내용을 보면 대체로 생태, 생명 그리고 인간에 관한 이야기이다. 요컨대 생태환경의 세 축인 대기-물-땅에 대한 기록과 그곳에서 사는 생명 들여다보기, 대기-물-땅의 오염과 이에 대한 회복의 노력에 대한 탐사보고가 그것이다. 이를 위해 샛강, 동강, 갑천, 무재치늪 혹은 안개, 산불을 보여주거나 나비, 흰개미, 두꺼비, 백로, 은어

<환경스페셜>이 스페셜한 이유는 국내외의 첨예한 환경문제를 주기적으로 심층 추적하여 보여주는 데 있다.

와 같은 생물이 어떻게 살고 있는지 들여다본다.

하지만 <환경스페셜>이 정작 스페셜한 이유는 국내외의 첨예한 환경문제를 주기적으로 심층 추적하여 보여주는 데 있다. '환경호르몬의 습격'(6회), '고성산불 그후'(27회), '침묵의 증언, 산불이 남긴 것'(44회), '끝나지 않은 재앙, 핵 앞의 아이들'(45회), '새만금, 100일간의 기록'(46회)과 같은 첨예한 국내의 이슈와 아시아 각국의 습지와 강의 생태를 다룬 '아시아 기획 녹색을 꿈꾸다 1, 2'(33~34회), 독일의 댐철거 현장 탐사인 '강의 해방 – 댐에 관한 최신보고서'(62회), 일본의 생태마을 이야기인 '아야 마을, 숲에서 찾은 유토피아'(63회) 등이 그것이다.

방송에서 아름답고 울림이 있는 환경 다큐멘터리를 이따금 한 편씩 내보내는 것은 그리 어렵지 않은 일이다. 그러나 그런 프로그램을 매주 만드는 것은 아주 어렵다. '보이지 않는 손'의 압력을 받을 수도 있고, 소재 중심의 선정주의에 빠질 수도 있다. 아직까지 <환경스페셜>은 안전해 보인다. 앞으로도 우리의 일상적 삶과 그 주변환경에 대한 성찰과 천착, 그리고 거기서 나오는 '분노'를 보여줄 것이라고 기대한다.

생명과 느림에서 새천년의 희망찾기

신년 다큐멘터리: SBS '달터공원 버섯 이야기', KBS1 '박범신의 히말라야 통신'

정작 새천년이 시작되는 2000년 말 텔레비전은 조용했다. 이미 1999년 말 뉴밀레니엄 이야기를 다 당겨서 해버렸기 때문에 별로 할 말이 없었을 것이다. 불과 한 세대 전부터 우리의 일상을 지배해온 텔레비전은 속도문명의 '적자'로서 소비문화를 이끌어왔다. 결과적으로 우리는 빠름에서 오는 현기증과 끝간데 없는 욕망에서 자유로울 수 없었다. 느림에 대한 새삼스러운 집착과 생명이나 환경에 대한 관심은 이에 대한 당연한 반작용이다. 새해 첫날 두 편의 특집 다큐멘터리 프로그램에서 텔레비전이 보여줄 수 있는 새로운 가능성을 찾아보았다.

SBS의 2001년 신년특집 자연 다큐멘터리 '달터공원 버섯 이야기'를 보면서 우선 반가운 마음이 앞섰다. 지금까지 SBS는 자연이나 환경관련 다큐멘터리 프로그램 제작에 아주 인색했기 때문이다. '달터공원 버섯 이야기'는 이전의 '종묘 너구리'나 '한강 밤섬'과 같이 삭막한 서울과 '생명'의 연결고리를 찾으려고 하고 있다. 강남구에 있는 달터공원에는 놀랍게도 오염에 강한 붉은말뚝버섯뿐만 아니라 큰갓버섯, 자주방망이, 꾀꼬리버섯에서 자라기도 전에 약탈당하는 영지, 양송이와 비슷하게 생겼지만 먹으면 죽는 독우산광대버섯에 이르기까지 100여 종의 버섯이 서식하고 있었다.

버섯은 식물이 아니라 곰팡이의 일종이며, 생태계에서 버섯의 역할이 분해자라는 점, 낙엽이 없으면 버섯도 자랄 수 없다는 사실을 알려주는 것도 좋았지만, 새삼스럽게 인상적이었던 것은 서울에서도 생명이 자라고 있고 낙엽 – 버섯 – 달팽이 – 숲 그리고 인간이 결국 순환의 고리로 연결되어 있다는 사실을 담담하게 환기시키고 있는 점이었다. 푸른별 영상이라는 독립제작사에서 만든 작품이었다. SBS는 이어서 '문어의 모정' '까치의 반란' '고궁의 야생동물'과 같은 자연 다큐멘터리를 방송할 예정이며, '물은 생명이다'라는 슬로건을 걸고 매주 물 관련 환경 프로그램을 편성한다고 한다. 주요 방송사들이 환경 프로그램 장르에서 경쟁하는 것은 상상만 해도 즐거운 일이다.

뉴 밀레니엄을 맞아 생명과 느림을 강조하는 다큐멘터리가 늘고 있다(사진은 SBS 2001년 신년 다큐멘터리 '달터공원 버섯 이야기').

KBS의 2001년 신년특집 '박범신의 히말라야 통신―거친 바람 부드럽게'는 네팔의 제2도시 포카라에서 히말라야의 안나푸르나로 이어지는 여정에 대한 스케치다. 산악인들의 에베레스트 정복과정을 보여주는 프로그램에서 얼핏얼핏 보았던 것과는 사뭇 다른 영상과 메시지를 담고자 했다. 끝없이 이어지는 히말라야 길로 바람과 양떼 그리고 문명에 지친 나그네들이 지나간다. 소설가 박범신은 '신의 나라' 네팔에서 무거운 삶의 갑옷을 입지 않고 가난하지만 고통스럽지 않게 사는 사람들과 만나거나, 신비스러운 히말라야 풍광을 마주하면서 21세기의 새로운 희망을 건져 올리고 싶어한다.

그러나 빠르지만 얇은 우리 삶의 대안 찾기로서 '거친 바람……'은 그다지 성공적인 것 같지 않다. 무언가 우리에게 존재하지 않는 것을 찾아 보여주고자 하는 의욕이 앞선 나머지 화자는 그들 속에 섞이지 못한다. 그저 나그네일 뿐이다. 또한 다소 계몽적이고 권위적인 내레이션과 독백은 여백으로 남아야 할 영상의 공간을 위축시킨다. '말 없이 말하는' 네팔과 티베트의 문화를 어눌한 말로 담으려 한 것 자체가 무리수였을지도 모른다.

생태미학과 환경이슈 '사이'

환경 다큐멘터리론

2001년 들어 텔레비전에서 환경이나 자연생태와 관련된 다큐 프로그램이 활발히 방송되고 있다. 국내 텔레비전 방송사가 본연의 임무 중의 하나인 '환경감시'에 새삼 집중하는 것은 여간 반가운 일이 아니다. 지난 세기 동안 텔레비전은 의도했건 하지 않았건 간에 자연에 대한 약탈과 파괴, 소비를 미덕으로 삼는 서구 산업문명의 '첨병' 역할을 수행해왔다. 때문에 텔레비전은 자연생태나 생명, 환경에 관심을 가져야 할 '원죄'가 있다.

물론 KBS와 EBS 같은 공영방송의 경우 몇 년 전부터 환경과 관련된 <환경스페셜>이나 <하나뿐인 지구>와 같은 환경생태 관련 프로그램을 정기적으로 내보내고 있기는 하다. 지난 1999년 5월 처음 시작한 KBS의 <환경스페셜>은 2000년 말까지 주요 환경문제와 자연생태에 관련된 프로그램을 67회 내보냈다. EBS는 그 위상에 걸맞게 다양한 환경 관련 프로그램을 방송해왔다. 특히 <하나뿐인 지구>은 1993년 3월에 시작되어 9년을 장수하면서 EBS의 간판 프로그램 중의 하나로 자리잡고 있다.

MBC도 정규편성은 아니지만 <특선 다큐멘터리> 등을 통해 '양수리의 봄' '청호반새의 여름사냥' '겨울 철새'와 같은 자연 다큐 프로그램을 이따금씩 내보내고 있다. 그러나 상업방송인 SBS는 지금까지 환경이나 자연생태 관련 프로그램을 거의 편성하지 않았다. 지난 2년간 SBS에서 내보낸 자연환경 관련 프로그램은 '한국의 박쥐'(1999년)와 '한국의 풍경'(2000년)이 전부였다. 그런데 2001년 들어 각 방송사의 환경생태 관련 다큐 프로그램들은 그 양과 질에서 괄목할 만한 변화를 보여주고 있다.

먼저 SBS가 환경생태와 관련하여 적극적으로 대응하고 있는 것은 주목할 만하다. SBS는 2001년 새해 첫날 서울의 자연생태를 다룬 '달터공원 버섯이야기'를 내보낸 것을 시작으로 '문어의 모정'(5일), '까치의 반란'(6일), '고궁의 야생동물'(25일)과 같은 자연생태 관련 프로그램을 집중 편성한 바 있다. 또한 SBS는 창사 10주년 기획으로 물과 관련된 환경 프로그램 '물은 생명이

이제 텔레비전 환경 다큐멘터리에서는 자연의 아름다움에 대한 미학적 탐색보다 주요 생태이슈 천착에 집중해야 한다.

다'를 정규 편성할 예정이다.

KBS는 2001년을 맞아 특집 환경 다큐멘터리로 2000년의 '동강' '한강 밤섬'에 이어 '서해 5도'(9~10일)를 편성한 바 있다. 새로운 남북화해 시대를 맞아 '분단의 경계선'인 서해 5도의 자연생태를 물범, 검은머리물떼새, 북한멧돼지 등을 추적하면서 자연과 분단현실을 접목시키고 있는 빼어난 작품이었다. 1월에 EBS가 편성한 환경 특집물도 주목할 만하다. 한국의 간판 환경 프로그램인 <하나뿐인 지구>에서는 새해를 맞아 완벽하게 자급자족을 하며 사는 인도의 라다크 이야기를 1월 13일부터 3주에 걸쳐 편성하였다.

이렇듯 2001년 들어 각 방송사에는 환경관련 프로그램 제작에 각별히 노력을 기울이고 있다. 이런 분위기는 연중 계속될 필요가 있다. 또한 지금까지 국내의 환경 관련 프로그램은 <하나뿐인 지구>를 제외하고는 대체로 자연 다큐멘터리가 많았고, 발전하는 촬영기술에 의존하는 생태미학이나 동물의 세계에 대한 감정이입 중심이었다. 새만금 간척지나 동강댐, 쓰레기와 오염, 핵문제와 같은 주요 환경 이슈와도 정면으로 맞닥뜨릴 필요가 있다.

환경보도 넘어 생명의 정치로

EBS <하나뿐인 지구>

자연을 인간에 대한 축복으로 인식한 사람은 존 로크였다. 그러나 지난 세기 동안 자연은 인간에게 축복이 아니라 소유와 착취의 대상이었을 뿐이었다. 서구나 제3세계 모두 추진해온 '근대 프로젝트' 이면에는 자연과 환경에 대한 무자비한 희생이 뒤따랐다. 이성과 합리성이라는 이름으로 비이성적이거나 비합리적인 행위들이 진행되어왔고, 인간과 자연에 대한 지배와 착취가 낳은 여러 가지 중요한 쟁점 중의 하나가 '환경문제'이다. 인간과 자연, 자연과 사회는 서로 분리된 것이 아니기 때문에 환경문제는 바로 삶의 문제임에 틀림없다.

환경의 희생과 파괴로부터 생명의 신성함과 환경보도 실천의 중요성을 일깨우는 프로그램은 단연 <하나뿐인 지구>(EBS)이다. 1991년 9월부터 고정 편성되어 매주 방영되어온 <하나뿐인 지구>는 여타 방송사의 자연과 환경 프로그램과는 궤도를 달리한다. 자연과 환경 프로그램들 대부분은 보존해야 할 동식물과 지역 생태에 초점을 맞춤으로써 자연과 문명, 자연과 인간을 이분법적으로 구분했다. 그러나 <하나뿐인 지구>는 인간 속의 자연, 문명 속의 자연을 다룸으로써 사회문제로서 환경문제를 부각시켰다.

지난 두 해(1999년 1월~2000년 10월) 동안 <하나뿐인 지구>에서 방영된 프로그램을 분석해보면, 자연 다큐멘터리 13편과 환경 다큐멘터리 75편으로 실천으로서 환경문제를 강조했다. 환경 다큐멘터리는 환경문제 26건과 대안 제시 49건으로 어떻게 하면 인간 삶 속에서 더불어 사는 환경을 만들어나갈 것인가를 구체적으로 제시해왔다. 특히 환경운동과 환경친화방안의 중요성을 계몽해왔다. 바로 이 점이 <하나뿐인 지구>가 성취해낸 가치 있는 영역이다.

일본 특집으로 방영된 '가스미가우라로 돌아온 철새들'(3일)과 '하천복원도 과학이다'(10일)도 <하나뿐인 지구>가 추구해왔던 방향성을 잘 보여준다. 가스미가우라 시민협회가 지난 20년 동안 호수의 생태계 복원을 위해

<하나뿐인 지구>는 보호해야 할 자연이라는 소극적 차원이 아니라 환경실천과 대안제시를 통해 환경정치 혹은 생명정치를 호소한다.

서 행한 무공해 세제, 털실로 짠 수세미, 대나무 접시 사용 등에서 보듯 그들이 일상생활 속에서 벌인 노력과 참여는 아름답다. 시민, 정부, 학계가 모두 환경복원에 참여해야겠지만, 주체는 역시 시민이라는 점을 강조하고 있다. '하천복원도 과학이다' 역시 친자연하천공법을 도입해 자연하천으로 생명을 얻어가고 있는 과정을 깔끔하게 기술하고 있다.

<하나뿐인 지구>는 아름답고 지켜야 할 자연이라는 소극적인 차원에서가 아니라 환경실천과 과학적 대안제시를 통해서 환경정치 혹은 생명정치를 호소한다. 환경은 생명이고, 생명은 일상의 실천 속에 존재한다는 점을 변함없이 말하고 있다.

'기타 여러분'의 소리에 귀기울이기
KBS1 <시청자 칼럼 우리 사는 세상> 1

선정 폭력이 쓸고 간 텔레비전 무대를 스캔들 뉴스, 몰상식 드라마, 엽기 쇼, 가학성 토크가 채우고 있다는 비판의 소리가 높다. 오락과 놀이를 대체하는 텔레비전에서 때로는 '난장'을 벌이고 '푸닥거리'를 할 수도 있다. 그런데 그 난장에는 사람이, 푸닥거리에는 사회적 치유기능이 없다. 다행인 것은, 이렇게 비정상이 판치는 속에서도 의연하게 자기소리를 내며 시민 생활세계에 뿌리내리고 있는 프로그램도 있다는 점이다.

KBS1의 <시청자 칼럼 우리 사는 세상>은 텔레비전이 시민 생활공간에 아름답게 뿌리내릴 수도 있음을 잘 보여준다. 비록 방송시간은 5분에 불과하지만 평일 저녁 6시 55분이면 어김없이 평범한 시민이 나와 자신이 겪은, 작지만 살다 보면 누구라도 당할 수도 있는 '사건'에 대한 이야기 한마당을 벌인다.

1998년 6월 방송을 시작한 <시청자 칼럼 우리 사는 세상>에서는 지금까지 서울뿐만 아니라 전국 각지에 사는 560여 명의 아저씨, 아줌마, 장애인, 청년, 시골노인과 같은 '기타 여러분'이 나와 어눌하고 서툴지만 생생하게 자신이 당했거나 경험한 '황당한' 이야기를 들려주었다. 물론 지나치게 개인적인 문제이거나 해결을 위해 충분한 노력을 하지 않은 사항, 송사 등 이해관계에 얽힌 주장은 사절이다. 한 주에 한 번 정도는 '방송 그후'라는 코너를 통해 '후일담'을 내보낸다는 점도 특이하다. 대체로 다음과 같은 이야기들이 나온다.

후천성 청각장애인 김씨. 이동전화회사들은 장애인 복지차원에서 음성통화에 한하여 30퍼센트의 할인 혜택을 주고 있다. 그렇다면 문자 메시지를 이용할 수밖에 없는 청각장애인은 장애인이 아닌가? 김씨는 수화로 부당함을 호소하지만 이동전화회사 관계자는 냉랭하기만 하다.

아내 장례를 치른 김씨. 장례를 치르려면 영구차와 영정차가 함께 움직여야 한다. 김씨는 고속도로에서 영정차가 버스전용차선을 위반했다고 딱지를 떼였다. 그러면 고속도로에서 영정차와 영구차가 다른 차선으로 다녀야 하

텔레비전이 시민의 눈과 귀가 될 수 있음을 보여주는 소중한 사례이다(사진은 KBS1 <시청자 칼럼 우리 사는 세상>).

나? 김씨의 호소 이후 영구차와 영정차는 같이 다닐 수 있게 되었다.

용산에 사는 청년 허억 씨. 우리나라의 교통사고율은 세계 1위다. 다니다 보면 곳곳에 예산문제로 교통안전시설이 미비한 것을 볼 수 있다. 연간 거두는 교통범칙금이 2,000억~3,000억 원에 이르는데, 이 돈조차도 교통사고 예방사업에 쓸 수 없도록 되어 있다. 허씨는 시민의 힘을 모아 교통범칙금 특별회계법을 제정해야 한다며 서명운동을 벌이고 있다.

개인적 억울함의 호소에서 시민의식, 정치개혁에 이르기까지 다양한 이야기들이 등장한다. 방송이 나간 후 억울한 일이 해결되는 경우도 있지만 그렇지 않은 경우가 더 많다. 당장 해결되지 않는다고 해도 문제될 것은 없다. 방송이 낮은 데로 내려가 힘도 돈도 없는 '기타 여러분'의 이야기에 귀를 기울이고, 시민들의 생활현장을 연결해주는 것만으로도 충분하다.

텔레비전이 일반 시민의 '눈과 귀'가 되기 위해 노력하기만 한다면 "시민 한 사람 한 사람의 힘으로 세상을 바꿀 수 있다"는 말은 꿈이 아니다. 제작자들은 보통사람들의 이야기를 듣기 위하여 언제라도 두메산골, 외딴섬 가리지 않고 '출동'할 준비를 하고 있다고 했다. <시청자 칼럼 우리 사는 세상>에서 위기에 빠진 텔레비전의 새로운 '희망'을 본다.

시민의 신문고로 자리잡다

KBS1 <시청자 칼럼 우리 사는 세상> 2

작은 목소리지만 울림이 있고, 투박하지만 진지한 몇 안 되는 방송 프로그램 중의 하나가 KBS1의 <시청자 칼럼 우리 사는 세상>이다. 시청률은 10퍼센트를 넘지 못하지만, 1998년 6월부터 지금까지 510회 이상 변함없이 살아있는 시민의 목소리를 한올 한올 풀어내고 있다.

<시청자 칼럼 우리 사는 세상>은 월요일부터 금요일까지 잔잔하게 흐르지만 물빛 파장은 진지한 어느 다큐멘터리 프로그램이나 시사보도 프로그램보다 투명하고 깊다. 5분의 길이는 더 이상 짧지 않고, 참여한 시청자의 생생한 목소리는 신문이나 방송의 어느 논설위원들 목소리보다 의미 있게 송곳처럼 우리의 의식 속으로 파고든다. 여기에 <시청자 칼럼 우리 사는 세상>의 힘이 있다.

시청자가 프로그램을 진행하는 것을 포함해서 주체적으로 참여하고, 내용에서도 불합리한 관행과 제도를 바꾸기 위해 노력하는 용기 있는 시민의식을 다루고 있다는 점에서 '방송을 통한 시민의 신문고'라고 불릴 수 있다. 시청자의 주권이 제작자 주권보다 우위에 있다.

방송이 시청률의 논리 속에서 대중성의 신화를 만들어내는 환경 속에서 시청자의 참여와 방송이 만난다는 것 자체가 가치 있다. <시청자 칼럼 우리 사는 세상>은 기존의 방송구조 내에서 그나마 가능한 '시청자 참여 프로그램'이다. 이것은 방송의 세계와 시청자 개별적 생활세계 사이에 유리되었던 벽도 허물어준다.

<시청자 칼럼 우리 사는 세상>은 시민의 신문고 역할을 나름대로 충실히 해왔지만 아쉬움도 남는다. 그것은 불합리한 제도 속에서 내 권리를 찾고자 하는 노력을 넘어서 더 넓은 시민의식을 펼쳐보이지 못한다는 점이다. 생활 속의 불편함에 대한 해결자의 역할을 넘어서 시민이 말하는 정치적 공론 영역까지 확대될 수는 없는 것일까.

시민의 억울함을 단지 호소하는 것이 아니라 역사적으로 권위적인 통치제

<시청자 칼럼 우리 사는 세상>은 시청자의 주권이 제작자 주권보다 우위에 있으며, 방송을 통한 신문고라고 부를 수 있다.

도 아래 약화되었던 시민의식을 깨우고 민주주의의 근본을 돌아볼 수 있는 내용들이 시민의 목소리를 통해서 가끔은 전달될 수 있기를 바란다. 자본과 정치권력을 틀 내에서 움츠려서 헤어나지 못하는 한국 방송의 현실에서 <시청자 칼럼 우리 사는 세상>이 보다 당당히 오랫동안 서 있기를 기대하면서 제작자와 참여 시민들에게 갈채를 보낸다.

질감 있는 영상에 담긴 '작은' 이야기

KBS2 <VJ특공대>, SBS <휴먼TV 아름다운 세상>, EBS <10대 리포트>

국내 방송에서도 비디오 저널리스트(VJ)는 더 이상 낯선 말이 아니다. 존 알버트가 혈혈단신으로 쿠바에 들어가 비디오 촬영에 성공한 것이 1972년이고, LA폭동의 시발점이 되는 로드니 킹의 생생한 구타장면이 비디오에 잡힌 것은 1992년이다. VJ란 6mm 카메라를 들고 프로그램의 기획, 구성, 집필, 촬영, 편집까지 담당하는 '21세기형' 방송 저널리스트라고 할 수 있다.

방송국에서 VJ가 각광을 받는 이유는 저비용으로 다양한 시각의 새로운 볼거리를 제작할 수 있다는 데에 있다. 그러나 우리가 VJ에 주목해야 할 이유는 기존의 텔레비전 카메라처럼 세상을 권력의 위계에 따라 기계적으로 담는 것이 아니라, 삶의 현장에 더 밀착하여 '인간의 눈'으로 세상을 보여줄 수 있기 때문이다.

국내에서 VJ가 본격적으로 등장한 것은 1990년대 중반 이후 케이블TV Q채널의 <아시아 리포트>와 경인방송(iTV)의 <리얼TV>(<경찰 24시> <댄스불패> 등)에서였고, 이후 KBS1의 <영상기록 병원 24시>(JRN 제작)나 다큐물에 이따금씩 등장하였다. 2000년 들어 <휴먼TV 아름다운 세상>(SBS), <10대 리포트>(EBS), <VJ특공대>(KBS2) 등 VJ가 참여하는 프로그램이 늘어나고 있다. 하지만 아직은 기대 반 우려 반이다.

가을개편 이후 등장한 <휴먼TV 아름다운 세상>은 현장에 밀착함으로써 인간 냄새가 나는 휴먼 다큐멘터리를 지향한다. 1인칭 제작자의 시점을 최대한 살리기 위해서 형식에서도 자유롭다. 두 쌍둥이 기르기, 모델을 꿈꾸는 여중생들, 고3 영화감독, 신세대 백수이야기 등 특이하지만 개연성 있는 이야기들을 실감나게 전하는 데 성공하고 있다. EBS의 <10대 리포트>는 청소년 VJ에게 그들의 관심사를 자신의 눈높이에서 자유롭게 카메라에 담게 한다. 취재원과 제작자가 모두 청소년이기 때문인지 어른과는 다른 입장에서 청소년 이야기를 생동감 있게 들려주고 있다.

2000년 5월 시작된 <VJ특공대>에서는 이름에 걸맞지 않게 VJ의 역할이 별

VJ가 참여하는 다큐멘터리는 현장에 밀착하여 '인간의 눈'으로 세상을 보여줄 수 있다(사진은 KBS2 <VJ특공대>).

반 두드러지지 않는다. 다수의 VJ가 제작에 참여하지만, 그 소재나 내용에서 VJ가 만드는 프로그램으로서의 장점이 거의 살아나지 않고 있다. 우선 최근의 소재를 보면 '가을동화 그후'라는 낯뜨거운 자사 프로그램 홍보에다가 입시열풍, 젊은 역술인, 공익근무요원, 프로야구 한국시리즈 등 큰 이야기 중심이다. 상투적인 내레이션과 지나친 가공으로 그나마 VJ작품의 거칠음의 미학마저도 거세돼버린다. 그런 면에서 <VJ특공대>에 VJ는 없다.

 VJ가 만드는 프로그램을 통해 보고 싶은 것은 카메라와 취재원이 하나가 된 새로운 영상의 세계다. 손으로 들고 찍을(handheld) 수밖에 없기 때문에 화면은 당연히 불안정하다. 영상의 미학적 수준도 떨어진다. 그 대신 연출되지 않는 데서 오는 자연스러움과 생동감, 기존의 카메라가 접근할 수 없었거나 무시했던 작지만 소중한 이야기를 들을 수 있으면 된다. 그렇지 못할 경우 지상파 방송에서 VJ는 제작비 절감을 위한 혹은 프로그램의 진부함을 위장하기 위한 들러리일 뿐이다.

'유감'스런 시대에 말걸어 공감하기

경인방송 르포 <시대공감>

연말이 되면 각종 방송상을 주는 곳이 많다. 남녀평등상, 프로그램 21상, 민주언론상, 무슨 대상, 미디어상 등 그 이름도 다양하다. 상에서도 거의 예외 없이 '여의도 패권주의'가 관철된다. 가뜩이나 추운 데서 프로그램을 만드는 지역방송사나 독립제작자는 시상식에서도 '찬밥' 신세다. 2002년에는 다행히도 약간의 '이변'이 있었다. 경인방송의 르포 <시대공감>이 언론노조에서 주는 민주언론상 특별상을 수상한 데 이어 앰네스티언론상의 영예도 차지한 것이다.

<시대공감>은 2001년 4월 첫선을 보인, 6mm를 이용한 현장밀착취재 프로그램이다. 일상적 삶의 현장에서 나오는 열기와 소외된 사람들의 목소리 그리고 변화의 진원지에서 부는 바람을 적당히 '반죽'만 한 채 내보내는 것이 이 프로그램의 가장 큰 미덕이다. <시대공감>이 들여다보고 싶어하는 것은 중요하지만 주류미디어에서 무시하고 있는 현장이고, 들려주고 싶어하는 이야기는 노동자, 외국인, 장애인, 여성, 시민 등 권력으로부터 소외된 사회적 약자들이다.

한통계약직노조(2회), 대우자동차 부평공장(4회), 레미콘 노동자(13회), 전교조 교사들(33회) 등과 같은 생존권 투쟁의 현장에 대한 보고나 미얀마 노동자들(6회), 추방당하는 조선족(16회), 필리핀 이주노동자(38회) 등의 이야기도 내보냈다. 타 언론사 문제나 시민언론운동의 현장에도 거리낌없이 카메라를 들이댄다. 첫 회에 편성된 것이 시민의 방송접근권(public access) 문제였고, 이어 '옥천의 안티조선독립군'(3회)이야기나 'CBS파업 224일'(7회)은 큰 반향을 일으켰다. 때로는 재소자(5회), 지체장애인(8회), 땅꾼(9회), 서울역 부랑아(10회), 택시기사(26회), 여성가장(31회), 꽃제비(32회), 노점상(37회) 등과 같은 사회적 약자의 이야기를 담담하게 보여준다.

그동안 경인방송이 <리얼TV> 등을 통해 축적해온 6mm 노하우가 <시대공감>에서 빛을 발하고 있는 것이다. 현장만 있고 이슈가 없거나 '비디

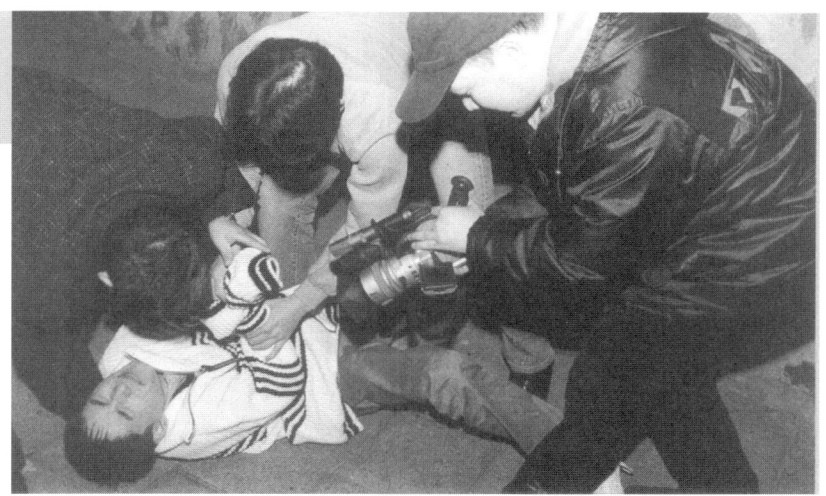

<시대공감>은 삶의 현장에서 나오는 열기와 소외된 사람들의 목소리를 가감 없이 보여준다.

오'는 있으나 '저널리스트'가 없는 지상파 3사의 VJ 참여 휴먼다큐물들과는 '족보'가 다르다. 성역 없이 모든 현장에 접근한다는 점과 6mm로 무장한 제작진이 노조영상패 등과 공동제작과 같은 '열린 방식'을 추구한다는 점에서 그렇다.

그럼에도 <시대공감>의 미래는 불투명해 보인다. 프로그램이 인구에 회자되고 힘을 얻기 시작하면 이를 견제하려는 힘도 강해진다. 가을 개편 때 방송시간이 30분으로 줄어든 것은 그 '전주곡'일 수 있다. 하지만 <시대공감>의 열린 마음과 가난한 이웃에 대한 따뜻한 시선이 유지된다면 외압은 큰 문제가 되지 않을 것이다.

조작 유혹에 무기력한…… 유사 다큐들

MBC '너구리 파문'과 SBS '귀신소동'

두 방송사가 때아닌 '너구리 파문'과 '귀신소동'에 휘말려 있다. MBC는 양재천의 너구리를 생포하는 장면을 연출하여 방송했다가 서둘러 사과방송을 내보냈고, SBS는 전북의 한 농가에서 벌어진 귀신소동을 내보냈다가 두 어린아이가 꾸민 사기극이었다고 밝혔다. 결과적으로 두 방송사는 너구리와 귀신을 통해서 시청자를 기만했다. 관련 프로그램이 모두 '사실'을 생명으로 하는 다큐멘터리였다는 점에 문제의 심각성이 있다.

MBC는 2002년 1월 '다큐멘터리-이경규보고서' 코너에서 야생 너구리 생포장면을 내보낸 후 그 장면이 조작된 것이었음을 <섹션TV 연예통신>과 2월 2일 방송을 통해 거듭 밝히고 사과한 바 있다. 다큐 프로그램의 속성상 일정한 '조작'이 불가피하다는 점을 인정한다고 해도 '연출'까지 용인될 수 없다는 것을 제작진은 누구보다 잘 알고 있었던 것이다. 하지만 조작 유혹에서 벗어나지 못했고, 결국 '사고'를 친 후 '사과'하는 방식을 택한 것 아니냐는 의문이 든다. 제작기간이나 제작방식이 다를 수밖에 없는 다큐와 오락물을 적당히 퓨전하고 있는 유사 다큐멘터리의 한계가 드러난 것이기도 하다.

SBS의 <순간포착! 세상에 이런 일이>는 우리 주변에서 일어나는 놀랍고 신기한 이야기를 6mm 카메라로 취재하여 내보내는 프로그램이다. 2002년 1월 31일 <순간포착!……>에서는 전북의 한 농가 빈방에서 목침이 날아다니고 개가 하늘로 솟아오르는 등의 '귀신소동'을 내보내고 후속 보도를 예고했다. 그러나 비디오를 확인하고 추가 취재를 한 결과 손자의 '장난'이었다는 사실을 자백 받아 그 내용을 2월 7일 방송한 바 있다. 제작진이 자작극임을 알고도 시청률을 의식해 무책임하게 방송한 것 아니냐는 시청자의 항의가 빗발치고 있다.

제작진의 설명대로라면 SBS는 한 어린아이에게 '농락'당한 것이고 그 방송을 본 시청자들도 기만당한 것이다. 애초에 '귀신현상'을 입증하겠다는

최근 들어 6mm 카메라를 이용한 유사 다큐멘터리들이 오락 프로그램의 곁다리로 전락하는 경우가 많다(사진은 MBC '다큐멘터리 – 이경규보고서').

것 자체가 무모한 일이었을 것이다. 그렇다면 7일 방송에서는 그 점을 깊이 사과하고 재발방지를 다짐하는 선에서 마무리하는 것이 옳았다. 이전에 SBS <호기심 천국>과 <초특급 일요일 만세> 등에서 대대적으로 소개된 군산 앞바다 보물선 인양작업이 사기인 것으로 드러난 바 있다. 방송 프로그램이 사기에 이용당할 때 피해자는 시청자일 수밖에 없다.

이번의 너구리 파문과 귀신 소동은 지상파 방송 위기의 한 단면이다. 사실성을 생명으로 해야 할 자연다큐가 오락물의 곁다리로 전락하고 있고, 제작비를 절감하고 현장성을 살린다는 6mm를 이용한 휴먼다큐멘터리가 정체불명의 무책임한 화면제공 수단으로 전락하고 있다. 사회적 책임이나 공신력보다는 시청률이라는 시장 논리가 지배하는 한 지상파 방송의 날개 없는 추락은 앞으로도 계속될 것이다.

낮은 세상의 서글픈 행복

KBS2 <인간극장> '작은 거인 4형제'

2000년 추석기간 동안 텔레비전 프로그램 차례상은 화려했지만 남는 것이 별로 없었다. 여느 명절 때처럼 방송사마다 특집 드라마 한 편씩 방영했고, 기존 프로그램 앞에 '추석특집'이라는 말만 덧붙여서 연예·오락 프로그램으로 메우거나 '추석특선대작'이란 이름으로 영화 몇 편씩 편성했을 뿐이다.

'추석특집'의 휘장이 난무하는 와중에서도 KBS2의 <인간극장> '작은 거인 4형제'는 추석의 진정한 의미와 삶의 깊이를 묻는 작품이었다. <인간극장>은 5회 시리즈로 제작되어 다큐멘터리에 드라마의 요소를 결합시킴으로써 사실성과 정서적 흡입력을 높이고 있다. 다큐멘터리 영역에서 새롭게 시도되고 있는 형식이라는 점에서도 주목받을 필요가 있다.

'작은 거인 4형제'는 왜소증에 걸린 난쟁이 4형제의 삶을 조용하면서도 담담하게 5회에 걸쳐 그려내고 있다. 첫째 희동은 아내가 가출하고 딸마저 잃자 술에 기대어 살면서 안경공장에 다닌다. 둘째 세영은 아내 해월이 자신을 떠나지나 않을까 근심스러워하면서 딸 가은만은 왜소증에서 벗어날 수 있기를 갈구한다. 셋째 정동은 혼기를 넘겼지만 결혼은 생각도 못하고 있고, 넷째 고등학생 정영은 학교 명물이지만 병원에서 성장판이 닫혔다는 진단을 받고 슬픔에 잠긴다.

추석을 맞이해서 난쟁이 4형제는 자신들에게 무용극을 가르쳐준 양어머니 '미미 엄마'를 만나고, 아버지 묘소에 가서 벌초도 한다. 또한 세영의 딸 가은을 통해서 3대째 내려오는 유전병의 원인도 찾고자 한다. 이들은 병원으로부터 연골 무형성증 때문에 성장 호르몬 주사를 맞아도 더 이상 성장할 수 없다는 진단을 받고 좌절하기도 한다.

'작은 거인 4형제'는 무엇을 말하고자 했던 것일까. 그것은 낮은 삶 자체를 그대로 받아들이는 난쟁이 형제의 생에 대한 태도와 높이의 의미를 묻고 있는 것은 아니었을까. 작은 거인 4형제가 더 이상 거부할 수 없는 것은 '난

'작은 거인 4형제'는 낮은 삶 자체를 그대로 받아들이는 생에 대한 태도와 높이의 의미를 묻는다.

쟁이로서의 삶' 그 자체이다. 이것은 그들 삶의 조건이고 영원히 극복할 수 없는 삶의 무게일 것이다. 그럼에도 난쟁이 4형제는 숙명으로서가 아니라 그들만의 삶으로서 받아들인다.

높이의 의미는 '작은 거인 4형제'가 묻고 있는 또 다른 질문이다. 난쟁이 형제들은 버스를 타거나 공중전화를 걸 때 정상인이 경험하지 못하는 불편함에서 어찌하지 못하며, 막내 정영은 고등학교 친구들과 농구를 하면서 높이의 벽을 극복하지 못한다. 그렇지만 낮은 세상에 사는 난쟁이 4형제는 우리에게 너희들은 높지만 왜 그렇게 왜소하냐고 묻는 듯하다. 무엇이 높은 것이고 무엇이 낮은 것인지 누가 난쟁이 형제들에게 당당히 대답해줄 수 있을까.

세속적 '성공의 틀'에서 벗어나야

MBC <성공시대>

누구나 성공을 꿈꾸지만 누구나 성공하지는 못한다. 성공을 어떻게 생각하는가에 따라 다르겠지만, MBC <성공시대>가 말하는 성공은 한 개인이 경제적, 정치적, 사회적 위치에 대해 타인들이 부여하는 사회적 성취이다.

2001년 1월 28일 방영된 <성공시대> '삼원정공 양용식 사장' 편은 <성공시대>의 전형적인 내용을 담고 있다. 한 중소기업인이 초등학교 중퇴라는 학력에도 불구하고 성실과 집념을 통해서 개인적·사회적 성취를 이룩했다는 것이기 때문이다. 물론 성공의 요인에는 별다른 해법이 있을 리 없다. <성공시대>를 보면서 양용식 사장의 성실한 노력에 감동받기보다는 오히려 그의 그늘이 된 문학무 회장의 한 마디가 뇌리에 남았다. "사람은 지식을 가지고 사는 것이 아니라 지혜를 갖고 사는 것이다. 지식은 지나온 것들의 축적이지만 지혜는 미래를 보는 것이다."

지난 3년 동안 <성공시대>는 어려운 경제상황 속에서 희망의 메시지를 전달하면서 한 개인이 생활철학 속에서 성공의 비결을 이끌어냄으로써 시청자에게 가깝게 접근했다는 점에서 성공적이었다. 게다가 인물 드라마 다큐멘터리라는 새로운 형식도 적절히 소화해냈다.

그러나 그동안 방영된 <성공시대>를 보면서 아쉬움도 적지 않다. <성공시대>가 처음 방영했던 1997년 11월 이후부터 2000년 말까지 성공한 사람들을 보면 남자 116명(81.7%), 여자 24명(16.9%), 부부 2명(1.4%)으로 압도적으로 남성 중심적이었다. 성공한 여성의 경우 반 이상은 예술 기능인이었다. <성공시대>가 성공하기 위해서는 남성중심적 틀에서 벗어나야 하고, 여성이 성공할 수 있는 분야가 예술이나 기능직밖에 없다는 신화에서 벗어나야 한다.

<성공시대>는 부, 명예, 지위로부터 성공의 개념을 정의하는 것에서 탈피해서 '직업의 품위'를 지키면서 자신의 세계를 구축한 사람들과 사회봉사와 역사적 진실에 일생을 바친 인물들도 발굴했으면 한다. 예를 들어 '영원

<성공시대>는 부, 명예, 지위를 성공의 개념으로 정의하는 것에서 탈피해서 '직업의 품위'와 '역사적 진실'에 일생을 바친 성공인들도 발굴해야 한다.

한 호텔맨 오문환'이나 '빵장수 신철수' 편처럼 평범한 자신의 직업으로부터 전문가주의를 성취함으로써 우리 사회 직업문화를 바꾸는 데도 기여하고, '오순절 평화의 마을 오수영 신부'나 '거제도 애광원 김임순 원장'에서 보듯이 더불어 사는 지혜를 함께 공유할 수 있는 인물들도 소중하기 때문이다.

그밖에도 <성공시대>가 휴먼 다큐멘터리로 정착하기 위해서는 취재를 보다 늘리고 드라마의 요소를 줄이는 것도 필요할 것이다. 가족중심의 취재와 드라마로 재연하는 과정에서 드러나는 과장이 다큐멘터리의 현실성을 떨어뜨리기 때문이다.

제4장
텔레비전 드라마 비평

1. 텔레비전 드라마의 장르

　드라마는 가장 중요한 텔레비전 장르 중의 하나이다.[1] 텔레비전 드라마는 공통적으로 서사(narrative)구조를 지니며, 허구적 구성물이다. 텔레비전 드라마가 역사 드라마처럼 특정 사실에 기초를 두고 있다 하더라도 작가의 상상력이 중요한 역할을 담당한다는 점에서 허구적 성격이 강하다.

　텔레비전 드라마는 시리얼(serial)과 시리즈(series)로 구분된다. 시리얼과 시리즈를 구별하는 기준은 이야기의 연속성과 시간이다. 드라마의 이야기가 지속적으로 이어지고, 시간이 이야기의 전개를 구속하지 않는 형식은 시리얼이고, 이야기가 한 번에 끝나면서 시간에 종속되는 형식은 시리즈이다. 예를 들어 우리가 흔히 보는 일일연속극이나 미니시리즈[2]들은 모두 시리얼의 형식을 취하고 있는 반면, 단막극이나 <전원일기>와 같은 연속 단막극들은 시리즈의 형식으로 전개된다.

　시리얼과 시리즈의 구분은 중요하다. 왜냐하면 드라마의 이야기가 한 회에 끝나는지 지속적으로 이어져야 하는지의 여부는 플롯, 사건, 인물설정 등에

---

[1] 일반적으로 한 주일 동안 방송 3사에서 방영하는 드라마는 35편 내외로 전체 방송시간의 15~18퍼센트를 차지한다.
[2] 정확히 말하면 미니시리즈는 미니시리얼이다. 그러나 미니시리즈의 용어가 방송사나 수용자에게 친숙하게 사용되고 있기 때문에 미니시리얼로 부를 필요는 없다.

영향을 미칠 뿐만 아니라 수용자를 끌어들이는 방식에서도 차이를 낳기 때문이다. 시리얼은 이야기의 완결에 대한 수용자의 욕망을 좌절시켜서 계속적인 이야기의 전개에 수용자를 매달리게 하는 반면, 시리즈는 매주 이야기의 완결에 관한 수용자의 욕망을 충족시킴으로써 수용자의 관심을 끌어들이는 서사전략을 구사한다.

멜로 드라마

멜로 드라마는 텔레비전 초창기부터 현재까지 가장 인기 있는 장르이다. 멜로 드라마는 텔레비전이 등장하기 이전인 19세기 중반에 만들어졌다. 19세기 중반 이후 서구에서 부르주아계급이 급부상하면서, 연극과 소설 등의 주요 소재는 왕이나 귀족 중심에서 부르주아의 가정으로 바뀌었다. 영화가 등장하면서 멜로 드라마 형식은 대중적인 장르로 떠올랐고, 1920년대 중반 이후 라디오는 멜로 드라마 형식을 받아들여서 소프 오페라(soap opera)를 만들었으며, 텔레비전도 라디오의 전통을 이어받았다.

멜로 드라마와 소프 오페라는 서로 다른 장르라기보다 동일한 장르로 파악해도 별 무리는 없다.[3] 퓨어(Feuer, 1984)는 멜로 드라마와 소프 오페라의 유사성으로 등장인물의 도덕적 양극화(윤리적으로나 도덕적으로 선한 인물과 악한 인물 사이의 대립), 강렬한 감정의 호소, 여성 등장인물의 지배력, 공적 공간보다는 사적(private) 공간의 중요성 등을 지적한다. 서구에서 소프 오페라는 낮에 방영하는 것(daytime soap opera)과 황금시간대에 방영하는 것(prime-time soap opera)으로 구분된다. 이 둘은 미학적 차이는 없지만 세팅, 제작비, 할리우드의 영향 등에서 조금씩 다르다. 황금시간대 소프 오페라는 좀더 화려한 세팅과 많

---

[3] 외국에서 멜로 드라마와 소프 오페라 사이의 구분은 논란거리 중의 하나이다. 일부 연구자들은 소프 오페라를 넓은 의미의 멜로 드라마로 정의한다. 예를 들어 소프 오페라를 퓨어(1984)는 '텔레비전 멜로 드라마', 킬번(Kilborn, 1992)은 '수퍼 소프(super soap)', 제러티(Geraghty, 1991)는 '연속 시리얼(continuous serial)'로 정의하면서 멜로 드라마의 범주 안에 놓는다. 반면 캔터와 핀그리(Cantor and Pingree, 1983)는 제작비, 방영되는 에피소드의 수, 내용 등에서 멜로 드라마와 소프 오페라는 다르다고 지적한다. 그러나 멜로 드라마 장르 관습의 특징으로 여성인물의 중요성, 가족, 도덕성, 이야기의 반복 등을 고려하면 동일하게 이해해도 별 무리가 없다.

멜로 드라마의 등장인물은 양극화되어 있으며, 사회적 배경은 중산층이다(사진은 MBC <사랑과 진실>).

은 제작비를 투여하고, 할리우드의 영향으로 더 많은 액션과 다양한 오락의 요소들을 포함하는 경향이 있다(Kilborn, 1992). 우리의 경우, 서구의 소프 오페라와 가장 유사한 프로그램은 방송 3사의 아침 멜로 드라마들이다. 아침 멜로 드라마들은 대부분 불륜을 소재로 삼고 있는데, 등장인물이 도덕적으로 양극화되어 있으며, 이야기의 전개속도가 느리고, 상대적으로 적은 제작비로 만들어진다.

멜로 드라마에서 주요 등장인물의 사회적 배경은 중산층이다. 멜로 드라마는 경제적으로는 아무런 문제가 없는 중산층 가정에서 남편이나 아내의 부도덕한 사랑이 갈등을 낳으면서 시작된다. 부도덕한 사랑을 하는 남편 혹은 아내와 그들의 연인에 집중되어 드라마가 전개되지만, 주변 인물인 가족 구성원들도 중요하게 취급된다. 불륜을 보는 관점은 두 사람 사이에 집중되지만, 동시에 가족 구성원 전체의 관점이 함께 다루어진다는 점에서 다양하다. 드라마 전반에 걸쳐서 도덕성 문제가 제기되고, 이야기의 속도는 느리다. 멜로 드라마는 각각의 에피소드 마지막에 클리프행어(cliff-hanger) 장치를 사용하고, 수용자로 하여금 답답함을 촉발시킴으로써 계속 시청하게 만든다.

킬번(Kilborn, 1992)과 브라운(Brown, 1994)이 정의하는 멜로 드라마 관습을 요

<표 4-1> 텔레비전 드라마의 장르 관습

	멜로 드라마	홈 드라마	로맨틱 드라마	역사 드라마	농촌 드라마	경찰 드라마
주요인물의 중심성	중산층 남성과 여성 인물	가족 전체	연인	남성인물과 왕	가족 전체	경찰과 범죄자
주변인물의 처리방식	중요하게 취급	중요하게 취급	가볍게 취급	약간 중요하게 취급	약간 중요하게 취급	가볍게 취급
관점	다양한 관점	다양한 관점	두 인물의 관점	한 인물의 관점	다양한 관점	경찰의 관점
주제론	사랑, 불륜, 가족갈등	사랑, 가족 갈등과 화해	낭만적 사랑	권력투쟁과 충성	가족과 공동체의 동일시	법과 질서, 사회유지
미학	지나침, 감성, 도덕성, 반복	일상성, 감성	환상, 로맨스, 지나침	극적 대립	순수한 리얼리즘	**빠른 전개**, 긴장, 추리
주요 세팅	가정	가정	가정과 직장	궁궐	가정과 마을	경찰서
형식	시리얼	시리얼	시리얼	시리얼	시리즈	시리즈
예	<푸른 안개> <애인> <청춘의 덫> 등	<보고 또 보고> 등	<사랑을 그대 품안에> <아름다운 날들> 등	<태조왕건> <여인천하> <명성왕후> 등	<전원일기> <대추나무에 사랑 걸렸네> 등	<수사반장> <형사> 등

약하면 다음과 같다.

① 여성 등장인물의 중심성
② 다중적인 관점
③ 이야기의 중심을 구성하는 대화
④ 가정의 사적 공간과 공적 공간 내에서도 사적 내용의 지배
⑤ 주변 등장인물에 대한 진지한 접근
⑥ 해결 없이 꼬이는 이야기의 느린 전개
⑦ 일상성에 대한 강조
⑧ 주요 등장인물들의 극적 대립과 갈등

홈 드라마

멜로 드라마와 유사한 장르로 한국과 일본에서 일반적으로 받아들이는 홈 드라마가 있다. 홈 드라마는 가족 코미디와 멜로 드라마의 사이에 위치하는 독특한 장르이다. 이야기의 중심이 가족이라는 점에서 가족 코미디와 멜로 드라마는 유사하지만, 웃음의 장치를 사용하지 않는다는 점에서 가족 코미디와 다르고, 불륜을 다루지 않고 등장인물의 선악대비가 명확하지 않다는 점에서 멜로 드라마와 다르다.

홈 드라마의 설정은 가정이며, 가족 구성원으로 나오는 등장인물 모두가 중요하게 취급된다. 홈 드라마의 도입부분에서 자녀의 결혼을 둘러싼 갈등이나 부모와 자녀 사이의 갈등이 제기되면서 이야기가 전개되지만, 언제나 가족 구성원의 슬기와 애정으로 가정의 평화와 조화를 되찾는 것으로 끝난다. 따라서 홈 드라마의 신화는 어떤 사건이 발생해도 가족은 슬기롭게 문제를 해결해낼 수 있으며, 가족간의 사랑은 그 무엇보다도 중요하다는 것이다.

홈 드라마는 가족간의 사랑을 핵심축으로 전개되기 때문에 가족 모두가 함께 볼 수 있고, 등장인물의 선악구도가 약하며, 주변에서 흔히 볼 수 있는 사건들로 구성된다. 오명환(1994)은 한국에서 방영된 홈 드라마의 장르 관습을 다음과 같이 정리하고 있다.

① 가족의 신뢰와 애정에서 이야기가 전개
② 평범한 서민들의 행복 만들기
③ 등장인물의 동일한 비중
④ 가족 공동체의 재확인
⑤ 이야기의 중심을 구성하는 대화
⑥ 적극적인 여성 등장인물
⑦ 일상성

홈 드라마는 불륜이나 무리한 선악대비 구조를 사용하지 않고, 갈등구조가 가정 내 발생하는 사건들로 구성되어 있기 때문에 가족이 함께 보는 데 적합

홈 드라마는 가족의 신뢰와 애정을 중심으로 이야기가 전개되며, 주변에서 흔히 볼 수 있는 사건으로 구성되어 일상성이 강조된다(사진은 MBC <그 여자네 집>).

한 편이다. 이런 점에서 홈 드라마는 평일 저녁 8시 30분대와 주말 저녁 7~8시대에 주로 방영된다.

로맨틱 드라마

로맨틱 드라마는 젊은 남녀의 사랑을 다룬다. 등장인물은 사랑하는 남녀에 집중되며, 주변 인물은 그다지 중요하게 처리되지 않는다. 로맨틱 드라마에서 가장 중요한 것은 만남이다. 어울리지 않을 것 같은 두 등장인물의 만남을 통해서 이야기가 전개된다. 가능하지만 어울리지 않을 것 같은 이유는 사랑하는 두 사람의 등장인물이 신분과 환경의 차이, 그리고 피할 수 없는 다양한 이유들 때문에 사랑을 완성하기 어렵기 때문이다. 두 사람의 첫 만남은 우연이다. 닐(Neale, 1992: 287)은 로맨틱 드라마의 관습을 '귀여운 만남(the meet cute)'이라고 정의했다. 예를 들어 <사랑을 그대 품안에>(MBC, 1994)는 백화점 여직원과 젊은 사장의 사랑을 그리고 있다. 백화점의 젊은 사장과 여직원이 사랑할 수는 있지만 그렇게 현실적인 내용은 아니다. 따라서 로맨틱 드라마는 환상이나 낭만적 사랑에 호소한다.

로맨틱 드라마는 현실에서는 경험하기 어려운 사랑 이야기를 다룬다. 따라서 로맨틱 드라마의 내용과 수용자 사이에는 거리(distance)가 존재한다. 이것이 홈 드라마와 다른 점이다. 홈 드라마에서도 젊은 남녀의 사랑이 자주 등장하지만, 수용자는 로맨틱 드라마처럼 거리감을 느끼지 못한다. 왜냐하면 비록 젊은 남녀 두 사람이 가족의 반대에 부딪힌다 하더라도 신분상에 현격한 차이를 보이지 않고, 현실적으로 가능한 사랑의 이야기를 담아내기 때문이다. 로맨틱 드라마에서 시청자와 등장인물 사이의 거리감은 시청자의 환상을 통해서 채워진다. 신데렐라 콤플렉스는 등장인물과 시청자 사이 거리감을 채우는 하나의 요소이다.[4]

역사 드라마

역사 드라마는 시간에 따라 구분하기 때문에 어느 시대까지를 역사 드라마로 정의할 것인가는 의견이 분분하다. 제작자들은 통상적으로 역사 드라마, 시대극, 현대극으로 분류한다. 역사 드라마는 상고시대부터 일제시대까지를 시대배경으로 하는 드라마를, 시대극은 해방 전후와 1950년대 말까지를, 현대극은 1960년대 이후의 시대배경을 가진 드라마로 구분한다(이병훈, 1997: 11). <삼국기>(KBS1, 1992~1993)나 <태조왕건>(KBS1, 2000~2002)을 제외하면 대부분의 역사 드라마는 조선시대와 일제강점기를 배경으로 한 것들이다. 역사 드라마의 시기는 대체로 현재를 기준으로 해서 두 세대 이전, 즉 40~60년 정도의 과거사를 소재로 한 드라마로 이해하면 별 무리가 없다.

이병훈(1997)은 역사 드라마의 구성 요소로 일곱 가지를 지적한다. 첫째, 역사 드라마는 역사적 배경에서 개연성과 사실성을 갖추어야 한다. 둘째, 역사 드라마는 현재의 수용자가 보기 때문에 지금의 가치관과 도덕관에서 지나치게 동떨어져서는 안된다. 셋째, 역사 드라마는 극적인 요소가 강하다. 넷째,

---

4) 1990년대 초반 이후 '트렌디' 드라마들이 많이 제작되고 있는데, 이것은 로맨틱 드라마의 변주이다. 트렌디 드라마의 서사구조는 '대화' 중심의 시퀀스와 '영상 및 음악' 중심의 시퀀스가 교차적으로 연결되어 전체 흐름을 유지한다. 신세대의 감각에 맞는 화려하고 현란한 색조의 영상 이미지, 뮤직 비디오 효과를 내는 카메라 작업, 미장센, 조명 등은 볼거리를 제공해준다. 트렌디 드라마의 장르 관습과 관련해서 황인성(1999)의 글 참조.

역사 드라마의 논란은 역사적 사실과 드라마의 허구, 그 '간극'에서 발생한다(사진은 MBC <상도>).

역사 드라마는 고증이 필요하다. 다섯째, 역사 드라마는 사료(史料)에서 출발한다. 여섯째, 역사 드라마는 비유와 상징성이 강하다. 일곱째, 역사 드라마는 특별한 공간(민속마을이나 세트)에서 제작된다.

　역사 드라마의 논란은 역사적 사실성과 드라마의 허구성 사이에서 발생한다. 역사 드라마는 과거의 역사를 가능한 한 객관적으로 재현해야 하고, 드라마로서 완결성도 갖추어야 한다는 이중적 평가를 받는다. 때때로 역사적 사실성에 대한 요구가 드라마의 상상적 개연성의 논리를 억누르기도 하고, 드라마의 상상적 개연성의 논리가 역사적 사실성을 압도하기도 한다. 전자의 경우 역사적 사실성 때문에 드라마의 극적 재미가 약할 수 있는 반면, 후자의 경우 작가의 상상력 발휘는 재미를 더하지만 역사적 사실성의 문제로 비판받기도 한다. 그러나 역사 드라마는 역사를 객관적으로 서술하는 것이 아니기 때문에 작가의 상상적 개연성이 보다 중요하다. 따라서 역사 드라마가 역사적 사실을 왜곡한다거나 사료에 맞지 않는다고 비판하는 것은 지나치게 단순한 평가이다.

농촌·경찰 드라마

농촌 드라마는 <전원일기>(MBC, 1981~2002)를 시작으로 방영되었다. 농촌 드라마의 주요 인물은 가족 구성원이지만 주변 인물들도 중요하게 취급된다. 농촌 드라마의 주제가 가족 공동체와 이웃 공동체의 재확인이라는 점을 고려하면, 특정 등장인물을 중심으로 이야기가 전개되기 어렵다. 농촌 드라마는 극적 대립이나 화려한 세팅이 없으며 가능한 한 자연스럽게 이야기가 전개된다는 점에서 순수한 리얼리즘에 기초를 두고 있다.

<전원일기>와 같은 농촌 드라마로부터 수용자들이 경험하는 것은 '사실주의적 향수'이다. 수용자들은 <전원일기>가 현재의 농촌 현실을 반영하고 있다고 인식하지 않음에도 불구하고, 그것을 상상적 과정 속에서 사실적으로 느낀다. <전원일기>에서 느끼는 아버지와 어머니의 표상, 가족 관계, 땅에 대한 집착, 농촌에 대한 추억 등은 중년의 남성 시청자들이 어린 시절에 경험했을 모습들이다. 이것은 아버지의 권위가 무너지기 시작하면서 전통적 가부장적 사회에 대한 그리움이나 각박한 도시 생활 속에서 느끼는 자연의 편안함과 농촌 사회의 따뜻함에 대한 그리움의 반영일 수 있다.

경찰 드라마는 1990년대 이후 한국에서 대중적 인기를 얻지 못하고 있다. 경찰 드라마의 매력은 서스펜스이다. 경찰 드라마의 전개부분에 발생하는 무질서한 사건(범죄)들은 하나의 수수께끼로 남는데, 수용자와 경찰관의 관점에서 사건을 추적해간다. 닐(Neal, 1980: 26)이 적절히 지적했듯이, 경찰 드라마는 처음 사건이 발생한 과거의 시간으로 되돌아가는 과정으로 전개된다. 경찰이 사건이 발생한 시점으로 돌아왔다는 것은 사건이 해결되었다는 것을 의미한다. 따라서 과거의 시간으로 돌아가는 과정에서 발생하는 추리와 긴장이 경찰 드라마의 핵심서사이다.

장르 관습과 주제의식에서 보듯이, 텔레비전 드라마는 보수적인 경향을 띤다. 멜로 드라마에서 불륜의 사랑이 새로운 사랑으로 발전되는 경우는 드물고, 홈 드라마에서 가족의 안정성이 깨지는 경우도 거의 없다. 로맨틱 드라마에서 사랑은 사회의 도덕적 규범에 어긋나지 않는 범위 내에서 진행되며, 역사 드라마는 남성중심적으로 그려진다. 비록 최근에는 역사 드라마에서 여성이 중심적 인물로 등장하지만, 남성 등장인물에 비해서 상대적으로 미약한 편이다. 농촌 드라마 역시 가족과 이웃의 공동체 의식이 강조되고, 경찰 드라마는 법질서의 유지와 사회안정이 지배적 의미로 제시된다.

2. 텔레비전 드라마 비평의 초점

텔레비전 드라마는 원칙 없이 생산되는 것이 아니라 어느 정도 일반화된 규칙을 통해서 진행된다. 텔레비전 드라마의 제작과 수용자의 해독은 드라마의 관습화된 코드들을 통해서 이루어진다. 코드는 문화적, 사회적으로 약속된 기호들의 집합이기 때문에 제작과 수용의 과정에서 필수적인 요소이다. 우리가 코드를 모른다면 드라마를 제대로 평가하기 어렵다. 텔레비전 드라마 비평을 위해서 다음과 같은 코드들을 이해해야 한다.

작가의 코드

작가를 자신의 미적 감수성과 영향력을 발휘하여 텍스트의 의미생산에 중요한 역할을 하는 예술가로 정의한다면, 작가의 미적 코드를 읽어냄으로써 드라마를 더 깊이 있게 해석할 수 있다. 드라마 작가는 연출가와 극작가를 포함한다. 극작가로서 김수현은 다른 멜로 드라마 작가와 다른 독특한 스타일과 세계관을 갖고 있다. 김수현의 작가 코드는 이야기 전개 방식으로서 복식(複式) 구성, 세밀한 묘사, 일상성, 드라마 속도감의 조절능력 등이다(김포천, 1998).

텔레비전 드라마 작가 중에서 나름의 스타일과 세계관을 갖고 있는 사람들이 적지 않다. 따라서 드라마 하나를 비평할 때, 작가가 누구인가 그리고 그의 문체나 스타일은 어떤 특성을 지니고 있는가를 먼저 파악해야 한다. 작가 코드에 의해서 반드시 이야기가 전개되는 것은 아니지만, 작가 코드가 드라마를 폭넓게 평가할 수 있는 실마리를 제공하는 경우가 적지 않다.

장르 코드

장르는 텍스트의 구조적 특성을 의미하지만, 산업과 수용자 사이의 상호관계 속에서 형성된다. 각 장르의 관습을 이해하면 더 폭넓게 드라마를 비평할 수 있다. 장르는 드라마의 구조적 특성과 수용자의 관여를 결정하는 중요 요인일 뿐만 아니라 즐거움과 해독 사이를 차별화시키는 데 기여한다.

앞에서 논의했듯이, 멜로 드라마의 장르 관습은 역사 드라마나 홈 드라마와는 다르다. 멜로 드라마는 사건이나 이야기의 압축보다 느슨한 전개과정에 의존하고, 가족 공동체 지향적이며, 복잡한 등장인물들 사이의 상호관계에 집중하며, 공적 공간보다는 사적 공간에서 거의 모든 사건이 진행된다. 인물설정과 관련해서도 멜로 드라마에서 여성 등장인물의 중요성이 남성 등장인물보다 크고, 여성 등장인물의 폭도 남성 등장인물의 폭보다 넓다. 따라서 각 장르의 관습을 파악함으로써 이야기가 어떻게 장르 관습을 따르고, 또한 변형시키는지 그리고 그것의 의미는 무엇인지 찾아낼 필요가 있다. 드라마 비평의 전 단계로서 장르 이해는 필수적이다. 또한 동일한 장르 내에서 다양하게 묘사되는 방식도 주의 깊게 파악해야 한다. 멜로 드라마 장르에 속해 있다고 해서 모든 멜로 드라마가 표현방식, 인물구성, 문체 등에서 같은 것은 아니기 때문이다. 따라서 동일한 장르 내에서 다르게 표현되는 문체는 무엇인지, 작가 코드와 어떻게 연결되는지, 서사의 특성은 무엇인지 면밀히 살펴봐야 한다.

서사 코드

텔레비전 드라마는 서사(narrative)로 구성되어 있다. 서사는 사건이 어떻게 발생하고 있으며, 어떻게 표현되는가를 의미한다. 텔레비전 드라마 비평의 핵심은 바로 이야기가 어떻게 구성되고, 사건이 발생하며, 등장인물들의 관계가 어떻게 얽혀 있는가를 파악하는 것이다. 이야기의 전개과정을 분석하기 위해서 사건, 등장인물, 플롯, 흥미요소 등을 고려해야 한다.

① 사건

사건은 어떤 일이 한 상태에서 다른 상태로 바뀌는 것이다. 사건의 요소는 하나의 균형상태에서 불균형 상태를 거쳐 새로운 균형상태로 움직이는 것이다. 사건은 주요 사건(핵심, kernels)과 주변 사건(위성, satellites)으로 구성된다. 따라서 주요 사건과 주변 사건의 관계를 먼저 파악하고, 어떻게 위계질서(hierarchy)가 형성되고 있는가를 분석한다.

② 등장인물

드라마에는 등장인물들이 많다. 등장인물과 관련해서 등장인물의 사고와 동기가 무엇인가? 등장인물의 행동은 얼마나 논리적인가? 등장인물의 행위와 동기는 어떻게 주제로 연결되는가? 주요 등장인물과 주변 등장인물 사이의 관계는 어떻게 설정되어 있는가? 드라마의 전개과정에서 등장인물은 어떤 위치를 차지하는가? 등장인물이 현실을 반영하고 있는지 그리고 등장인물의 유형(선인, 악인, 협력자, 명령자 등)은 어떤가를 파악한다.

등장인물에는 '다면적 인물'과 '평면적' 인물이 있다. 다면적 인물은 드라마 전개 과정에서 심적 갈등이 많고 성격의 변화가 두드러지지만, 평면적 인물은 하나의 인물 성격을 지닌다. 등장인물 분석을 위해서 인물 유형과 인물 성격의 관계를 면밀히 살펴봐야 한다.

③ 플롯

플롯은 모든 드라마의 중심 요소인데, 기본적으로 무엇이 일어났는가 그리고 등장인물들이 사건과 어떻게 관계되는가와 관련되기 때문이다. 따라서 플롯은 사건과 등장인물의 성격에 의해 움직인다. 드라마의 모든 플롯은 갈등 관계로 짜여져 있다. 드라마는 어떤 사건이나 등장인물들에 의해서 반복되는 도전과 갈등을 포함한다. 따라서 갈등은 외적 갈등(등장인물과 등장인물 사이의 갈등)과 내적 갈등(등장인물 한 사람의 내면의 갈등)이 어떻게 표현되고 있으며, 플롯의 일관성과 현실성도 분석해야 한다.

④ 흥미요소

시청자들이 텔레비전 드라마를 보는 중요한 이유 중의 하나는 재미있기 때문이다. 재미를 일으키는 요소는 무엇인가? 드라마는 어떤 방식으로 수용자를 끌어들이는가 하는 점을 찾아내야 한다. 플롯이 일관성이 있고, 유기적으로 사건과 사건들이 연결되어 있다고 하더라도 재미의 요소를 갖고 있지 않다면 실패한 드라마일 수 있다.

이데올로기적 코드

텔레비전 드라마는 나름대로 그 시대상을 반영한다. 새롭게 변주된 장르가 등장하면, 그것은 사회적 맥락과 밀접하게 관련되는 경우가 적지 않으며, 드라마의 내용과 주제 역시 시대의 모습이 투영될 수밖에 없다. 그렇다면 우리는 작가 코드, 장르 코드, 서사 코드 등의 분석을 통해서 드라마의 사회적 의미를 읽어내는 것이 필요하다. 비록 대부분의 텔레비전 드라마가 사회적으로 합의된 신념에 의존하고 있다 하더라도 나름의 사회적 의미를 지닌다. 예를 들어 멜로 드라마가 가부장적 보수주의 이데올로기, 성(gender)의 편향, 가족의 안정성을 지배적으로 표상하지만, 그 속에는 변화된 가족관계, 남녀관계, 세대관계 등도 담고 있다. 따라서 텔레비전 드라마가 지배 이데올로기의 표현일 뿐이라고 단순히 결론짓기보다 어떻게 시대를 반영하고, 그것이 갖는 사회적 의미는 무엇인지 해석하고 평가해야 한다. 즉 텔레비전 드라마를 변화하는 사회적 맥락에서 읽어낼 필요가 있다.

이상에서 우리는 텔레비전 드라마 장르 관습과 비평의 초점을 살펴보았다. 일반적으로 텔레비전 드라마 비평은 규범적 수준에서 진행되는 경우가 많다. 그러나 지나치게 윤리적, 규범적 잣대로 텔레비전 드라마를 보면, 미학적 요소, 사회적 의미, 재미의 요소 등을 놓칠 수 있다. 따라서 규범적 잣대에서 탈피해서 텔레비전 드라마의 의미를 복합적으로 읽어내는 비평의 자세가 필요하다. 그러기 위해서는 텔레비전 드라마의 역사적 흐름, 장르 관습, 작가, 서사 구조, 사회적 맥락 등에 대한 이해가 필수적이다.

그 느림의 미학

MBC <전원일기>

밀란 쿤데라는 빠른 것은 망각되고 느린 것은 기억된다고 말했다. 현대적 삶의 대표적 특징인 속도는 모든 것을 변화시킨다. 그러나 우리는 변화의 속도를 감지하기 전에 무엇이 왜 빠르게 지나갔는지 잊어버린다. 지난 40년 동안 우리 사회가 일구어낸 경제적 성과는 속도전의 결과였지만, 속도와 성장의 이면에 자리잡은 상실의 그늘도 적지 않았다.

우리 사회가 빠르게 무조건 앞으로만 치달리는 데 텔레비전도 예외일 수 없다. 프로그램의 수명과 호흡이 갈수록 짧아지고 있어서 무게 있는 프로그램을 찾기 어렵다. 모두들 나침반도 없이 어디론지 빠르게 떠밀려 내려가는 과정 속에서 느린 것이 아름답다고 강아지풀처럼 속삭이는 프로그램이 있다. 2000년 10월 22일로 방영한 지 20년을 맞이한 MBC의 <전원일기>가 바로 그것이다.

개인적으로 <전원일기>에서 경험하는 것은 사실주의적 향수이다. <전원일기>가 현재의 농촌현실을 반영하고 있다고 생각하지 않지만, 상상 속에서는 사실적으로 느낀다. <전원일기>에서 보는 아버지와 어머니 상(像), 가족관계, 땅에 대한 집착, 농촌에 대한 추억 등은 어린 시절 경험했던 모습들이다. 지금 우리의 현실은 그렇지 않기 때문에 도리어 <전원일기>에서 보여지는 모습을 아름답다고 믿고 싶어하는 것은 아닐까. 따라서 <전원일기>는 농촌을 배경으로 하고 있지만, 농촌 드라마라기보다는 농촌을 소재로 도시인의 갈증을 적셔주는 드라마이다.

우리는 빠르게 살아가지만 마음 한구석에는 그대로 남아 있었으면 하는 기억들을 간직하며 살아간다. 그것은 도시적 삶의 반대편에 있는 그리움의 나무들이다. 오래된 흑백사진의 그리움들은 자연, 고향, 아버지와 같은 보통명사와 향수, 느림, 영원과 같은 추상명사로 채워질 수 있다. 따라서 <전원일기>는 자신은 변해도 변하지 않았으면 하는 것들을 묵향(墨香)처럼 잔잔히 거실 속으로 피워올린다.

<전원일기>는 농촌 드라마라기보다는 농촌을 소재로 도시인의 갈증을 적셔주는 드라마이다.

<전원일기>가 20년을 맞이하고 있지만, ITV(Independent Television)의 <코로네이션 스트리트(Coronation Street)>라는 드라마는 40년째 방영중이며 지금도 영국민에게 가장 사랑받고 있다. <코로네이션 스트리트>는 국민 드라마의 위치를 넘어서 영국의 방송사(放送史)와 현대사를 담고 있다. 할머니부터 손주까지 시간과 공간을 초월하면서 영국 대중문화의 중요한 위치를 차지하고 있다. 1990년대 중반 이후 자주 폐지론이 제기되었던 <전원일기>가 그렇게 오랫동안 기억의 은행나무처럼 서 있기를 기대한다. 빠른 것은 망각되어도 느린 것은 기억되는 법이다.

* <전원일기>는 많은 시청자의 아쉬움 속에서 2002년 12월 29일 1088회를 끝으로 막을 내렸다. <전원일기>의 종영은 한국 사회에서 농경문화의 몰락을 '상징'한다고 할 수 있다. MBC에서 종영하기로 한 직접적 이유는 주요 탤런트들의 엄청난 출연료 때문이었다.

제4장 텔레비전 드라마 비평 153

농촌현실이 실종된 '몽상의 공간'

MBC <전원일기> 1000회

2001년 3월 4일 <전원일기> 천번째 이야기 '양촌리 김회장 댁' 편이 방송되었다. 1981년 10월 '박수칠 때 떠나라' 편으로 시작하여 20년 5개월 만의 일이다. 한국방송 드라마사의 새로운 장을 연 '사건'이었다고 아니할 수 없다. 그럼에도 <전원일기>답게 아무 일 아니라는 듯 영남이의 승진과 농촌을 벗어나고 싶어하는 며느리들의 이야기를 담담하게 들려주었다. 언제나처럼 김회장을 중심으로 든든한 후원자인 세 아들, 분란을 일으키는 며느리들, 약방의 감초격인 복길네 가족, 눈물겨운 마무리라는 전형을 유지함으로써 <전원일기>가 앞으로도 큰 변화 없이 이어질 것임을 예감하게 하였다.

지난 20여 년 간 <전원일기>는 한국을 대표하는 '국민의 드라마'라는 평가에서 크게 벗어나본 적이 거의 없다. 지금도 <전원일기>가 재미와 의미를 두루 갖추고 있는 한국을 대표하는 드라마라는 데 이견을 다는 사람은 별로 없다.

<전원일기>가 이렇게 찬사 속에서 장수해온 데는 그럴 만한 이유가 있다. 시청자들의 잃어버린 고향에 대한 그리움과 따뜻한 전원 공동체생활에 대한 동경, 오순도순 모여 사는 대가족에 대한 향수를 어루만지며 그들의 일상생활의 일부분이 되는 데 성공했다는 점이 가장 중요하다. 가진 것이 별로 없는 시골마을 보통사람들의 이야기를 <전원일기>처럼 지속적으로 수채화로 펼쳐 보여주는 드라마는 일찍이 없었다. 물론 출연자들의 농익은 연기가 주는 자연스러움과 편안함도 다른 드라마에서는 유례를 찾기 어렵다.

하지만 한국 드라마의 '지존' <전원일기>에 대한 비판의 소리도 만만치 않다. 농촌을 단지 소재로 이용하고 있을 뿐 현실성이 없다는 점과 이야기가 지나치게 남성 중심의 가부장주의에 머문다는 지적이 그것이다. 현실에 비추어볼 때 전자는 리얼리티가 없다는 것이고 후자는 리얼리티가 과도하다는 지적일 수 있다. 여기서 문제삼고 싶은 것은 리얼리티의 부족이다. <전원일기>가 피폐해져가는 농촌현실에 대한 고발보다 도시인에게 마음의 고향

2001년 1000회를 넘긴 <전원일기>는 이제 리얼리티 확대와 중산층 향수 달래기의 기로에 서 있다(사진은 1000회 기념 촬영).

을 되살려주는 농촌소재 홈 드라마로 고착되는 것이 과연 당연하고 바람직한 것이냐 하는 점에 대한 의문이다.

물론 <전원일기>에는 현실성이 약할 수밖에 없는 역사가 있다. 우선 1980년 신군부 집권 직후 다소 도피성의 소재를 선택하는 과정에서 탄생했다는 점이다. 1980년대 중반 이후 농촌총각, 돼지, 농약, 양파, 배추 등 농촌현실에 직접 관련이 되는 주제를 소화하려 했을 때 '국민정서'에 악영향을 미친다는 이유로 많은 외압을 받기도 했다. 외압이 사라진 1990년대 중반 이후 멜로적 성향이 더욱 강화된 것은 시청률과 무관하지 않다. 농촌현실에 대한 강한 메시지를 담는 것보다 눈물샘을 자극하는 신변잡기를 보여주는 것이 더 시청률이 높았기 때문이다.

도시인에게는 농촌이 향수를 자극하는 유아기적 몽상의 공간일지 모르지만 지금 농촌에서 사는 사람에게는 눈물겨운 삶의 현장이다. 게다가 농촌의 생활을 경험하지 못한 젊은 세대에게는 향수로서의 농촌은 존재하지 않는다. <전원일기>는 1000회라는 연륜 속에서 방송사의 의지와 무관하게 농촌에 관한 '창구' 역할도 하게 되었다. 도시 중산층의 향수를 달래는 일보다 하소연할 곳 없는 농민의 이야기를 들려주는 것이 더 중요하다고 생각하는 이유다.

부모세대 '원죄'에 의존하는 가족 멜로들

KBS2 <태양은 가득히>, MBC <온달왕자들>, SBS <덕이>

최근 가족 멜로 드라마는 벼랑 끝에 서 있다. 가족에 대한 극단적 상황설정이 멜로 드라마의 이야기를 지배하기 때문이다. 멜로 드라마에서 이야기의 중심은 가족이고, 공적 영역보다 사적 영역에서 전개되기 때문에 갈등은 가족관계로부터 발생할 수밖에 없다. 그러나 문제는 단순히 멜로 드라마가 비윤리적인 가족관계를 다룬다는 점이 아니다. 이런 내용들은 이미 수십 년 동안 계속되어온 것들이어서 새로운 현상이 아니다.

우려되는 것은 최근 대부분 멜로 드라마의 이야기 전략이 '부모세대의 원죄'에 기반한다는 사실이다. 과거에도 몇몇 드라마에서 이와 같은 내용이 다루어져왔지만, 지금처럼 멜로 드라마의 지배적인 경향으로 나타나지는 않았다.

2000년 전반기에 끝났거나 방영중인 멜로 드라마들을 보면, 이런 현상을 극명히 알 수 있다. <덕이>(SBS)는 친부모에 의해 버림받고 자라면서 기생집과 '웃방 애기'를 전전하지만 정작 아버지는 이를 이용해 금전적 이익을 추구하는 패륜적 인간이다. <태양은 가득히>(KBS2)와 <비밀>(MBC)은 자신의 출세와 신분상승을 위해 어린 자식을 버린 어머니가 등장한다. <온달왕자들>(MBC)에서도 난봉꾼이었던 4형제의 아버지와 아버지 사망 이후 어린 정부가 일말의 가책도 없이 자신의 갓난아기를 또 다른 정부에게 떠맡기고 다른 남자와 도주한다. <엄마야 누나야>(MBC)는 대리모를 통해 출산한 자식이 딸이라는 이유만으로 버림받는 내용으로 구성되어 있다.

멜로 드라마들이 부모세대에 원죄를 씌움으로써 이야기는 쉽게 상궤(常軌)를 벗어난다. <덕이> <온달왕자들> <엄마야 누나야> <약속> 등에서 보듯 처첩관계가 일상적으로 묘사됨으로써 숨겨진 여인이나 정부가 등장할 수밖에 없게 되며, 남편의 외도와 축첩이 극적 개연성 없이 당연한 것으로 묘사된다. 출생의 비밀이 왜곡된 가족관계 속에서 제기되고 평온했던 가정은 갑자기 갈등 속으로 빠져든다. 여기에다 진부한 선악의 대립구조는 불변의

멜로 드라마들은 출생의 비밀, 이복형제 사이의 갈등, 자식을 버린 부모 등을 주요 소재로 사용함으로써 진부함에서 벗어나지 못하고 있다(사진은 KBS2 <태양은 가득히>).

수학공식처럼 들어가 있어서 드라마의 현실성을 약화시킨다.

드라마의 등장인물들은 자신을 버린 부모를 맹목적으로 증오하고, 비정상적 출생 때문에 정체성의 혼란을 겪고, 이복 형제들은 반목과 질시하는 성격을 지닌다. 이 모든 것들이 부모세대의 이유 없는 불륜과 파행 때문이라는 드라마의 이야기 구조는 세대의 문제를 혼란스럽게 만들 뿐이다.

젊은 세대의 일상 속에서 나타나는 갈등을 부모세대의 탓으로만 돌리는 멜로 드라마의 이야기 구조는 지나치게 손쉬운 선택이라는 점에서 비난받아 마땅하다. 비록 이들 멜로 드라마가 젊은세대가 부모세대에 갖는 의식을 반영하는 것은 아닐지라도, 부모세대를 원죄처럼 다루는 지배적인 현상을 보면서 무엇인가 불안한 징조를 느끼는 것은 비단 필자뿐만은 아닐 것이다.

경제위기가 시작된 1997년 말 이후 방송사들은 갑자기 가족 공동체를 강조하는 멜로 드라마들을 유행하듯 제작해왔다. 그러다가 얼마 지나지 않아 정반대의 이야기들을 배설하고 있다. 이것은 우리 사회 가치의 혼란과 무질서를 반영하는 것이겠지만, 동시에 품위와 철학을 상실한 우리 방송의 현실을 말해주는 것이기도 해서 씁쓸하다.

역사 드라마 통한 '현실' 읽기

KBS1 <용의 눈물>

현실이 드라마보다 더 드라마틱한 우리나라에서 텔레비전 드라마의 인기가 높다는 것은 사실 아이러니다. 한보 청문회가 '단군 이래 최대의 개그'로 마무리되고, 김영삼 정권의 최대 아킬레스건인 김현철 정치자금 스캔들에 대한 청문회가 막 시작되는 시점에 주체사상의 '몸체'라는 황장엽 북한 노동당비서가 서울에 도착했다. 얼마나 드라마틱한 일인가. 그럼에도 사람들은 별로 흥미를 느끼지 못하는 모양이다. 검찰과 안기부, 청와대가 짜고 연출하는 '현실'이라는 것이 늘상 그 모양이기 때문이다. 그런 연고로 미디어에 의해 매개되는 정치 현실을 보는 것보다 텔레비전 드라마를 꼼꼼히 보는 것이 더 '현실적'일 수도 있다.

그런 면에서 <임꺽정>(SBS)이 '서거'한 후 텔레비전 사극으로 고군분투하는 <용의 눈물>(KBS1)은 한번 '삐딱'하게 들여다볼 만한 가치가 있다. 우선 <용의 눈물>은 외형상 역성(易姓)혁명으로 조선을 건국한 이성계의 사랑과 '눈물'에 관한 이야기지만 내용상의 주축은 신권(臣權)정치의 신봉자 정도전과 절대왕권의 신봉자 이방원(3대 태종)이 대권을 놓고 벌이는 한판 승부에 있다. 조선왕조의 기틀을 세운 정도전은 이성계가 가장 신뢰하는 능신(能臣)이고, 야심가 이방원은 조선 건국에 크게 기여한 이성계의 다섯째아들이다. 두 사람은 왕실과 신료, 사대주의와 부국강병, 왕도정치와 신권정치를 대변하며 사사건건 대립과 반목을 거듭하다가 결국 이방원이 기습적인 반란으로 최후의 대권을 장악하게 된다. 조정에서 대권을 놓고 벌이는 '작은 용들'의 암투와 이를 둘러싼 조무래기들의 이합집산은 보는 이를 즐겁게 하기에 부족함이 없다.

숨이 넘어갈 듯 넘어갈 듯하면서도 (인기에 편승하여) 잘도 버티던 중전 강비가 (너무 질질 끈다는 여론에 밀려) 죽음으로써 <용의 눈물>은 절정으로 치닫고 있다. 『조선왕조실록』에 의하면 이방원은 태조가 중전 강비의 죽음 이후 병석에 있을 때 간병한다는 명목으로 대궐에 들어와 있다가 정도전의 의

<용의 눈물>은 섬세한 고증을 통한 형식적 완성도에다가 주연급의 탁월한 연기력, 은연중 드러나는 현실환기효과 등이 결합함으로써 텔레비전 역사 드라마의 새 장을 열었다.

표를 찌르는 기습적 반란을 일으켜 순식간에 전권을 장악해버린다. 우리는 600년 전에 이미 12 · 12와 같은 쿠데타를 경험한 셈이다. 어떻든 이 드라마가 많은 사람들의 관심을 끄는 이유는 드라마의 높은 완성도, 다중적인 갈등 구조, 탁월한 현실환기효과 등 크게 세 가지로 나눠볼 수 있을 것이다.

 우선 이 드라마는 매회당 1억 수천만 원을 들인 작품인 만큼 의상과 분장, 세트나 야외촬영 어느 것 하나 흠잡을 데 없는 형식상의 완성도와 수려한 영상미를 보여준다. 특히 KBS 관계자에 의하면, 사극의 질을 한 단계 높이기 위해 전문가의 고증을 거쳐 당시 왕실과 평민들의 의상을 거의 완벽하게 복원했다고 한다. 여기에다 무르익을 대로 무르익은 김무생(태조), 유동근(방원), 김흥기(삼봉), 김영란(강비) 등 주연급의 탁월한 연기력과 수많은 등장인물의 성격을 충분히 고려한 조연급 연기자의 배치도 작품의 리얼리티를 높이는 데 기여하고 있다. 이 정도면 사극으로서 성공할 수 있는 기본 요건은 갖추고 있는 셈이다.

 다음으로 다원적 갈등 구조는 드라마의 흥미를 끌어가는 견인차 역할을 하고 있다. 이야기의 기본축은 앞서 설명한 대로 '왕권론자' 방원과 '신권론자' 삼봉의 반목과 갈등이다. 이를 둘러싸고 부수적 갈등이 실타래처럼

'대권'을 장악하는 태종 이방원 역을 맡은 유동근은 대선국면에서 가장 인기 있는 연기자가 되었다.

얽혀 있는데, 주요한 것으로 세자 책봉을 둘러싼 부자(이성계와 왕자들), 형제 간(왕자간, 왕자－이복 왕자 간)의 갈등, 본처의 자식(왕자들)과 첩(강비)의 반목, 처첩(방원의 처 민씨와 덕실)의 질시와 암투, 주전파와 주화파(정도전과 권근)의 갈등을 들 수 있다. 이 모든 갈등의 키를 쥐고 있는 노쇠한 '용'(이성계)은 너무나 사랑했던 강비가 죽자 갈등조정 능력을 상실하고 만다. 권력 세습을 둘러싼 부자갈등과 '나 하나만의 사랑'을 둘러싼 처첩갈등은 대부분의 역사드라마에서 흥미를 유발하는 가장 중요한 기제가 된다.

 그런데 이 드라마의 재미를 배가하는 데 정작 중요한 요소는 탁월하다고 할 만한 현실환기효과다. 대권을 위한 아홉 용의 합종연횡과 암중모색이 재미를 더해가는 시기에, 절대 권력자의 아들(김현철)이 무소불위의 권력을 휘두르다가 나라를 '말아먹고' 사법처리를 기다리고 있는 시기에 이 드라마가 편성돼 있다는 것은 우연으로 치기에는 너무나도 절묘하다. 대권을 쟁취하기 위한 막후의 암투, 아들 문제로 눈물 흘리는 최고 권력자, 군사 쿠데타에 의한 정권 탈취, 왕권론와 신권론의 첨예한 대립과 같은 드라마의 주요 틀

거리는 현재 우리의 정치 상황과 너무도 유사하다. 아홉 용에서 '두 마리 용'으로 변해가는 대권구도, 다시 고개를 드는 내각제 논의, 사고뭉치 아들로 때문에 눈물을 흘리는 대통령 등. 다른 면이 있다면 드라마에서 '용'의 다섯째 아들은 군사 쿠데타로 권력을 장악하지만, 현실에서의 대통령의 둘째 아들은 남성 클리닉에서 덜미가 잡혔다는 점 정도일 것이다.

　이 드라마는 왕권이 신권을 누르고, 보수가 개혁을 몰아내고, 사대주의가 '요동정벌'을 잠재우는 것으로 마무리될 것이다. 약 600년 전 역사는 '보수 사대주의 왕권론'의 손을 들어주었던 것이다. 역사가 발전한다고 믿는 사람이 있다면 현재 우리의 정치와 600년 전 조선의 정치를 비교해볼 때 '발전'이라는 말에 의아심을 가질 만도 하다. 다른 한편으로 이 드라마는 역사는 또한 '승자의 역사'이고 '현재의 역사'라는 말도 떠올리게 한다. 『조선왕조실록』은 상당히 객관적인 사서라고 평가되지만 이 역시 '승자의 역사' 범위를 벗어나지 못한다. 그러나 지금이 봉건시대는 아니다. 드라마의 향후 전개 방향과, 우리나라의 향후 정국 변화가 무관하지 않을 것이라는 필자의 생각은 과연 필자만의 '망상'일까?

사실(史實)과 작가적 상상력의 문제

역사 드라마의 쟁점

텔레비전은 역사 드라마의 전성기를 맞고 있다. <용의 눈물>(KBS), <허준>(MBC), <태조왕건>(KBS)이 세간의 화제를 불러일으키면서 사실(史實)과 작가적 상상력의 문제가 제기되고 있다.

역사 드라마의 쟁점은 역사적 사실성과 작가적 상상력 사이에 놓여 있다. 역사가 파편화된 사실(史實)의 집합이라면, 드라마는 그것들을 작가의 상상력을 통해서 유기적으로 연결하는 것이다. 따라서 사실에 지나치게 얽매일 때 극적 재미가 낮아질 수 있는 반면, 상상력에만 의존할 때 역사적 현실성이 떨어질 수 있다.

역사학자들은 사실고증을 들어 <허준>과 <태조왕건>을 비판하고 있다. 정옥자(서울대 국사학과) 교수는 허준의 스승으로 설정된 유의태는 허준보다 후대인 숙종대 실존인물이고, 허준의 생장지는 전라도 담양이나 해남지역일 것이며, 허준은 내의원에 근무했기 때문에 민초들을 가깝게 접할 기회가 거의 없었을 것이라고 지적한다.

김갑동(대전대 인문학부) 교수도 궁예 유모가 도주하다 죽은 것이나 해적 능창과 견훤의 한판 승부는 근거 없는 가공사건이고, 왕건이 궁예에게 귀순할 때까지 왕건의 행적은 알려지지 않았으므로 어린 왕건의 내용은 전혀 사료의 뒷받침이 없다고 설명한다.

두 역사학자는 공통적으로 사실이 작가의 역사적 상상력보다 중요하며, 역사 드라마에서 사실고증은 필요충분조건이라고 말한다. 그러나 필자의 생각은 다르다. 역사 드라마는 사실에 기초하지만, 작가의 역사적 상상력이 우선한다. 역사 드라마는 역사소설과 마찬가지로 역사를 소재로 작가의 역사적 상상력과 해석능력이 더 중요시되는 대중예술 '작품'이지 '교과서'가 아니기 때문이다.

역사 드라마의 핵심 요소는 얼마나 역사적 인물을 두껍게 묘사하는가와 현대적 의미를 지니고 있는가 하는 점이다. 허준이 내의원에 근무해서 민초들

역사 드라마의 쟁점은 역사적 사실과 작가적 상상력 사이에 놓여 있다(사진은 MBC <허준>).

을 돌볼 수 없었다 하더라도, 민초에 대한 허준의 헌신은 사실을 넘어 오늘의 진실을 묻게 만든다. 견훤이 해적 능창과 전투를 벌이지 않았다 해도 견훤의 인물성격은 상상력을 통해서 두껍게 묘사된다.

　역사 드라마의 경우 시청자가 얻는 감동이라는 미적 체험과 대중예술적 환기력이 사실에 대한 지식보다 중요하다. 이것은 개론적 지식에 대한 예술적 지식의 우위이기도 하다. 역사 드라마가 사실고증을 하지 않아도 된다는 것은 결코 아니다. 다만 역사 드라마에서 사실은 필요조건이 아니라 충분조건이다. 대중예술로서 역사 드라마의 힘은 개론적 지식의 나열이 아니라, 시대적 맥락 속에서 역사적 상상력을 통한 감동에서 나오기 때문이다.

역사에 '기록'될 사극은 불가능한가

역사 드라마 전성시대

<허준>, <태조왕건>, <여인천하>, <명성황후>, <상도>. 역사학자들의 우려에도 불구하고 '사극천하'가 계속되고 있다. 영화전문가들의 비판을 비웃으며 '조폭' 블록버스터가 영화판을 싹쓸이하고 있는 것과 유사하다. '조폭'의 폐해가 영화 다양성의 압살에 있다면 대하사극의 문제는 역사 해석의 자의성과 무모한 대작주의, 경쟁심리에 있다고 할 수 있다. 역사의 재구성은 사극의 숙명과 같은 것이라서 정도의 문제일 뿐이지만 최근 지상파 3사의 무모한 대작주의 경쟁은 많은 문제를 낳고 있다.

KBS의 <태조왕건>은 <용의 눈물>에서부터 지켜온 사극의 아성을 지키고자 힘겨운 싸움을 벌이고 있다. 왕건과 치열한 선두다툼을 벌이고 있는 SBS의 야심작 <여인천하>는 스타시스템, 이벤트, 궁중비화, 여인의 암투, 폭력성, 벗기기 등 역사드라마가 뜰 수 있는 가능한 모든 코드를 공들여 조합하여 대중성을 확보하는 데 성공하고 있다. MBC의 <홍국영>이 오버를 일삼다가 '요절'한 것도 크게 기여했음은 물론이다.

<허준> 이후 드라마의 주도권을 상실한 문화방송에서 고심 끝에 내놓은 작품이 <상도>다. '허준 드림팀'이 총력전을 펴고 있지만 견고한 <여인천하> 아성을 공략하기에는 때늦은 감이 있다. 시청자의 드라마 충성도로 볼 때 '역전'은 불가능해 보인다. 그렇기 때문에 <상도>가 나름대로 정도를 걸으며 잔잔한 사극으로 자리를 잡아가고 있음에도 앞날이 그리 순탄할 것 같지 않다.

정난정(강수연 분)과 왕건(최수종 분)의 싸움에 임상옥(이재룡 분)이 뛰어들면서 폭력과 엽기 성향이 더 심해졌다. 누차 지적되고 있는 것이 지나친 역사왜곡과 폭력성 문제다. 사극은 공백이 더 많을 수밖에 없는 역사를 상상력으로 채울 수밖에 없다. 문제는 자의적 재구성이나 창작으로 보이는 부분이 역사적 진정성과 현실 환기력 그리고 드라마 완성도와 어떤 관계가 있느냐 하는 점에 있다. 상대적으로 바른 길을 가던 왕건이 갑자기 비틀거리거나 정난

<여인천하>는 스타시스템, 궁중비화, 여인의 암투, 폭력성, 벗기기 등 인기를 끌 수 있는 요소들을 조합하여 '성공'했지만, 시청률 지상주의, 무모한 대작주의, 역사 해석의 자의성이라는 문제를 남겼다.

정이 이유 없이 과격해지는 것은 무모한 경쟁의 결과다. 회당 2억 원을 넘기도 한다는 과다한 제작비도 문제다.

한때는 '3D 업종'으로 애물단지 취급을 받기도 했던 사극이 요즘처럼 각광을 받고 있는 것을 부정적으로 볼 이유는 없다. 다만 방송사들이 사극을 통해 시청률 기록이 아니라 시청자의 기억에, 역사 기록에 남을 작품을 만들었으면 한다.

다중 플롯으로 역사드라마 새 지평 열어

KBS1 <태조왕건>

궁예의 철원성 공격으로 시작한 <태조왕건>이 2002년 2월 24일 두 해 동안의 기나긴 장정을 끝낸다. <태조왕건>은 대중적 인기뿐만 아니라 역사 드라마의 폭을 고려사까지 넓혀 놓음으로써 역사 드라마의 새로운 지평을 열었다.

<태조왕건>의 매력은 역사적 인물을 두껍게 묘사하고 현대적으로 해석했다는 데 있다. 역사 드라마는 인물 중심적으로 전개될 수밖에 없기 때문에 인물에 대한 새로운 접근은 중요할 수밖에 없다. 무엇보다도 <태조왕건>은 궁예를 재해석해냈다. 궁예가 도탄에 빠진 민중을 구하는 초반의 모습과 당당한 죽음을 맞이하는 종말은 역사기록과 다르다 하더라도 충분한 극적 재미를 지녔다.

견훤도 전형적인 영웅의 모습으로 그려내면서 오이디푸스 콤플렉스의 구조를 통해서 아자개와 견훤, 그리고 견훤과 신검 사이의 갈등을 설득력 있게 그려냈다. 이밖에도 주변 인물들로 아지태, 종간, 능환, 최승우, 박술희 등 수많은 인물들을 개성 있게 살려냄으로써 인물묘사의 밀도를 높였다.

역사가 파편화된 사실(史實)의 집합이라면, 역사 드라마는 그것들을 작가의 상상력을 통해서 유기적으로 연결하는 것이다. 이런 점에서 작가 이환경 씨의 역사적 상상력은 다른 역사 드라마 작가의 상상력을 압도한다. 왜냐하면 이환경 씨가 그 당시의 총체적인 정치적 맥락을 놓치지 않았기 때문이다. <태조왕건>은 작가의 역사적 상상력이 총체적 부실에 빠져 있는 <여인천하>와 같은 역사 드라마들과는 그 격을 달리한다.

<태조왕건>은 단순한 선악구도로 지나치게 멜로드라마의 요소에 의존하는 다른 역사 드라마와도 차별된다. 기존의 역사 드라마는 선악구도 때문에 이야기를 단순하게 끌고 갔다. 반면 <태조왕건>은 핵심 이야기와 주변 이야기를 병렬적으로 배치함으로써 다중적 플롯 구조를 지녔으며, 절대선과 절대악을 대립시키지 않음으로써 권력추구라는 인간의 본질적인 욕망을 현

<태조왕건>은 속도감 있는 다중 서사가 권력투쟁과 여인관계로 빠져가면서 이야기의 긴장감이 크게 떨어졌다.

실감 있게 그려냈다.

지난 두 해 동안 숨가쁘게 달려온 <태조왕건>이 일구어낸 성취는 드라마의 역사 속에서 높게 평가받을 가치가 있다. 다만 왕건이라는 인물의 극적 성격이 궁예와 견훤에 비해 낮기 때문에 드라마 전반에 걸쳐서 제대로 부각되지 못했다는 점이 아쉬웠다. 또한 역사 드라마의 경쟁 속에서 제작비를 지나치게 투입한 것도 부담스럽게 느껴졌다.

현실성 무너뜨린 과도한 '오버'

MBC <홍국영>

역사 드라마는 지금 최고의 인기 장르로 자리잡았다. <용의 눈물>(KBS1), <왕과 비>(KBS1), <허준>(MBC)의 대중성이 역사 드라마의 관심을 불러일으켰지만, 과거 어느 때보다도 방송 3사의 4채널에서 동시에 역사 드라마를 제작 방영한 적은 없었다.

<태조왕건>(KBS1), <천둥소리>(KBS2), <여인천하>(SBS), <홍국영>(MBC)은 각기 차별화된 전략을 통해서 시청자의 관심을 자석처럼 끌어당기고 있다. 2001년 2월 말부터 시작된 <홍국영>은 신세대의 감각을 전선(戰線)에 내세우고 있다.

<홍국영>은 극 초반이어서 판단하기 어렵지만 앞으로 평탄해 보이지는 않는다. 우선 <태조왕건>과 <여인천하>의 장력(掌力)에서 벗어나기 어려울 것 같다. 치밀하고 논리적인 인물묘사와 장중함을 보여주는 <태조왕건>의 남성적 힘과 정난정이 부상하지 않은 상황임에도 문정왕후와 경빈 박씨 사이의 긴장과 대결이 흥미롭게 전개되는 <여인천하>의 매력을 뛰어넘기란 쉽지 않을 것이기 때문이다.

<홍국영>은 젊은 세대를 주요 시청대상으로 삼고 있다. <홍국영>의 신세대 연기자들은 <태조왕건>과 <여인천하>의 연기자에 비해 무게가 떨어지는 것은 어쩔 수 없다. 그러나 연기자의 무게를 떠나 김상경(홍국영)의 고뇌와 방황이 잘 와 닿지 않으며, 정웅인(정후겸)은 <세 친구>의 영향인지 인물의 현실감을 느끼기 어렵다. 정소영(여옥)의 연기는 사극을 소화하기에는 힘겨워 보인다.

<홍국영>은 초반부에 시청률을 높여야 한다는 압박감 때문인지 애정 장면들과 격투 장면들을 대거 담고 있다. 그런 탓인지 역사 드라마의 핵심 '매력 포인트'인 역사적 인물에 대한 두꺼운 묘사와 현대적 해석이 그만큼 엷게 느껴진다.

<홍국영>이 <허준>의 후광에 지나치게 기대고 있다는 것도 한계로 보

<홍국영>의 현대적 감각에 의존한 연출은 역사 드라마로서의 현실감을 약화시켰다.

인다. <허준>이 폭넓은 인기를 누릴 수 있었던 것은 과거 역사 드라마의 무겁고 심각한 장르 관습에서 벗어나 멜로 드라마와 코미디의 요소들을 적절히 혼합했기 때문이다. <홍국영>도 이와 같은 전략을 그대로 사용하고 있다. 그러나 <홍국영>의 현대적 감각은 적지 않게 '오버'하고 있다. 멜로 드라마, 코미디, 무협영화의 요소들까지 모두 끌어들인 것은 과욕이다. 현대 감각의 대사도 역사 드라마의 관습을 과도하게 넘어서기 때문에 드라마 자체의 현실감을 떨어뜨린다.

물론 <홍국영>은 속도감 있게 이야기가 전개되고 있고 지루함을 주는 궁궐보다 민가와 저잣거리가 주요 배경이 되면서 흥미를 돋우고는 있다. 과연 <태조왕건>이나 <여인천하>와 대비되는 전략이 어느 정도 성공할지 궁금하다. 그러나 기대보다 회의가 앞선다.

치료는 없고 성(性)만 있다
KBS2 <부부클리닉 사랑과 전쟁>

결혼생활은 뫼비우스의 띠다. 부부 내부의 문제는 외부의 문제와 밀접히 연결되어 있고, 외부의 문제는 다시 내부로 침윤한다. 부부관계는 함께 사는 두 사람만의 문제가 아니라 가정 내부와 외부의 문제를 구분하기 어려운 갈등들로 넝쿨처럼 얽혀 있다. 사랑과 경제가 대답의 일부를 제공하지만, 그렇게 단선적으로 말할 수 없는 것이 결혼생활이고 부부관계이다.

단순하면서도 복잡한 부부사이의 갈등에 대해 수수께끼를 제시하고, 시청자로 하여금 해답을 찾도록 유도하는 프로그램이 <부부클리닉 사랑과 전쟁>(KBS2)이다. <부부클리닉 사랑과 전쟁>은 해결방법을 시청자의 판단에 맡김으로써 반성적 사고를 이끌고, 닫힌 결론이 아니라 열린 의미의 공간을 넓혀왔다.

그러나 2001년 2월 16일 방송한 '강한 남자'와 23일 방송한 '내 아내에게 애인이 있다'는 <부부 클리닉 사랑과 전쟁>의 기획의도를 제대로 살리지 못했다. 부부관계에서 열린 의미공간을 만들기보다는 지나치게 극단의 관계를 설정함으로써 너무 쉽게 결론을 내리기 때문이다. 또한 부부문제에 대한 심리치료의 역할도 수행하지 못했다.

'강한 남자' 편은 하루에 세 번 부부관계를 갖는 것이 사랑이라고 생각하는 부부의 잘못된 성지식을 다루었다. 성에 대한 소재는 부부 사이에서 매우 중요한 영역이기 때문에 <부부클리닉 사랑과 전쟁>에서 자주 다루어왔다. 그렇지만 하루 세 번 부부관계를 갖지 못해 이혼법정에 나온 내용은 방송에서 다루기에 적잖이 부담스러웠다. 게다가 내용의 현실성이 약했고 아내를 성에 대해 무지한 사람으로 묘사함으로써 토론의 장을 이끌기에도 무리가 있었다.

'내 아내에게 애인이 있다'도 부족하기는 마찬가지이다. 구조조정으로 사표를 강요받는 남편에 비해서 아내 은주는 백화점 직원인 유부남과 사랑을 나눈다. 은주의 친구인 미란은 총각과 밀애를 즐기며, 문학을 좋아하는 현

<부부클리닉 사랑과 전쟁>은 부부문제에 대한 심리치료 역할을 수행하지 못하고 있다.

경도 별다른 동기 없이 애인을 따라 가정을 버린다. 사랑과 대화의 부족이 동기로 제시되지만 아내들이 공허감을 메우기 위한 방편으로 애인을 두고 있다는 드라마의 구성은 설득력이 대단히 미약했다.

<부부클리닉 사랑과 전쟁>은 제목 그대로 부부관계에 대한 심리치료의 역할을 좀더 충실히 수행할 필요가 있다. 현재 결혼하는 10쌍 중에서 3쌍이 이혼하고 있으며, 결혼의 진정성과 부부윤리는 심각한 위기를 맞고 있기 때문이다. <부부클리닉 사랑과 전쟁>이 성을 단순한 흥밋거리로 내세우기보다 애초의 기획의도처럼 건강한 가정을 위한 공존의 법칙을 찾는 데 애써야 할 것이다.

복제의 가벼움과 현실의 무거움 사이

멜로 드라마의 변화

한국인은 드라마를 좋아한다. 마땅한 여가수단이 없어서라고 말하는 사람도 있고, 드라마를 통해 대리만족을 추구하는 경향이 있다고 말하는 사람도 있다. 사람들은 드라마를 보는 이유로 부담 없음, 재미, 감동, 스타 추구, 감정이입, 이야깃거리 등을 든다. 실제로 멜로 드라마는 사랑과 갈등을 축으로 이러한 요소를 적절히 배합해서 만든 '잡탕밥'이다. 그래서 적당한 반복이고 일정한 재탕이다. 뻔한 얼굴에 뻔한 스토리의 드라마가 주기적으로 반복되어도 우리는 드라마에 빠져들고 스타들의 모습에 일희일비한다. 텔레비전을 통한 대리 경험, 대리 만족이 현대인 삶의 자연스러운 일부분이 된 것이다.

물론 드라마는 사회 환경의 변화를 나름대로 반영한다. 예컨대 지난 1998년처럼 경제사정이 어려워지면 대체로 가정의 일상사를 다루는 가족드라마와 어려웠던 지난날을 돌이켜보는 시대극이 늘어난다. 사람들은 생활이 어려울수록 가족의 사랑에 목말라하고 나름대로 행복했던 과거를 회상하며 향수에 젖고 싶어하기 때문이다.

총론적 반복과 각론에서의 '차이'는 드라마 장르가 사라지지 않는 비결이기도 하다. 따라서 다중적 삼각관계의 멜로물이나 코믹성 가족물이 판치고 유사 트렌디가 재탕 삼탕되고, 남의 것을 '표절'하는 등등의 문제는 절대로 해결되지 않는다. 1999년 전반에 가장 잘 나갔던 드라마는 계속 볼 수밖에 없었던 <보고 또 보고>(MBC)와 4월 15일 막을 내린 <청춘의 덫>(SBS)이었다. 이어 세간의 화제가 되었거나 한참 회자되는 드라마로는 <왕초> <우리가 정말 사랑했을까> <장미와 콩나물>(이상 MBC), <은실이> <토마토>(이상 SBS), <사람의 집>(KBS) 등을 들 수 있다. 주목할 만한 것은 드라마왕국 MBC가 몰락하고 SBS가 <모래시계> 이후 제2의 전성기를 구가하고 있다는 점이다. 사람들이 드라마에서 주목하는 것은 스토리와 스타일이다. 최근 드라마에서 현저하게 드러나고 있는 '차이'들을 찾아보자.

하나. 재탕 혹은 자기복제가 통한다. SBS의 <청춘의 덫>은 20년 전에 MBC

텔레비전 멜로 드라마는 사랑과 갈등, 복고와 코믹, 그리고 트렌디가 적당히 섞인 '잡탕밥'이다
(사진은 SBS <은실이>).

에서 방영하다가 비난여론이 비등하자 도중하차했던 것을 리메이크한 것이다. <토마토>(SBS)는 온갖 모방과 표절 의혹에 시달리면서도 최근 시청률에서 안정권(약 30퍼센트)에 들어섰다. 자사에서 만들었던 <미스터 Q>에서 영화 <미술관 옆 동물원>, 일본 만화 <해피>에 이르기까지 많은 작품을 표절했다고 네티즌들이 분개하고 있다. 그래도 이 드라마는 잘 나간다. 매회 <토마토>를 보면서 사람들이 투덜댄다. "내가 지금 왜 이 '토마토'를 먹고 있는지 모르겠네?"

둘. 모성이나 가부장권과 같은 전통적 역할 모형이 수정되고 있다. 지금까지 드라마는 어머니든, 가부장이든, 아내든, 이모든 전형적인 모델을 창출하는 데 주력한 면이 있다. 이러한 전형성이 깨지고 있는 징후들이 보인다. <전원일기>의 푸근한 어머니 김혜자는 <장미와 콩나물>(MBC)에서는 푼수덩어리 '모친'으로 화려하게 부활했다. <하나뿐인 당신>(MBC)의 어머니 정혜선은 남편에게 "잘못된 나의 결혼생활을 지우는 거다. 나는 나로 살고 싶다"며 당당하게 황혼이혼을 요청하기도 한다. 반면 가부장의 권위는 웃음거리로 전락하고 있다. 예를 들어 <장미와 콩나물>의 아버지 김성겸이나 <사람의 집>(KBS2)의 아버지 이순재, <약속>(SBS)의 아버지 김용건을 보자. 이들은

제4장 텔레비전 드라마 비평 173

조연들은 더 이상 '들러리'가 아니다. 긴장을 풀어주고 재미를 더해주는 조연들의 활약 여부가 최근 드라마의 성패를 좌우하고 있다(사진은 KBS2 <학교>).

아들을 닭장에 가두거나 딸의 머리를 자르겠다고 가위를 들고 나오거나 하면서 한껏 권위를 세우려고 하지만, 이미 이들은 현실적으로 힘을 상실한 '소품'들일 뿐이다.

셋. '들러리'들의 반란이다. 본래 드라마에서 긴장을 풀어주고 재미를 더해주는 원천은 조연들의 몫이다. 그런 면에서 이들은 작가와 연출자에 의해 치밀하게 계산된 '주역'이다. 아직도 인기가 지속되고 있는 <은실이>를 보자. 극장 청년1로 별 역할이 주어지지 않았던 '빨간양말' 정팔이는 드라마가 진행되면서 스스로 캐릭터를 만들어 거의 주역으로 발돋움한 케이스다. 덕분에 춘식이나 칠복이도 이름이 생겼고 비중도 높아졌다. PC통신에서의 반응에서도 정팔이나 은실이, 춘식이가 길례나 청옥, 낙도보다 더 많은 관심을 끌고 있다. 1999년 4월 중순 막을 내린 미니시리즈 <학교>(KBS2)에서도 반장(김정욱 분)이나 '범생이'(안재모 분)보다 문제아 강우혁이 훨씬 높은 인기를 누렸다. 최진실이나 배용준과 같은 스타에 크게 의존하는 텔레비전 드라마의 새로운 국면이라고 할 만하다. 이를 주도하고 있는 것은 PC통신을 중심으로 구성되어 있는 강력한 시청자 집단이다.

넷. 리얼리티 혹은 표현영역의 확대 문제다. 드라마는 현실을 반영하는가 창조하는가. 이는 사실 '닭과 달걀'의 문제다. 제작자들은 현실에서는 폭력과 무분별한 섹스가 난무하는데 드라마에서 현실의 아름다운 측면만 보여주는 것은 난센스라고 주장한다. 맞는 말이다. 그 '현실'의 한계가 어디냐는 것이 문제다. 예를 들어 호스트 바나 밤무대 댄서, 사기결혼과 겁탈 등도 우리 현실의 일부분이기는 하다. 그렇다고 술에 취한 남자가 딸의 담임선생님을 겁탈하려고 하거나(<은아의 뜰>), 가진 것은 '돈'과 '외로움'밖에 없는 유부녀가 사교댄스 선생을 노골적으로 유혹(<종이학>)하는 것과 같은 장면을 방송에서 시도 때도 없이 내보내도 될까.

드라마의 세계는 가공된 것이지만 현실과 일정하게 닿아 있다. 사람들은 드라마를 보며 현실과 몽상의 세계를 넘나들기 때문이다. 그럼에도 우리가 사는 세상은 몽상이 아니라 현실이기 때문에, 드라마는 상상이 가능한 모든 것을 보여주는 것보다 보편적 삶과 건전한 상상력 사이의 어떤 '지점'에 위치할 필요가 있다.

목적 없이 방황하는 젊은 세대의 초상

MBC <네 멋대로 해라>

<네 멋대로 해라>는 텔레비전 드라마 제목으로 사뭇 도발적이다. '네 멋대로 해라'는 1960년대 중반 이후 영국과 미국의 펑크 세대가 내세웠던 이념이기 때문이다. 세상의 권위로부터 자신만의 세계를 내세웠던 펑크 문화는 가족, 종교, 학교, 계급, 자본주의 등 모든 질서에 시비를 걸고 조롱했다. 찢어지고 누더기 같은 의상, 노랗고 빨간 색으로 물들인 머리카락, 닭의 볏처럼 가운데만 남기는 헤어스타일 등은 권태로움과 무료함을 벗어나고자 했던 젊은 세대의 몸부림을 반영했다.

텔레비전 드라마 <네 멋대로 해라>가 펑크 문화의 코드를 제목으로 차용했다고 해서 펑크 세대의 의식을 그대로 보여주는 것은 아니다. 그러나 <네 멋대로 해라>에는 펑크 세대와 마찬가지로 목적 없이 방황하는 젊은 세대의 순수한 사랑과 자신을 구속하는 굴레로부터 벗어나고자 하는 갈증을 담고 있다.

<네 멋대로 해라>는 젊은 세대의 문화적 코드인 방황, 사랑, 순수, 저항 등이 이야기의 중심구조를 형성한다. 이야기의 한 축은 방황하는 젊은 세대가 세상의 이기적 가치에서 벗어나서 사랑의 순수를 찾는 과정으로 짜여 있다.

고복수는 무능한 아버지에 대한 반항과 가난으로 소매치기가 되었다. 주인공이 전과자라는 사실은 기존의 규범에서 일탈된 인물임을 암시한다. 전경은 부잣집 딸이지만, 인디록밴드의 키보디스트이다. 지방대 피아노과를 졸업하고 아버지가 유학, 결혼, 피아노 학원 중 하나를 택하라고 했지만 집시의 생활을 이어간다. 한동진은 문화부 기자지만 기자의식이 거의 없다는 점에서 룸펜에 가깝다. 오페라 공연장에서 소리내어 팝콘을 먹거나, 폭스바겐을 타고 다니고, 춤을 배우는 등 어떠한 구속으로부터도 자유롭게 산다. 송미래는 프로야구 치어걸이지만 간호사 준비를 하고 있다. 송미래가 복수를 만난 것은 야구장 화장실이고, 돈을 빼고 지갑을 버리는 복수를 경찰에 넘긴다. 복

<네 멋대로 해라>는 목적 없이 방황하는 젊은 세대의 초상을 그려낸다.

수가 복역 이후 송미래의 집을 찾고 마주 앉아 아침식사를 한 이후 정이 들고 사랑에 빠진다.

<네 멋대로 해라>의 젊은 등장인물들은 미래나 꿈에 대한 강한 열망을 갖고 있지 않다. 고복수는 출감 이후 소매치기 생활을 청산하고 스턴트맨으로 일하지만 특별한 목표는 없다. 전경은 음반을 내지 못한 가수지만 가수로서의 열망이 부족한 편이고, 한동진도 기자의 소명의식을 갖고 있지는 않다. 송미래만이 간호사의 희망을 품고 있을 뿐이다. 이들 젊은 등장인물들은 부초처럼 방황하고 있는 것이다.

이들의 방황은 사랑으로 귀결된다. 그러나 고복수와 전경, 고복수와 송미래, 한동진과 전경에서 보듯이 사랑은 감각적이다. 이들의 사랑관계에는 특별한 동기가 없다. 고복수가 전경을 사랑하게 된 것은 특별한 이유가 있거나 충분한 사랑의 발효과정을 거친 것이 아니다. 한동진이 전경을 사랑하는 것도 즐기기 위한 것 이상은 아니며, 송미래가 복수를 사랑하는 것도 아침식사를 함께 하면서 순간적으로 정을 느꼈기 때문이다.

자리를 잡지 못하고 방황하는 젊은 세대의 가볍고 감각적인 사랑, 그러나 그 안에는 어떤 목적과 동기가 없는 순수함이 배어 있다. 따라서 <네 멋대로

방황하는 젊은 세대의 가볍고 감각적인 사랑, 그러나 <네 멋대로 해라> 안에는 어떤 목적과 동기가 없는 '순수'가 담겨 있다.

해라>는 사랑이란 우연히 만나서 그저 하염없이 무조건적으로 좋아하는 것이라고 말하는 듯하다.

<네 멋대로 해라>가 보여주는 또 다른 이야기의 축은 기성구조와의 관계에서 찾을 수 있다. 이것은 두 가지 방식으로 나타난다. 하나는 법과 질서에 대한 비꼼이고, 다른 하나는 가부장적 가족관계에 대한 부정이다.

<네 멋대로 해라>에서 형사 박정달과 고복수의 관계는 흥미롭다. 한여름에도 한 손에 가죽장갑을 끼고 다니는 형사 박정달은 복수를 검거하려는 순간 사고로 손가락을 잃었다. 따라서 박정달은 고복수를 다시 수감시키기 위해 온갖 노력을 기울인다.

박정달은 법과 질서의 수호자인 형사이므로 그는 기존 법규의 상징이다. 그러나 박정달이 고복수를 다시 교도소에 넣기 위해서 증거조작을 하는 등 그의 행적은 법과 질서의 수호자라기보다 법과 질서의 파괴자에 가깝다. <네 멋대로 해라>는 범죄자 같은 형사 박정달을 통해서 법질서를 비웃고, 범죄자였던 고복수를 통해서 순수를 이야기하는 것이다.

고복수와 전경 모두 부모와 불편한 관계에 놓여 있다. 복수의 아버지는 경제적으로 능력이 없으며, 어머니는 재혼 이후 남편에게 얻어맞기만 하다가

치킨집을 운영하며 살고 있다. 복수는 아버지와 이야기할 때 수화하는 것처럼 느낄 정도로 단절되어 있다. 이것은 전경과 그녀의 아버지 관계도 마찬가지이다. 가부장적 인물로 설정된 전경의 아버지 전낙원은 상점 점원을 하던 중 집 주인의 딸을 강압적으로 겁탈해서 결혼했다. 전경과 아버지의 관계가 언제나 엇박자로 진행되는 것은 전경이 아버지처럼 이기적이거나 목적지향적이지 않기 때문이다.

<네 멋대로 해라>는 방황하는 젊은 세대의 감각적 사랑과 자신들을 둘러싸고 있는 기성 구조의 굴레로부터 벗어나고자 하는 몸부림으로 가득 차 있다. 젊은 날의 방황이 아름다운 것은 '진아(眞我)'를 찾아가는 하나의 과정이기 때문일 것이다. 진정한 나, 혹은 진정한 사랑은 영원히 잡을 수 없는 것이라고 해도 그 때문에 방황하는 젊은 세대의 초상은 현실 속에서나 드라마 속에서 언제나 아름답다.

변화하는 드라마 속의 '남녀풍경'

MBC <위기의 남자>

텔레비전의 가장 중요한 미학적 요소는 일상성이다. 가구처럼 거실에 놓여 있는 텔레비전은 일상생활의 리듬을 규칙적으로 통제할 뿐만 아니라 프로그램들은 현실세계를 반영한다. 텔레비전처럼 우리들의 일상생활과 밀접히 연결되어 있는 매체는 아직 없으며, 텔레비전이 일상성을 제대로 표현하지 못하면 시청자의 관심을 끌기 어렵다.

텔레비전 프로그램 중에서 드라마는 보통 사람들이 살아가는 일상과 현실의 모습을 가장 잘 반영한다. 드라마의 상상력은 현실과 동떨어진 공상이나 환상에 의존하는 것이 아니라 현실 속의 개연성에 기초하기 때문이다. 역사 드라마조차 특정 인물을 재해석하는 데 당대의 감각이 필요할 정도이므로 홈 드라마, 멜로 드라마, 로맨틱 드라마가 시대의 문화적 코드를 담아내지 못하면 극적 현실성은 떨어지며 재미도 반감된다.

<위기의 남자>도 우리 시대 변화하는 남녀의 자화상을 그려낸다. 장르 관습에서 보면 <위기의 남자>는 전형적인 멜로 드라마의 공식인 불륜을 소재로 하고 있다. 행복했지만 가정이나 직장 내 문제 때문에 갈등을 겪는 부르주아 중년과 다른 여자와의 사랑 이야기, 이것은 멜로 드라마의 영원한 원천이다.

그러나 <위기의 남자>는 진부한 불륜의 공식에 국한하지 않는다. <위기의 남자> 속에는 변화하는 우리 사회의 문화적 코드들이 강렬하게 표현되어 있다. 즉 흔들리는 중산층 부부, 중년 남자와 여자의 위기, 유부녀와 유부남의 사랑, 연상 여자와 연하 남자의 관계 등 좀더 복잡한 이 시대 남녀의 풍경들이 절제되기보다 과감하게 드러난다.

<위기의 남자>에서 읽어낼 수 있는 우리 시대 중년 남녀의 풍경은 세 가지다. 첫째, 이혼한 여자 금희(황신혜 분)가 보여주는 모습으로 직장 사장이었던 강준하(신성우 분)와 거부할 수 없는 사랑에 빠지는 것이다. 이와 같은 이야기 구조는 기존의 멜로 드라마에서 다루지 않았던 부분이다. 더욱이 금희가

<위기의 남자>는 흔들리는 중산층 부부, 중년 남자와 여자의 위기, 유부녀와 유부남의 사랑, 연상 여자와 연하 남자의 관계 등 이 시대의 풍경을 묘사한다.

사랑하는 대상이 연하의 유부남이라는 점은 파격적이다.

둘째, 이동주(김영철 분)는 무기력한 중년의 우울함을 은유적으로 드러낸다. 뇌물수수를 거절당한 하청업체 사장이 자살했다는 이유로 동주는 권모술수가 판치는 도시에서 도피한다. 농사일에 대해서 전혀 알지 못하는 동주의 귀농(歸農)은 무기력하고 약해지는 오늘날 중년 남자의 모습을 보여준다. 강준하 역시 도피처로서 금희와 사랑에 빠짐으로써 현실의 벽을 극복하지 못하고 추락하는 남성상의 한 단면을 드러낸다.

셋째, 이동주와 김연지(배종옥 분)의 관계에서 연지가 보여주는 적극성도 주목할 만하다. 연지는 동주가 첫사랑 상대였다고 하더라도 유부남이라는 사실에 대해서 어떤 윤리적 고뇌도 하지 않는다.

이와 같은 이야기 구조는 새롭게 부상하는 여성의 위치와 현실의 벽 속에서 방황하는 중년 남성의 그림자이다. 1997년 IMF 이후 우리 사회의 가족관계와 남녀관계는 변했다. 그동안 가족관계에서 지배적 영향력을 행사했던 남편과 아버지의 역할이 무너진 반면, 아내나 어머니의 역할은 강화되었다. 더욱이 50대 초반이면 직장을 떠나야 하는 현 시점에서 아버지의 역할이 과거의 아버지처럼 강력한 권력을 행사하지 못하게 되었다.

<위기의 남자>는 무기력한 중년 남자의 우울증을 그리고 있다. 이것은 우리 사회에서 약해지고 있는 남성권력을 상징한다.

강력한 아버지의 권력은 <전원일기>에서나 가능한 것이다. 왜냐하면 <전원일기>는 여전히 전통사회의 영향력이 남아 있는 농촌사회를 배경으로 하고 있기 때문이다. 반면 도시생활에서 나타나는 아버지의 역할은 그만큼 축소되었으며, 이것은 아버지의 권력 상실과 중년의 위기를 낳고 있다.

남성 권력의 위기는 멜로 드라마에서 직접적으로 표현되는 반면, 역사 드라마는 강력한 남성 영웅을 그려냄으로써 대리만족을 준다. <허준>이나 <태조왕건> 등이 인기를 끈 이유는 바로 현실 세계에서 남성의 영향력이나 권력이 축소되었기 때문이고, 남성 시청자들은 자신들의 나약함을 과거 역사를 통해서 대리만족을 얻기 때문이다.

남성 권력이 사회 내에서 약해지고 있다는 사실은 거꾸로 여성의 역할이 확대되고 있다는 것을 의미한다. 금희와 연지의 역할에서 변화된 여성의 모습을 읽을 수 있다. 물론 금희의 경우 직장을 잡게 되는 개연성이 약하며, 직장 내에서도 자신의 역할을 충실히 하지 못하는 한계가 있지만, 그녀가 사랑하는 대상이 연하라는 점에 주목할 필요가 있다. 이 점은 국어선생님인 김채원(김하늘 분)이 고등학교 3학년인 최관우(김재원 분)를 만나 사랑을 하는 <로

망스>와 유사하다.

　남성과 여성의 관계에서 지위와 경제력과 더불어 나이는 또 다른 권력이었다. 나이가 많은 남자와 어린 여자의 관계에서 주도권은 항상 남자의 손아귀에 있었다. 그러나 금희와 준하, 그리고 채원과 관우의 관계는 기존 사랑의 남녀관계를 뒤집는다. 비록 금희와 채원이 강력한 주도력을 행사하는 것은 아니지만, 기존 멜로 드라마나 로맨틱 드라마의 공식을 깨고 있으며, 남녀관계에서 나이의 영향력도 무너뜨리는 것이다.

　<위기의 남자>를 규범적 측면에서 바라보면 대단히 도덕적이지 못하다. <위기의 남자>에 대한 비판은 불륜 장면을 노골적으로 표현하고 있으며, 이혼을 너무 쉽게 다룬다는 윤리적 지적이 대부분이다. 그러나 분명한 것은 규범적 차원을 넘어 <위기의 남자>가 한국 사회의 부부관계나 변하는 남녀관계의 위상을 그려내고 있다는 사실이다. 이것은 단순히 우리 사회에서 이혼율이 증가한다거나 불륜이 적지 않다는 점을 보여주는 것이 아니라, 좀더 구조적이고 본질적인 인간관계의 변화와 우리 시대의 성(gender) 코드의 변화를 보여주는 것이라 할 수 있다.

TV 안의 조폭, TV 밖의 조폭

폭력 드라마론

양산박으로 모이는 108 두령이나, 셔우드 숲을 근거로 리처드 왕을 위해 싸우는 로빈후드, 구월산 녹림당의 장길산과 같은 의적 이야기들은 '단지' 소설로서만 읽히지 않는다. 충성과 의리를 겸비한 호쾌한 의적소설에는 낡고 부패한 사회를 개혁하고자 하는 민중이 있고 젖은 솜처럼 시대의 슬픔이 배어 있다.

그러나 의적 소설은 더 이상 독자를 매료시키지 못하는 것 같다. 그 자리를 조폭 소설, 조폭 영화, 조폭 드라마가 차지하고 있다. 대중문화의 조폭 신드롬은 새로운 현상이 아니다. 우리는 한국 정치를 조폭 정치라고 부르며, 학교에는 왕따나 짱이 있고, 경제에도 힘의 논리만 앞세우는 조폭 문화가 침윤되어 있다. 조폭 영화가 흥행에 성공하는 것은 당연한 건지 모른다. 한국방송영상산업진흥원의 분석에 따르면, 텔레비전 드라마의 남성 등장인물로 조직폭력배가 전체 40개의 직업군에서 7번째로 많았고, 등장인물의 성격에서 폭력적인 묘사가 가장 높게 나타났다.

2001년 11월에 끝난 <신화>, <선희진희>, <그 여자네 집>에서부터 12월 현재 방영중인 <피아노>, <화려한 시절>, <아버지처럼 살기 싫었어>에 이르기까지 드라마 등장인물의 일부가 조폭에 가입해 있다.

현재 방영중인 드라마의 등장인물로서 조폭은 과거 드라마의 조폭과 다르다. <모래시계>(1996)에도 행동대장으로 태수가 나오지만 폭력성은 당시 정치적·제도적 폭력과 맞물려 있고, 조폭의 의미와 명분이 얼마나 허망한가를 보여주었다. <모래시계>는 시대적 상황과 함께 조폭으로서 태수가 등장할 수밖에 없는 이야기 구조를 가지고 있었다.

드라마의 등장인물로 조폭이 설정될 수 있다. <명성황후>처럼 대원군의 수족인 폭력모리배 '천·하·장·안'의 등장은 이해할 수 있다. 그러나 대부분 드라마의 이야기 구조 속에서 조폭이 등장해야 할 관계설정이 너무 안이하다는 것이 문제이다. <피아노>의 제작의도가 아버지 한억관(조재현 분)

대부분 조폭 드라마의 문제는 이야기 구도 속에 조폭이 등장해야 할 동기나 필연성이 약하다는 점에 있다.

의 지독한 사랑을 그려내는 것이었다면, 그를 굳이 고아원 출신의 3류 깡패로 설정해야 할 이유가 없으며, <화려한 시절>에서 과거 전설적인 주먹이었던 윤지호(강석우 분)의 뒤를 잇겠다고 고등학생들이 깡패를 찾아다니는 <신라의 달밤>을 그대로 따온 것도 받아들이기 어렵다.

폭력이 문제해결의 방법으로 인식되는 것은 '동물적' 사고이다. 나는 좀더 '인간적인' 드라마를 보고 싶을 뿐이다. 허구적인 남성신화가 부추긴 건달세계에 대한 근거 없는 동경을 보고 싶지 않을 뿐이다. 더욱이 가족이 함께 보는 드라마에서 영화 <친구>와 같은 대사를 듣고 싶지 않을 뿐이다. "칼은 회칼을 써야 하고, 찌른 뒤에는 칼을 돌린 뒤 끝을 들어올려야 확실하게 죽지."

현대판 '콩쥐팥쥐' 드라마의 세계

MBC <황금마차> 외

러시아 민속학자 프로프(Propp)는 전해 내려오는 민담들을 분석하면서 일정한 이야기 구조와 인물유형을 분류하고 있다. 프로프의 분석을 현대 텍스트에 적용해보면, 영화, 텔레비전 드라마 등의 이야기 구조나 인물유형도 민담에서 전해 내려오는 구조들과 별반 차이가 없다. 영웅은 무엇인가 결핍된 것(사랑, 명예, 부 등)을 찾아 헤매고 악당은 끊임없이 방해자로 등장하지만 결국은 실패한다. 프로프는 어느 시대에나 유사한 인간의 보편적 정서가 이야기의 구조 속에 투영되고 있다는 것을 말하고 싶었을 것이다. 실제 사회 현실은 그렇지 않더라도 선이나 정의가 이기기를 바라는 인간의 정서는 확실히 보편적인 것이다.

그러나 이야기 구조 속에 내재하는 인간의 보편적 정서가 언제나 동일하게 나타나는 것은 아니다. 이야기 구조의 다양한 변주들이 존재하며, 변주의 방식은 특정 사회의 시대적·문화적 코드와 관계가 있다. 선한 주인공이 결핍되어 찾는 것이 무엇인지, 주인공이 남자인지 여자인지, 또는 젊은 세대인지 기성세대인지 등에 따라 다양한 이야기 구조가 펼쳐진다.

1990년대 후반 이후 우리의 멜로 드라마나 트렌디(trendy) 드라마는 전래동화인 '콩쥐팥쥐'를 변주해왔다. 물론 이전에도 유사한 드라마들이 있었지만, 하나의 지배적인 경향으로 나타나는 것은 몇 년 전부터이다. 1997년 <신데렐라>의 성공이 하나의 계기를 만들었지만, 단순히 <신데렐라>가 성공해서 '콩쥐팥쥐' 드라마가 증가한 것은 아니다.

<황금마차>는 '야망의 콩쥐팥쥐형' 드라마의 전형을 보여준다. <황금마차>는 현대판 '콩쥐팥쥐'로 불릴 정도로 구도가 비슷하다. 언니 유정은 냉정하고 이기적이다. 자신이 낳은 아들 두리를 외면하면서 자신의 결핍(부와 명예)을 채우기 위해 모든 노력을 다한다. 반면 순정은 순수하고 매사에 흔쾌히 양보한다. 고등학교 졸업 후 백화점 판매직을 거쳐 현재는 식품부에서 김치를 판다. 이복 언니 유정이가 낳은 아들 두리의 엄마 노릇도 마다하지 않

콩쥐팥쥐 드라마는 경제위기 이후 대중의 사회심리나 체험을 반영한다(사진은 MBC <황금마차>).

으며 작은 서민 아파트라도 마련해 부모님을 모시고 싶어한다.

어느 문화비평가는 콩쥐팥쥐 드라마가 1998년부터 본격적으로 등장해서 절정을 이루고 있다고 지적했다. '야망의 콩쥐팥쥐' 드라마는 경제위기 이후 대중의 사회심리나 체험과 밀접히 관련이 있다는 것이다. 약육강식의 생존경쟁 속에서 무너진 마음의 상처들이 콩쥐팥쥐 드라마에 공감하게 하고, 이것은 다시 제작의 확대를 불러왔다는 것이다. 경쟁사회에서 일반 대중은 자신이 제대로 평가받지 못하고 가슴 조이며 사는 것은 자신의 능력이나 노력의 부족 때문이 아니라 어쩔 수 없는 태생적 한계나 악인 때문이라는 위안을 얻고 싶어하며, 환상인 줄 알면서도 잠시나마 드라마를 통해서 대리만족을 얻는다는 것이다.

'야망의 콩쥐팥쥐' 드라마가 경제위기 이후 생존경쟁의 산물이라는 점은 인정하지만, 그렇다면 왜 등장인물은 형제가 아니라 자매인지 궁금해진다. 1980년대 중반 <사랑과 야망>은 콩쥐팥쥐 드라마가 아니라 흥부 놀부 드라마였다. 명예와 부를 좇는 형과 순수함을 지키는 동생을 다룬 <사랑과 야망>은 형제 사이의 극명한 선악대비를 통해서 남성의 야망과 사랑을 그려냈다. 그러나 요즘 이런 유형의 드라마를 찾기는 어렵다. 대신 야망과 사랑의

콩쥐팥쥐 드라마는 우리 사회에서 여성에 요구하는 이중적 가치를 보여준다. 즉 여성에게 성공과 신분 상승을 위한 목적지향적이고, 이타적이며 아름다운 어머니의 모습을 모두 요구하는 것이다 (사진은 MBC <그대를 알고부터>).

주체는 남성에서 여성으로 바뀌었다.

여기에 우리 사회에서 여성에 대한 이중적 욕망을 읽을 수 있다. 우리는 여성에게, 한편으로 끊임없는 생존경쟁에서 살아남기 위해서 정글의 법칙을 요구한다. 남자와의 경쟁에서 이기기 위해서 나약해서는 안 되며 목적 지향적이며 강인할 것을 주문한다. 동시에 우리는 여성이 순수하고 아름다운 존재로 남아주기를 바란다. 전통적인 가치에 따라 현모양처의 여성상을 기대하는 것이다. 전자는 현대적 가치로, 후자는 전통적 가치로 대비되는 것이 드라마의 전형적 구조이다.

순정과 유정은 별개의 인물이지만, 내면으로 보면 우리 사회에서 여성에 요구하는 이중적 가치를 반영하고 있다는 점에서 동일인이다. 즉 여성에게 성공과 신분상승을 위한 목적지향성과 순수하고 이타적이며 아름다운 어머니의 모습을 모두 요구하는 것이다. 게다가 목적지향적인 등장인물은 전문직이어야 한다는 편향도 제공한다. <황금마차>의 유정은 유학을 다녀온 방송국 아나운서이며, <이브의 모든 것>에서도 아나운서가 등장한다. 또한 <미스터 큐>의 속옷 디자이너, <토마토>의 구두 디자이너, <비밀>의 여성복 디자이너, <귀여운 여인>의 가방 디자이너 등 디자이너도 진부할 정도로 자주 등장한다. 결국 치열한 경쟁에서 전문직 여성은 이타적일 수 없으며, 자신의 목적을 위해서 모든 것을 버리는 냉혹한 여성으로 표상된다.

<황금마차>에서 등장인물의 매력은 한없이 순수하고 아름다운 순정에 있는 것이 아니라 이기적이며 냉정한 유정에 있다. 그러나 <황금마차>의 유정은 '콩쥐팥쥐'의 팥쥐와는 다르다. 팥쥐가 절대 악에 기대어 있다면, 유정은 절대 악으로만 보기 어렵다. 우리 사회가 여성에게 요구하는 편향적 가치가 유정이라는 인물을 만들어냈기 때문이다. 결과적으로 같은 사회 내에 살면서 전문직 여성이 성공하기 위해서 남성보다 더 냉혹해야 한다는 보이지 않는 사회적 편향이 <황금마차>의 심층구조에 깔려 있다고 볼 수 있다. 여성의 사회적 참여와 위상이 높아지고 있지만, 우리 사회의 의식은 그렇게 빠르게 변하지 않고 있다.

공동제작 드라마의 눈치보기

MBC <소나기>

　한·일 공동월드컵이 성공적으로 끝났지만, 일본은 아직도 먼 나라다. 적어도 한국 텔레비전에서는 그렇다. 일본에서는 원빈의 인기가 높고 여러 한국 드라마가 방송되고 있다는데, 아직 우리 안방극장에서는 일본 드라마나 스타를 찾아보기 어렵다. 일본 대중문화를 3차에 걸쳐 개방했지만 텔레비전의 드라마나 쇼에 대해서는 지금도 빗장을 걸고 있기 때문이다.

　MBC는 2001년 12월 일본의 후지텔레비전과 드라마 <소나기, 비갠 오후> 2부작을 공동제작, 방송했다. 2002년 2월 <프렌즈> 4부작에 이어 두번째다. 두 드라마 모두 한국과 일본 젊은이들의 사랑이야기였다. <프렌즈>는 '명실상부'한 공동제작이었다면, <소나기>는 후지텔레비전이 주도한 작품이었다. 2003년에 방송할 다음 합작 드라마는 MBC가 주도한다고 한다. 일본 드라마가 개방되지 않은 시점에서 공동제작을 시도하는 것은 자연스러운 과도기 현상이다. 방송사는 서로의 장점을 배울 수 있고, 범람하는 유사드라마에 식상한 시청자에게는 새로운 유형의 드라마를 맛볼 수 있는 기회를 제공할 수 있기 때문이다.

　<소나기>가 방송된 다음날 지명관 한일문화교류정책자문위원장은 MBC를 '일진회'에까지 비유하며 강도높게 비판하였다. '분노'의 이유는 정부의 '속도조절'에 따르지 않았다는 것이다. 이는 사실 현재 방송정책의 난맥상의 한 단면이다. 방송위원회가 정책 전반을 관장하고 있지만 '개방'과 같은 기본정책은 문화관광부가 주도하고 있기 때문이다. 방송위원회는 <소나기>를 내보내는 것이 별 문제가 없다는 견해였다. 방송사업자는 어느 장단에 맞추어야 할지 혼란스러울 수밖에 없다.

　인터넷 게시판에 올라온 시청자의 반응을 보면 '속도조절론'은 별 타당성이 없어 보인다. 영화나 인터넷 등을 통해 이미 일본에 대해 나름대로 이해하고 있는 젊은 세대들은 일본 드라마를 무조건 좋아하지도 않고 맹목적으로 싫어하지도 않는다. 일본어 빈도가 너무 높다는 지적도 별로 합리적이지

일본 드라마가 개방되지 않은 시점에서 한일 공동제작은 자연스러운 과도기적 현상이다. 지나치게 국민감정의 눈치를 볼 필요는 없다.

않다. <야인시대>와 같은 다른 드라마에서도 일본어 대사가 별다른 '여과 없이' 나가고 있기 때문이다.

 시청자들은 <소나기>를 보며 일본어 대사나 기모노, 온천욕과 같은 '왜색' 장면에서 이질스러움을 느꼈을 수도 있다. 하지만 이 드라마는 한국인의 '반일감정'과 같은 정치적 외풍의 가능성을 의식한 탓인지 지나치게 조심스럽다. <프렌즈>에 이어 '한국남 일본녀'의 사랑이야기라는 점도 오히려 의도적인 한국 '마초' 비위맞추기 같아 눈에 거슬린다.

광풍 짧게 끊어준 '불편한' 드라마

MBC <순수청년 박종철>

　1987년 청년 박종철은 두 번 죽었다. 처음에는 책상을 '탁' 치니까 '억' 하고 죽었고, 두번째는 물고문 등 경찰의 가혹행위로 경부압박 질식사했다. 주검을 화장해 가슴에 묻고 그의 부친은 절규했다. "종철아! 내는 할 말이 없데이……." 박종철의 두번째 죽음은 천주교 정의구현사제단의 폭로로 세상에 알려졌고 1987년 6월항쟁의 도화선이 됐다.

　그 박종철이 월드컵 열풍을 넘어 '환생'했다. 2002년 5월 24일 밤 MBC에서 2부작으로 방송한 특집극 <순수청년 박종철>(이하 <박종철>)은 '파쇼의 개', 지랄탄, 화염병, 남영동 대공분실과 6월항쟁 등 '386 시대'의 기억을 아프게 떠올렸다.

　박종철의 삶이 그러하듯 드라마의 줄기도 간단하다. 부산에서 올라온 평범한 대학생이 운동권 학생이 되었다. 어느 날 수배자 선배를 만났다는 이유로 대공분실에 끌려갔다. 거기서 물고문 등 가혹행위 끝에 사망했다. 드라마 <박종철>은 양심을 지키며 정직하게 살고자 했던 한 청년의 아름다웠던 삶과 죽음을 담담하게 보여주고자 했다.

　<박종철>을 보면 제작진이 지나친 극화나 기록 나열의 건조함을 피하기 위하여 고민한 흔적이 역력하다. 우선 <박종철>은 드라마지만 외형상 회상을 위한 다큐멘터리로 보인다. 드라마라는 형식의 자유를 취하면서도 가족이나 친구 등 관련자의 증언과 기록에 충실하다. 부검의 황적준, 검사 안상수, 선배 박종운 등 실명을 그대로 쓰고 있으며 박종철 역을 맡은 사람도 실제 서울대 재학생 최동성이다. 자칫 신화 만들기나 회고조의 한풀이에 빠지는 것을 경계하려는 노력으로 보인다.

　다음으로 아직도 그 죽음의 무게에 가려 있는 박종철 '삶의 이야기'를, 늘 그와 함께 했던 단짝 친구 석호가 들려주는 형식을 취하고 있다는 점이다. "종철이는 가고 나는 남았다. 살아남은 나는, 우리는 어떻게 살아가야 할까?" 석호의 마지막 말이다. 무거움을 피하면서도 여운을 남긴다.

<순수청년 박종철>은 '파쇼의 개', 지랄탄, 화염병, 대공분실 등 '386세대'의 기억을 아프게 떠올렸다.

물론 이야기의 흐름이 산만해 보이는 면도 있다. 특히 빈번한 이중 회상, 시점의 다중성과 긴장유지를 위한 이미지의 과잉은 오히려 드라마의 흡입력을 떨어뜨린다.

월드컵 '총동원령' 속에서 박종철이 이렇게 환생했다. 그 박종철은 우리를 '불편'하게 한다. 암담하고 고통스러웠던 그 시절을 더 이상 회고하고 싶지 않기 때문일 것이다. 텔레비전은 이따금씩이지만, 망각을 막는 '기억의 정치'를 통해 우리를 불편하게 함으로써 '존재의 이유'를 보여주기도 한다.

지나친 역사 왜곡과 무모한 개인 '미화'

SBS <야인시대>

김두한의 일대기를 다루고 있는 <야인시대>(SBS)의 인기가 상한가다. '장군의 아들'이 안방을 점령해버린 것이다. 선 굵은 남성 드라마, 감동적 휴먼 드라마를 표방하고 있지만 아직은 조폭이야기를 '항일민족주의'로 포장하여 보여주는 '활극' 수준에 머물러 있다.

국회의원 김두한의 '똥물 투척'과 어린이 김두한의 '장군 상봉' 이야기가 중심이었던 첫 회를 통해 이후 전개방향을 짐작할 수 있다. 24회에서는 불의의 기습을 받고 종로를 떠났던 청년 김두한(안재모 분)이 마침내 구마적(이원종 분)을 물리치고 우미관에 입성했다. 예정대로 100회까지 간다면 시청자들은 앞으로도 신물이 나도록 김두한과 고만고만한 조선주먹, 일본주먹과 '맞장 뜨는' 장면을 구경하게 될 것이다.

<야인시대>의 시청률이 높은 데는 그만한 이유가 있다. 흡입력 있는 국내 조폭의 '원조'이자 '항일주먹'이었던 김두한 이야기를 성격파 배우들이 실감나게 보여주고 있는 데다가, 30억 원을 들여 지었다는 흠잡을 데 없는 세트장, 애틋한 로맨스에다가 '싸구려' 민족주의까지 메뉴도 다양하다. 극의 전개방식을 보면 '의인' 김두한이 난관을 하나하나 돌파하는 식이라서 컴퓨터 게임처럼 흥미를 유발한다. 이야기 구조도 고전 영웅담의 전형을 유지하고 있다.

정치 변동이나 경제 위기 등과 같은 격변과 고난의 시기에는 대체로 갱스터 영화나 '영웅담'이 각광을 받는다. 조폭물들은 대체로 엄정한 가부장 질서, 상명하복과 의리로 똘똘 뭉친 남성공동체, '폼생폼사', 절대권력에 대한 숭배, 누아르 식의 폭력미학 등을 축으로 전개하게 마련이다. 이를 통해 흔들리는 가부장 권력에 대한 대리만족이나 향수를 자극할 수 있다.

'텔레비전판' 조폭 영화 <야인시대>의 심각한 문제는 두 가지다. 먼저 사실에 대한 '의도적' 왜곡 문제다. 없는 깡패나 기생을 만드는 것은 그렇다고 치자. 김두한을 항일투사, 협객, 의인이라는 '영웅' 이미지로 고정하

<야인시대>가 김두한을 항일투사로 '고정'하고, 반사회적 폭력을 미화하는 것은 위험하다.

는 것은 대단히 위험하다. 24회에서 구마적과 결투할 때, 쓰러진 김두한과 김좌진 장군을 '오버랩'한 것이 단적인 예다. 다르게 보면 김두한은 천하의 난봉꾼이자 정치깡패, 우익폭력배였을 뿐이다.

폭력이나 절대권력에 대한 '미화'도 심각하다. <야인시대>에서 난무하는 폭력은 대체로 항일 혹은 조선민족이라는 두터운 외투를 걸치고 있다. 예컨대 자신을 위한 혹은 자기 조직을 위한 폭력이 '조선상인 보호'라는 명분에 따라 '독립운동'으로 둔갑한다. 그래서 더 위험하다. 상업방송의 드라마라고 해서 '역사의 진실'에서 무한정 자유롭거나, 시청률을 위해 '반사회적 폭력'을 미화할 권리가 있는 것은 아니다.

현실과 역사를 대체하는 영웅 '신화'
인물중심 역사 드라마들

텔레비전은 '스타(미디어 영웅)'를 먹고 산다. 미디어 영웅은 현대인에게 '삶의 모델'이자 대리만족 수단으로 자리잡고 있기 때문이다. 대중의 '지지(시청률)' 여하에 따라 운명이 좌우되는 텔레비전은 주기적으로 영웅을 만들 수밖에 없다. 실존 인물의 일대기를 다루는 역사 드라마의 스타는 김두한, 허준, 왕건, 정난정, 명성황후, 장희빈 등과 같은 '영웅들'이다. 이들은 텔레비전 드라마 등에 주기적으로 등장하여 대중의 심금을 울리거나 웃긴다.

전통적으로 사극이나 시대극의 영웅은 '선 굵은' 남성들이었다. 이 영웅들은 이방원이나 세종대왕, 궁예나 왕건 같은 절대권력자와 허준, 이제마, 김두한과 같은 '서민의 우상'으로 구분할 수 있다. 상대적으로 여인네들은 후궁비사나 요부 이야기의 재밋거리에 불과했으나 최근 들어 <여인천하>, <명성황후>, <장희빈>과 같은 본격 '여성영웅전'이 각광을 받고 있다. 우리 사회에서 여성의 지위가 높아진 것과 무관하지 않다.

정난정의 <여인천하>로 재미를 본 SBS는 김두한 일대기 <야인시대>로 그야말로 '땡'을 잡고 있다. 반면 '역사드라마 왕국' KBS의 경우 <태양인 이제마>가 시름시름 사라진 자리를 <장희빈>이 차지하고 있다. <허준>으로 일세를 풍미했던 MBC의 경우 요즘 마땅한 '영웅'이 없어 고민에 빠져 있다.

국내 '원조 조폭' 김두한은 1970년대의 <김두한형 시리소니형>에서 1990년대의 <장군의 아들>, 그리고 2002년 <야인시대>에 이르기까지 변함없이 대중의 사랑을 받고 있다. 이로써 김두한은 주기적으로 한국인의 마음을 사로잡는 '문화코드' 중의 하나가 되었다. <야인시대>의 인기 비결은 대중성이 있는 '장군의 아들' 김두한을 고전 영웅서사 형식으로 재현하는 데 있다. 혈통의 비밀을 품은 출생과 고난의 시절, 하야시라는 강력한 라이벌과 아름다운 '공주들', 대중의 감정이입을 가능하게 하는 항일 민족주의라는 강력한 '우산'. 이러한 밑그림은 '영웅만들기'의 최적 조건을 구

텔레비전은 한 인물을 '영웅'의 틀 속에 감금함으로써 '신화'를 만들고 역사적 진실을 왜곡한다(사진은 SBS <여인천하>).

성한다. 물론 요즘 세대를 겨냥한 '유치한' 인물군의 배치, 컴퓨터 게임을 연상하게 하는 난관 돌파식 이어가기 등도 한몫하고 있다. 지나친 폭력과 역사에 대한 '의도적' 왜곡 문제가 앞으로 더 심해질 가능성이 크다. 안재모에 이어 중년 김두한을 연기할 김영철이 얼마나 '오버'를 할 수 있느냐가 이 드라마 후반의 관건이다.

영웅 드라마 혹은 전통 사극의 원조는 『조선왕조실록』 등에 근거한 궁중비화였다. 그 붐을 영웅중심으로 복원한 것은 지난 1997년 대선 시기에 각광을 받았던 KBS의 <용의 눈물>이었다. 신권(臣權)정치의 신봉자 정도전(김흥기 분)과 절대 왕권의 신봉자 이방원(유동근 분)이 대권을 놓고 벌이는 한판 승부는 대중을 사로잡았다. 조정에서 대권을 놓고 벌이는 '작은 용들'의 암투와 이를 둘러싼 조무래기들의 이합집산이 대선 정국과 연결되면서 보는 이를 즐겁게 하기에 부족함이 없었다. <용의 눈물>은 모든 드라마는 '현재의 드라마'이며 현실권력을 미화하거나 은폐하는 데 기여한다는 점을 잘 보여주었다.

역사 드라마의 또 다른 정점을 보여준 <허준>은 '대중 영웅 모델'로 손색이 없었다. 이 드라마 줄기는 서자 출신 의원이 온갖 역경을 딛고 어의(御

醫)가 된다는 성공담이다. 당시 60%가 넘는 시청률을 기록하며 대중의 눈길을 잡을 수 있었던 것은, 의로운 사람이나 진정한 영웅에 굶주린 보통 사람들에게 정의와 휴머니즘의 화신을 제시함으로써 대리만족을 주었기 때문이다. 여기에다 사람들의 높아진 건강에 대한 관심에 부응하여 다양한 한의학 정보를 전달한 것도 남녀노소 모두의 사랑을 받는 기폭제 역할을 했다. '의녀'라는 '신종 공주'의 발굴과 조역들의 감초연기도 빼놓을 수 없는 성공 요인 중의 하나였다.

<여인천하>나 <명성황후>, <장희빈>의 경우는 '여성 영웅' 중심이라는 점이 다르지만 드라마 구성 방식이나 대중 관심 유발 전략에는 큰 차이가 없다. 궁중야화나 암투를 다루던 이전의 사극에 비해 '여성 영웅'에 대한 묘사가 두꺼우며 '신화만들기'도 좀더 정교하게 작용한다는 점이 다르다. 하지만 '여성 영웅'을 소재로 하는 드라마의 경우 아직도 그 결말이 통상 비극적이라는 점에 주목할 필요가 있다. 왕조시대에 잘 나갔던 여성이란 대체로 가부장권에 도전하거나 편승하여 스스로 권력의 핵심이 된 사람들이다. 드라마 속에서 그녀들은 요녀이거나 아니면 희대의 '악녀'로 일세를 풍미하지만 추풍낙엽처럼 역사의 수레바퀴 속으로 사라져간다. 이는 다르게 보면 대중에 대한 배신이며, 현실에서 남성 권력이 건재하다는 반증이다. 그런 면에서 KBS에서 새로 시작한 김혜수의 <장희빈>은, 과연 기존 여성 영웅 묘사의 한계를 얼마나 벗어날 수 있을지 지켜볼 필요가 있다.

이렇듯 사극에서 '현실 권력'은 다양하게 재생산된다. <야인시대>를 다시 들여다보자. 우선 김두한이 김좌진 장군의 아들이라는 명확한 증거가 없음에도 드라마에서는 이를 기정 사실화한다. 이렇게 되면 김두한이라는 사람의 실체에 대한 논의 자체가 봉쇄될 가능성이 크다. 김두한의 '숙적'으로 등장하는 일본깡패 하야시도 한국인이며 김두한과 공생관계에 있었다는 주장도 만만치 않다. 이런 점이 사실로 드러나는 순간 이 드라마의 기반은 붕괴될 수밖에 없다. 다른 예도 있다. 현재 언론권력의 주축인 ≪동아일보≫를 항일민족지로 '미화'하여 시민언론단체의 항의를 받기도 했다.

생존자들의 증언에 따르면 당시 김두한과 밀접한 관계가 있었으나 진보적인 색채가 있는 사람들은 <야인시대>에 아예 등장하지도 않는다. 이런 점들에 대하여 드라마는 그냥 '드라마'일 뿐이라고 넘어가는 것은 곤란하다. 제작자들이 드라마의 주요 뼈대가 '사실'이라고 주장하고 있고 시청자는 또 그렇게 믿고 있기 때문이다. 엄청난 돈을 들여 지었다는 부천의 촬영장도 종영 이후 '역사교육장'으로 남을 가능성이 크다.

  이렇듯 텔레비전에서 지난 시대의 실존 인물을 다루는 역사 드라마는 한 인간을 '영웅'이라는 틀 속에 감금함으로써 '신화'를 만들고 역사의 진실을 왜곡한다. 제작자의 역사의식과 의도적인 선택과 배제 때문에 역사는 때로 한 영웅의 신화를 위한 밑그림으로 전락하기도 한다. 이렇게 탄생하는 텔레비전의 '영웅 신화'는 결국 역사를 대체함으로써 진실에 대한 이해를 원천 봉쇄한다는 점에서 폐해가 심각하다. 특히 텔레비전이 제공하는 이미지는 무차별적이고 폭력적이라는 점에 주목해야 한다.

제5장
연예·오락 프로그램 비평

1. 연예·오락물 들여다보기

　텔레비전은 우리에게 어떤 이야기를 들려주거나 뭔가를 보여주는 미디어다. 우리는 거실이나 안방에 앉아 아주 편한 마음으로 텔레비전을 보기 때문에 가볍고 오락적인 프로그램을 좋아하게 마련이다. 그래서 뉴스나 다큐멘터리 등을 제외한 대부분의 텔레비전 프로그램은 오락적 성격이 강하다. 그런 이유로 현행 방송법 시행령 제50조에서는 텔레비전 방송사로 하여금 오락 프로그램을 50퍼센트 이하로 편성하도록 강제하고 있다. 오락성이 강한 대표적 프로그램으로는 드라마, 코미디, 토크 쇼, 버라이어티 쇼, 대중음악 프로그램 등을 들 수 있다. 오락 프로그램의 경우 사실성보다 재미, 흥미를 추구하기 때문에 지나치게 자극적이거나 폭력적인 경우가 많아 사회적 지탄의 대상이 되곤 한다.

　1999년 미국 켄터키 주의 몇몇 학부모들은 타임워너, 닌텐도, 소니, 뉴라인 시네마, 폴리그램 등 25개에 달하는 전세계 오락산업체를 상대로 1억 3,000만 달러의 손해배상 청구소송을 제기한 바 있다. 컬럼비아 고교에서 총을 난사한 학생들 역시 전쟁게임이나 광기 넘치는 영화를 즐겼던 것으로 드러났다. 그리고 사건 당일 검은 코트를 풀어헤치며 총기를 꺼내 난사했던 범인들의 행동은 키아누 리브스가 주연으로 등장했던 공상과학영화 <매트릭스(Matrix)>의 한 장면을 그대로 흉내낸 것이라고 목격한 학생들이 증언하기도 했다. 국내에서도 몇 해 전에 엽기적 살인사건으로 사람들을 경악하게 했던 '막가파'라는 범죄조직은 자신들이 홍콩 폭력영화를 흉내낸 것이라고 말하기도 했다. 미디어 기술의 급격한 발전으로 현실과 미디어의 현실을 구분하기도 어려워졌다. 또한 말초적 자극에 의존하는 경향이 있는 오락 프로그램의 경우 노골적인 성표현, 폭력의 미화, 성별 역할에 대한 고정관념 유포 등 많은 문제를 노출하고 있기도 하다.

텔레비전에서 폭력적이고 선정적인 내용이 나온다고 해서 그것을 그대로 믿고 따라하는 사람은 거의 없을 것이다. 문제는 텔레비전이 영화와는 다르게 일상적 삶의 공간인 안방이나 거실에 존재하는 미디어라는 점이다. 가랑비에 어느새 옷이 젖어버리듯이 일상적으로 선정적, 폭력적 내용을 보고 살다 보면 자기도 모르게 섹스나 폭력에 대하여 판단력을 상실할 수도 있다는 것이다. 게다가 텔레비전은 공공적 미디어이기 때문에 엽기적이거나 폭력적인 것을 내보내는 경우 사람들은 그것이 흔히 존재하는 정상적인 것으로 오해할 수도 있다. 여기서는 텔레비전 오락 프로그램의 대표적 장르라고 할 수 있는 버라이어티 쇼, 토크 쇼, 대중음악 프로그램 등을 정리하고 바람직한 평가방향을 논의해본다. 또 하나의 대표적 오락 영역인 코미디는 다음 장의 시트콤 부분에서 정리할 것이다.

토크 쇼, 시트콤, 버라이어티 쇼 등 오락 프로그램은 텔레비전에서 안정된 시청률을 올릴 수 있기 때문에 상업방송에서 선호할 수밖에 없다. 문제는 1991년 SBS 개국 이후 각 방송사의 오락 프로그램이 갈수록 폭력과 성적학대까지 불사하는 저질경쟁을 벌이고 있다는 점이다. 케이블TV가 등장한 데 이어 2002년 3월 KDB가 위성방송(sky life)을 방송을 시작함에 따라 텔레비전 방송의 오락화 경향은 더욱 가속화되고 있다.

2. 버라이어티 쇼

1990년대 초반만 해도 정통 코미디의 퇴조와 코미디의 시트콤화가 두드러

1990년대 중반 이후 연예인 신변잡기나 에피소드 중심에서 벗어나 형식파괴적인 게임형, 정보오락형 쇼 프로그램이 늘고 있다(사진은 SBS <도전! 1000곡>).

지는 경향을 보였다. 특히 방송 3사에서는 '서태지와 아이들' 등장을 전후하여 10대 위주의 가요 쇼 프로그램을 강화하기 시작한다. 공개오락 프로그램의 대표주자가 되어버린 버라이어티 쇼는 콩트식으로 이어지는 드라마와 노래나 춤을 중심으로 하는 쇼, 코미디와 개그를 뒤섞어버림으로써 장르 파괴가 본격화되었다.

1990년대 중반이 지나면서 나름대로 필요한 정보를 담는 정보 쇼와 식당을 고쳐준다든가 아니면 대신 영어공부를 시켜준다든가 아니면 최근 이영자 때문에 문제가 되었던 살을 빠지게 해준다든가 하는 '해결사형'의 프로그램이 득세하기 시작했고, 코믹 드라마는 사실성을 중시하는 흐름을 보이고 있다. 불과 몇 년 전만 해도 쇼와 오락은 '스타' 연예인이 등장해 신변잡기적 이야기나 이들이 꾸미는 에피소드 만들기로 가득 찼다. 그러나 지금은 청소년층부터 노인층까지 시청자가 직접 등장해 다른 시청자를 웃기고 울리기도 한다. 버라이어티 쇼의 형식과 내용상의 주요한 경향을 정리해보면 다음과 같다.

첫째, 프로그램 형식 영역의 장르 파괴다. 교양물처럼 만드는 오락물이 크게 늘었다. 정보성 오락 프로그램(infotainment), 교육적 오락 프로그램(edutainment)과 같은 '새로운 장르'가 속속 자리를 잡아가고 있다. 물론 이러한 경향은 오락 프로그램에 대한 저질시비를 피해가기 위한 방편이기도 했다.

둘째, 시청자의 고민거리에 직접 개입하여 '해결사' 노릇을 하는 오락물도 크게 늘고 있다. 예를 들면 망해가는 생선횟집을 문전성시가 되도록 만들기도 한 <해결! 대작전 일요일 일요일 밤에>(MBC), 이성교제를 원하는 남학생을 돕는 <자유선언! 오늘은 토요일>(KBS2), 아내의 남편 테스트에 동참하는 <기분 좋은 밤>(SBS) 등이 대표적이었다.

셋째, '정보 쇼' 프로그램이 나름대로 자리를 잡았다. <호기심 천국>(SBS)이나 <칭찬합시다>, <21세기 위원회>(이상 MBC) 등이 그것이다. 이들 정보 쇼는 과학적 실험이나 재현 등의 방식으로 온갖 정보를 전하지만 정보의 유익성을 따지기는 어렵다. 시청자 입장에서는 새로운 정보를 끊임없이 따라다니지 않으면 나만 뒤처진다는 생각이 들 수 있기 때문에 이런 프로그램에 끌려다니는 경향이 있다.

넷째, 쇼 프로그램에서 자막 사용이 크게 늘어나고 있다는 점이다. 출연자의 대사뿐만 아니라 심리까지 자막으로 표현하는 경우도 많아 시청자를 불편하게 만든다는 비판이 비등하고 있다. 2001년 경실련 미디어워치에서 조사한 자료에 따르면, 자막 사용빈도가 높은 대표적 프로그램은 <전파견문록>(MBC), <토요일 토요일은 즐거워>(SBS), <슈퍼TV 일요일은 즐거워>(KBS2) 등이었다. 자막의 내용을 보면 비속어나 욕설이 등장할 뿐만 아니라 자연스러운 시청을 방해하기 때문에 자제가 시급한 상황이다.

최근 오락 프로그램의 이러한 경향은 계속해서 문제가 되어온 폭력성과 함께 새로운 문제를 낳고 있다. 요컨대 시청자를 적극 참여시키는 최근의 오락 프로그램 경향은 미디어 민주주의의 확대로 이해될 수도 있지만, 전반적으로 아직까지는 대중을 이용하는 것에 불과하기 때문에 이전과 달라졌다고 하기는 어려울 것이다. 한 평론가는 임종장면만 제외하고 인생의 모든 국면이 오락물의 소재가 되고 있는데, 이는 마치 영화 <트루먼 쇼>의 주인공처럼 모든 사람이 카메라의 통제 아래 들어간 것을 의미한다고 보았다.

3. 토크 쇼

미국 상업방송에서 토크 쇼가 인기가 있고 제작자들이 이를 선호하는 이유는 "말은 싸다(Talk is cheap)"라는 표현에서 알 수 있듯이, 제작비가 저렴하고 안정된 시청률을 확보할 수 있다는 점 때문이다. 미국의 경우 토크물의 제작비는 액션물이나 드라마 장르의 30퍼센트 정도에 불과하지만 시청률은 오히려 드라마보다 높은 경우가 많고, 경우에 따라서는 액션물보다 훨씬 많은 수익을 보장해준다.

그러나 토크 쇼의 제작이 그리 단순한 것은 아니다. 토크 쇼가 상업적으로나 문화적으로 성공하기 위해서는 적어도 개성 있는 진행자, 탄탄한 제작진, 다양한 소재의 확보, 나름의 독특한 포맷 형성과 같은 요소들이 뒷받침되어야 한다. 한때 국내의 지상파 방송에서 많은 토크 쇼 프로그램이 난립하기도 했지만 최근에는 자연스럽게 정리되었다. 전반적인 토크 쇼의 몰락에도 불구하고 가요 쇼와 토크 쇼를 결합시킨 <윤도현의 러브레터>(KBS2)는 여전히 인기를 누리고 있다.

토크 프로그램은 누군가의 사회로 진행된다. 사회자의 개성은 토크 프로그램의 성패를 좌우하는 결정적인 요소가 된다. 사회자는 주제·각본에 따라 프로그램을 진행하는 일종의 '교통순경'이다. 다른 장르와 달리 토크물에서는 사회자의 순발력을 바탕으로 하는 즉흥대사(ad lib)가 긴장과 극적 재미를 주는 데 결정적 역할을 한다. 그런 면에서 대부분의 유명한 토크물의 표제에 진행자의 이름이 들어가 있는 것은 우연이 아니다. 대표적인 사회자로 NBC의 간판 토크 쇼인 <더 투나잇 쇼(The Tonight Show)>를 무려 30여 년 간 진행하던 자니 카슨(Johny Carson)을 들 수 있다. 국내에도 한때 자니 윤, 주병진 등이 토크 쇼 사회자로 성가를 높인 이후 개그맨인 서세원, 남희석, 이홍렬 등이 대표적인 토크 쇼 진행자 계보를 이었다.

토크 쇼는 즉시적 토론 형태와 게스트의 퍼스낼리티를 강조하는 컬럼 스타일, 사회자의 화술을 중심으로 진행되는 원맨 쇼 스타일 등으로 나눌 수 있다. 그러나 세계 각국의 대다수 토크 쇼의 포맷을 보면 대체로 미국에서 30년 이상

개그맨 서세원은 편안한 외모와 순발력 있는 애드립, 강력한 무대 장악력을 바탕으로 국내의 토크 쇼계의 '제왕'으로 군림했으나, 2002년 연예비리 수사 여파로 잠적했다.

성공적으로 이어지고 있는 <더 투나잇 쇼>를 모방한 것들이 주종을 이루고 있다. <더 투나잇 쇼>의 구성 형식은 사실상 토크 쇼 포맷의 '바이블'이라 할 만하다. 프로그램을 이끄는 호스트로 사회자-보조사회자-악단 단장이 배치돼 있고, 초대손님으로는 주로 연예인·정치인·전문인·기인(奇人) 등이 등장한다. 프로그램은 매번 보조사회자의 사회자 소개-사회자의 풍자적 모놀로그-손님 맞기-대화·편지 소개-끝내기 재담 순서로 구성된다. 우리나라 심야 토크 쇼의 대부분도 이 형태에서 크게 벗어나지 못하고 있다(최영묵, 1993 참조).

앞서 언급했듯 토크 프로그램이 성공적으로 정착하기 위해서는 소재 개발, 전문 인력 양성, 포맷 개발 등이 선행되어야 한다. 우선 토크 프로그램의 표현 영역 확대가 시급하다. 토크 프로그램의 수준은 사회·문화적 수준의 이상도 이하도 아니다. 다음으로 전문 인력의 양성 문제다. 토크 프로그램의 전문 인력으로는 전문 제작자와 사회자를 들 수 있다. 세번째로 참가자의 다양화 및 시청자의 진정한 참여 보장 노력이 필요하다. 유명인사뿐만 아니라 평범한 사람들도 참여할 수 있도록 게스트의 문턱을 낮추는 형태도 고려할 필요가 있다. 그래야만 텔레비전을 보는 보통 사람들의 취향과 관점을 적절하게 반영할 수 있을 것이다.

4. 대중음악 프로그램

2001년 7월 KBS는 가요순위 프로그램인 <뮤직뱅크>의 폐지를 결정한 바 있다. 대중음악개혁을위한연대모임(이하 대개련)을 비롯한 각급 시민단체와 팬클럽 등에서 지상파 방송 3사의 가요순위 프로그램 폐지를 줄기차게 요구해온 결과였다. 대개련 등이 주장하는 가요순위 프로그램의 문제점은 다음과 같다(이동연, 2001 참조).

첫째, 가요순위 선정방식이 공정하거나 객관적이지 않다는 것이다. 현재 각 방송사마다 순위선정이 다르게 나타나지만, 보통 외국의 가요순위 차트에서 행하는 선정기준과는 상당한 차이가 있다. 우리나라에서 순위선정에서 중요한 비중을 차지하는 것이 ARS 집계와 인터넷 투표 등 주로 시청자의 표지만, 일본이나 미국의 차트 순위에는 음반판매가 거의 80%에서 100%로 주를 이룬다. 우리의 가요순위 프로그램에서 음반판매 순위가 차지하는 비중은 대부분 20% 미만에 머물고 있다.

둘째, 출연하는 가수들이나 뮤지션들이 대부분 댄스그룹들이어서 장르가 심각하게 편중되고 있다. 문화개혁시민연대에서 2001년 4월 1일부터 5월 13일까지 7주 동안 가요순위 프로그램을 모니터 한 결과 순위프로그램에 출연한 가수들 중 각 댄스장르에 속한 가수들의 비율은 <뮤직뱅크>(KBS2)는 51.3%, <음악캠프>(MBC)는 42.7%, <인기가요>(SBS)는 48.9%로 나타났다.

셋째, 생방송으로 진행하는 과정에서 가수들의 립싱크 비율이 높고 그것을 당연시하고 있다는 점이다. 민주언론운동시민연합 등에서 지난 2000년 12월에서 2001년 1월까지 가요순위 프로그램의 립싱크 비율을 조사한 결과 <뮤직뱅크>의 경우 62.1%, <음악캠프>의 경우는 78.5%, <인기가요>의 경우 74.2%로 나타났다.

<표 5-1> 각 방송사의 대중음악 프로그램(2003년 3월 현재)

채널	프로그램	프로그램 성격	방영시간	진행자
KBS1	가요무대	성인전통가요	월 22:00-23:00	김동건
	국악한마당	국악	일 13:10-14:00	오유경
	열려라 동요세상	어린이	토 13:00-14:00	김현욱 홍소연
	열린음악회	가족음악	일 18:00-19:00	황수정
KBS2	뮤직플러스	청소년음악	토 17:00-18:00	주영훈, 조윤희, 김진
	뮤직뱅크	청소년음악	목 19:00-20:00	전진, 슈
	윤도현의 러브레터	20대 라이브 음악	토 00:55-2:25	윤도현
MBC	음악캠프	가요순위	토 16:00-17:00	이성진 정다빈
	수요예술무대	라이브 음악	수 00:55-1:55	김광민 이현우
SBS	SBS 인기가요	가요	일 15:50-16:50	강타 유민

그밖에도 팬클럽들간에 과도한 대결의식을 조장한다는 점, 전반적으로 음악프로그램이라기보다는 버라이어티 쇼의 성격이 강하기 때문에 그 정체성이 불분명하다는 점, 신인가수나 인기가수의 가요순위 프로그램 출연기준이 모호하기 때문에 음반기획사 등의 로비활동이 의문시 된다는 점 등도 문제점으로 지적된 바 있다.

대개련 등의 활발한 활동으로 일반 시청자들 역시 가요순위 프로그램의 이러한 문제점들에 대해 대부분 우려를 드러냈고, 특히 순위선정의 공정성에 대해서는 문제가 많다는 점에 대한 공감대는 크게 확산되는 상황이다. 이런 상황에서 KBS가 <뮤직뱅크>의 가요순위제를 폐지하기로 결정을 내린 것이다. 이어 2002년 SBS도 가요순위 프로그램인 <SBS 인기가요>의 가요순위제를 폐지하기로 했다. 하지만 한국연예제작사협회(연제협)의 출연거부 사태로 홍역을 치른 바 있는 MBC는 선곡의 투명성을 높이는 등 약간의 포맷만

대중음악 프로그램은 다양한 음악정보를 제공하거나 국악이나 포크, 클래식 등으로 장르별 특성화를 지향할 필요가 있다(사진은 MBC <수요예술무대>).

변경하여 <음악캠프>를 유지하고 있다.

앞서 지적한 가요순위 프로그램의 문제점 이외에도 현재 방영되고 있는 지상파 텔레비전의 대중음악 관련 프로그램은 많은 문제점을 가지고 있다. 앞의 <표 5-1>은 2003년 3월 현재 방영되고 있는 지상파 방송의 대중음악 관련 프로그램 현황이다.

<표 5-1>을 보면 알 수 있듯이 지상파 방송의 음악 프로그램은 전문음악 장르가 아니라 대체로 세대별로 구분되는 경우가 지배적이라는 점이다. 물론 세대와 음악 장르가 관련이 있기는 하지만 음악 프로그램으로서 전문성과 완성도를 높이기 위해서는 중장기적으로 세대보다는 장르중심의 편성을 지향하는 것이 바람직하다고 할 수 있다. 텔레비전의 대중음악 프로그램에서의 세대별 구별짓기는 세대간 음악적 소통의 단절, 뮤지션의 생명단축, 음악장르간의 불균형과 같은 문제를 야기할 가능성이 크기 때문이다.

물론 댄스와 발라드, 트로트와 같이 대중음악 장르가 세대별 취향을 미리 결정짓기도 하지만 포크나 록, 클래식과 같이 세대를 초월해서 모든 사람들이 즐길 수 있는 장르도 많다. 따라서 전국민을 대상으로 보편적 서비스를 지

향하는 지상파방송에서는 누구나 즐길 수 있는 프로그램(예를 들면 KBS1의 <열린음악회>)이나 클래식이나 재즈 등 장르별로 특성화된 프로그램을 신설하는 것도 고려해볼 수 있을 것이다. 다양한 음악정보를 전달해줄 수 있는 전문 음악정보 프로그램은 시청자들에게 올바른 음악정보를 알려주고, 대중음악의 균형 있는 발전에 크게 기여할 수 있다. 그런 면에서 현재의 가요순위 프로그램들은 모두 전문 음악정보 프로그램으로 전환하는 것이 바람직하다는 의견도 많다.

5. 연예·오락 프로그램 비평의 초점

텔레비전 비평을 포함하여 모든 평가 행위의 기본 대상은 포괄적 구성물 전체를 의미하는 텍스트다. 텍스트는 미디어 내용의 기본 구성물이다. 텍스트는 나름의 고유한 사회적, 역사적 코드에 의해 구성된다. 텍스트의 분석, 해석, 비평에서 가장 기본이 되는 것은 그 구성원리라고 할 수 있는 코드(code)를 이해하는 일이다. 이러한 텍스트는 진공 속에 존재하지 않고 그 보이지 않는 복잡한 환경에 쌓여 있다. 이를 콘텍스트(context)라고 할 수 있다. 콘텍스트는 텍스트가 생산되는 사회, 생산자, 소비자의 가치나 이데올로기와 밀접한 관련을 맺는다.

오락 프로그램 평가도 텍스트와 콘텍스트를 중심으로 기획영역, 내용영역, 형식영역, 수용영역으로 나누어 살펴볼 수 있을 것이다(한국방송진흥원, 2000 참조).

기획영역은 프로그램의 제작과정에서 투입되는 요소들 중에서 프로그램의 질을 결정하는 가장 중요한 자원으로 간주된다. 여기서 기획은 시간적으로 프로그램의 내용과 형식이 실질적으로 제작을 통해 완성되기 이전에 이루어지는 일련의 작업이라 할 수 있으며, 기획의 적절성, 충실성, 독창성 등이 세부 항목으로 포함될 수 있다.

프로그램의 내용은 다양한 요소들로 구성되어 있다. 프로그램의 주제와 소재, 그리고 그 내용이 담고 있는 가치에서 표현의 영역까지 내용이 포괄하는 요소들은 매우 다양하고 복합적이다. 내용 영역에는 구체적인 프로그램의 소재, 내용에 내재해 있는 가치로서 선정성과 폭력성, 오락성이 포함될 수 있으며, 그밖에도 언어적/비언어적 표현도 포함시켜 분석할 수 있다. 형식영역은 내용영역 평가와 보완적 관계를 이룬다. 프로그램의 구성과 출연진, 포맷 그리고 영상적 표현 등과 같은 평가항목들을 구성할 수 있다. 대체로 연예·오락 프로그램에서는 내용에 비해 상대적으로 형식적인 요소가 훨씬 중요한 경우가 많다. 그런 이유로 구성이나 포맷, 그리고 등장하는 출연진 등이 프로그램의 질과 내용을 결정하는 중요한 요소가 된다.

수용영역에서의 평가는 제작의 차원이나 프로그램 메시지와 같은 내적인 평가항목이 아닌 시청자의 관점에서 수용과정과 결과를 중심으로 판단기준을 세우는 일이 중요하다. 프로그램 제작의 궁극적인 목표가 시청자들에 대한 문화적인 서비스를 제공하는 것이라는 점에 주목하는 것이다. 대상으로 삼고 있는 프로그램 주시청 대상이 적합한지 아닌지의 문제나, 그들에게 실질적으로 오락적 효과를 제공하고 있느냐 하는 문제, 그리고 텔레비전이 제공하는 프로그램으로서 문화적 의미생산에 기여하는 정도 등에 대한 평가도 가능할 것이다.

그 나물에 그 밥...... 연예인만의 잔치
연말 연기대상

연말 텔레비전은 연예인 세상이다. 가요제, 연기대상, 연예대상과 같은 연례적인 방송사의 시상 관련 프로그램이 집중 편성되기 때문이다. 판에 박은 듯한 프로그램을 세 방송사에서 교대로 내보내는 통에 채널을 구분하는 것이 무의미해진다. 외형상 시상식은 방송사, 방송인, 연예인, 시청자가 함께 어우러지는 잔치 프로그램이다. 그런데 이 잔치에는 시청자도 방송인도 없다. 지난 한 해 동안 어떤 탤런트, 가수, 개그맨이 텔레비전에 얼굴을 많이 팔았는지 확인하는 공간일 뿐이다.

세 방송사의 연말 연예특집 프로그램은 가요대상과 연기대상을 축으로 연말 3일간 주시청시간에 집중 편성된다. 가수 섭외에 어려움이 많은 관계로 가요대상은 12월 29일 SBS <가요대전>, 30일 KBS <가요대상>, 31일 MBC <10대가수 가요제> 등 서로 다른 날에 편성하는 것이 관행으로 굳어졌다. 2001년에는 god의 '천하통일'로 싱겁게 끝났다. 가요프로그램의 순위제를 폐지한 KBS에서조차 '가수 순위' 프로그램을 내보내는 것은 이해하기 어렵다.

연기대상 관련 프로그램은 상으로서 최소한의 공신력조차도 팽개친 모습이다. 30일 MBC가 <연기대상>을 내보냈고, 31일에는 KBS와 SBS가 연기대상 프로그램을 맞대응 편성했다. 제작자들이 연예인 섭외가 프로그램의 성패를 좌우한다고 굳게 믿고 있는 것은 어제오늘의 일이 아니다. 그러다 보니 연기대상 프로그램은 논공행상이 아니라 방송사와 연예인 사이의 '밀약'을 위한 '가장무도회'로 변질된 듯하다. 당연히 시청자에 대한 배려는 안중에 없다. 가능한 한 많은 연기자에게 '성의'를 표시하기 위하여 공동수상은 기본이고 온갖 명분으로 상을 만들어 남발한다. 기준도 불분명한 이런 상에 주는 사람의 고마움과 받는 사람의 겸손함, 지켜보는 사람의 흐뭇함이 있을 리 없다. 소위 뜬 연기자의 눈치보랴 타 방송사와 겹치지 않을까 계산하랴 분주한 방송사의 입장도 딱하다.

연말행사인 연기대상, 가요대상 관련 프로그램들은 천편일률적인 자화자찬에서 벗어나지 못하고 있다.

'전통'으로 굳어진 시상형식, '부분'과 '부문'을 구분하지 못하는 수준 이하의 진행자, 자화자찬에서 한치도 벗어나지 못하는 천편일률적 멘트, 매끄럽지 못한 이음새 등, 연예인 섭외에 온통 역량을 소진하는 탓인지 프로그램의 완성도에도 문제가 많다. 그럼에도 지난 수십 년간 가수상, 연기상 프로그램이 방송되고 있다.

이런 프로그램들은 이제 폐지해야 한다. 꼭 필요하다면 한국방송프로듀서연합회 같은 외부 단체에서 통합해서 운영하면 된다. 그 시간에 텔레비전에서는 잘 나가는 연예인의 연말 결산 대신 보통 사람이 한 해를 정리하고 새해를 맞는 데 도움이 될 수 있는 이야기를 들려줄 필요가 있기 때문이다.

실력 있는 대중음악인의 '라이브 공간'

KBS2 <윤도현의 러브레터>

　매주 토요일 심야시간에 잔잔하게 다가왔던 <이소라의 프로포즈>가 5년 6개월의 긴 장정을 끝으로 사라졌다. <이소라의 프로포즈>는 여백이 있는 프로그램이었다. 어눌하지만 자연스럽고 편안한 진행과 심야시간대에 맞는 가수의 출연으로 오랫동안 꾸준한 인기를 끌어왔다. 이것은 기존의 음악 프로그램만으로 시청자의 욕구가 채워지지 않는다는 것을 의미한다. <이소라의 프로포즈> 이후 신설된 <윤도현의 러브레터>의 제작진은 시청자의 대중음악 욕구가 어디에 있는지 관심을 기울여야 한다.

　지상파 방송의 음악 프로그램 중에서 라이브 공연을 고집하는 프로그램은 별로 없다. <열린 음악회>, <수요예술무대>, <윤도현의 러브레터> 정도가 고작이다. 대부분의 가요 순위 프로그램에 출연하는 가수의 립싱크 비율은 70% 이상이다. 따라서 시청자가 '살아 있는' 대중음악을 접하기란 쉽지 않다. 게다가 발라드나 댄스 음악 중심으로 방영되어서 편식을 낳고 있고, 특정 연예기획산업이 주도함으로써 대중의 선택을 좁히고 있다.

　<윤도현의 러브레터>가 기존의 대중음악 프로그램과는 달리 '보는' 음악이 아니라 '듣는' 음악의 정수를 보여주기 바란다. 첫 회에서 윤도현의 진행이 자연스럽지는 못했지만 출연가수의 선택은 돋보였다. 신승훈, 김종서, 제인, 드렁큰 타이거에 이르기까지 기존의 심야 음악 프로그램의 틀을 벗어나고 있다.

　<윤도현의 러브레터>에 바라는 것은 두 가지다. 첫째, 철저하게 음악 중심으로 진행했으면 한다. <이소라의 프로포즈>에서 가장 눈에 거슬린 문제는 영화배우 등 음악과 무관한 사람들이 나와 '영화홍보' 등으로 열을 쏟는 것이었다. 다른 프로그램에서도 식상할 정도로 보는 그들을 굳이 라이브 공연 프로그램에 끌어들여 음악 프로그램의 맥을 끊어서는 안 된다.

　둘째, 기존의 음악 프로그램에서 쉽게 접할 수 없는 신인가수나 실력이 있지만 묻혀 있는 가수들을 발굴해서 선보이기를 바란다. 첫 회에 출연한 신인

<윤도현의 러브레터>는 기존의 대중음악 프로그램과 달리 '살아 있는' 대중음악을 시청자에게 접할 기회를 준다.

가수 제인의 노래가 신승훈의 노래보다 더 신선했다. 기존의 유명가수에 너무 얽매일 필요가 없으며, 연주자와 외국의 좋은 음악인들을 위한 공간으로도 활용했으면 한다.

대중음악 시장은 커지고 있지만, 대중음악의 다양성과 질은 답보상태에서 벗어나지 못하고 있다. <윤도현의 러브레터>가 기존의 대중음악 프로그램이 외면하고 있는 길을 터주길 기대한다.

온갖 '잡귀'가 판치고 있다

MBC 귀신 시리즈

귀신 이야기나 괴담, 영혼의 저주와 같은 방송 소재들이 증가하고 있다. 몇 해 전에도 <미스터리 추적>, <다큐멘터리 이야기 속으로>, <토요 미스터리 극장> 등의 프로그램들이 귀신, 무당, 영혼의 복수, 엽기적 사건들을 경쟁적으로 다룬 적이 있었다.

비과학적이고 미신을 조장한다는 비판으로 폐지되었던 소재들이 MBC를 통해서 부활하고 있다. MBC는 미스터리나 기이한 사건을 다루는 세 편의 프로그램 <TV특종 놀라운 세상>, <신비한 TV 서프라이즈>, <타임머신>을 편성하고 있다. 세 프로그램은 별다른 차별성 없이 비슷한 내용을 복제하고 있다. 세 프로그램 모두 현대판 <전설의 고향>인 셈이다.

<TV특종 놀라운 세상>은 평범한 일상에서 탈출한다는 기획의도를 갖고 있지만, 일상의 탈출이 아니라 공포로의 도피를 보여준다. 애완견을 찍은 사진 속에서 난데없이 피흘리는 여인이 발견되었다거나 꿈을 통해서 소름끼칠 정도의 생생한 현실이 나타나고 앞으로 닥칠 재앙을 경고하기도 한다. '재미로 보는 스타의 전생'은 최면을 통해서 스타의 황당한 전생을 소개하고 있다.

일요일 오전에 방영하는 <신비한 TV 서프라이즈>는 더욱 유치하고 괴기스럽다. 이야기를 지나치게 극화시킴으로써 억지 공포를 자아내고 있다. 돌을 운반하려는 인부들의 죽음을 다룬 '저주의 돌'이나 유체이탈의 경험을 통해서 친구를 구한 내용, 그리고 '진실 혹은 거짓' 코너의 내용들은 일요일 아침 편성내용으로 부적합하다.

더욱이 일요일 밤에는 비슷한 소재를 다룬 <타임머신>도 편성하고 있다. <타임머신>은 괴기스러운 내용이 주를 이루지는 않지만, 무당의 말을 듣고 결혼하면 3년 안에 죽는다는 내용이나 학교괴담 등을 다루는 등 과거여행이라는 재미있는 기획의도가 갈수록 탈색되고 있다.

같은 날 오전과 밤 시간에 미신이나 괴담을 다루는 비슷한 소재를 한 채널

유치한 연출을 통해서 황당한 공포만을 좇는 '귀신' 프로그램이 늘고 있다(사진은 MBC <신비한 TV 서프라이즈>).

에서 두 개의 프로그램이나 방영하는 것은 바람직하지 않다. 과거 <전설의 고향>은 민담이나 전설 속의 교훈이라도 있었지만, MBC의 귀신 소재 프로그램들은 유치한 연출을 통해서 황당한 공포만을 좇고 있다.

    여름이 다가오면서 괴담, 귀신 소동, 영혼의 복수, 죽은 자의 환생 등의 소재들이 급속히 확산될 가능성이 높다. 공포나 귀담도 재미의 한 요소로 방송 소재로 활용될 수 있다. 그러나 세 프로그램이 유사한 내용을 담고 있는 것은 바람직하지 않으며 가능한 한 절제할 필요가 있다. <신비한 TV 서프라이즈>는 심야 시간대로 옮겨야 하고, <타임머신>은 본래 과거여행이라는 소재개발에 충실해야 한다.

오락프로그램의 '쇼킹'소재강박증

MBC <타임머신> KBS2 <블랙박스>

텔레비전에서 교양물과 오락물을 구분하는 기준은 명확하지 않다. 대체로 다큐멘터리 성향이 있는 것을 교양 영역으로 분류하는 경향이 있다. 방송사는 법에 따라 일정 비율 이상의 교양 프로그램을 편성해야 한다. 요즘 '유사 다큐멘터리'가 늘어나고 있는 것은 이런 현실과 무관하지 않다.

재연을 통한 '극화'라는 드라마 관습이나 '만화 미학'을 차용함으로써 교양과 재미라는 두 마리 토끼를 잡고자 한다. 그중에서도 MBC의 <타임머신>과 KBS2의 <차인표의 블랙박스>가 눈길을 끈다. 두 프로그램은 일요일밤 앞서거니 뒤서거니 하면서 시청자를 '과거' 혹은 '과학'의 세계로 끌고 간다.

<타임머신>은 과거에 있었던 기이한 일이나 황당한 이야기들을 재연하고 이와 관련하여 수다를 떠는 프로그램이다. 매회 5가지 내외의 '가십성' 이야기를 내보낸다. 전혀 연기를 해본 적이 없는 '시청자 배우'의 미숙한 연기도 눈길을 끈다. <타임머신>은 2001년 11월 첫 방송을 내보낸 후 나름대로 내용과 형식, 시청자 반응 모든 면에서 자리를 잡고 있다. 황당하지만 그 사건들이 실제 있었던 것이라는 점이 재미를 배가해주는 요소로 작용한다. 임신공포, 알몸시위, 제비족, 며느리 심사, 남고생 임신 등 최근에 다룬 소재에서 드러나듯이 가볍고 자극적인 소재 중심이라는 점과 지나치게 웃음을 쥐어짜려 한다는 점이 눈에 거슬린다.

2002년 4월 시작한 <블랙박스>는 상대적으로 정통 다큐멘터리에 가깝다. 미개척 과학 분야나 미스터리 사건 등을 구체적이고 객관적인 근거를 통해 과학적으로 규명하려 하기 때문이다. 문제는 시사적이면서도 시청자의 관심을 끌 수 있고 '과학'으로 규명할 수 있는 이야깃거리를 찾기 어렵다는 데 있다.

지금까지 다룬 주제를 보자. 다중인격, 성전환, 미확인비행물체(UFO), 비만증, 연쇄살인범, 심령사진, 몽유병 미스터리 등이다. 다음 주에는 빙의(귀신

오락 프로그램은 무조건 시청자의 관심을 끌어야 한다는 '소재강박증'에서 벗어나지 못하고 있다(사진은 MBC <타임머신>).

들림) 현상에 관한 내용을 내보낸다고 한다. 재연을 통해 '쇼킹'하게 보여주는 것은 가능하겠지만 과학적 규명은 곤란한 주제들이다. 정신병리학자나 전문의 심리학자 실험용 쥐 등이 '과학적' 근거 제공을 위해 등장하지만 해답은 잘 드러나지 않는다.

새로운 유형의 프로그램을 시도하는 것은 나름대로 의의가 있다. 하지만 <타임머신>은 과거로밖에 가지 못하고 <블랙박스>는 좀처럼 열리지 않는다. 무조건 관심을 끌어야 한다는 '소재강박증'에서 벗어나지 못하기 때문이다.

아이들은 '신동'도 '노리개'도 아니다

SBS <쇼! 일요천하> '신동천하'

지난 2001년에 <여인천하>로 재미를 본 SBS에 <쇼! 일요천하>라는 프로그램이 있다. 이 프로그램은 가학을 일삼고 사생활을 침해하는 등 대체로 수준이 떨어지는데, '신동천하'라는 코너는 특히 문제가 많다. 매회 춤을 잘 추거나 암기를 잘하거나 또는 우리말이나 외국어를 잘하는 '신동' 서너 명이 나와 어른들을 놀라게 하거나 기쁘게 하는 '연기'를 하고 들어간다. 가뜩이나 조기교육이니 영재교육이니 해서 시끄러운 판에 방송까지 가세해 기름을 붓고 있는 셈이다.

'잠재된 끼와 능력을 발산하는 신동들의 무대'라는 이 프로그램에 나오는 '신동'들의 면면을 보면 실소를 금할 수 없다. 영어 신동, 한자 신동, 구연 신동 등 암기 신동 계열이 있다. 그 아이들을 보는 보통 아이들이나 부모들은 여간 불편한 게 아니다. 다음으로 여러 계통의 춤에 출중한 댄스 신동, 요요 신동, 줄넘기 신동, 에어로빅 신동, 트로트 신동 등 스포츠·딴따라 신동 계열이다. 조금만 연습하면 누구나 '신동'이 될 수 있다는 것을 보여주고 싶은 모양이다.

끝으로 단연 압권은 뱀을 가지고 잘 노는 뱀 신동, 강아지 소리를 잘 알아맞히는 강아지 신동, 풍선을 잘 비비꼬는 풍선 신동, 눈 가리고 알아맞히는 투시 신동 등 '엽기' 계열이다. 앞으로 개구리 신동, 토끼 신동, 병아리 신동, 악어 신동이 나올지도 모른다. 그래서 코너의 이름을 '신동천하'라고 했는지도 모르겠다. 급기야 일본에서 온 마술사 신동들까지 등장했다. 국내에 보여줄 만한 신동들이 벌써 바닥이 난 모양이다.

'신동천하'는 총체적으로 무책임하고 부실한 프로그램이다. 더 큰 문제는 힘없는 아이들을 희생양으로 삼고 있다는 점이다. '신동'이라는 아이들의 영악함이나 경직된 표정은 보는 이를 불편하게 만든다. 떼거리로 나오는 진행자들도 문제다. 왜 여러 명이 나오는지도 모르겠고, 별 재미가 없는 '신동'이 나올 경우에는 아예 건성건성이다.

'신동천하'는 아이들을 희생양으로 삼아 무모한 경쟁심리를 부추기고 있다.

'신동천하'의 가장 큰 문제는 조기교육, 영재교육과 관련해 부모들의 무모한 경쟁심리를 부추길 수 있다는 점에 있다. 문화방송의 <전파견문록>이 어린이를 가지고 '장난'을 친다는 일부의 비판에도 불구하고 장수하고 있는 이유는 두 가지다. 눈높이를 아이들에게 맞추고자 한다는 점과 어른 처지에서 아이들의 상상력이나 동심의 세계를 들여다보는 재미가 있다는 점이다. 이 프로그램은 아이들을 강압하거나 어른의 눈으로 포장하지 않는다.

아이들은 '노리갯감'도, 어른 욕망의 대리만족을 위한 '물건'도 아니다. 그런 면에서 '신동천하'는 신동이 아닌 아이들과 그들의 부모 그리고 이를 보는 시청자 모두에 대한 심리적 '테러'다.

독서 불감증 치유하는 '난장판'

MBC <느낌표> '책책책 책을 읽읍시다'

외형상 텔레비전과 독서는 상극이다. 느슨한 자세로 매혹적 이미지를 소비하는 일에 익숙해지면 인내가 필요한 '행복한 책 읽기'는 요원해지기 때문이다. 아이들을 텔레비전에서 떼어놓으려는 이유도 이와 무관하지 않을 것이다. 하지만 요즘 일부 텔레비전 프로그램을 볼 때 한국인의 책 '불감증'의 주범으로 텔레비전을 지목하는 것은 부당한 것 같다. 책을 말하는 프로그램이 부쩍 늘어났기 때문이다.

현재 책이나 독서와 관련된 지상파 방송 프로그램으로 지난 2001년 5월에 시작한 KBS의 <TV 책을 말하다>와 MBC의 <행복한 책읽기>, <느낌표> 속의 '책책책 책을 읽읍시다' 코너 등 세 가지가 있다. 이런저런 신간을 소개하거나 소설을 드라마로 만들어 내보내는 이전의 프로그램들과는 질이 다르다.

<TV 책을 말하다>와 <행복한 책읽기>는 베스트셀러나 최근 이슈와 관련된 책들을 소개하고 전문가가 이야기를 나누는 전형적인 책 프로그램이다. 이런 프로그램이 있다는 것만으로도 충분한 의미를 부여할 수 있지만 국내 출판시장 활성화나 한국인의 '독서 불감증'을 치유하기에는 역부족이다.

'책책책……'은 특정한 책을 선정하여 한 달간 화끈하게 난장을 벌이며 전국민의 책 읽기를 독려한다. 서점을 찾는 사람들이 유례없이 늘어나고 베스트셀러를 싹쓸이 하는 등 엄청난 반향을 일으키고 있다. 내용으로 보나 새로운 형식으로 보나 그럴 만하다.

'책책책……'에서는 개그맨 김용만과 유재석이 책을 가지고 신나게 '논다'. 심야시간대의 교양 프로그램에서 묵향을 피우고 책에 관한 한 '대표선수'라고 할 만한 사람들이 지당한 이야기를 들려주는 형식으로는 보통사람을 자극할 수 없다. '책책책……'은 책이라는 딱딱한 '물건'을 가벼운 토크와 잔치마당이라는 오락형식과 적극적으로 뒤섞어버린다. 평소에 독서하면 경악을 금치 못했던 사람들도 웃으며 따라가다 보면 어느결에 책방에서

'책책책 책을 읽읍시다'는 책의 선정 문제와 지나친 '계몽성'에 대한 우려의 소리가 있지만, 시민의 독서불감증을 치유하는 긍정적인 역할이 더 돋보인다.

같이 놀게 된다.

다른 면에서 '책책책······'은 텔레비전의 속성에도 충실하다. 한 달을 주기로 책 한 권을 반복해서 집중 공략하는 것이 그렇다. 가벼움과 반복에서 오는 익숙함이 텔레비전 매력의 핵심이기 때문이다.

공지영의 『봉순이 언니』와 같은 책들이 과연 누구나 읽을 만한 가치가 있는 것이냐 혹은 방송 내용이 너무 계몽적인 것 아니냐는 우려의 소리가 있을 수 있다. 하지만 책의 선정 문제는 나름대로 투명한 절차에 따르고 있는 제작진의 '양식'을 믿을 수밖에 없다. 그 가치와 내용에 대한 판단은 시청자의 몫으로 남겨두는 것이 좋을 것 같다.

작지만 큰 일상의 아름다움
KBS2 <TV동화, 행복한 세상>

법정 스님은 "무소유란 갖지 말아야 할 것은 갖지 않는 것"이라고 가르친다. 하지만 우리들은 무엇을 간직해야 하고 간직하지 말아야 하는가에 대한 분별도 하지 못한 채 소유 욕망에 사로잡혀 살아간다. 이것이 속세의 삶이다. 누구나 돈을 더 많이 벌고 싶어하고, 남들이 인정해주는 명예를 얻고 싶어하며, 뽐내고 싶어한다. 그렇지 않은 사람이 있다면 그는 속세를 초월해 있거나 보통 사람이 도달하기 어려운 경지에 이른 사람일 것이다.

평범하게 일상을 살아가면서 억누를 수 없는 소유의 욕망을 제어하기란 거의 불가능하다. 그러나 우리가 참을 수 없는 욕망을 통제하지 못한다 해도 과연 올바른 삶을 살아가고 있는지 또는 진정한 행복이란 무엇인지 반성적으로 뒤돌아볼 수는 있다. <TV동화, 행복한 세상>은 방향 없이 떠도는 우리의 일상을 다시 생각하게 하는 프로그램이다.

<TV동화, 행복한 세상>은 분명한 두 가지 메시지를 던진다. 하나는 가족과 이웃에서 발견되는 믿음과 사랑의 깊이고, 다른 하나는 평범한 일상 속에서 보석처럼 빛나는 순수와 작은 아름다움의 세계다.

부도난 아들이 아버지께 빚을 갚아달라고 요청하자 호되게 꾸짖으면서도 아들 몰래 빚을 갚아주신 아버지나 마늘을 팔러 시장에 간 할머니와 손녀딸의 이야기 들은 해체되는 가족의 소중함을 일깨운다. 아파트 베란다 구멍에 참새가 빠져 나오지 못하자 119 구조대를 불러 베란다 일부를 허물자고 간청하는 어린아이 이야기에서 생명을 보는 아이의 순수를 읽을 수 있다.

우리의 일상에서 발견하는 작지만 작지 않은 이야기들, 가족과 이웃뿐만 아니라 인간에 대한 사랑과 내면에 잠재해 있는 순수의 본질을 <TV동화, 행복한 세상>처럼 아름답게 그려내는 프로그램은 거의 없다. 드라마에서 불륜을 소재로 하는 내용이나 이복 자매의 갈등과 복수를 다룬 내용들이 판을 치고, 버라이어티 쇼에는 젊은 개그맨 몇 명이 나와 온갖 잡설들을 풀어놓는 우리 방송문화의 현실에서 <TV동화, 행복한 세상>이 빛나는 이유가 여기에

<TV동화, 행복한 세상>은 풍요 속에서 마음의 빈곤을 느끼고 진정한 행복의 의미를 잃고 사는 것은 아닌지, 생존경쟁 속에서 사람에 대한 신뢰를 저버리지는 않았는지 아름답게 묻는다.

있다.

경제적으로 생활이 부유해지고 있지만, 우리는 풍요 속에서 마음의 빈곤을 느끼고 진정한 행복의 의미를 잃고 지내지는 않았는지, 치열한 생존경쟁 속에서 사람과 사람에 대한 신뢰를 저버리지는 않았는지 <TV동화, 행복한 세상>은 묻고 있는 것이다.

"사람이 꽃보다 아름답다"는 대중가요의 가사처럼, <TV동화, 행복한 세상>은 아침이슬보다 투명하고 아름답다.

파파라치? 그만 문닫으시죠

SBS <한밤의 TV연예>

사람들이 하찮은 것에 정신을 팔 때, 문화적 삶이 가벼운 오락으로 채워질 때, 공공의 대화가 유치한 어린애 수준에 머물 때 문화는 황폐화되고 국가는 사멸의 위기에 빠진다. 헉슬리의 말이다. 텔레비전의 연예·오락 프로그램은 주로 하찮은 이야기와 가벼운 볼거리로 온 국민의 눈길을 잡으려고 한다. 프라이버시나 인간에 대한 예의는 안중에도 없다.

그 대표격인 <한밤의 TV연예>(SBS)에 대한 시청자 단체 등의 문제제기가 꼬리를 물고 있다. 2000년 9월 여성민우회는 <한밤의 TV연예>가 연예 저널리즘을 파괴하고 연예인의 정체성을 왜곡시킨다는 이유로 최악의 프로그램으로 선정했고, 2000년 10월 서태지의 팬들은 '안티서태지' 관련 편파보도에 항의하는 뜻으로 광고주에게 '사이버시위'를 하여 일부 광고주가 광고를 포기하게 만들었다.

여성단체연합 등에서는 <한밤의 TV연예>가 백지영 비디오와 관련하여 무책임한 흥미보도로 일관하여 심각하게 명예를 훼손했다는 이유로 사장과 제작자를 서울지검에 고발했고, 민주언론운동시민연합에서는 상습적으로 인권을 침해하고 공적인 방송을 '사적 공간'으로 전락시킨다는 이유로 11월 최악의 프로그램으로 선정한 바 있다. SBS 내부의 시청자위원회에서도 강도 높은 비판이 제기되었다고 한다. 안팎의 시련에 부딪히자 제작진은 사회자를 바꾸는 등 부분적 개편을 단행했다.

그러나 별반 달라진 것 같지 않다. <한밤의 TV연예>는 6년여를 장수한 프로그램으로 이렇게까지 문제가 된 적은 없었다. 2000년 9월 <한밤의 TV연예>를 주 2회로 늘리며 제작자가 표방한 말이 재미있다. 이제 연예계는 더 이상 '딴따라 판'이 아니기 때문에 연예 저널리즘을 고민하고 연예계의 잣대로서 소임을 다하겠다고 했다. 그러나 개편 이후 <한밤의 TV연예>가 보여준 것은, 연예인의 프라이버시 사냥, 스캔들 캐기, 잡담 늘어놓기, 편파보도에다가 나아가 '전국민 딴따라 만들기'였다.

사생활 엿보기와 한탕주의, 스캔들 들추기에 빠져 있는 연예정보 프로그램에 대한 개혁의 목소리가 높다(사진은 SBS <한밤의 TV연예>).

싫다는 사람을 집요하게 따라가며 카메라에 담아서 내보내는 것도 서슴지 않는다. 이 상태가 되면 카메라는 보도수단이 아니라 폭력수단이다. 김승우, 심은하, 백지영, 주병진, 김희선. 이들은 연예인이라는 이유로, 시민의 알권리 보장이라는 명분으로 <한밤의 TV연예> 카메라의 모욕적인 세례를 받았다. 프라이버시를 침해하거나 속살을 보여주는 것이 심층보도일까?

보란 듯이 표방했던 연예 저널리즘은 실종되고 파파라치 뺨치는 '한탕주의'만 기승을 부리고 있는 것이다. 만만하게 내세우는 것이 시청자의 알권리 보장이다. 어떤 시청자가 사생활 엿보기를 원한다는 것인가? 한때 시청률 수위를 달렸는데, 요즘 시청률이 잘 안 올라서 '극약처방'을 좀 했다고 이야기한다면 솔직하다는 평가나 받을 수 있다.

성명서 발표, 기자회견, 사이버 시위, 검찰 고발 그후 시청자들이 상업방송에 항의할 수 있는 방법은 무엇일까. 새 방송법에 따르면 모든 방송사는 재허가를 받을 때 내용, 편성 등에 대한 종합평가를 근거로 방송위원회의 추천을 받아야 한다. 향후 SBS는 시청자의 재허가 거부운동에 직면하게 될지도 모른다. 호미로 막을 것 가래로도 못 막는다는 말이 있다. <한밤의 TV연예>는 지금이 막을 내릴 절호의 기회다.

대중음악 다양성 죽이는 민주주의의 '적들'

KBS2 <뮤직뱅크>, MBC <음악캠프>, SBS <생방송 인기가요>

줄 세우기는 가장 손쉬운 권력행사 방식이다. 일부 신문에서 시청률을 가지고 프로그램을 일렬로 세우듯이 방송사에서는 매주 대중음악을 장르나 특성과 무관하게 일렬종대로 세운다. 심각한 것은 이 때문에 대중음악의 다양성이 사라지고 음악성과 무관한 비디오 가수와 댄스 중심의 감각적 가요만이 판치게 된다는 점이다. 그런 면에서 지상파 방송의 가요순위 프로그램은 우리 사회에 문화민주주의가 확대되는 데 가장 큰 적 중의 하나이다.

IMF 직전 각 방송사는 가요순위 프로그램에 대한 비판여론이 비등하자 잠시 폐지하기도 했지만 곧바로 '부활'시켰다. 현재 세 방송사는 약속이나 한 듯이 <뮤직뱅크>(KBS2), <음악캠프>(MBC), <생방송 인기가요>(SBS)와 같은 가요순위 프로그램을 내보내고 있다.

프로그램 이름이 그러하듯이 각 방송사별로 순위선정 방식, 출연진, 진행자, 방청객 할 것 없이 별다른 차이가 없다. 남녀 탤런트로 구성된 진행자가 나와 유승준, god, 임창정, 핑클, 조성모 등 일부 잘 나가는 가수를 교대로 불러내고, 이들은 10대 팬들의 열화 같은 환호 속에서 '신기'에 가까운 립싱크 연기를 보여준다. 물론 발라드 가수들 중 일부는 이례적으로 노래를 부르기도 한다.

순위선정 방식에도 문제가 많다. 음반 판매량과 인터넷 투표, 여론조사, ARS, 심사위원 점수 등을 합산하여 순위를 결정한다고 한다. 문제는 각개 평가 방법 자체가 별로 투명성이 없기 때문에 신뢰하기 어렵다는 것이다. 방송사에서 마음만 먹으면 순위를 뒤바꿀 수도 있기 때문이다.

이런 가요순위 프로그램 때문에 파생되는 문제는 훨씬 심각하다. 한국 대중음악의 다양성을 말살하고, 청소년의 음악 취향을 획일화할 뿐만 아니라 음반산업을 기형화시킨다. 나아가 명이 짧은 금붕어 가수만을 양산하며 이를 통해 시청자에 대한 기만을 일상화한다. 방송사와 음반기획사, 팬클럽의 '부적절한 관계'도 문제다. 방송사가 원하는 것은 가수가 아니라 볼거리로서의 스타이기 때문에 결국 가수들도 희생양이 된다. 이런 면에서 지상파 방송사의 가

KBS는 여론에 밀려 2001년 7월에 가요순위제를 폐지했다(사진은 MBC <음악캠프>).

요순위 프로그램은 폐지되어야 한다. 방송사의 가요계에 대한 파시즘적 권력 행사이고 문화 다양성 말살의 핵심 고리이기 때문이다.

 댄스나 발라드 취향도 존중되어야 한다는 주장이나 10대들도 볼 프로그램이 있어야 한다는 주장도 타당성이 있다. 취향이 전문화되고 세분화되듯이 대중음악의 장르도 그렇게 다원화되고 있다. 전문적 취향문화 부양의 기능은 케이블 텔레비전 전문채널이나 인터넷이 담당하면 된다. 이미 음악을 애호하는 많은 젊은 층이 뉴미디어 영역으로 이동하고 있다.

 세계 어느 곳에도 대중음악 순위 프로그램을 정기적으로 내보내는 지상파 방송사는 없다. 대중가요 시장을 왜곡하고, 문화 다양성을 압살하는 대가로 보편적 서비스를 지향하는 지상파 방송사가 얻는 것은 무엇일까? 가요계나 음반산업에 대한 부당한 권력행사일 것이다. 각 방송사는 이미 자발적으로 폐지했던 경험이 있다. 용단을 내려야 할 때다.

참을 수 없는 '난장', TV를 꺼야 하나?
주말 저녁 버라이어티 쇼

주말 가족 시청시간대는 한 마디로 난장(亂場)이다. 주말에 가족이 모여 앉아 함께 텔레비전을 보기 위해서는 끊임없이 인내하거나, 심한 경우 텔레비전을 꺼야 한다. 인내하기 어려운 토크 버라이어티 쇼들이 페인트칠하듯 마구잡이로 편성되어 있기 때문이다.

MBC는 토요일 저녁 <TV특종, 놀라운 세상> <목표달성, 토요일> <전파견문록>, 일요일은 <스타 레볼루션> <일요일 일요일 밤에>, SBS는 토요일에 <기쁜 우리 토요일> <서세원의 좋은 세상 만들기> <남희석, 이휘재의 멋진 만남>, 일요일은 <뷰티플 라이프> <남희석의 토크 콘서트 색다른 밤>을 각각 방영하고 있다. KBS2도 토요일 <자유선언! 오늘은 토요일>, 일요일 <한국이 보인다> <일요일은 즐거워>를 편성하고 있다.

대부분의 프로그램들이 주말 저녁 5시부터 10시 사이에 방영된다. 시청자의 입장에서 본다면 채널 선택권은 별로 없다. 채널은 네 개지만 사실상 시청자의 선택권은 두 개에 불과한 것이나 다름없다. 방송사마다 거의 똑같은 프로그램들이 중복 편성되어 있기 때문이다. KBS1만이 주말 가족시청 시간대에 토크 버라이어티 쇼를 편성하지 않고 있어서 그나마 다행스러울 뿐이다.

토크 버라이어티 쇼가 도배되고 있다는 것뿐만 아니라, 각 코너들의 구성이나 출연자에 대해서도 참기 어렵다. 10대나 20대 초반 연예인들이 대거 나와서 안방에서 난장을 부리는 것이 거의 전부다. 짝짓기 방식의 코너 구성, 삼행시 짓기나 모창 혹은 흉내내기, 게임에서 진 사람에게 가학적인 벌주기, 부적절한 언어사용, 말도 안되는 기(氣)타령, 쓸데없는 사담(私談), 최근 들어 더욱 도를 더하는 수영장 퀴즈 코너의 선정성 등 위성이나 케이블 방송도 아닌 지상파 방송을 이렇게 삼류 잡지보다 못한 내용들이 뒤덮고 있는 나라도 흔치 않은 것이다.

예를 들어 <자유선언! 오늘은 토요일>은 이와 같은 모든 문제들을 대표적으로 보여준다. '탈출 이열치열'의 코너에서 연예인들이 사우나실 안에서

우후죽순처럼 늘어난 주말저녁 버라이어티 쇼는 짝짓기, 삼행시 짓기, 모창, 흉내내기, 가학적 벌주기, 신변잡담 등 수준 이하의 내용이 주축을 이루고 있다.

문제를 푸는 순서대로 밖으로 나오고 문제를 못 푼 사람들은 겨울 코트를 입거나 곰탕을 먹는 등 벌칙을 받는다. 연예인이 사우나실에서 겨울 코트를 입고 있는 것이 그렇게 재미있나. 아무리 오락 프로그램이 재미를 위한 것이라고 해도 도저히 이해하기 어렵다.

　주말 저녁 아내와 아이와 함께 과일을 먹으면서 즐겁게 텔레비전을 시청하며 편안한 대화를 나눌 수 있는 그런 날이 올까? 그날이 오면, 해방처럼 그 날이 오면, 내가 주말 저녁 분개하면서 텔레비전을 끄고 밖으로 나가 산책하지 않아도 될 텐데 말이다.

그 서글픈 생존목표

MBC <목표달성 토요일>

1990년대 말 이후 버라이어티 쇼가 변화된 것 중 하나는 특정 목표를 설정해놓고 도전하는 코너들이 증가했다는 것이다. 목표 달성 프로그램은 버라이어티 쇼 출연자들이 다이어트에서부터 육아까지 다양한 목표를 수행하며, 그 과정에서 벌어지는 사건과 잡담으로 구성된다.

우리는 오락 프로그램에서조차 목표를 달성해야 하는 경쟁과 생존 논리를 만나야 하고, 그것을 통해서 즐거움을 얻어야 한다. 지금 우리 사회에서 산다는 것이 생활이 아니라 생존이므로 어쩌면 당연한 일인지도 모른다. 주말 버라이어티 쇼들 중에서 <목표달성 토요일>(MBC)이 대표적이다. 프로그램 제목에서 보듯이 출연자들은 꼴찌를 탈출해야 하거나 생존경쟁에서 살아남아야 한다. god도 내용 없는 육아일기를 계속 써야 한다. god의 육아일기는 재민이를 목욕시키고 잠시 놀아주는 것이 전부이다. 어린아이의 상품화를 통한 god의 스타만들기 그 이상도 이하도 아니다.

그런데 그 목표라는 것이 과연 무엇인가? 고등학교에서 꼴찌를 하는 다섯 명의 학생들은 꼴찌를 탈출하기 위해서 발버둥친다. 꼴찌인 학생들은 방송사에서 마련해준 숙소에서 합숙하고 학원강사까지 초빙해서 공부한다. 대단히 교육적인 오락 프로그램인 셈이다. 방송사에서 과외까지 시켜주니. 그러나 꼴찌의 정체가 오직 공부 못하는 것뿐이라면, 다섯 학생들이 갖고 있는 다른 재능과 능력은 또 무엇인가. 다섯 학생들은 결국 꼴찌를 탈출하게 된다고 해도 또 다른 꼴찌들이 그 자리를 메울 것이다. 청소년에 대한 잣대가 단지 학교성적 하나뿐이라는 것이 서글프다.

'스타 서바이벌 同苦同落' 코너에서는 스타들이 나누어 게임을 하고 매주 한 명씩 탈락한다. 마지막으로 남은 스타가 1,000만 원의 상금을 받고 그 돈을 불우이웃 돕기에 사용한다. 이 역시 대단히 교육적인 프로그램이다. 스타들이 불우한 이웃을 돕기 위해서 저렇게 망가지면서 애쓰고 있으니 말이다. '스타 서바이벌 同苦同落'에서 목표는 오직 생존이다. 내가 살아남거나 남을 살

우리는 오락 프로그램에서조차 목표를 달성해야 하는 경쟁과 생존 논리를 만나야 하고, 그것을 통해서 즐거움을 얻어야 한다(사진은 MBC <목표달성 토요일>).

아남지 못하게 해야 하기 때문이다. 그렇게 생존의 대가로 얻은 성금은 불우 이웃에게 돌아간다. 남을 밟고서라도 내가 살아야만 불우한 이웃을 도울 수 있다니! 서글프지 않을 수 없다.

우리 사회의 화두는 경제위기 이전이나 이후나 오직 생존이었다. 이것은 매일매일 우리들의 일상생활에서 끔찍하게 경험하는 것들이다. 자본이 지배하는 사회에서 경쟁은 피할 수 없겠지만, 좀 편하게 볼 수 있는 오락 프로그램들을 만들 수는 없나? 편하고 즐거워야 할 오락 프로그램을 보는 일조차 이제는 피곤하다.

방송은 연예인의 '속풀이'가 아니다

탤런트 박철과 개그맨 남희석

　박철의 '욕설방송', 남희석의 '반성문', 홍석천의 '고백'. 방송관련 연예인들의 '속풀이'가 한창이다. 방송위원회 내용심의 결과에 불만을 품은 박철은 동시 중계되던 인터넷방송을 통해 욕설을 내보냈고, 남희석은 자신이 진행하는 프로그램 <남희석의 색다른 밤>(SBS)이 시청자 단체로부터 2000년 '최악 프로그램'으로 선정되자 한 일간지에 이례적으로 반성의 글을 게재했다. 문화방송의 <뽀뽀뽀> 등에 출연하고 있던 탤런트 홍석천은 느닷없이 자신이 동성애자임을 밝혀 방송가에 파문을 일으키고 있다.

　SBS 파워에프엠 <박철의 2시 탈출>을 진행하던 박철은 방송위원회의 심의결과에 불만을 품고 라디오 방송을 동시 생중계하던 인터넷 방송(SBSi)을 통해 욕설과 비속어로 불만을 표출하고 도중하차했다. 방송위원회는 이 프로그램에 대하여 "주님의 은총이 여러분……" 운운한 부분 등과 관련하여 시청자에 대한 사과를 명령한 바 있다. 박철은 격앙된 상태에서 욕설방송을 내보냄으로써 자신이 방송에 부적합한 사람이라는 점을 입증했을 뿐만 아니라 그의 팬과 방송위원회에까지 깊은 상처를 남겼다. "근데 난 배우예요. 방송인이 아니라 배우예요. 액터. 자유인." 문제가 되었던 박철 멘트의 마지막 부분이다. 배우든, 가수든, 시민이든 누구나 방송을 진행할 수는 있다. 하지만 방송 내용은 누구나 공유할 수 있는 것이어야 하기 때문에 진행자는 그가 누구이든 방송인으로서 자질을 갖추어야 한다.

　박철의 욕설방송은 그야말로 '자해공갈' 수준이었지만, 남희석의 '반성문'에는 나름대로 진솔한 자기 반성과 주장이 담겨 있다. 여성민우회는 2000년 9월 26일 <남희석의 색다른 밤>을 2000년 '전파낭비'에 기여한 최악의 프로그램으로 선정한 바 있다. 최악의 프로그램 선정 이유는 진행자의 저질언어 구사, 방송의 공적 성격을 무시한 지극히 개인적 사담 남발, '스타 속풀이' 코너의 인간관계 왜곡의 조장 등이었다.

　남희석은 '반성문'에서 "무조건 반성한다"는 전제하에 저질 운운하는

개그맨 남희석은 자신이 진행하는 프로그램이 최악의 프로그램으로 지목되자 일간지에 '반성문'을 발표하는 기민함을 보여주었다(사진은 SBS <장미의 이름>).

소리를 들을 때마다 부족함을 뼈저리게 느끼지만, 저질이라는 이름으로 코미디언을 쓰러뜨리지 않았으면 좋겠다고 말했다. 또한 자신도 표절이 아닌 가족이 함께 볼 수 있는 프로그램을 만들려고 노력하고 있으니 텔레비전의 오락기능을 너무 무시하지 않았으면 좋겠다고 했다. 비록 '시청자의 힘'에 밀려 어쩔 수 없이 발표한 것일지는 몰라도 남희석의 반성문에는 나름의 주장이 담겨 있다. 실제 프로그램 진행에서도 바뀐 모습을 보여주기를 기대한다.

방송이 공공 영역이기 때문에 개인적 이야기를 할 수 없다거나 근엄한 이야기만 해야 한다는 것은 아니다. 다만 누구나 편하게 보고 들을 수 있어야 하기 때문에 지켜야 할 최소한의 한계가 있다는 것이다. 물론 그 위반의 모든 책임이 박철과 남희석에게 있다고는 할 수 없다. 커밍아웃과 동시에 '아웃'된 홍석천의 경우에서 드러나듯, 그들은 방송권력 '희생양'이기도 하기 때문이다.

'동질성 회복'이라는 기획의도 못 살려

KBS2 <한국이 보인다> '북한청년 동일섭'

<한국이 보인다>(KBS2)의 '북한청년 동일섭' 코너는 오락 프로그램이 북한관련 주제를 어떻게 다루어야 하는지 질문을 제기한다. '북한청년 동일섭'의 기획의도는 한 탈북 청년이 남·북한 간 문화적 차이와 이질감을 극복하고 우리 사회에 정착해가는 모습을 진솔하게 담아내는 것이었다.

'북한청년 동일섭'은 2000년 5월 7일 첫번째 에피소드를 시작으로 서울 구경, 바텐더 수습, 스턴트맨 훈련, 요리사가 되려는 과정까지 여섯 개의 에피소드를 방영했다. 첫번째와 두번째 에피소드에서 동일섭을 돕기 위해서 친구로 나서는 서동균의 행동은 상식을 벗어난 무례 그 자체였다. 백화점에 가면서 서동균이 동일섭에게 "힙합 알아?", "캐주얼 알아?" 묻는 것이나 어버이날 때문에 우울해하는 동일섭 앞에서 DDR를 가져와서 억지로 춤추게 하는 것 등 도저히 납득할 수 없는 내용들이었다. 그러나 최근 들어 서동균이 반말에서 존대말로 바꾸는 등 예의 없는 태도에서 벗어나고 있어서 다행스러울 뿐이다.

'북한청년 동일섭'은 여러 가지 불편함과 연민을 자아내게 만든다. 동일섭은 관찰대상이고 실험대상으로 다가온다. 그가 마치 이상한 나라의 앨리스처럼 그려지기 때문이다. 동일섭은 하고 싶지 않은데 방송이 자꾸 무엇인가 보여주라고 다그친다. 동일섭은 조용히 지내고 싶지만 프로그램은 그를 놓아주지 않는다. 동일섭의 자존심은 에피소드 곳곳에서 여지없이 무너지고 열등한 존재로서 보여진다. 프로그램 내내 그의 밝은 표정 하나 찾을 수 없는 것은 당연한 일이다.

'북한청년 동일섭'은 버라이어티 쇼의 재미를 만들어내는 데도 실패하고 있다. 웃음이 남북한의 문화적 거리에서 나와야 한다면 그 자체가 잘못된 설정이다. '북한청년 동일섭'은 남·북한 간의 문화적 거리를 극복하기보다 차이만을 극명하게 보여줄 뿐이다. 왜 북한청년 동일섭은 바텐더, 요리사, 스턴트맨만 해야 하는가. 여기에는 보이지 않는 편견이 숨어 있다. 탈북자가

탈북자가 할 수 있는 일이라곤 단순 육체적 노동밖에 없다는 것을 은밀히 보여준다(사진은 KBS2 <한국이 보인다> '북한청년 동일섭').

할 수 있는 일이라곤 단순 육체적 노동밖에 없다는 것을 은밀히 보여주기 때문이다. 게다가 동일섭의 성격 자체가 버라이어티 쇼의 한 코너로 구성되기에는 적합하지 않은 듯하다.

<한국이 보인다>는 앞으로 '북한청년 동일섭' 코너의 부담에서 벗어나기 힘들 것 같다. 무거운 주제를 가볍게 다루면서 동질성을 회복하려는 기획 의도는 좋았지만, 그것을 담아내는 방식과 내용은 여전히 비틀려 있어 안타까움을 자아내기 때문이다.

연예인 결혼이 그렇게 중요한가?

SBS <남희석 이휘재의 멋진 만남>

2000년 여름 내내 텔레비전의 선정성 문제가 도마 위에 올라 집중적인 비난을 받았다. 버라이어티 쇼들마다 수영장 코너를 만들어서 벗기기 경쟁에 몰입했기 때문이다. 그러나 텔레비전의 선정성보다 더 심각한 문제는 지나치게 연예인의 신변잡기나 사생활 드러내기에 빠져 있다는 것이다. 방송 3사가 아침에 방영하는 토크 쇼들은 대부분 새로울 것도 없고, 의미도 없는 연예인의 잡담으로 덮여 있으며, 저녁 시간대의 버라이어티 쇼나 토크 쇼도 말장난으로 채워지기는 마찬가지이다. 이것을 '쓰레기 문화(trash culture)'라고 불러도 지나치지 않다.

방송이 특정 연예인의 개인 영역화에서 벗어나지 못하고 있는 문제의 극단을 보여준 것이 2000년 8월 19일 방영된 <남희석 이휘재의 멋진 만남>(SBS)이다.

<남희석 이휘재의 멋진 만남>은 남희석의 결혼을 집중적으로 다루었다. 남희석의 결혼 드라마를 만들고, 남희석 결혼식 최초공개라는 명목하에 결혼식 과정을 상세히 다루었다. <남희석 이휘재의 멋진 만남>이 갑자기 연예가 소식을 전하는 <한밤의 TV연예>로 뒤바뀐 것이다. 궤도를 벗어나도 한참이나 벗어났다.

이번 <남희석 이휘재의 멋진 만남>은 결혼하는 남희석만을 위한 프로그램이었을 뿐이다. 시청자를 위한 방송이 아니라 한 연예인 개인을 위한 방송이었다는 점에서 용납하기 어려웠다. 남희석은 단지 진행자 중의 한 사람일 뿐이다. 남희석이 그렇게 대단한 연예인인가?

남희석의 결혼식 과정을 보여주면서 남희석은 이휘재를 놀리고 "휘재야 35살까지 혼자 살아라. 35살에 21살짜리와 결혼해라" 등 사석에서나 할 수 있는 말들이 방송을 통해서 아무런 여과 없이 곰비임비 쏟아져나왔다. 이것은 지상파 방송 프로그램이 아니라 결혼식 행사를 찍는 개인 비디오 프로그램이었다. 연출자들은 방송과 방송이 아닌 것 사이를 전혀 구분하지 못하고

방송이 특정 연예인의 신변잡기나 사생활 드러내기에 빠져서 헤어나지 못하고 있다(사진은 SBS <남희석 이휘재의 멋진 만남>).

있다.

 토크 버라이어티 쇼, 연예정보 쇼, 토크 쇼 등에서 적지 않은 내용들은 연예인이 사석에서 주고받을 수 있는 개인적 잡담이나 대화로 채워지고 있다. 물론 일부 시청자들은 많은 연예잡지에서 다루듯이 연예인의 사생활에 관심을 가질 수 있고, 더 알고 싶어할 수 있다. 필요하다면 그와 같은 내용들은 <한밤의 TV연예> <섹션 TV연예통신> <연예가 중계>에서 다루면 된다. 어쩔 수 없이 연예인의 시시콜콜한 잡담을 보고 듣는 일은 이제 짜증의 단계를 넘어버렸다.

웃기지 않으려면 말하지도 마라!

KBS2 <서세원 쇼>, SBS <남희석의 색다른 밤> 외

상업방송은 토크 쇼를 좋아한다. 제작비가 저렴하고 고정시청자를 확보하기가 좋을 뿐만 아니라 자칫 '버린 자식'이 되기 쉬운 심야시간대를 훌륭하게 메워줄 수 있기 때문이다. 그런 면에서 토크 쇼는 방송사의 '효자'다. 한 시절 미국을 주름잡았던 자니 카슨의 <더 투나잇 쇼>는 지난 1992년까지 무려 49년간 방송되었다. 이럴 수 있었던 것은 토크 쇼가 싸게 만들 수 있는 프로그램이지만 그 내용이 '싸구려'는 아니었기 때문이다.

국내 텔레비전에서 토크 쇼가 정착하게 된 것은 1990년대 이후다. 정치·사회적 억압과 금기가 약해지면서 텔레비전이 비로소 이야기를 할 수 있게 된 것이다. 요즘 방송을 보면 토크 쇼를 표방하고 있는 것은 그리 많지 않지만 대부분의 연예오락 프로그램이 토크 쇼와 유사한 형식을 취하고 있다. <서세원 쇼>나 <남희석의 색다른 밤> <이홍렬 쇼> 등은 전형적인 토크 쇼라고 할 수 있고, <야 한밤에> <한밤의 TV연예> <섹션 TV연예통신>과 같은 연예정보 프로그램이나 아침 주부대상 프로그램, <자유선언 오늘은 토요일> <토커넷 쇼> 등과 같은 버라이어티 쇼의 경우는 유사 토크 프로그램이라고 할 수 있다.

스타 의존도가 지나치게 높은 한국 방송의 3대 고질병은 베끼기, 벗기기, 겹치기라는 말이 있다. 토크 쇼는 이런 부정적 요소를 모두 포함하고 있다. 사회자들이 거의 개그맨 일색인데다가 서세원과 같은 잘 나가는 사회자는 비슷한 유형의 네 가지 프로그램을 진행하기도 한다. 그러다 보니 프로그램 성격도 애매해지고 내용에 대한 소화력도 떨어진다. 최근 들어 두드러지고 있는 집단진행방식도 문제다. 신인배우나 가수 혹은 미인대회 수상자 등 진행 경험이 전무한 사람들이 나와 바보같이 웃고만 있거나 소품처럼 앉아 '얼굴마담' 노릇만 하고 있는 것을 흔히 볼 수 있다.

출연자들은 억지로라도 웃기거나 뭔가 '엽기'를 보여주어야 한다는 강박증을 가지고 나온다. 큰 맥주 잔을 입에 넣거나 머리를 박박 밀고 나와 대리석

이야기는 없고 쇼만 있는 싸구려 토크 쇼는 오래 가지 못한다(사진은 KBS2 <서세원 쇼>).

에 박치기를 하는 것도 예사다. 이 과정에서 서세원이나 남희석 같은 사회자들은 거의 절대권력을 가지고 출연자의 인격을 비하하거나 비속어를 남발하기도 한다. 얼마 전 남희석이 자기 프로그램에서 유재석은 '함몰유두'라는 이야기를 했다가 시청자단체로부터 혼나기도 했다. 요즘 전성기를 구가하는 서세원은 '토크박스'에서 점수를 먹이며 절대권력자로 군림하기도 한다. <서세원 쇼>에 나온 상당수 연예인들은 노골적으로 그의 눈치를 보느라 바쁘다. 토크의 내용도 거의 잡담수준이다.

내용상 개인의 경험을 이야기하거나 신변잡기를 늘어놓는 것 자체가 잘못되었다는 것은 아니다. 그 도가 지나쳐서 텔레비전이라는 공적 공간이 농담과 잡담으로 채워지고 있다는 점을 문제삼고 싶은 것이다. 이는 시청자에 대한 노골적 무시일 수 있기 때문이다.

텔레비전은 안방이나 거실에서 가족이 함께 보는 생활 미디어다. '말 같지도 않은 말'이나 '말이 되지 않는 말'은 가급적 줄이는 것이 바람직하다. 모든 방송 프로그램에서 가장 중요한 것은 시청자와 공감을 확보하고 지속적으로 친밀감을 유지해나가는 일이다.

아름다운 성(性)이 아름다운 이유

SBS <아름다운 성>

우리 사회에서 성담론은 사적으로는 범람했지만 공적으로는 침묵했다. 사적 범람과 공적 침묵 사이의 거리감이 우리의 성의식을 왜곡시켰는지도 모른다. 2000년 10월 14일 막을 내린 SBS의 <아름다운 성>은 지상파 텔레비전 속으로 성담론을 과감히 끌어들였다는 점에서 주목할 만한 가치가 있다. 성이 안방의 이불 밖을 나와 공식적으로 거실의 텔레비전 속으로 들어온 것이다.

첫 회 방영되었던 '횟수의 진실'은 여러 가지 우려를 자아내면서 방영연기 소동까지 벌였다. 그러나 첫 회 이후 <아름다운 성>은 더 이상 논란의 대상이 되기보다는 성지식의 전도사 역할을 담당해왔다. 매주 주제와 관련된 평범한 시청자를 참여시킴으로써 일상 속의 성을 이야기하고, 다양한 조사 결과를 통해서 성의 진실에 접근하고자 했던 노력도 돋보였다.

<아름다운 성>은 여성의 성(性)에 대한 균형 있는 관심을 제공했다. '여자의 성욕'에서 30대 기혼 여성이 갖는 성적 욕망을 밝히고, '오르가슴의 실체'에서 잡지나 영화 등을 통해 환상의 신기루처럼 그려져온 오르가슴을 설명한다. '미혼 여성의 성과 사랑' 등은 남성중심적 시각에서 벗어나서 성의 양면을 보여주었다. 그동안 성에 대한 정신적인 할례를 강요하는 사회적 금기 때문에 공개적으로 말하지 못했던 여성의 성을 적극적으로 펴담은 것이 여러 모로 가치 있었다.

<아름다운 성>은 성담론의 주변에 위치하는 10대와 노인의 성까지 다루었다. 특히 여름방학이 시작되자 청소년을 대상으로 삼았던 '10대의 성, 포르노 충격탈출' '여학생이 말하는 달라진 이성교제' '성폭행' 같은 주제는 시의적으로도 적절했다. '노인의 성'은 노년이 될 경우 성적 기능이 떨어지지만 결코 성생활을 포기할 정도가 아님을 보여주었다.

그동안 텔레비전의 성표현은 편향되어왔다. 드라마나 버라이어티 쇼 등에서 쉽게 알 수 있듯이, 지배적인 남성중심적 시각이 프로그램에 그대로 반영

성문제가 안방의 이불 밖으로 나와 공식적으로 거실의 텔레비전 속으로 들어오고 있다(사진은 SBS <아름다운 성>).

되어 있었다. 텔레비전에서 성의 문제가 중요한 것은 인터넷 성인 사이트나 성인잡지처럼 성을 노골적으로 드러내기 때문이 아니다. 오히려 텔레비전이 성에 대한 편견을 고착시키고, 성에 대한 부정확한 정보원으로 기능했기 때문이다.

　이런 점에서 <아름다운 성>에서 제시하는 균형 있고 다양한 접근법은 올바른 성지식을 제공했다. 다만 앞으로 이와 같은 프로그램이 제작된다면 섹스 자체에만 초점을 맞추지 말고, 매춘과 매매춘과 같은 사회문제, 문화적 시각에서의 섹슈얼리티, 동성애 등도 과감히 다루기를 바란다.

진솔하고 구수한 '맛' 살려나가야

SBS <이홍렬 쇼>

토크 쇼의 재미는 사회자의 개성에 달려 있다. 사회자는 특정한 주제나 각본에 따라 프로그램을 진행하는 일종의 '교통순경'이다. 사회자의 순발력을 바탕으로 하는 즉흥대사가 긴장과 극적 재미를 주는 결정적인 요소로 기능한다. 순발력과 즉흥성을 제대로 활용하는 빼어난 토크 쇼 진행자가 바로 이홍렬이다.

이홍렬이 1999년 10월 다시 <이홍렬 쇼>(SBS)로 복귀했다. 다시 시작된 <이홍렬 쇼>에서 새로이 등장한 것이 '생토크 유부클럽'이다. 강남길은 도중에 빠졌지만 표인봉, 박철, 권오중이 고정 손님으로 출연하는 유부클럽은 새로운 포맷과 내용으로 주목받았다.

유부클럽은 카메라를 특정 장소에 고정시킨 채 진행된다. 따라서 시청자는 유부남 연예인들이 일상 속에서 말하는 성(性)을 몰래 듣는 듯한 관음주의적 시선을 갖는다. 이것은 은밀한 성담론을 엿듣는 형식이어서 대화 내용과 조화를 이룬다.

유부클럽에서 대화의 주제가 되는 사랑, 부부생활, 성 등의 이야기들도 추하거나 외설로서 다가오지 않으며 정도를 넘어서지도 않는다. 박철의 과장이나 권오중의 직설화법도 부담스럽게 들리지 않는 것은 20대부터 40~50대에 이르기까지 일상 속에서 겪을 수 있는 경험을 말하기 때문이다.

그러나 2000년 4월부터 유부클럽은 특유의 재미를 잃어가고 있다. 최면술사의 초대, 고정 손님의 CF 촬영, 이홍렬을 속이기 위한 몰래 카메라, 박철의 라디오 프로그램 등에 이르기까지 이전과는 상이한 내용들을 다루기 때문이다. 아마도 지난 몇 개월 동안 고정 출연자들은 자신들의 일상을 거의 이야기했기 때문에 소재의 빈곤을 탈출하기 위해서 변화를 모색한 것일 수 있다. 그러나 이것들은 심야시간대 <이홍렬 쇼>가 지녔던 성담론 특유의 즐거움을 약화시킨다.

<이홍렬 쇼>가 여타의 토크 쇼를 압도하는 이유는 진솔하고 구수한 대화

<이홍렬 쇼>의 '생토크 유부클럽'은 사랑, 부부생활, 성 등의 이야기를 담고 있지만, 외설로서 다가오지 않으며 정도를 넘어서지도 않는다.

그 자체에 있다. <서세원 쇼>처럼 과장되고 요란스럽거나 작위적이지도 않으며, <김혜수 플러스 유>처럼 초대 손님의 말재간에 재미가 좌우되지도 않는다. 이홍렬의 자연스럽고 순발력 있는 언어감각과 폭넓은 대화의 주제는 특정 세대를 넘어서 기성 세대에도 공감을 형성하고 있다.

<이홍렬 쇼>는 '생토크 유부클럽'에서 몰래 카메라의 시도와 같은 이벤트를 만들기보다 고정 출연자의 일부를 바꾸더라도 <이홍렬 쇼>만의 장점을 그대로 밀고 나가는 것이 좋을 듯싶다.

교양과 오락의 절묘한 공존

EBS <퀴즈 천하통일>

한 편의 텔레비전 프로그램이 정보와 재미, 교육적 요소와 극적 요소를 동시에 갖추기는 어렵다. 문제풀이를 통해 매혹적인 상품이나 상금을 제공하는 퀴즈 쇼는 속성상 극적 긴장감과 새로운 정보를 동시에 줄 수 있는 장르다. 흔히 퀴즈 쇼에는 유명인이 아닌 일반인이 나와 문제풀이 경쟁을 벌인다. 시청자는 누가 승자가 될 것인지를 예측하고, 정답이 무엇인지 풀 수 있는 기회를 가질 수 있기 때문에 프로그램 내내 긴장과 관심을 유지할 수 있다. 게다가 제작비가 별로 들지 않고 고정 시청자층 확보가 용이해 모든 방송사에서 선호한다.

최근 각광을 받고 있는 <생방송 퀴즈가 좋다>(MBC), <도전 골든벨>(KBS2), <도전 퀴즈퀸>(SBS)과 같은 프로그램은 퀴즈 쇼의 드라마적 긴장과 현실성을 적극적으로 활용하여 나름대로 자리를 잡고 있다. 이들 프로그램은 거액의 상금이나 상품을 걸고 객관식문제, 단답문제, OX문제 등을 통해 최종 승자를 가린다. 하지만 퀴즈 쇼는 도박성에 요행심리에다가 자기 과시욕, 지식의 파편화를 부추기는 면이 있기 때문에 교육적이기 어렵다. <퀴즈 천하통일>(EBS)은 거액의 상금, 자극적 형식, 퀴즈 영웅 만들기와 같은 요소와 상관없이 퀴즈 쇼의 새로운 가능성을 열고 있다.

2000년 가을 개편 후 처음 등장한 <퀴즈 천하통일>은 매주 4회(월~목) 가족시청 시간대(오후 6시 55분~오후 7시 35분)에 방송되고 있다. <퀴즈 천하통일>은 그 형식과 내용이 여타 퀴즈 쇼들과 확연히 다르다. 우선 외형상 개인 간이 아니라 팀간의 대결 형식이며 단순 퀴즈풀이보다는 전략과 전술이 필요한 '단체전' 방식이라는 점이다. 내용에서도 국내 유일의 초등학생 대상 퀴즈 쇼답게 최종 승자에 대한 영웅 만들기보다는 패자에 대한 섬세한 배려에 관심을 기울인다.

<퀴즈 천하통일>은 '퍼즐 지뢰를 찾아라' '달려라 천하통일' '결전 36대36' 등 유기적으로 연결된 세 코너로 구성되어 있다. 우선 36명으로 구

<퀴즈 천하통일>은 정보와 재미, 교육과 오락을 절묘하게 결합시키는 데 성공했다.

성되는 팀원 모두가 마주보며 지뢰(단어)찾기에 나선다. 이어 지뢰를 찾은 각 팀의 선수가 나와 발판 위를 뛰면서 대결한다. 모니터의 문제를 보고 먼저 푸는 사람이 이긴다. 본 게임인 '결전 36대36'은 1대1의 맞대결을 통해 어느 한편이 모두 아웃될 때까지 계속된다. 두 사람을 물리칠 경우에는 '십자포화'를 쏠 수 있어 경우에 따라서는 한 방에 여럿을 아웃시킬 수도 있다. 생존자가 팀별로 10명 이하로 되었을 때 '부활'이 가능하다.

개인의 역할보다는 팀 전체에 초점을 맞추고 퀴즈 문제를 맞추는 것에 따른 보상의 의미보다는 함께 놀면서 문제를 풀고 새로운 사실을 배워가면서 나보다는 우리를 생각할 수 있게 해준다는 것이 가장 큰 미덕이다. 이따금 어린이가 풀기에는 지나치게 어려워 보이는 문제가 나오기도 한다. 너무 쉽지도 어렵지도 않은 문제를 계속 찾아내야 한다는 것이 제작진의 고민이다. 어린이뿐만 아니라 가족 모두가 즐길 수 있는 요소를 좀더 확대할 필요가 있다. 다행히 봄 개편 이후에는 주 5회로 한 회가 늘어나고 초등학생과 아빠가 함께 출연하는 것도 고려하고 있다고 한다. 교육과 오락, 얼핏 모순되어 보이는 화두를 <퀴즈 천하통일>은 정공법으로 풀어가고 있다.

연예·오락 프로그램 제작자의 착각
시청률 허상

　방송은 지금 연줄이 끊어진 종이연[紙鳶] 같다. 방향이나 구심점도 없이 바람 부는 대로 마구잡이로 떠돌아다닌다. 지상파 방송이 품위와 취향을 스스로 낮춰버린 것이다.

　2000년 8월 초부터 방송의 선정성과 폭력성이 공론화되고 있고, 방송 3사 사장들은 프로그램의 공익성 강화 및 선정·폭력 프로그램을 지양하기로 공동선언문까지 발표했다. 공익성 강화 선언은 IMF 이후와 1998년 12월 29일에도 있었다. 일종의 연례행사이다. 그렇지만 크게 문제가 되었던 3~4개 프로그램이 폐지된 것 이외에 변한 것이 없다.

　선정성과 폭력성은 전체 프로그램 장르에 걸쳐 나타나고 있지만 연예·오락 프로그램에서 특히 두드러진다. 이걸 보면 연예·오락 PD들은 두 가지를 착각하고 있는 것 같다.

　첫째, 선정적인 내용을 다루면 시청률이 올라갈 것이라는 믿음이다. 시사 프로그램에서 시청률이 오른 사례가 있기는 했다. 그러나 선정성 문제가 부각되기 전인 2000년 5월과 7월 사이 버라이어티 쇼들의 시청률을 비교해보면, 시청률의 차이가 거의 없다. 대체적으로 시청률은 7~15퍼센트 사이를 오간다. 프로그램이 선정적이어도 시청률은 기대처럼 올라가지 않는다.

　둘째, PD들이 착각하고 있는 것은 버라이어티 쇼의 주요 시청자 집단이다. 10대 후반이나 20대 중반의 연예인들이 버라이어티 쇼에서 판을 치고 있다. 아마도 버라이어티 쇼의 주요 시청자 집단이 10대나 20대 초반이라고 생각하는 모양이다. 그러나 <목표달성 토요일>(MBC)과 <자유선언! 오늘은 토요일>(KBS2)을 제외하면, 버라이어티 쇼를 가장 많이 보는 시청자 집단은 대개 30대들이다. 제작자의 프로그램 코드와 시청자 집단의 코드가 엇갈리고 있는 것이다.

　물론 30대나 40대 이상의 어떤 시청자들은 방송에서 10대 연예인들이 난리치는 것을 좋아할 수 있다. 그러나 필자는 별로 달갑지가 않다. 다른 프로

연예·오락 제작자들은 시청률의 상승과 하락이 어떤 요인 때문인지, 그리고 프로그램의 주시청층이 누구인지를 냉정하게 파악해야 한다.

그램을 보고 싶어도, 유사한 시간대에 비슷한 내용의 프로그램이 방영되니까 선택의 여지가 없어 보이는 것뿐이다.

   연예·오락 프로그램 제작자들은 매일매일 시청률 경쟁의 압력에 시달리는 구조적 요인을 무시한 채 자신들에게만 비난을 퍼붓는다고 항변할 수 있다. 그러나 구조적 요인만 탓할 일은 아니다. 방송 프로그램은 PD가 낳은 자식이다. 내 자식의 문제를 구조 탓으로만 돌리는 태도는 일종의 책임회피이다. 연예·오락 PD들은 자신의 프로그램을 누가 보는지, 프로그램의 성공과 실패 요인이 무엇인지 냉정하게 물어야 할 것이다.

# 제6장
시트콤·코미디 비평

1. 시트콤 장르의 특성

　최근 한국 텔레비전에서 시트콤이 인기를 끌고 있다. 가족 시트콤에서 로맨틱 시트콤, 성인 시트콤에 이르기까지 시트콤의 하위 장르도 확대되고 있다. 시트콤은 제작비를 적게 투자하고도 안정적인 시청자를 확보할 수 있어서 경제적 효율성이 높은 장르이다. 방송사는 그만큼 수익성을 보장받을 수 있고, 수용자도 부담 없는 시청의 즐거움을 얻을 수 있다.
　시트콤은 코미디와 리얼리즘이 결합해 만들어진 장르이다. 시트콤은 일반적인 코미디의 요소들—풍자, 패러디, 일탈, 과장, 언어놀이 등—을 활용하지만, 전통적인 슬랩스틱(slapstick) 코미디나 스크루볼(screwball) 코미디와 달리 행위의 부조리나 기이성을 통해서 웃음을 유발시키지 않는다. 시트콤의 웃음은 등장인물의 일상성과 밀접히 연결되어 있기 때문이다.
　시트콤은 한국에서 1990년대 후반에 들어와서야 인기를 끌기 시작했지만, 미국에서는 1950년대 초반부터 인기 장르로서 확고한 위치를 지켜왔다. 시트콤 장르가 지니고 있는 경제적, 미학적 강점 때문에 미국 네트워크 텔레비전은 시트콤 제작을 확대해왔다. 1940년대 이후 미국 텔레비전이 라디오를 대체하면서 라디오 시트콤과 코미디로부터 텔레비전 시트콤을 발전시켰다. 1960년대 시골풍의 시트콤, 1970년대 10대 지향의 시트콤과 블랙 코미디 형식의 가족 시트콤, 1980년대 후반 여피족을 대상으로 하는 시트콤, 1990년대 중반 이후 애니메이션 시트콤에 이르기까지 미국 사회의 모습을 반영하는 다양한 시트콤들이 방영되어왔다(Himmelstein, 1994; Neale and Krutnik, 1990).

시트콤과 유사한 장르로 가족 코미디가 있다. 일반적으로 가족 코미디는 시트콤과 내용이나 주제의식이 유사하지만 형식은 다르다. 가족 코미디는 시트콤보다 더 현실적이고, 따뜻한 인간미나 가족애를 그려내며, 상황보다는 가족과 개인을 강조한다. 가족 코미디는 시트콤보다 웃음을 유도하는 데에서 히스테릭한 웃음을 유발하는 장치를 적게 사용하고, 플롯의 전개나 인물 행위는 그렇게 규칙적이지 않다(Newcomb, 1974: 42-43).

가족 코미디의 등장인물은 시트콤의 등장인물에 비해서 유연하며, 발전하는 경향이 도드라진다. 예를 들어 가족 코미디인 <한 지붕 세 가족>(MBC, 1986~1994)에서 봉수(강남길 분)는 애인을 만나고, 결혼을 하면서 인물의 성격이 변해가지만 시트콤의 등장인물은 특정 상황 안에 고정되어 있어서 거의 변화되지 않는다. 그로트(Grote)는 시트콤과 전통 코미디의 기본적 차이를 플롯의 전개에서 찾고 있다.

> 텔레비전 시트콤의 플롯은 일직선적으로 진행되기보다는 순환적이다. 전통 코미디의 플롯에서 등장인물은 A지점에서 출발해서 어떤 지점으로 향하기를 원하며 결국 다른 지점 B에 도달한다. 아무리 플롯이 뒤엉켜 있거나 전환되어도, 또는 아무리 플롯이 혼란스럽게 짜여져 있다 하더라도 결국 등장인물은 A에서 B로 이동한다. 그러나 일반적인 시트콤은 다르다. 시트콤의 등장인물은 A지점에 서 있고, 그밖의 지점으로 나아가지 않는다. 등장인물이 현재 서 있는 지점을 좋아하지 않는다고 아무리 항변해도 그는 언제나 A지점에 서 있을 뿐이다(Grote, 1983: 67).

시트콤은 가족 코미디와 다르게 플롯이 발전하지 않고 등장인물도 통제되어 있어서 언제나 똑같은 상황 안에서만 움직이며, 등장인물도 하나의 지점으로부터 다른 지점으로 발전하지 않는다. 그만큼 고정된 상황이 중요하다. 상황이 바뀐다는 것은 인물의 성격이 변한다는 것을 의미한다. 만일 <순풍산부인과>(SBS, 1998~2000)에서 오지명의 성격이 변했다고 가정한다면, 웃음을 일으키는 모든 상황이 뒤바뀌는 것이기 때문에 시트콤으로서의 위치는 무너질 수밖에 없다. 현재까지 한국 텔레비전에서 방영된 시트콤은 배경, 등

<표 6-1> 주요 시트콤의 지배적 장르 관습

	가족 시트콤	로맨틱 시트콤	성인 시트콤
양식	리얼리즘과 코미디	로맨스와 코미디	성과 코미디
주제	가족주의	사랑과 우정	성과 사랑
형식	풍자	패러디	풍자
관습	가족의 안정성	귀여운 만남	일상 속의 성
권위	아버지의 존재	아버지의 부재	가족권위의 부재
등장인물	중산층 가족	친구/준가족	친구/부부
갈등구조	가족 내/가족 구성원과 외부인 사이	친구 사이 애인 사이	애인 사이 부부 사이
결말	행복한 결말	행복한 결말/비극	행복할 결말
대상 시청자	가족 전체	10대/20대	성인
프로그램	<순풍산부인과> <LA아리랑> 등	<남자 셋 여자 셋> <점프> <뉴논스톱> 등	<세 친구> <허니허니>

장인물, 목표대상 시청자, 관습 등에 따라서 크게 가족 시트콤, 로맨틱 시트콤(청춘 시트콤), 성인 시트콤으로 나눌 수 있다(<표 6-1> 참조).

가족 시트콤에서 중요한 요소는 가정의 안정성을 재확인하는 일이다. 가족 시트콤은 각 에피소드 내에서 가족 구성원 사이에, 혹은 가족 구성원과 외부 등장인물 사이에 갈등이 생겨 가정의 안정성이 흔들리지만, 외부의 간섭이 그렇게 강력한 것은 아니다. 따라서 가정은 내부나 외부의 어려움 속에서도 변함없이 공동체로서 재확인된다. 민츠(Mintz, 1985)는 이와 같은 가족 시트콤의 공식이 현상유지나 개인의 행복이 공적 성취보다 중요하다는 의미를 제시함으로써, "현상유지로 돌아가는 것은 언제나 좋다"는 이데올로기를 생산할 뿐이라고 지적한다.

가족 시트콤에서 아버지의 역할은 누구보다도 중요하다. 아버지는 모든 것을 가장 잘 알고 있으면서도 동시에 모든 것을 가장 잘 모르는 사람이다. 이것은 미국 초창기 대표적인 시트콤 <파더 노우스 베스트(Father Knows Best)>(1954~1963)부터 지배적인 관습으로 정착되었다. 반면 청소년을 시청 대상으로 하는 로맨틱 시트콤(청춘 시트콤)은 거꾸로 아버지의 부재를 담고 있는데, 이것은 누구의 권위로부터 방해받지 않으려는 '그들만의 세계'를 표현하기 때문이다. 성인 시트콤은 성에 대한 기존 관습을 뒤집거나 비꼼으로써 즐거움을 만들어낸다. 대체로 성인 시트콤의 등장인물들은 친구 관계나 부부 사이이다.

2. 한국 시트콤의 발전과정

시트콤은 왜 한국에서 1990년대 후반에 들어와서야 인기를 끌게 되었을까? 무엇보다도 제작자들은 1990년대 중반까지 방송계에서 시트콤을 제작할 수 있는 여건이 전혀 구축되지 못했기 때문이라고 지적한다(김승수·이정표, 1994; 송창의, 1998). 연출가, 작가, 연기자들 모두가 시트콤에 대한 지식을 갖지 못했다는 것이다. 방송사는 시트콤을 코미디 프로그램으로 인식해서 코미디 분과에서 제작했다. 연기자의 즉흥성을 강조하다 보니 드라마로서 시트콤 장르의 특성을 살리지 못했다. 시트콤은 즉흥성보다는 이야기의 논리구조, 비약, 풍자 등의 요소를 통해서 웃음을 끌어내야 하기 때문이다.

방송 제작자와 마찬가지로 한국 시청자들도 시트콤을 접할 기회가 별로 없었기 때문에 장르 관습에 익숙하지 않았다.[1] 1980년대 후반 방영된 <코스비 가족(Cosby Show)> 등이 별다른 인기를 얻지 못했기 때문에 한국 텔레비전은 시트콤의 대중성을 과소평가해왔다. <코스비 가족>의 실패는 충분히 예견할 수 있었다. 한국 시청자들은 <코스비 가족>의 리얼리즘과 코미디의 요소를 공감하기 어려웠기 때문이다. <코스비 가족>의 일상성은 한국 가정의 일상성과 다르다. 그것은 미국 흑인 중산층 가정과 한국의 중산층 가정 사이

---

1) 물론 한국에서 방영된 시트콤으로 <왈가닥 루시(I Love Lucy)> <내사랑 지니(I Dream of Jennie)> <코스비 가족> <마거릿 조는 못말려(All-American Girl)>가 있다. 1970년대 <왈가닥 루시>는 인기 프로그램이었지만, 1980년대 이후 외국의 시트콤은 시청자의 별다른 주목을 받지 못했다.

에서 비롯되는 사회적, 문화적 거리에서 비롯된다. 동시에 코미디로서 웃음을 유발하는 기제들, 예를 들면 농담(joke)이나 재담(wisecrack)도 언어 장벽의 한계를 넘지 못했다.

또 다른 이유는 <한 지붕 세 가족>과 같은 가족 코미디가 시트콤을 대신했기 때문이다. 한국의 코미디 드라마는 가족 코미디가 먼저 등장해서 인기를 얻은 이후에 시트콤으로 발전했다. 이것은 시트콤의 영향을 받아서 가족 코미디 장르가 등장한 미국의 경우와 다르다. 한국 텔레비전에서 가족 코미디 드라마는 1970년대 후반부터 조금씩 인기를 모아왔다. 한국의 가족 코미디는 연속 단막극(series)과 연속극(serial) 형식을 함께 사용해왔다.[2]

한국의 코미디 드라마는 1970~1980년대 '코믹 홈 드라마'라 불렸던 가족 코미디에서부터 시작되었다. 1990년대 초반 가족 드라마와 시트콤의 형식이 애매하게 결합된 가족 코미디가 등장했다. 가족 코미디들은 가풍이 다른 두 가족 사이에서 벌어지는 소재를 다루거나,[3] 한 가정 내에서 벌어지는 에피소드를 중심으로 이야기를 꾸며간다.[4] 가족 코미디는 매주 에피소드당 45~60분으로 구성되어 있는데, 가족 드라마와 시트콤의 특징을 함께 보여주고 있다. 1990년대 초반 이들 가족 코미디들은 시트콤으로 불리기도 하지만, 시트콤 장르 관습에서 중요한 상황의 안정성이 약했고, 코미디와 리얼리즘을 결합하는 데 한계를 지녔다는 점에서 가족 코미디와 시트콤 사이에 위치한다고 보는 것이 타당하다.

가족 코미디와 시트콤이 애매하게 결합된 이들 드라마들은 완전히 실패했다. 시청자의 관심을 끌지 못함으로써 시청률은 낮았고, 1년 이상 지속되지

---

2) 연속 단막극 형식의 가족 코미디는 <한 지붕 세 가족>(MBC, 1986~1994)이고, 연속극 형식의 가족 코미디로 <왜 그러지>(MBC, 1977), <사랑이 뭐길래>(MBC, 1991~1992), <목욕탕집 사람들>(KBS2, 1995~1996) 등이 있다.
3) <합이 셋이오>(KBS2, 1993.10~1994.2), <김가이가>(MBC, 1993.10~1994.4), <사랑한다면서>(KBS2, 1995.4~1995.9), <마주보며 사랑하며>(KBS2, 1997.5~1997.11) 등이 두 가정 사이에서 벌어지는 이야기를 다루고 있다.
4) <태평천하>(MBC, 1992.4~1992.11), <오박사네 사람들>(SBS, 1993.2~1993.10), <간 큰 남자>(KBS2, 1995.9~1996.3), <엄마는 출장중>(KBS2, 1996.10~1996.11), <행복을 만들어 드립니다>(1998.2~1999) 등은 한 가정 내에서 벌어지는 사건을 다룬다.

도 못했다. 제작자 자체도 시트콤을 제작한 것인지 가족 코미디를 제작한 것인지 모호했다. 이들 코미디 드라마들은 확고하게 시청자를 끌어당길 수 있는 미적 장치가 없었다.

SBS의 개국은 코미디 드라마 장르의 변화에 결정적인 기여를 했다. SBS는 보도 교양 프로그램의 열세를 코미디와 드라마 중심의 오락 프로그램으로 만회하고자 했다. SBS가 시트콤 제작에 관심을 가진 것은 바로 이 때문이었다. SBS는 개국 초부터 오지명의 캐릭터를 살려서 <오경장>(1993~1994), <오박사네 사람들>(1996) 등과 같이 시트콤을 제작했지만 지나치게 특정 인물에만 집중하는 경향이 있었다. 그러나 SBS는 가족 시트콤 <LA아리랑>(1995~1996)을 제작하면서 시트콤이 성공할 수 있다는 가능성을 열었다. <LA아리랑>은 LA를 배경으로 하고 있지만, 세트구성, 등장인물의 형상화, 플롯의 안정성 등 이전의 가족 코미디와 다르게 시트콤의 장르 관습을 제대로 활용했다.

SBS는 <LA아리랑>의 성공 이후 <속 LA아리랑>(1998~2000)을 주말 시트콤으로 방영했고, <순풍산부인과>(1998~2000)와 <웬만해선 그들을 막을 수 없다>(2000~2001)를 제작함으로써 가족 시트콤의 새 장을 열었다.

<남자 셋 여자 셋>(MBC, 1996~1999)은 청춘 시트콤으로 불리는 로맨틱 시트콤 장르 발전에 크게 기여했다. 미국의 시트콤 <프렌즈(Friends)>(1994~현재)의 기본 포맷을 모방해서 제작한 <남자 셋 여자 셋>은 청소년 시청자의 관심을 끄는 데 성공한다. <남자 셋 여자 셋>의 성공으로 <아무도 못 말려>(KBS2, 1996~1997), <나 어때?>(SBS, 1998~1999), <점프>(MBC, 1999), <행진>(MBC, 1999~2000) 등이 제작되었지만 후속 로맨틱 시트콤들은 서사의 구성이나 현실성이 취약하다는 한계를 지니고 있다.

<남자 셋 여자 셋>은 가족 시트콤의 장르 관습에서 벗어나 있으며, 기존의 가족 코미디나 가족 시트콤과는 차별화된 전략과 기법을 사용한다. 코미디와 리얼리즘을 기본 구조로 사용하는 가족 시트콤과 다르게 <남자 셋 여자 셋>의 양식은 코미디와 로맨스이다.

로맨틱 시트콤은 1990년대 초반 이후 급속히 부상한 신세대 문화와 관련된다. 신세대는 대중문화 영역 전반에 걸쳐 영향을 미쳤는데 텔레비전도 예

외는 아니었다. 텔레비전은 신세대의 감성에 맞추어진 트렌디 드라마와 단막 형식의 프로그램 편성을 확대했다. 텔레비전 버라이어티 쇼들은 신세대 스타들이 출연하는 분절화(segmentation)된 단위들로 구성되어 있었다. 20분 내외로 구성된 시트콤도 분절화된 프로그램 형식으로 가벼움과 표피적인 것을 즐기는 신세대의 취향에 맞추었다. 시트콤은 이데올로기의 억압과 정치적인 경향으로부터 벗어나서, 개인적이고 피상적인 문화형식을 선호하는 신세대의 문화에 부합되었다고 볼 수 있다.

성인 시트콤으로 <세 친구>(MBC, 2000~2001)와 <허니허니>(SBS, 2001~2002)는 밤 11시대에 주 1회 편성하고, 성에 대한 소재를 다루고 있다는 점에서 가족 시트콤이나 로맨틱 시트콤과는 차별된다. 성인 시트콤은 지상파 방송의 규범적 한계 때문에 직접적으로 성을 다루기보다 파편적으로 성에 대한 내용을 담고 있다. 1990년대 후반 이후 우리 사회에서 성에 대한 담론이 확장되면서, 지상파 텔레비전에서도 성인을 대상으로 하는 시트콤을 제작하게 된 것이다.

결과적으로 한국 텔레비전의 시트콤은 가족 시트콤에서 출발해서 로맨틱 시트콤, 성인 시트콤으로 확대되어왔다. 1990년대 중반 이후 가족 코미디와 시트콤이 애매하게 결합된 형식에서 탈피해서 세 종류의 시트콤 장르가 확고하게 자리잡았다고 볼 수 있다.

3. 웃음의 기제

시트콤은 일정한 이야기 구조로 짜여 있다. 시트콤은 기본적으로 3~4개의 시퀀스로 구성된다. 첫번째 시퀀스는 상황설정으로 특정 상황이 놓이게 되는 원인과 동기를 보여준다. 두번째와 세번째 시퀀스는 이러한 특정 상황에서 발생하는 복잡성과 혼란으로, 사실상 웃음을 유발하는 핵심 이야기이다. 복잡성은 안정된 상황이 꼬이게 되는 것을 의미하며, 혼란은 꼬여진 상황에서 발생하는 다양한 사건들이다. 상황의 복잡성 속에서 등장인물은 스스로의 덫에 빠지거나 혼란을 제거하려다가 더 큰 혼란에 빠진다. 따라서 사건은 계속 꼬이게 되며, 해결의 실마리도 보이지 않는다. 마지막 시퀀스는 헝클어지거나 혼란스러운 상황이 복원되는 내용을 담고 있다. 이와 같이 원인과 동기, 복잡성과 혼란, 복원이라는 구도는 시트콤의 변치 않는 틀이다.

시트콤의 서사 전략은 일반적으로 다섯 가지 방식으로 진행된다. 첫째, 특정 정보를 비밀로 하거나 잘못된 정보(오해) 때문에 발생하는 서사 구조이다. 다른 등장인물과 시청자는 알고 있는 사실을 특정 등장인물이 모르면서 이야기가 전개된다. 둘째, 위장과 가장이 웃음을 만들어내는 기제로 기능한다. 한 등장인물은 정체성을 위장하기 위해서 꾸미지만 결국 위장된 정체성은 밝혀지고 웃음은 증폭된다. 셋째, 고의적인 계획의 결과가 아닌 우연적인 사건 때문에 벌어지는 사건도 자주 등장한다. 넷째, 여러 등장인물이 계략에 말려드는 서사 구조이다. 다섯째, 특정 등장인물의 비정상성을 극단으로 몰고 가는 것이다.

시트콤의 서사 구조에서는 앞의 다섯 가지 방식 가운데 특정 정보를 비밀로 하거나 오해 때문에 전개되는 에피소드가 가장 많이 사용한다. 그러나 시트콤의 서사 구조는 하나의 전략에만 의존하는 것이 아니라, 두세 가지 요소들을 결합시켜 이야기를 만드는 경우가 적지 않다.

시트콤이 고정된 등장인물을 중심으로 전개되지만, 고정되지 않은 일회적 등장인물도 자주 출연한다. 일회적 등장인물은 대체로 상황의 안정적 구도를 깨는 역할을 담당한다. 이런 점에는 그는 방해자의 역할을 수행한다. 새로운 인물이 일회적이라는 사실 자체는 이미 고정된 등장인물과의 관계에서 갈등할 수밖에 없다. 그러나 일회적 등장인물이 만들어낸 갈등은 마지막 시퀀스에서 해소된다. <순풍산부인과>의 윤기원이 바로 방해자나 훼방자로서의 역할을 담당하는 대표적인 일회적 등장인물이다.

시트콤이 극적 구조나 논리적 전개보다는 규칙적인 등장인물들의 유기적 관계에 의존한다. 시트콤의 핵심요소는 등장인물의 성격과 배열이다. 등장인물의 성격을 얼마나 구체화하는가에 따라서 시트콤의 성패가 좌우된다고 해도 과언이 아니다. 새로운 시트콤이 시작되면, 시청자들은 한두 달 동안 별다른 재미를 느끼지 못하는 경우가 적지 않다. 왜냐하면 등장인물의 성격 형상화가 되지 않은 상태에서 진행되기 때문이다. 따라서 대부분 시트콤의 초기에는 시청률이 낮았다가 점차적으로 높아지는데, 이것은 등장인물의 성격이 그만큼 형상화되어 인물의 성격을 통해서 즐거움을 만들어내기 때문이다.

시트콤의 등장인물에서 대표적인 성격은 아이러니컬한 등장인물로 시청자보다 열등하거나 상황을 제대로 통제하지 못하는 인물이다. 시청자가 등장인물보다 우월하다는 느낌을 주기 때문에, 열등한 등장인물이 무엇인가 잘못해도 별다른 거부감은 없다. <순풍산부인과>의 박영규는 학원강사지만 열등하다. 박영규는 하는 일마다 매번 실패하며, 먹는 것만 밝힐 뿐이다. <웬만해선 그들을 막을 수 없다>의 노주현, <세 친구>의 박상면 등이 아이러니컬한 등장인물에 해당된다.

과장된 등장인물은 시트콤의 재미를 부추긴다. <세 친구>의 윤다훈, <남자 셋 여자 셋>의 김진, <웬만해선 그들을 막을 수 없다>의 신구 등은 이야기 전개과정에서 늘 '오버'하는 경향이 많다. 이들은 행위가 과장될 뿐 열등한 존재는 아니다. 초창기부터 시트콤 연기의 대부라고 할 수 있는 오지명은 과장된 인물 성격과 아이러니컬한 인물 성격을 함께 지니고 있다는 점에서 독보적인 지위를 갖는다. 그밖에도 낭만적 등장인물이 있는데, '인간적인' 모습이 강조되거나 이상적인 면모를 보이는 인물이다. <순풍산부인과>의 이창훈, <남자 셋 여자 셋>의 송승헌 등이 여기에 속한다.

모방적 등장인물은 우리가 일상생활에서 흔히 볼 수 있는 인물들이다. 시청자는 모방적 등장인물을 '우리들 중의 하나'로 인식한다. 시트콤에서 특별히 웃음을 제공하지는 않지만, 전체적인 인물구조에서 일상성을 높이는 데 기여하는 주변 인물들이 여기에 속한다.

하나의 시트콤에 네 가지 유형의 등장인물들이 배열된다. 여러 가지 유형의 등장인물들이 하나의 시트콤 안에서 어떻게 유기적 관계를 맺어나가는가가 중요하다. 따라서 특정 인물 한 사람이 시트콤에서 중심적인 역할을 하지만(대부분 가족 시트콤에서 아버지의 역할을 담당하는 배우), 그렇다고 해서 하나의 등장인물에 지나치게 의존할 경우 재미를 반감시킬 가능성이 높다.

4. 코미디

코미디 장르의 가장 큰 특징은 형식의 다양성에 있다. 코미디는 우리의 일상생활에 기반하고 있지만, 전형적인 표현방식은 현실을 비트는 것이다. 흉내내기, 패러디, 개그, 말장난과 재담, 슬랩스틱 등은 현실을 비트는 방법이다. 요즘의 코미디는 공허한 억지웃음 자아내기로 전락해 있지만, 코미디의 본질적인 정신은 내부집단과 외부집단 혹은 삼각의 관계구조를 바탕으로 위반행위와 전복으로서의 공격성향이나 현실풍자를 보여주는 데 있다.

단순화와 과정을 핵심으로 하는 코미디의 표현 양식으로 슬랩스틱, 흉내내기, 3단계 개그, 말장난 등을 들 수 있다. 코미디 양식으로서 슬랩스틱이란 과격하고 익살스러운 행동, 넘어지고 자빠지고 하는 육체적 행동 중심의 코미디를 의미한다. 슬랩스틱은 인간의 몸동작을 통해 의미를 전달하면서, 그 몸동작을 통해 현실을 평범하지 않은 과격한 방식으로 변형시킨다는 점에서 '현실 비틀기'라고 할 수 있다. 허영심이나 속물근성, 자만심과 같은 위선적 요소들에 대한 공격이 주된 표현 내용이 될 수밖에 없다. 그러므로 슬랩스틱은 대중적 가치를 대변한다.

우리가 흔히 경험할 수 있듯이 '흉내내기'는 인간의 흥미를 돋우는 데 널리 이용되는 방법이다. 심형래가 파리를 흉내내는 것에서 대통령 성대 모사까지 그 영역이 아주 넓다. 흉내내기가 가능한 것은 우리가 흔히 단순화된 틀로 대상의 특성을 파악하는 경향이 있기 때문이다. 그러나 흉내를 낸다는 것은 대상을 대치하는 것이 아니라 유사하게 모사하는 것이기 때문에 '흉내내기'는 기본적으로 변형이다. 변형이 보는 사람으로 하여금 재미를 느끼게 만드는 것이다. 예술 영역에서 흉내내기는 흔히 패러디(parody)라고 부르기도 한다.

개그는 한마디로 정의하기 어렵지만 흔히 '즉흥적 삽입'이라 규정한다. 진행자가 갑자기 미끄러져 넘어진다거나, 처음에는 웃고 넘겼다가 나중에 깨닫고 깜짝 놀란다거나 무슨 뜻인지 몰라 눈만 껌뻑이는 '형광등' 연기와 같은 것들이 개그에 해당한다. 흔히 개그는 개별적 상황들이 몇 차례 반복되는 양상을 띤다(3단계 구조). 첫째, 둘째 단계는 상투적인 상황을 보여줌으로써 보는 사람이 기대를 갖게 하고 마지막 단계에서 예상하지 못한 형태로 상황의 변용이 이루어짐으로써 놀라움과 재미를 유발시킨다. 개그도 역시 현실 상황 혹은 정서를 근거로 하면서 마지막 펀치라인에서 그 현실을 비틂으로써 재미와 동시에 일정한 깨우침을 주는 것이다.

프로이트에 의하면 농담은 세 가지 수준으로 구분된다. 첫째, 말 그 자체를 가지고 노는 것이 쾌감을 주는 경우다(어쭈구리!). 둘째, 재담이다. 재담이란 단순한 놀이의 수준을 넘어 거기에 일정한 의미가 담기지만 어떤 공격적 의도가 개입되지는 않는다. 동음이의어나 말실수(김영삼)나 장광설(엄용수) 등을 한 형태로 볼 수 있다. 셋째, 현실에 대한 적극적인 풍자의 의미를 담는 것이다. 코미디의 정신은 한마디로 풍자와 자각에 있다고 할 수 있다. 코미디의 다양한 표현 양식들은 그 자체로 독립된 것이 아니라 언제나 억압적 현실과 연결된 어떤 의미를 담게 마련이다. 흉내내기가 그저 모방하는 데 그쳐버리면 이는 코미디가 아니다.

따라서 코미디의 표현양식은 위반이고, 동기이자 효과는 공격성이다. 코미디의 위반과 공격성은 순환적 고리를 형성한다. 위반의 대상은 무엇이든 제한되지 않는다. 물론 방송표현의 자유 수준에 따라 위반의 대상은 달라질 수 있다. 국내에서도 얼마 전까지만 해도 거지와 깡패집단 이외에는 풍자하기가 어려웠고 지금도 크게 달라지지 않고 있다. 위반을 담당하는 대행자는 바보, 부적응아, 순박한 사람, 운수 나쁜 사람, 이방인 등이 전형적이다. 시청자를 포함한 그 사회 성원들이 익히 알고 있는 관습과 약호를 그 등장인물만 모르기 때문에, 그들이 범하는 실수는 시청자에게 우월감을 느끼게 해주고 그것이 웃음의 근원이다. 여기서 중요한 것은 코미디에서의 위반이 우리가 일상적으로 당연시해온 규칙들의 억압성을 자각하게 하고, 그것에 대한 전복의 열망을 표출시키는 계기가 된다는 점이다. 이런 면에서 코미디는 권위주의 추방과 사회의 권력관계 변화를 추동할 수 있는 힘이 될 수도 있다.

로맨틱 시트콤의 가능성

MBC <남자 셋 여자 셋>

장르가 산업, 텍스트, 수용자 사이의 상호관계 속에서 형성된다는 사실을 고려한다면, 시트콤은 이와 같은 구성요소들을 만족시키는 텔레비전 장르 중의 하나이다. 왜냐하면 시트콤은 일정하게 시청자를 끌어들이고 유지하려는 텔레비전의 경제적 요구에 특별히 기대어 있기 때문이다. 단막 연속극으로서 시트콤은 매일매일 혹은 매주 서사(narrative)의 완결에 관한 시청자의 욕망을 충족시키고, 반복가능한 서사체는 시청자의 반복적인 일상생활 리듬에 맞추어져 있다.

<남자 셋 여자 셋>의 등장인물들은 대부분 '피터팬 콤플렉스'를 지니고 있다. 대학생으로서 그들은 고정된 틀 밖으로 나아가는 것을 원치 않는 인물들이다. 이것은 특정 상황 속에서 고정된 시트콤의 장르 관습에 기인할 수 있다. 그러나 <남자 셋 여자 셋>의 등장인물들은 정신적으로 성장되어 있지 못하고, 대학현실과 사회현실에서 비롯되는 대학인의 위치와 무관하게 행동하고 사고하는 경향이 지배적이다.

중심 등장인물인 이의정의 행동, 옷차림, 사고는 유아적이다. 홍경인은 먹는 것에 관심이 쏠려 있다는 점에서, 김진은 지나치게 나약하고 의존적이라는 점에서 역시 유아적이다. 교수로서 이경실의 성격이나 역할도 이와 다를 바가 없다. 등장인물의 유아적 성격은 등장인물의 특징적인 성격이 재미의 요소로 작용하는 '캐릭터 코미디'의 요소로 받아들일 수 있다. 그러나 <남자 셋 여자 셋> 등장인물들은 성격이 다각적이라기보다는 공통적으로 '피터팬 콤플렉스'고 불릴 수 있는 하나의 틀 안에 묶여 있다. 다른 등장인물들도 현실로서의 대학이 아니라, 동화로서의 대학이라는 공간 안에 머무르고 싶어한다. 동화로서의 대학에서 그들의 관심사는 오직 로맨스이다. 대학생 피터팬들의 다양한 사랑 이야기가 <남자 셋 여자 셋>의 기본 서사구조를 구성하며, 로맨틱 시트콤이라는 새로운 장르의 지배적인 관습을 만들어냈다.

<남자 셋 여자 셋>은 전통적인 가족 시트콤의 장르 관습에서 일부 벗어나

피터팬 콤플렉스를 기본 서사구조로 하는 <남자 셋 여자 셋>은 로맨틱 시트콤의 가능성을 확인했다는 점에서 주목받을 필요가 있다.

있다. <남자 셋 여자 셋>은 기존의 가족 코미디나 가족 시트콤과는 차별화된 전략과 기법을 사용하는데, 이것이 인기의 비결이다. 코미디와 리얼리즘을 기본 구조로 사용하는 가족 시트콤과 다르게 <남자 셋 여자 셋>이 사용하는 서사체의 양식은 코미디와 로맨스이다. 물론 코미디로서의 이야기 구조는 가족 시트콤과 별다른 차이가 없다.

긴장과 놀람을 일으키는 코미디로서의 기본 플롯은 대략 다섯 가지 방식으로 진행된다. 첫째, 특정 정보를 비밀로 하는 것이다. 한 등장인물에게는 부분적인 정보만이 제공되지만, 다른 등장인물과 시청자는 그 사실을 알고 있다. 따라서 등장인물은 부분적인 정보 때문에 웃음의 대상이 된다.

둘째, 위장과 가장이 웃음을 만들어내는 기제로 기능한다. 한 등장인물은 정체성을 위장하기 위해서 꾸미지만 결국 위장된 정체성은 밝혀지고 웃음은 증폭된다. 홍경인이 여장을 해서 여자친구를 만나지만 위장은 조롱의 대상이 된다.

셋째, 고의적인 계획의 결과가 아닌 우연적인 사건의 성질 때문에 벌어지는 사건이다. 예를 들어 김진이 병원에서 검사를 받았는데, 우연히 그날 또 다른 김진이란 사람도 검진을 받았다. 김진에게 또 다른 김진의 검사결과가 통보되고, 김진은 자신이 시한부 인생이라는 사실로 괴로워하면서 웃음을 자아낸다.

넷째, 여러 명의 등장인물이 계략에 말려드는 것이다. 이것은 본래 의도했던 계획이 실패하거나 부분 수정되는 과정에서 벌어지는 상황을 다루는 것이다. 송승헌, 이휘재, 홍경인, 김진은 홍경인의 이웃 할머니가 돌아가셨다는 핑계를 대고 진명여대 여학생들과 몰래 여행을 떠나려 하지만, 이것을 알아차린 이의정 등에 의해서 계획은 수포로 돌아가고, 도리어 이의정 등의 계략에 말려드는 에피소드가 이에 속한다.

다섯째, 친숙한 등장인물에 대한 정보를 역전시키거나 특정 인물의 비정상성을 극단으로 몰고 가는 것이다. 시청자들은 그동안의 이야기 전개과정을 통해서 김진이 겁쟁이며, 나약하다는 사실을 알고 있다. 겁쟁이 김진이 용기를 보여주기 위해서 좌충우돌하는 에피소드는 시청자를 웃게 만든다.

로맨스는 <남자 셋 여자 셋>을 재미있는 에피소드로 만드는 가장 중요한 양식이다. 로맨스는 주제의식인 사랑과 우정과 연결되어 있다. <남자 셋 여자 셋>은 대학생활에서 벌어질 수 있는 '사실 같음(verisimilitude)'에 의존하고 있지만, 현실성을 높이기에는 이야기의 기본 상황설정 자체가 취약하다. 코미디라는 장르 관습을 이해한다고 하더라도, 세 명의 남자 대학생과 여자 대학생들이 함께 하숙하고 있다는 기본 상황은 현실성을 구축하는 데 근본적인 한계를 지닌다. 하숙집이 아니라 남학생과 여학생의 기숙사를 기본 공간으로 설정했다면, 현실감은 더 높아질 수 있었을 것이다.

로맨스가 리얼리즘을 지배함으로써 사랑과 우정이 기본 주제로 짜여져 있고, 만남은 서사에 동기를 부여하는 지배적인 관습으로 사용된다. 이것은 두 사람의 이방인이 만나는 다양한 과정을 의미하는데, 고정된 하나의 등장인물과 고정되지 않은 등장인물 사이의 만남이 강조되거나 고정된 등장인물 사이의 만남과 관련되어 있다.

여기서 중요한 것은 전자의 만남이다. <남자 셋 여자 셋>에서 고정된 인물들이 외부의 일회적인 인물들을 만나지 않는 경우는 거의 없다. 그러나 고정된 하나의 등장인물과 고정되지 않은 등장인물 사이의 만남은 대부분 실패한다. 이와 같은 플롯의 구조는 <남자 셋 여자 셋>에서 수없이 나타난다. 예를 들어 '위기의 여자' 편에서 안문숙은 <그대 그리고 나>에서 사기꾼으로 나오는 이원재를 카페에서 만난다. 안문숙은 그가 결혼했다는 사실을 모르는 채 사랑에 빠졌다가 나중에 사실을 알고 슬픔에 빠진다. 홍경인도 편의점에서 만난 여학생을 좋아하지만, 사랑은 이어지지 않는다. 지윤 또한 야구선수 선돈렬을 좋아하지만, 선돈렬에게는 좋아하는 여자가 있어서 이루어지지 않는다. 전체 고정된 등장인물 중에서 홍경인, 안문숙, 이경실의 만남은 언제나 좌절로 끝난다. 만일 이들의 만남이 사랑으로 발전한다면, 각 등장인물의 성격은 변화될 수밖에 없기 때문에 웃음이 감소되거나 교체될 것이다.

반면 송승헌과 이의정, 이제니와 김진 사이의 사랑은 언제나 꼬이거나 엇갈린다. 김진은 지나친 나약함 때문에 제니와의 사랑에서 원점을 맴돌고, 송승헌과 이의정의 관계는 대부분 이의정의 실수나 잘못 때문에 불안정한 상태에 빠졌다가 안정한 상태로 되돌아온다.

만남은 기본적으로 서사를 열어놓는 데 기여한다. 고정된 등장인물이 계속적으로 일회적인 인물과 만남으로써 <남자 셋 여자 셋>은 인물의 구도가 지나치게 구조화되는 것을 막는데, 고정된 등장인물의 축에서 이야기가 전개되는 일반적인 텔레비전 드라마와는 구별된다. 귀여운 만남은 서사체가 닫히는 경향을 피할 수 있게 해줄 뿐만 아니라, 반복적인 구도 내에서 만남의 풍요로움을 만들어내는 역할을 담당한다.

홍경인, 안문숙, 이경실의 만남은 좌절하도록 예정되어 있기 때문에 그들의 만남 속에서 나타나는 결말은 좌절이다. 이것은 가족 시트콤이 언제나 행복한 결말(happy-ending)로 끝나는 것과는 다른 것이다. 가족 시트콤에서 중요한 요소는 가정의 안정성을 재확인하는 일이다. 가족 시트콤은 각각의 에피소드 내에서 가족 구성원 사이에, 혹은 가족 구성원과 외부 등장인물 사이에 갈등이 발생하여 가정의 안정성이 흔들리지만, 외부의 간섭은 그렇게 강력하지 못하다. 따라서 행복한 결말은 가정이란 언제나 내부나 외부의 어려움 속에서도 변함없는 공동체라는 것을 재확인시킨다.

웃음을 유발하는 형식과 관련해서 로맨틱 시트콤은 패러디에, 가족 시트콤은 풍자에 의존하는 경향이 있다. <남자 셋 여자 셋>은 광고, 영화, 텔레비전 드라마를 부분적으로 자주 패러디한다. 패러디가 반드시 희극적일 필요는 없지만, 패러디가 희극적이거나 희극의 맥락 속에서 등장하면 웃음은 끊임없이 유발된다. 이것은 단순한 익살과 우스운 대사를 사용함으로써가 아니라, 상황의 차이에서 유발되는 코믹 이벤트 때문이다.

패러디는 미학적 관행들을 끌어들이고 그것들을 부각시키는 반면, 풍자는 사회적 관행을 활용한다. 풍자는 패러디와 유사하지만, 그보다 훨씬 더 두드러지게 조롱적이고 공격적인 성격을 띤다. 물론 가족 시트콤에서 사용되는 풍자는 한계를 지니고 있다. 왜냐하면 부모, 학교, 사회에 대한 사회적 규범을 조롱한다고 하더라도 그것은 일반적인 규범의 틀을 벗어나지 못하기 때문이다. 그럼에도 불구하고 가족 시트콤은 부르주아 가정의 규범과 권위를 풍자의 기본 소재로 사용한다.

로맨틱 시트콤이 리얼리즘을 상실하고 있다는 사실은 패러디에 쉽게 의존하게 만든다. 사회적 규범을 풍자하지 못하는 것은 등장인물이 대학생 피터팬일 뿐이어서 사회적 규범과 권위에 대해서 아무런 관심이 없고, 사회적 현실로부터도 떨어져 있기 때문이다. 이것은 <남자 셋 여자 셋>에서 보여지는 권위의 부재와 관련되어 있다. 아버지·어머니의 부재는 <남자 셋 여자 셋>의 특징이다. <남자 셋 여자 셋>에서 이의정, 송승헌, 김진의 어머니는 가끔 등장할 뿐이고, 아버지는 거의 등장하지 않는다. 가족 시트콤에서 묘사되는 아버지는 최상의 것을 알고 있지만, 동시에 최상의 것을 모르는 사람이다. 그럼으로써 가족 시트콤에서 권위의 존재로서 아버지는 풍자와 조롱의 대상이 될 수 있다.

아버지·어머니의 부재는 표면적으로 하숙집이라는 상황설정 때문이지만, 심층적으로는 피터팬 콤플렉스에 빠진 등장인물의 특성 때문이기도 하다. 등장인물들은 언제나 대학생으로만 남고 싶을 뿐이며, 더 이상 아버지·어머니로서 나아가는 것을 원하지 않는다. 아버지·어머니의 존재는 등장인물들이 일상적인 로맨스를 유지하는 데 방해되는, 따라서 피터팬의 마을에서 추방되어야 하는 '외부적 존재'일 뿐이다. 이와 유사한 맥락에서 권위의 또 다른 부재로서 교수인 이경실의 역할을 들 수 있다. 이경실은 비록 교수로 등장하지만 풍자되거나 조롱당할 권위를 지니지 않는다. 이경실은 다른 대학생 등장인물과 차별되지 않는다는 점에서 또 다른 피터팬일 뿐이다. 이경실은 교수로서 중요한 역할을 하고 있는 것은 사실이지만, 만일 교수로서 더 권위 있는 인물을 내세웠더라면, <남자 셋 여자 셋>은 권위, 세대, 대학의 제도에 대해서까지 풍자할 수 있었을 것이다.

한국의 텔레비전 관행에서 특정 프로그램의 수명이 6개월을 넘지 못하는 것을 고려하면, <남자 셋 여자 셋>은 충분히 주목받고 평가받아야 할 가치를 지니고 있다. 앞에서 말했듯이, <남자 셋 여자 셋>이 로맨틱 코미디의 새로운 장르 관습을 성공적으로 만들어냈다는 것은 그 자체로서 의미 있다. 전통적인 시트콤의 구성요소인 리얼리즘을 로맨스로 대체시키면서, '귀여운 만남'이라고 부를 수 있는 서사의 구조를 만들었고 동시에 권위의 부재 속에서 느낄 수 있는 자유로움을 다양하게 그려냈다. 이것은 거꾸로 등장인물들을 현실 안으로 위치시키지 못하는 결과를 초래했다. 대학이라는 공간은 현실과 사회적 제도의 공간이라기보다는 초월과 허구의 공간으로 묘사되고 있다는 점에서 동화의 세계이며, 또한 대학생으로서의 위치는 오직 사랑을 좇는 청춘으로서의 역할 이외에는 없기 때문이다.

1990년대 이후 신세대가 새로운 대중문화의 주요 소비계층으로 급부상하면서, 대중매체는 그들의 욕구를 충족시키는 다양한 장르를 만들어왔다. 텔레비전에서 트렌디 드라마, 혼합 장르의 버라이어티 쇼, 그리고 로맨틱 시트콤은 그와 같은 산업, 텍스트, 수용자의 요구와 조화를 이루면서 텔레비전의 인기 장르로 부상하고 있다. 이들 장르들은 기본적으로 신세대가 지니고 있는 정서의 구조들, 정치적·사회적 권위로부터 자유로워지려는 경향에 호소하고 있다. 아마도 언젠가는 이들 장르들의 인기가 사라지면서 새로운 장르가 사회문화적 배경 속에서 부상하겠지만, 적어도 한동안 이들 장르들은 여전히 지속적인 영향력을 행사할 것이다.

일상성의 '이면'과 반복의 미학

SBS <순풍산부인과> 1

<순풍산부인과>는 가족 시트콤의 전형을 보여주는 동시에 시트콤의 새로운 장르 관습을 만들어내고 있는 주목할 만한 프로그램이다. 저녁 9시 30분대에 편성되어 있다는 한계에도 불구하고, <순풍산부인과>는 방영 초기부터 조금씩 시청자를 끌어오는 데 성공하고 있다.

1998년 봄철 프로그램 개편에서부터 시작된 <순풍산부인과>는 초기 16퍼센트 내외의 시청률에서 매계절 1~2퍼센트씩 상승해서 1999년 가을 현재 23퍼센트 내외를 유지하고 있다. 시청률이 급격히 상승한 것이 아니라 차곡차곡 쌓여왔다는 점에서 고정 시청자층이 지속적으로 늘어나고 있음을 알 수 있다.

<순풍산부인과>의 매력은 세 가지이다. 첫째는 매일 결론 없는 이야기를 파편화된 조각들로 엮어내고 있다는 점이다. 대부분 다른 시트콤들은 특정 에피소드를 중심으로 진행되는데, 이야기가 끝낼 지점에서 헝클어졌던 오해나 혼란이 회복되는 것으로 마무리된다. 그러나 <순풍산부인과>는 이야기를 의도적으로 종결하지 않음으로써 시청자들에게 일상성과 현실성을 부여한다. 왜냐하면 현실적으로 우리들의 일상은 종결 없이 지속적으로 이어지기 때문이다. 매회 이야기가 종결되지 않음으로써, 시청자들은 <순풍산부인과>를 보면서 어느새 30분이 금방 지나갔다고 느낀다. <순풍산부인과>는 이야기를 종결시키지 않음으로써 매일 시청자에게 조금 더 길게 방영했으면 하는 아쉬움을 남긴다.

둘째, 이야기가 지니고 있는 반복성은 <순풍산부인과>가 지니는 또 다른 일상의 미학이다. 미달이 아버지(박영규)는 매번 의찬이네 집에 가서 냉장고 문을 열어 먹을 것이 없나 찾고, 오혜교는 늦게 들어와서 혼난다. 오미선, 오태란, 오혜교는 자매지간에 늘 다투며, 권오중은 김찬우 부자에게 당해서 설거지를 한다. 선우용녀는 오미선과 화투를 치거나 드라마를 보며 눈물을 흘리고, 오지명은 잘못했을 때마다 아내인 선우용녀에게 무엇인가 선물한다.

<순풍산부인과>는 이야기를 의도적으로 종결하지 않음으로써 시청자들에게 일상성과 현실성을 부여한다.

이와 같은 반복은 우리의 일상과 밀접하게 연결되어 있는 것들이다. 왜냐하면 우리의 일상도 이와 같은 일들의 반복과 별반 차이가 없기 때문이다. 게다가 이 반복이 지루하지 않은 것은 그만큼 현실에 와 닿아 있기 때문이다.

셋째, <순풍산부인과>의 등장인물은 모두 다 살아 있다. 인물이 살아 있다는 것은 인물의 개성을 구체화하는 데 성공했다는 것을 의미한다. 누구도 자신의 몫을 다하지 못하는 인물은 없다. 초기에 두드러졌던 오지명의 비중을 분산시킴으로써 인물의 성격과 다양성이 재미를 극대화시켰다.

<순풍산부인과>는 기존의 시트콤이 가졌던 뻔한 이야기 구조에서 벗어나 있으며, 새로운 이야기 형식을 만들어내고 있다는 점에서 돋보이는 프로그램이다. 그것은 <점프>(MBC), <행진>(SBS)과 같은 로맨틱(청춘) 시트콤의 진부함을 넘어서 있으며, 같은 가족 시트콤인 <LA아리랑>(SBS)의 고정화된 틀에서도 벗어나 있다. <순풍산부인과>는 형식의 새로움과 재미가 적절하게 결합되어 있다는 점에서 롱런의 요소를 갖추고 있다.

'역풍 산부인과', 오 마이 갓!

SBS <순풍산부인과> 2

<순풍산부인과>(SBS)는 가족 시트콤의 장르 관습을 완벽하게 소화해냄으로써 재미있고 의미 있는 프로그램이었다. 적어도 2000년 10월 후반 출연진이 대폭 바뀌기 전까지는 말이다. 그러나 지금 <순풍산부인과>는 한 마디로 '역풍산부인과'이다.

순풍의 매력은 인물들 모두가 살아 있다는 것이었다. 오지명, 박영규, 권오중, 표인봉, 송혜교, 허영란에 이르기까지 인물들은 저마다의 맛을 지니고 있었다. 썰물처럼 한꺼번에 주요 등장인물들이 빠져나가면서 새롭게 세 명의 인물이 순풍 안으로 들어왔다.

교양은 있지만 무좀과 발냄새에 시달리는 여의사 원수현, 허장성세와 '오버'로 무장한 이상인, 욕심 많은 김미화. 세 명의 새 인물들은 모두 강한 개성을 지니고 있지만, 과거 인물들의 공백을 메우는 데는 역부족이다. 왜냐하면 너무 과장되어 있어서 현실감이 떨어지고, 순풍의 인물구도에서 유기적으로 연결되어 있지 못하기 때문이다. 세 인물들은 개성은 있지만 현실과 동떨어져서 유아적이고 억지웃음을 만들어낼 뿐이다.

무좀과 발냄새로 고민하는 원선생이 한밤에 살풀이춤을 추거나 양주를 발에 붓는 행동은 아무래도 어색하고, 김미화가 방세를 내지 않으려고 주인 아줌마에게 박치기하거나 억지를 부리는 것도 자연스럽지 못하다. 이상인이 매운 고추를 먹거나 몇 갑씩 담배를 피우고 귀로 자동차를 끄는 것들도 지나치게 과장되어 있어서 일상성의 범위에서 벗어나 있다. 세 인물들은 리얼리티가 생명인 시트콤에 적합하기보다는 슬랩스틱 코미디에 어울릴 정도로 행동이 돌출적이다.

순풍의 시나리오도 더 이상 재미를 만들지 못한다. 과거 순풍은 독특한 이야기 구조를 지니고 있었다. 하나는 파편화된 이야기 구조로 에피소드의 끝에서 이야기를 종결시키지 않았다는 것이고, 다른 하나는 일상성과 밀접한 소재들로 구성되어 있었다는 것이다. 대부분의 시트콤은 이야기가 끝날 지

<순풍산부인과 2>는 출연진이 대폭 바뀌면서 이야기의 현실감이 떨어지고 인물들이 유기적으로 연결되지 못하고 있다.

점에서 헝클어졌던 오해나 혼란이 회복되는 것으로 마무리되지만, 순풍은 매회 이야기를 결론짓기보다는 일상 속에서 일어나는 파편화된 조각들로 연결되어 있었다. 우리의 일상이 끊임없이 반복되고 종결되지 않는 것처럼 순풍의 이야기도 반복되고 종결되지 않았다. 이것이 순풍이 지닌 이야기의 미학이었다. 게다가 이야기들은 일상성과 밀접하게 연결됨으로써 시트콤의 리얼리티를 만들어냈다. 지금 <순풍산부인과>의 시나리오는 과거의 성취조차 유지하지 못하고 있다.

이제 <순풍산부인과>를 보면 재미보다 짜증이 난다. 이전의 재미를 전혀 살리지 못하고 있는 탓에 낙엽이 모두 떨어진 앙상한 나뭇가지를 보는 듯하다. <순풍산부인과>는 지금 순풍이 아니라 역풍에 휘말려 있다. 순산이 아니라 난산이고 어쩔 수 없이 행한 제왕절개 수술도 실패했다. 필자가 더 이상 순풍 마니아로 남기는 어려울 것 같다.

웬만해도 그들을 막을 수 있다?

SBS <웬만해선 그들을 막을 수 없다>

<웬만해선 그들을 막을 수 없다>(SBS)는 <순풍산부인과>의 기대를 넘어서지 못한다. <웬만해선 그들을 막을 수 없다>에서 등장인물의 성격이 아직 구체화되지 않았기 때문에 좀더 지켜봐야 하겠지만 <순풍산부인과>의 재미를 이어가기에는 힘겨워 보인다.

제작진, 세트, 출연진만을 보면 <웬만해선 그들을 막을 수 없다>는 의욕적으로 출발했다. 순풍의 오리지널 제작자들이 참여했고 세트도 기존의 시트콤 세트보다 잘 만들었으며, 노주현, 신구, 배종옥, 이홍렬 등에 이르기까지 캐스팅에서도 공들인 흔적이 역력하다.

그러나 재미있는 가족 시트콤을 만들겠다는 제작진의 과욕이 <웬만해선 그들을 막을 수 없다>의 중심을 흔들어버렸다. 무엇보다도 가족 시트콤의 특성이 제대로 살아나지 않고 있다. <웬만해선 그들을 막을 수 없다>에서 재미의 중심이 아기자기한 가족관계에 있기보다는 권오중과 소방대원들 그리고 영삼과 친구들 쪽으로 기울고 있다. 신구와 노주현의 선전에도 불구하고 가족관계의 설정에서 오는 일상적 재미가 약해지면서 이야기의 현실성이 떨어지고 있다. 예를 들면 방귀 소동, 가마 태우기, 키스 관련 이야기들, 개가 엉덩이를 물어 발생한 사건 등 대부분이 일상을 한참이나 벗어나 있다.

한 가족이 함께 보는 데 부담스러운 내용들도 적지 않았다. 이홍렬의 외동딸인 민정과 하숙생인 이재황이 화장실, 거실, 길거리, 권오중의 방에서 벌이는 진한 키스장면은 성인 시트콤에나 적합한 내용이었다.

등장인물의 수가 많다는 것도 이야기의 중심을 흐트러지게 만든다. 노주현 가족, 이홍렬 가족, 소방대원들, 영삼이 친구들, 소방서 직원들, 배종옥 가족, 꼬마아이들 등 등장인물들이 서로 유기적으로 연결되지 않고 있다. 따라서 이야기가 파편화되면서 전체적으로 산만하게 전개되고 있다. 고정 등장인물의 수가 많음에도 불구하고, 외부 등장인물들이 자주 등장하는 것도 적절해 보이지 않는다.

<웬만해선 그들을 막을 수 없다>는 등장인물의 수가 많아서 이야기의 중심구조가 흐트러지고 있다.

　등장인물의 성격을 지나치게 고정시키려 하는 것도 재미를 반감시킨다. 예를 들어 이홍렬을 소심하고 잘 삐지는 성격으로 가둠으로써 이홍렬 특유의 순발력과 재치를 살릴 수 없게 되었다. 이홍렬의 비중이 시간이 지나면서 약해지고 있는 것은 어쩌면 당연한 결과이다.

　<웬만해선 그들을 막을 수 없다>의 제작자와 작가들은 2001년 1월 한 달 동안 전개된 내용과 시청자의 반응들을 다시 한번 곱씹어볼 필요가 있다. 그렇지 않으면 웬만해선 그들을 막을 수 없는 것이 아니라 웬만해도 그들을 막을 수 있다.

리얼 시트콤? 장르 실험은 계속해야 한다

KBS2 <청춘>

모든 대중문화의 산물은 '관습'과 '창조' 사이에 위치한다. 대중문화 산물이 지나치게 관습에 빠질 때 대중은 진부하게 느껴 흥미를 잃으며, 창조성만을 추구하면 난해하거나 낯이 설어 외면한다. 대중에게 친숙하면서도 새롭게 다가갈 수 있다면, 그 대중문화 산물은 질 좋은 작품이라고 말할 수 있다.

그러나 아쉽게도 우리의 텔레비전 문화는 창조와 관습 사이에 자리잡기보다는 지나치게 관습에 빠져 있었다. 외국이나 다른 방송사에서 시청률이 입증된 프로그램 형식을 모방하기에 급급했기 때문에 새로운 프로그램 형식을 찾기 어려웠다. KBS1의 <개그콘서트>나 <인간극장> 정도가 관습 속에서 창조성을 추구한 작품이라 할 만하다.

제작진이 새로움이나 실험적 시도를 두려워하는 지금 상황에서 리얼 시트콤 <청춘>은 단연 돋보인다. 그동안 시트콤은 가족 시트콤, 청춘 시트콤, 성인 시트콤으로 발전해왔다. 여기에 새로운 형식으로 리얼 시트콤이 추가된 것이다. 리얼 시트콤이라는 용어는 방송비평사전 어디에도 없다. 제작진은 새로운 장르 개념을 만들어낼 정도로 실험적 시도를 하고 있는 셈이다.

리얼 시트콤 <청춘>의 형식은 새롭다. 관찰카메라를 사용한 옴니버스 형식으로 짜여 있으며, 콘서트의 요소까지 도입하고 있다. 콘서트, 드라마, 다큐멘터리, 코미디가 뒤섞인 독특한 포맷이다. 상황설정과 일상성이 중요한 기제가 된다는 점에서 시트콤의 요소를 담고 있지만, 시트콤 장르로 규정하기에는 무리가 있다. 그럼에도 불구하고 <청춘>이 리얼 시트콤 장르를 개척해가기를 기대한다.

<청춘>이 시트콤 장르로 발전하려면 연출이 필요할 듯하다. 제작진은 되도록 일상성을 살리기 위해서 연출을 억제하고 있다고 말하지만 연출을 한다는 것이 곧 사실성을 무너뜨리는 것은 아니다. 오히려 이야기의 산만함에서 벗어날 수 있고, 일상성을 훼손하지 않는 범위 안에서 재미의 요소를 더할

<청춘>은 관찰카메라를 사용한 옴니버스 형식으로 콘서트의 요소까지 도입한 독특한 시트콤이다(사진은 MBC <뉴논스톱>).

수 있기 때문이다.

<청춘>은 콘서트의 요소를 도입함으로써 추임새의 일종으로 윤도현이 이야기 도중에 수시로 끼어드는데, 이를 자제할 필요가 있다. 자막이 너무 많은 것도 거슬린다. 제작진은 음향 문제도 좀더 신경을 써야 한다.

<청춘>이 실험 제작용 프로그램으로 기획됐기 때문에 3회를 방송한 뒤 시청자 반응을 보고 추가편성 여부를 결정할 것이라고 한다. 그러나 시청자의 반응이 지나치게 나쁘지 않다면 정기적으로 편성하는 것이 바람직하다. 모방과 짜깁기가 넘쳐나는 우리 방송 현실에서 이 정도의 새로운 시도는 그 자체만으로 충분히 가치 있기 때문이다. 이는 시청자의 선택 폭을 넓히는 것이고 프로그램의 질 향상에도 이바지할 것이다. 비록 완성도가 좀 떨어져도 실험의 신화는 계속돼야 한다. 쭈~욱.

박경림, 양동근이 빠진 <뉴 논스톱>의 앞날은?

MBC <뉴 논스톱>

<뉴 논스톱> 제작진이 앞으로 얼마나 개성 있는 인물들을 창조해나갈 것인가 궁금해진다. 군입대를 이유로 떠난 구리구리 양동근과, 좌판 박경림·오버맨 조인성 커플이 결혼을 하게 되면 이들 역시 <뉴 논스톱>을 떠나기 때문이다.

시트콤이 적은 제작비로 안정적인 시청자를 확보할 수 있다는 점에서 상품 가치가 높지만, 안정적인 시청자층을 갖고 있는 시트콤은 의외로 적은 편이다. 청춘 시트콤 중에서 <남자 셋 여자 셋>(1996~1999)만이 성공했을 뿐 이후에 방영된 <점프>, <행진>, <나 어때?> 등은 6개월을 버티지 못했다. 제작진이 개성적인 인물을 만드는 데 실패했을 뿐만 아니라 기성 세대를 비웃는 젊은 세대의 정서를 제대로 담아내지 못했기 때문이다.

이런 점에서 청춘 시트콤 <뉴 논스톱>은 주목할 만하다. 무엇보다 <뉴 논스톱>의 개성적인 인물설정이 돋보이기 때문이다. 박경림, 조인성, 양동근뿐만 아니라 어리버리 장나라나 느끼한 정태우, 타조알 김영준에 이르기까지 등장인물들은 자기만의 세계를 갖고 있었다. 엽기적인 양동근처럼 등장인물을 극단으로 끌고 가서 현실성을 떨어뜨리는 한계가 있었지만, 이야기 전개과정에서 내적 유기성을 갖기 때문에 이들의 과장된 내용도 별 거부감 없이 재미있게 받아들여졌다.

특히 박경림과 조인성의 사랑은 <뉴 논스톱>의 재미를 증폭시켜왔다. 못생긴(?) 여자와 잘생긴 남자의 사랑. 박경림과 조인성의 관계는 <남자 셋 여자 셋>의 이의정과 송승헌의 관계와 유사하다. 그러나 이의정과 송승헌이 소극적인 틀에서 벗어나지 못했다면, 박경림과 조인성은 좀더 적극적으로 사랑을 완성해나간다.

대부분 텔레비전 드라마에서 외모가 떨어지는 여자 주인공과 잘생긴 남자 주인공이 맺어지는 경우는 거의 없으며, 모두다 아름답고 멋있는 남녀 등장인물들뿐이다. <뉴 논스톱>은 외모가 결정하는 사랑의 방식에 의문을 제기한다. 외모가 사람을 평가하는 하나의 잣대가 되고 있는 기성 관념을 코미디

시트콤에서 핵심인물들이 빠지면 이야기가 어색하고 흥미는 급격히 떨어진다. <뉴 논스톱Ⅲ>가 앞으로 얼마나 개성 있는 인물들을 창조해나갈지 궁금해진다.

의 형식을 통해서 과감히 무너뜨리는 것이다. 결혼을 앞둔 조인성은 박경림을 위해서 요리와 다림질을 배우면서 잘생긴 남자와 못생긴 여자의 관계를 뒤집는다. 여기에 개성과 자기 세계를 중시하는 젊은 세대의 정서가 담겨 있다.

　박경림과 조인성이 결혼해서 <뉴 논스톱>을 떠나면 등장인물의 공백은 커보일 수밖에 없다. 대체로 시트콤에서 핵심인물이 빠지면 곧바로 이야기의 누수(漏水)가 발생해서 흥미는 급격히 떨어진다. 연출가 김민식 씨가 어떻게 그 공백을 메우면서 새로운 인물을 설정해나갈지가 자꾸 궁금하다.

미국 시트콤의 원형과 변화*
<심슨 가족> <프렌즈> 외

시트콤은 한국에서 1990년대 후반에 들어와서야 인기를 끌기 시작했지만, 미국에서는 1950년대 초반부터 인기 장르로서 확고한 위치를 지켜왔다. 시트콤 장르가 지니고 있는 경제적, 미학적 강점 때문에 미국 네트워크 텔레비전은 시트콤 제작을 확대해왔다.

미국 시트콤은 약 22분 정도(광고 포함 30분)로 구성되어 있다. 전통적으로 카메라는 4대, 세트는 4~6개 정도이고, 라이브 스튜디오에서 진행되기 때문에 방청객이 참여한다. 최근 들어 세트가 10개 이상 활용되기도 한다. 시트콤은 대체로 월요일에 작가의 초고가 나오는데, 작가는 수요일까지 원고를 손질한다. 화요일에 연기자들은 초고를 보면서 연습하고 애드립을 결정한다. 수요일에 리허설을 하고, 목요일에는 영상의 윤곽을 잡고 카메라의 배열이나 화면 구성을 결정한다. 그리고 금요일 저녁 대략 300명 정도의 관객이 보는 앞에서 촬영을 시작한다.

초창기 미국 시트콤은 교외지역 중산층을 배경으로 한 <The Adventures of Ozzie and Harriet>(1952~1966), <Father Knows Best>(1954~1963), <Leave It To Beaver>(1957~1963) 등의 시트콤과 도시를 배경으로 하는 <I Love Lucy>(1951~1957), <Make Room For Daddy>(1953~1963) 등이 인기를 끌었다.

미국 시트콤의 주요 세팅은 교외(suburban), 시골, 대도시 지역이다. 시골 지역이 주요 세팅이 되는 경우는 점차 줄어들고 있으며, 주로 교외와 대도시가 시트콤의 배경이 되고 있다. 1950년대와 1960년대 미국 시트콤은 교외지역의 일상생활을 주로 다루었다. 미국 텔레비전이 만든 신화 중의 하나는 이상적인 삶의 질은 교외에서 살 때 유지된다는 것이다. 따라서 교외는 이상적인 삶의 표상으로 기능한다. 왜냐하면 교외는 자연의 거칠음과 대도시의 무질서, 이웃 공동체

---

* 1990년대 이후 국내에서 시트콤이 인기를 끌고 있기는 하지만 아직까지 안정된 장르라고 보기는 어렵다. 국내 시트콤이 새로운 장르로 정착하기 위해서는 미국 사례를 면밀히 검토해볼 필요가 있다.

여피족의 일상을 다룬 <프렌즈>는 <남자 셋 여자 셋>, <세 친구>와 같은 한국 시트콤에 중요한 영향을 미쳤다.

와 개인주의 사이에 위치하기 때문이다. 미국 시트콤이 교외를 세팅으로 설정하고 있는 것도 미국 텔레비전이 만든 신화를 그대로 반영한다. 이런 점에서 시트콤은 가족주의를 중심으로 부부문제, 부모와 자식 사이의 세대차 등이 기본 구조를 형성한다. 대도시를 배경으로 하는 경우 전통적인 가족 시트콤과 여피나 청소년을 대상으로 하는 시트콤들이 있다. 여피족의 일상을 다룬 것으로 현재까지 인기리에 방영중인 <Friends>(1994~현재)가 대표적이다.

1960년대 중반에서 1970년대에 이르러서 기존의 전통적 가족주의와는 상이한 새로운 종류의 시트콤이 부상했다. 그것은 <The Beverly Hillbillies>(1962~1971)의 영향이다. 가족이 주요 등장인물이지만 정상적인 가족이 아니라 마귀나 이상한 가족 구성원들이 등장인물로 나온다. 이들 가족 구성원들은 외부집단(outgroup)과 판이한 내부집단(ingroup)의 성격을 지니는데, 이들 내부집단과 시청자와의 거리감이 웃음을 유발하는 요소다. 이상하고 기이한 등장인물의 대표적인 시트콤은 <The Addams Family>(1964~1966)이다. <The Addams Family>는 1973년에도 제작되었으며, 1990년대 초반 영화로도 만들어진 블랙 코미디 형식의 시트콤이다.

제6장 시트콤·코미디 비평

여기서 아버지는 더 이상 모든 것을 가장 잘 알고 있는 사람이 아니다. 아이들은 그들의 부모에게 성적인 문제나 개인적 가치 등을 가르친다. 부모와 자식 사이의 관계가 역전되는 경우가 많이 발생한다. 텔레비전 시트콤의 변화는 급격하게 무너진 미국 가족 가치의 붕괴를 반영한다. 결과적으로 미국 사회에서 전통적인 가족 가치와 가족주의는 더 이상 지배적이지 않다는 것이다.

시트콤에서 미국 가족의 탈신비화는 1980년대 후반에도 계속 이어진다. 비록 <The Addams Family>와 같은 기이한 시트콤은 아니지만, 대표적인 것은 <Married…with Children>(1987~1997), <Roseanne>(1988~1997)와 애니메이션 시트콤인 <The Simpsons>(1989~현재)이다. 여기서도 부모는 자녀들에게 조롱받는다. 부모들은 '노동계급' 출신으로 사회적으로 주변화되어 있는 계급적 지위 때문에 안팎으로 비웃음의 대상이 된다. <Roseanne>에서 가족 구성원은 더 이상 아름다운 남녀의 결합을 의미하지 않는다. <Roseanne>의 가정은 불완전하고 우아하지 않으며, 통속적이다. 이야기의 대부분은 말을 너무 잘하는 자녀들에게 불만을 토로하는 것으로 구성되어 있다. 이들 시트콤들은 한결같이 이상적인 가정, 행복한 가정이란 신화로서만 존재할 뿐이라는 점을 함축한다.

1950~1960년대와 1980년대 후반 이후 교외지역을 배경으로 하는 시트콤의 차이는 미국인 가정의 꿈은 더 이상 존재하지 않는다는 것이다. 초기 가족 시트콤은 대도시의 마약, 공해, 소음, 교통문제를 피해서 교외에서 살아가는 미국인 가정의 꿈을 이야기했다. 그러나 1980년대 후반의 교외지역 삶은 과거와는 판이하게 달라졌다. 시트콤은 이와 같은 사회적 배경을 그대로 담아내고 있다.

교외지역과 더불어 대도시는 시트콤의 주요 배경이다. 허프(Hough, 1981)가 1948~1978년까지 400개 이상의 시트콤을 분석한 결과에 따르면, 211개의 시트콤 배경이 대도시였다(93개는 뉴욕이었고, 67개는 아파트였다). 대도시가 배경인 시트콤은 배경이 다른 시트콤과 차이가 있는데, 그것은 다름아닌 일 혹은 노동이 중요한 사회관계로서 등장한다는 것이다. 가족보다는 일에 대한 이야기가 주요 테마이다.

도시 시트콤들은 도시적 삶의 흥분과 재미, 일과 관련된 사건들이 주요 내용인 셈이다. 여기서 일은 '영원한 발전(eternal progress)'을 의미한다. 예를

<표 6-1> 주요 미국 시트콤의 흐름

배경	1955	1960	1965	1970	1975	1980	1985	1990	1995	2000
교외	Father Knows Best(54-63)						Married With Children(87-97)			
	Leave It To Beaver(57-63)						Roseanne(88-97)			
		My Three Sons(60-70)					The Simpsons(89-현재)			
시골	The Real McCoys(57-63)									
		The Beverly Hillbillies (62-71)								
			Green Acres (65-71)							
도시	I Love Lucy(51-57)			Sanford & Son (72-77)						
	Make Room For Daddy (53-64)			The Jeffersons (75-85)						
							Cheers(83-93)			
							The Cosby Show(84-92)			
								Frasier(93-현재)		
								Seinfeld(90-2001)		
								Friends(94-현재)		

들어 1970년대 한국에서도 <왈가닥 루시>라는 제목으로 인기 있었던 <I Love Lucy>(1951~1957)에서 루시의 고통은 남편이 그녀를 맨해튼 아파트에서 가정주부로 남아 있기를 바라는 데 있었다. 물론 이것은 1950년대 미국 사회에서 남편이 가졌던 일반적 인식을 반영하는 것이지만, 루시는 자신의 일을 포기하지는 않는다. <The Honeymooners>(1955~1956)도 마찬가지이다. 버스기사인 등장인물은 오직 일 속에서 행복을 찾는다. 좋은 삶을 위한 노력과 희망은 일 속에서 발견된다는 것이다.

1990년대 중반 도시를 배경으로 한 <All American Girl>(1994)이나 <Friends>(1994~현재) 등과 같은 시트콤들이 청소년이나 젊은 층을 공략했다. 이 시트콤들은 가족이나 일보다는 친구나 우정 혹은 사랑을 주요 테마로 다룬다. 부모와 자식의 문제나 세대차가 더 이상 젊은 층을 대상으로 하는 시트콤에서 위력을 발휘하지 못한 것이다. 게다가 뮤직 비디오만 열심히 보는 이상한 두 젊은이들의 일상을 시니컬하게 그려낸 MTV 최고의 히트 작품 <Beavis and Buthead>와 같은 애니메이션 시트콤도 등장했다.

1990년대 후반에 들어오면서 미국 시트콤은 여러 가지 변화를 겪고 있다. 1999년 미국 방송사들은 기존의 전통 시트콤에서 벗어나서 주시청 시간대에 방영될 수 있는 애니메이션 시트콤을 개발하고 있다. ABC, NBC, Fox는 새로운 애니메이션 시트콤을 제작했다. Fox가 방영하는 5편의 애니메이션 시트콤은 <The Simpsons> <King of the Hill> <The PJs> <Family Guy> <Futurama> 등이다. NBC도 선악의 대립 속에서 괴로워하는 한 남자의 이야기를 그린 <Devil and Bob>을 제작중이다.

애니메이션 시트콤들은 어린이 시청자를 위한 것이 아니다. <The Simpsons>의 성공에 힘입어서인지 새로운 애니메이션 시트콤들은 방송사의 다른 쇼보다도 더 대담하고 자극적이다. 젊은이들의 익살을 담은 <Beavis and Buthead>, 맥주를 게걸스럽게 마시는 백인 노동자들이 등장하는 <King of the Hill>, 입이 거친 어린이들을 볼 수 있는 <South Park> 등이 이에 속한다.

그렇다면 애니메이션 시트콤의 인기가 갑자기 높아진 이유는 무엇일까? 가장 큰 이유는 시청자와 제작자 모두 전통적인 생방송 시트콤 포맷에 갈수록 싫증을 느끼게 되었다는 점이다. 말하자면 카메라 4대로 진행되는 시트콤의 촬영방식에 대해 시청자들이 거부감을 느끼고, 진부한 대사가 난무하는 시트콤에 비해서 시청자의 수준은 한발 앞서 있는 것이다. 게다가 대본 작가의 입장에서 볼 때, 지금까지 제약받을 수밖에 없는 상상의 나래를 마음껏 펼칠 수 있기 때문이다. 시트콤을 애니메이션으로 제작함으로써 초현실적인 상황도 얼마든지 수용할 수 있게 된 것이다.

이와 같은 성인 애니메이션 시트콤의 붐을 일으킨 원조는 1989년부터 시작된 <The Simpsons>이다. <The Simpsons>이 10년 넘게 대단한 인기를 끌어왔지만, 많은 아류 프로그램들은 실패했다. 따라서 사람들이 <The Simpsons>의 성공을 요행으로 생각할 무렵, 코미디 센트럴(Comedy Central)에서 제작한 <South Park>가 빅 히트한 것이다. 애니메이션 프로그램은 다른 포맷의 작품들에 비해 제작비가 많이 든다. 그러나 일단 전파를 타고 사람들의 이목을 끌기만 하면, 엄청난 부와 수입을 가져다준다. 출연하는 배우들이 나이 먹을 일도 없고, 출연료를 지불하지 않아도 되며, 영화와 테마공원 같은 다른 매체에도 얼마든지 이용할 수 있다. 1999년도 시청률을 놓고 보면 새롭게 등장한 애니메이션 시트콤들이 생방송 시트콤에 비해 선전하고 있다.

전통적인 시트콤이 전반적으로 시들하면서, 미국 방송사들은 새로운 코미디 프로그램의 제작에도 열을 올리고 있다. 30분짜리 시트콤의 기반이 흔들리고 있는 것은 1999년 신규 프로그램들 중 14개만이 시트콤이라는 사실에서 확인될 수 있다. 시트콤의 빈자리를 메운 프로그램들은 1시간짜리 코미디물이다. 대표적인 예가 어느 현대식 가족이 겪는 우여곡절을 다룬 Fox의 <Get Real>과 세 커플의 뒤섞인 관계를 그린 NBC의 <Cold Feet> <Popular> 그리고 <Freaks and Geeks> 등이다. 시트콤의 퇴조가 가장 두드러진 방송사는 NBC다. 한창 전성기 때에는 18개의 시트콤이 편성되기도 했지만, 1999년 가을 시즌에는 10개 정도만 제작했다.

전반적으로 시트콤의 강세가 조금씩 약해지고 있는 것이 미국 네트워크의 현실이다. 이제 미국 네트워크 방송사들에게 시트콤은 경제적인 장르가 아니다. 1999년 새로운 시트콤을 제작할 때 편당 90만 달러가 들고, 네트워크는 처음 한해 방송권료로 50~60만 달러 정도를 지불해야 하기 때문이다. 게다가 시청률 10위 안에 들어가는 프로그램으로 시트콤은 <Friends> <Seinfeld> <Frasier> 등 3~4개 정도 유지할 뿐이다. 물론 한국과 비교하면 여전히 미국에서 시트콤이 인기 높다고 볼 수 있지만, 영향력은 약해지고 있다. 미국 시트콤의 신화가 조금씩 무너져가고 있다.

오만한 '퓨전 개그'의 새로운 가능성

MBC <코미디하우스> '허무개그'

바가지머리의 한 사나이가 절박한 어조로 "당신은 나의 이상형이야"라고 말하자 옆에 있던 친구가 곧바로 받아친다. "아, 나, 장진구야." <코미디하우스>(MBC) '허무개그' 팀의 이진환과 손헌수다. '허무개그'는 <코미디하우스>의 짧은 한 코너이지만 이 프로그램의 간판이라고 할 만하다. 신인 개그맨인 이진환과 손헌수는 물오른 '허무'연기로 최근 백상예술대상에서 인기상을 받기도 했다.

'허무개그'는 전통적 코미디의 한 양식이었던 짧은 만담을 연상하게 한다. 두 사람이 역할을 바꾸어가면서 몸과 말로 때로는 표정으로 코너를 이끌어가기 때문이다. 그들의 복장이나 외모의 촌스러움이 그리 낯설지 않은 것도 그런 이유일지 모른다. 그럼에도 요즘 '허무개그'의 인기는 하늘을 찌른다. 사람들이 허무개그를 보며 신선하다고 생각하거나 즐거워하는 이유는 무엇일까? 허무하니까? 답은 아마도 그 속도감과 온갖 웃음의 양식을 뒤섞어 놓은 '퓨전개그'라는 점에 있을 듯하다.

'허무개그'는 짧지만 그 형식과 내용이 그리 간단하지가 않다. 전통적으로 웃음을 유발하는 방법으로 말장난과 재담, 온몸으로 때우는 슬랩스틱, 흉내내기, 이야기를 나누다가 마지막에 한 방 먹이는 3단 개그 등이 있다. 이런 연기나 상황이 우스운 것은 살아 있는 것에 덧붙여진 기계적 경직성 때문이라는 것이 정설이다. 단순해 보이지만 '허무개그'는 이러한 웃음의 요소들을 두루 뒤섞고 있다.

허무개그의 기본 형태는 만담이다. 이 만담이 지루하거나 진부하다고 느껴지지 않는 이유는 말이 짧은 데다가 대화가 두 차례 이상 이어지는 경우가 거의 없기 때문이다. 두 사람의 표정이나 제스처 또한 영락없는 슬랩스틱 자세다. 그들이 대화 중간에 삽입되는 '몸연기'는 웃음유발의 중요한 계기가 된다. 흉내내기가 이들 만담의 소재이자 연기의 자원임은 말할 나위가 없다. 결국 '허무개그'는 상투적 상황 나열과 극적 반전을 축으로 하는 3단 개그의

'허무개그'는 형식의 진부함과 반복의 지루함을 속도로 용해시킨다.

극단적 형태라고 할 수 있다. 두 사람이 역할을 주기적으로 바꾼다는 점을 빼고는 그리 새로울 것이 없다. 그럼에도 신선해 보인다.

먼저 속도감이다. 불과 몇 분 사이에 열 가지 이야기가 빠른 속도로 지나가 버린다. 지루함을 느낄 시간이 없다. 허무팀의 영악함은 그 형식의 진부함과 반복에서 오는 지루함을 속도로 용해시켜버린다는 점에서 잘 드러난다. 다음으로 허무팀의 시선 혹은 태도다. 그들은 관객이나 시청자에게 구애의 눈길을 보내지 않는다. 그런 것에는 별반 관심이 없다는 태도다. 이들의 무심함은 오히려 관객이 다가가게 만든다. 한 마디로 '허무개그'는 유별나게 튀어서 웃겨야 한다는 강박관념에 대한 뒤집기다.

새바람을 일으키고 있지만 '허무개그'는 명실상부하게 허무하다. 이들이 현실적 삶에 대한 위반과 전복, 나아가 공격과 풍자라는 해학의 기본정신을 복원하거나 구현하는 데는 별반 기여하는 바가 없어 보이기 때문이다. 그럼에도 '허무개그'는 새로운 가능성을 내포한다. 움베르트 에코가 지적하듯이 웃음은 본래 그 존재만으로도 신에 대한 도전이거나 권력과 억압에 대한 공격이기 때문이다.

우스개, 그 속에 스민 우월주의

KBS2 <개그콘서트> '연변총각'

<개그콘서트>(이하 '개콘')는 아직도 상한가다. KBS의 효자 '개콘'의 중심에는 '2세대' 맹구 심현섭과 '연변총각' 강성범이 있다. 특히 '수다맨' 강성범의 인기는 하늘을 찌른다. 사람들이 그의 말투를 따라하는 정도가 하니라 '수다맨'을 소재로 한 컴퓨터 게임이 등장했는가 하면, '연변총각'과 관련해서는 인터넷에 반대사이트까지 생겼다. 수다맨이 침묵맨이나 썰렁맨을 물리치는 내용의 게임이야 수다맨 '게임버전'일 뿐이겠지만 연변총각 반대사이트의 출현은 몇 가지 생각거리를 던진다.

강성범은 언제나 저질시비에서 자유롭지 못했던 국내 텔레비전 코미디가 한 단계 발전할 수 있는 가능성을 보여주고 있다. 기존의 코미디가 비난을 받아온 주요 이유는 엎어지거나 온 몸을 비틀어대는 뻔한 형식에다가 황당무계한 상황설정, 억지 수준의 유치한 말장난 등이 주축을 이루었기 때문이다.

탁월한 이야기꾼인 강성범의 개그에는 '저질 시비' 코미디와는 차원이 다른 면이 있다. 숨이 넘어갈 듯한 '수다맨'의 장광설이나 능청스러운 '연변총각'의 허풍을 듣다 보면 절로 웃음이 나온다. 그의 이야기 원맨쇼에는 알토란 같은 정보가 담겨 있기도 하고 허풍에는 나름의 줄거리와 개연성이 살아 있다. 텔레비전의 원조가 전통적 '이야기꾼'이라는 점에서 볼 때, 강성범의 개그는 기본에 아주 충실하다. 강성범의 수다는 한동안 국내 코미디에서 실종되었던 서사성을 복원시키고 있다. 게다가 수더분해 보이는 인상이나 엄청나게 노력하는 자세 등은 그에 대한 인간적 매력까지 느끼게 한다.

물론 그의 한계도 명백하다. 현실의 억압이나 권력에 대한 풍자가 없다는 점이다. 슈퍼맨을 '수다맨'으로 변용하는 것이나 실제 연변과 상관없이 '연변총각'으로 변신하는 것은 코미디에서조차 표현의 자유가 지극히 제약되어 있는 국내 현실의 반영일 뿐이다. 그런 면에서 반대사이트에서 '연변총각'이 연변사람을 무시하거나 연변현실을 왜곡하고 있기 때문에 이를 폐지해야 한다고 주장하는 것은 그리 온당해 보이지 않는다. 시청자들이 그저 웃

'연변총각'이 주는 웃음은 연변이라는 현실 공간을 환기시키기 때문에 우리의 우월주의와 손쉽게 연결된다.

자고 하는 개그와 현실을 혼동하지는 않을 것이기 때문이다.

하지만 '수다맨'을 보고 웃는 것과 '연변총각'을 보며 웃는 것은 다소 맥락이 다를 수 있다는 점을 고려할 필요가 있다. '수다맨'과 달리 '연변총각'은 강성범의 의지와 상관없이 우리에게 연변이라는 현실 공간을 환기한다. 아이들이나 이방인이 쉽게 웃음거리가 될 수 있는 이유는 대부분의 경우 '우리'가 손쉽게 공모(共謀)할 수 있기 때문이다. 그 공모가 이루어지는 바탕은 대체로 '우월의식'이라 할 수 있다.

제7장
텔레비전 작가 비평

1. 텔레비전 작가는 없다?

　텔레비전 작가의 문제[1]는 미디어 비평 영역에서 거의 논의되지 않았다. 이것은 텔레비전 제작자는 있지만, 작가의 일관된 세계관과 스타일로서 작가주의는 존재하지 않는다는 것을 함축한다. 여기에는 나름의 이유가 있다. 텔레비전은 예술이 아니라 산업으로 간주되어왔기 때문에 작가가 자신의 개성을 표현하는 데 구조적 한계가 있다는 것이다. 문학, 음악, 미술 등 순수예술과 비교해서, 텔레비전 텍스트는 개인적 제작이 아니라 집단적 제작 방식을 취하고 있다는 점도 텔레비전 작가의 영향력을 약화시켰다. 또한 텔레비전 텍스트는 다양한 제작과정 속에서 상이한 장르를 만들어내기 때문에 동일한 수준에서 작가를 평가하기도 어렵다.

　그러나 같은 대중예술인 영화는 텔레비전과 달리 작가의 지위는 확고하다. 영화도 텔레비전처럼 경제적 요구로부터 자유롭지 못했지만, 초창기부터 예술적 지위는 인정받아왔다. 영화는 예술과 산업 사이에서 미학을 만들어냈다. 산업의 억압에도 불구하고 일부 영화감독들은 '위대함' — 사회적 통찰을 영화 속에서 보여주고 있다는 점에서 — 과 '진정성' — 자신만의 주

---

[1] 작가란 자신의 미적 감수성과 영향력이 텍스트의 생산에 중요한 역할을 하는 (대중)예술가로 정의할 수 있다. 작가주의(authorship, auteurism)는 특정 작품 하나에서 나타나는 것이 아니라 텍스트의 총체(corpus of texts) 속에서 발현되는 세계관과 스타일을 의미한다.

제의식을 발전시킨다는 점에서 - 을 추구함으로써 진정한 작가로서 위치를 인정받았다. 초기 영화에서 특정 감독은 자신의 세계관이 구현되는 영화문법과 장르를 만들어냄으로써 영화형식, 장르, 작가주의 비평의 길을 열어놓았다.

텔레비전에서 산업, 제도, 조직 등의 압력이 예술로서 텔레비전과 예술가로서 텔레비전 작가를 억압해왔다고 하더라도, 텔레비전 작가가 전혀 자율성을 갖지 못한다고 단정할 수는 없다. 텔레비전 작가와 관련해서 몇 가지 질문을 제기할 수 있다. 텔레비전 작가들은 고급문화의 작가들처럼 독특한 미적 기준이나 스타일을 만들어내지 못한다고 말할 수 있는가? 그들이 만들어내는 텍스트는 언제나 시청자의 대중적 취향에 봉사할 뿐인가? 텔레비전 작가들은 고급문화 예술가들처럼 창조적이거나 진지하지 않은가? 그렇다면 텔레비전 작가는 기술자(technician)이거나 기능인(craftsman)에 불과할 뿐인가?

텔레비전 작가가 고급예술 작가보다 창조적이거나 진지하지 못하다는 것은 고급문화의 시각에서 바라보는 것이다. 텔레비전 작가는 순수예술 작가나 영화작가에 비해서 상대적으로 자율성이 낮다. 그렇다고 하더라도 우리가 예술을 특정 개인의 감정, 경험, 세계관의 표현으로 이해한다면, 텔레비전 프로그램 제작에 참여하는 수많은 사람들이 자신의 개성을 표현하지 못하고 제도의 한계 내에 갇혀 있을 뿐이라고 말할 수는 없다.

현대 비평에서 의미의 원천으로서 작가 개념이 끊임없이 도전받아왔을지라도,[2] 작가의 존재 자체가 사라지는 것은 아니다. 텍스트의 의미는 다양한 문화적 코드들 속에서 생산되지만, 일차적으로 작가의 역할을 부정하기는 어렵다. 여기서는 작가 비평을 위해서 작가 개인의 의미, 구조와 제도로서의

---

[2] 1960년대 이후 현대 비평은 작가의 위치에 의문을 제기해왔다. 예를 들어 바르트(Barthes, 1977: 146)가 말하는 '작가의 죽음'이란 단순히 작가가 사라졌다 것을 의미하지 않는다. 그것은 세 가지 의미를 지닌다. 첫째, 전통적인 문학 연구에서 지나치게 신화화된 작가 이미지를 거부한다. 둘째, 작가가 텍스트 의미의 원천이자 기원이라는 생각에서 벗어나서 의미 생산자로서 독자의 역할을 강조한다. 셋째, 텍스트 하나는 수많은 "문화적 요인들이 서로 충돌하는 다차원적 공간"이므로 작가에 의해서 고정된 것이 아니다.

작가 문제를 탐색해볼 것이다.

2. 작가의 의미

대중문화 전 영역에 걸쳐 작가와 작가주의 문제는 심도 있게 논의되지 못했지만, 영화는 예외적이다. 1950년대 초반에서 1960년대 초반까지 프랑스 영화 비평가들은 작가의 문제를 본격적으로 제기했다. 영화잡지 ≪카이에르 뒤 시네마(Cahiers du Cinema)≫ 비평가들은 할리우드 영화감독의 작품과 관련해서 작가정책(la politique des auteurs) 개념을 제시했다.

작가정책 개념을 도입한 트뤼포(Truffaut)의 관심은 프랑스 영화에서 질(quality)의 문제를 제기하는 데 있었다. 프랑스 영화감독들은 고전적인 소설이나 작품들을 영화로 제작하는 과정에서 고전(古典)의 틀에 지나치게 얽매어 있기 때문에 자신들의 개성을 제대로 표현하지 못하고 있다는 것이다. 따라서 트뤼포에게 진정한 작가는 단지 명작 소설을 생명력 없이 그대로 영화로 옮기는 개인이 아니라, 감독의 세계 안으로 끌어들여 자신만의 표현방식으로 창조하는 개인을 의미한다. 누가 텍스트의 작가인가라는 질문은 누가 텍스트의 의미를 규정하는가의 질문과 같은데, ≪카이에르 뒤 시네마≫의 비평가들은 텍스트의 중심적이고 유일한 의미 구축에서 작가(감독)의 지배력을 높이 평가한 것이다.

≪카이에르 뒤 시네마≫의 비평가들은 진정한 작가(auteur)와 연출가(metteur-en-scene)를 명확히 구분했다. 진정한 작가는 예술가로서 창조적 작업을 하면서 자신의 세계관을 영화언어로 개성 있게 표현하고 영화 내에서 자신의 존재를 뚜렷하게 드러내는 감독을 의미한다. 이것들은 세계관과 스타일의 통일성 속에서 구체화된다. 반면 연출가는 기술자로서 산업적 생산이나 제도의 틀에서 벗어나지 못하는 감독을 지칭한다. 연출가는 영화언어를 표현할 수 있는 전문가로서 기술적 능력(technical competence)을 지니지만, 자신의 개성을 깊이 있게 표현하지 못하며 통일된 세계관을 제시하지도 못한다

는 것이다.

작가 개인에 초점을 맞추어서 사리스(Sarris, 1979)는 진정한 작가의 세 가지 전제조건을 제시한다. 진정한 작가의 첫번째 조건은 '기술적 능력'이다. 즉 감독은 기술자로서 주제, 시나리오, 연기, 영상, 편집, 음악 등을 자유롭게 활용할 수 있는 능력이 있어야 한다. 두번째 조건은 '개성의 표현 능력'이다. 이것은 감독이 자신만의 스타일을 만들어내는가 여부와 관련되어 있다. 세번째 조건은 '내적 의미(interior meaning)'를 어떻게 유기적으로 만들어내는가와 관계된다. 내적 의미는 감독의 개성과 영화 재료들 사이의 긴장으로부터 나오는 것이다. 사리스는 내적 의미가 감독의 세계관이 아니며, 더욱이 삶에 대한 감독의 태도도 아니라고 말한다. 그러나 이것은 영화의 재료들[대표적인 것으로 미장센(mise-en-scene)]을 통해서 영화적 의미를 표현하는 감독의 연출능력으로 이해할 수 있다.[3]

<그림 7-1>에서 보듯이 사리스는 작가로서 감독을 세 개의 동심원 속에 위치시킨다. 바깥 원인 기술적 능력은 기술자로서 감독, 가운데 원인 스타일은 스타일리스트로서 감독, 안에 있는 원은 내적 의미로 작가로서 감독을 의미한다. 결과적으로 작가로서 감독은 기술자이면서 스타일리스트이고, 동시에 내적 의미를 구체화해낼 수 있는 주체를 의미한다. 그러므로 기술자나 스타일리스트라고 해서 모두 작가가 될 수 있는 것은 아니다.

≪카이에르 뒤 시네마≫의 비평가들이 구분하는 작가나 연출가와, 사리스가 말하는 기술자, 스타일리스트, 작가 사이의 구분은 작가 개인의 위치를 설명해준다. 또한 작가 개인에 대한 연구들은 일반적인 의미에서 할리우드

---

3) 내적 의미에 대한 사리스의 정의는 그렇게 명확한 것 같지 않다. 필자는 내적 의미가 미장센을 통한 유기적 의미생산을 뜻한다고 생각한다. 우리가 미장센을 실제 촬영과 관련된 스타일의 체계로 정의한다면, 감독은 미장센을 통해서 독특한 영화 의미를 만들어낸다. 예를 들어 임권택 감독의 <서편제>를 생각해보자. 아마도 관객들은 <서편제>에서 송화 가족이 '진도 아리랑'을 부르면서 고갯길을 넘어오는 장면을 기억할 것이다. 감독은 롱 테이크와 롱 쇼트를 통해서 중요한 내적 의미를 만들어낸다. 여기서 미장센을 통한 내적 의미는 예술가로서의 여정은 무한하다는 것이며(롱 테이크), 동시에 판소리는 자연과의 합일과정에서 진정한 예술적 성취를 이룰 수 있다는 것이다(롱 쇼트). 이것은 단순히 감독의 세계관이라기보다 영화 내재적 의미의 생산과정과 관계되어 있다.

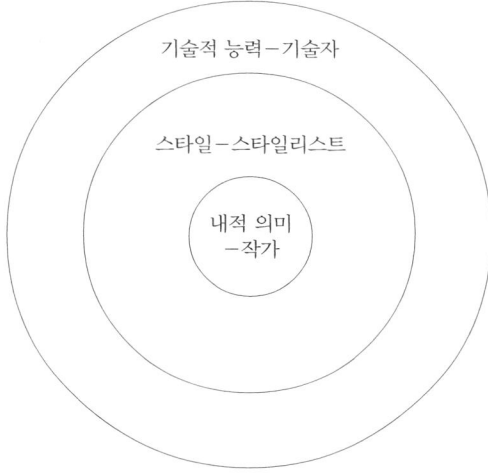

<그림 7-1> 개인으로서의 작가

의 대중영화들을 진지하게 탐구하고, 특히 작가 정체성의 위치로서 미장센을 좀더 면밀하게 분석하고, 영화형식을 분석할 수 있는 터전을 제공했다.

3. 텔레비전 작가 비평

텔레비전 작가 비평을 하기에 앞서 누가 텔레비전 작가가 되는가를 논의할 필요가 있다. 전통적으로 영화 영역에서는 감독을 작가로 인정한다. 감독은 법적·재정적 책임을 질 뿐만 아니라 제작팀의 구성, 연기자 선택 등 제작에 관련된 모든 일을 담당하기 때문이다. 미국 텔레비전에서 작가는 감독(director)보다 제작자(executive producer)를 의미한다. 제작자는 영화감독과 마찬가지의 책임을 갖기 때문이다. 반면 우리는 텔레비전 제작과정에서 감독과 제작자가 명확하게 분리되어 있는 것이 아니기 때문에 최종 작가를 연출가(PD)로 간주한다.

텔레비전 장르─드라마, 다큐멘터리, 버라이어티 쇼 등─에 따라서 작가의 위치도 변할 수 있다. 드라마는 극작가가 차지하는 역할의 중요성을 배제하기 어렵다. 드라마 제작에서 극작가와 연출가 사이의 미묘한 관계는 상황에 따라 다르겠지만, 극작가와 연출가 모두에게 작가로서의 위치를 부여할 수 있다. 반면 다큐멘터리와 버라이어티 쇼 등은 텍스트의 지배력에서 연출가의 영향력이 상대적으로 크다는 점에서 연출가를 최종 작가라고 불러도 무방할 것이다.

텔레비전 작가 비평을 포함해서 텔레비전 비평 자체는 제한적인 틀 속에서 진행되어왔다. 미국은 텔레비전 비평이 1950년대부터 시작되었지만, 단순히 리뷰(review)나 프리뷰(preview)의 수준을 넘어서 인문학적 비평이 시도된 것은 1970년대 이후였다. 특히 텔레비전 비평에서 작가 비평은 별로 각광을 받지 못했다.

예를 들어 질 좋은 시트콤으로 인정받고 있는 <M*A*S*H*>와 관련해서 개성 있는 블랙 시트콤으로 상황(situation)에 기초하기보다 리얼리즘에 호소한다거나 1960년대 보수주의에 대한 비판으로 반전, 무정부주의, 기성구조의 거부(anti-establishment) 등의 의미를 내포하고 있다는 비평들이 적지 않았다. 그러나 초기 <M*A*S*H*>의 시나리오 작가이자 기획자였던 래리 길버트(Larry Gelbart)나, 제작자(executive producer)였던 젠 레이놀드(Gene Reynolds)에 대해서는 별다른 평가가 없었다. <M*A*S*H*>가 작가나 제작자 어느 한 사람이 만든 것은 아닐지라도 이들의 중심적 역할을 간과할 수는 없다. 뉴콤과 앨리(Newcomb & Alley, 1983)는 텔레비전이 제작자의 미디엄이라는 점을 강조하고 있고, 롱워스(Longworth, 2000)는 미국 텔레비전 드라마 제작자들과의 인터뷰를 통해서 자서전적으로 논평하고 있지만, 전반적으로 텔레비전 작가 비평은 대단히 미약한 편이다.

국내에서도 텔레비전 작가 연구는 찾아보기 어려운데, 제작자보다는 드라마 작가에 초점을 맞추고 있다(김포천 외, 1998; 김훈순·박동숙, 1999). 김포천(1998)은 극작가인 김수현 멜로 드라마의 스타일로서 일상성, 이야기 전개방식으로서 복식(複式) 구성, 세밀한 묘사, 드라마 속도감의 조절능력 등을 높이 평가한다. 반면 김훈순·박동숙(1999)은 개별 작가 비평은 아니지만, 젠더 구조가 젠더 담론을 만들어낸다는 전제하에 여성 드라마 작가들의 가능성과 한계를 경험적으로 짚어내고 있다. 이 연구는 작가 개인의 초점에서 벗어나지 못하는 작가 비평의 현실을 고려할 때, 여성 작가와 제도, 개인사적 배경, 작가의식, 제작관행 등의 문제를 함께 논의함으로써 사회적 맥락 속에서 여성 작가를 바라본다는 점에서 상당한 의미를 지닌다.

텔레비전 비평은 텍스트, 제도, 맥락, 수용자 등을 고려하면서 일차적 의미생산자로서 작가 문제를 배제하지 말아야 한다. 비평이 작가를 (재)구성하는 작업이라면 작가 개인이 표현하는 스타일과 주제의식을 밝혀야 하고, 동시에 포괄적인 맥락 속에서 텍스트의 의미를 읽어야 한다. 텔레비전 작가를 단순히 기술자나 제도적 압력에서 벗어나지 못하는 개인으로 간주해 텔레비전 비평에서 배제하기보다 적극적으로 작가의 스타일, 주제의식, 세계관 등을 분석할 필요가 있다. 동시에 텔레비전 작가와 관련된 제작과정이나 맥락의 문제들도 함께 논의해야 한다.

4. 텔레비전 작가, 산업, 수용자

작가와 작가주의 문제와 관련해서 코히(Caughie, 1981: 32-33)는 세 가지 점을 비판한다. 첫째, 그동안 작가이론들은 작가를 특정 조직과 제도 내에 위치시키지 못하고 지나치게 작가 개인에 함몰되어왔다. 둘째, 특정 작가의 위치가 특정 사회적 맥락에서 어떤 의미를 지니는가라는 질문도 별로 제기되지 않았다. 셋째, 작가이론은 모든 것을 포함하는 단일한 이론구성에 치우쳐왔다. 단일한 작가이론에 매달리기보다 작가적 특성과 맥락에 맞게 차별화된 논의를 확대하는 것이 필요하다. 코히의 비판은 영화뿐만 아니라 텔레비전 작가를 논의할 때에도 유용하다.

텔레비전 작가와 작가주의 논의는 작가 개인에 국한되기보다 작가구조, 산업, 수용자 등의 폭넓은 관계 속에서 해명되어야 한다. 따라서 텔레비전 작가주의 문제를 발전시키기 위해서는 <그림 7-2>와 같은 구조 속에서 작가의

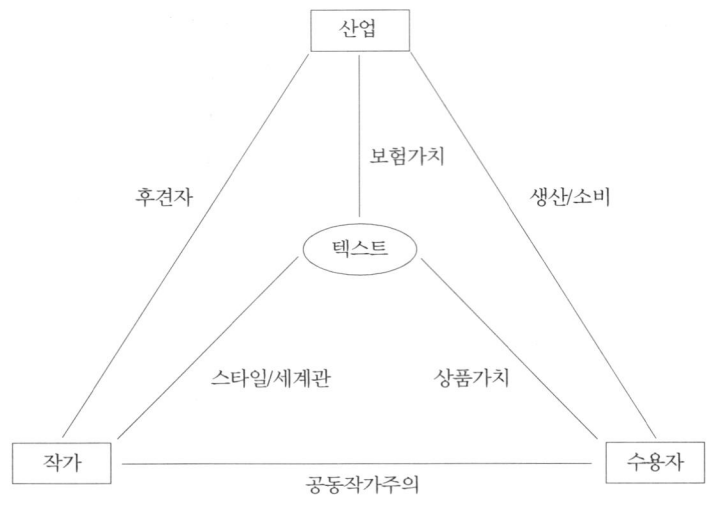

<그림 7-2> 텔레비전 작가의 맥락

의미를 탐색할 필요가 있다.[4] 텔레비전과 작가의 관계를 논의할 때, 먼저 산업과 대중예술로서의 텔레비전을 함께 고려해야 한다. 영화에서처럼 산업이나 예술의 어느 한 가지 측면에 지나치게 매달릴 때, 텔레비전의 특성을 제대로 해명하기 어렵다.

텔레비전 작가에 대해 두 가지 측면을 생각할 수 있다. 하나는 산업으로서 텔레비전이 특정 작가로 하여금 작가적 위치를 부여하는 경우이다. 제작자인 김종학이나 극작가인 김수현 등이 여기에 해당된다. 물론 텔레비전 산업이 작가의 위치를 부여하기 이전에 이들은 일관된 스타일과 세계관을 표현하면서 상업적으로도 성공한 경우이다. 따라서 성공한 작가들의 텍스트는 안정성, 즉 '보험가치'를 지니게 된다. 왜냐하면 이들의 텍스트가 과거에 높은 시청률을 기록했기 때문에 새로 제작하는 텍스트도 성공할 것이라는 상대적 확신을 줄 수 있기 때문이다. 이것이 텔레비전 작가 지위를 침해할 수 있지만, 거꾸로 이들 작가의 자율성을 높이는 데 기여할 수 있다. 그동안의

---

4) <그림 2>는 드라마 작가를 중심으로 도식화시킨 것이기 때문에 모든 종류의 텔레비전 장르와 작가에 동일하게 적용되지는 않는다.

사례를 통해 보면 성공한 작가의 경우 작가 개념이 침해되는 경우보다 자율성이 확대되는 경우가 훨씬 많다.

이들은 자신들이 이룩한 작가적 성취와 고정 시청자를 지니므로 상품가치를 지닌다. 수용자들은 다른 작가가 아니라 김종학이고 김수현이기 때문에 작품을 대하기 이전에 높은 기대감을 갖는다. 과거의 작품이 재미있었기 때문에 앞으로의 작품도 재미있을 것이라고 생각하기 때문이다. 산업은 이들의 후원자 역할을 수행할 가능성이 크다. 이들 작가의 작품이 반드시 상업적으로 성공하는 것은 아닐지라도 성공할 가능성이 높기 때문에 보험 역할을 하고 있다고 말하는 것이 무리는 아니다.

텔레비전 작가의 또 다른 사례는 김종학이나 김수현과 다르게, 상업적으로 전혀 성공적이지는 못하지만 텔레비전 작가로서 인정받는 경우이다. 동일한 수준에서 말하기는 어렵지만, 장기오나 표민수 등이 여기에 속한다. 장기오는 예술성이 높은 작품을 제작하기 때문에 확실한 '보험가치'나 상품가치를 갖는 것은 아니지만 개성있는 영상미학으로 자신의 세계를 구축하고 있다.

표민수도 폭넓은 수용자의 관심을 끄는 데 실패했지만 나름의 멜로 드라마 스타일을 만들어왔다. 표민수 스타일의 특징은 두 가지이다. 하나는 의미의 공백을 만들어내는 능력이고, 다른 하나는 영상과 사운드트랙을 통해 이야기를 지배해나가는 솜씨이다. 의미의 공백을 만든다는 것은 의미를 수용자 해독의 몫으로 돌린다는 것이다. 표민수의 드라마가 정서적 흡입력이 높은 이유는 의미의 공백을 수용자가 채우기 때문이다. 그만큼 수용자가 정서적으로 참여하는 폭이 열려 있는 셈이다. 따라서 여느 아침 멜로 드라마처럼 이야기나 사건 자체가 중심이 되지 않고, 감성과 분위기 중심으로 드라마를 이끌어간다. 영상과 사운드트랙은 이와 같은 감성을 이끌어가는 수단으로 사용된다. 이런 까닭에 표민수는 극본을 그대로 따라가지 않고 텍스트에 대한 지배력을 높이며, 표민수의 스타일에 공감하는 수용자의 폭은 넓지 않지만 마니아를 만들어낸다. 이것이 바로 표민수와 다른 멜로 드라마 연출가의 차이다.

비록 장기오나 표민수 등과 같은 작가들이 대중성을 확보하는 데 실패한다 하더라도 텔레비전 방송사는 이들을 계속 후원할 수 있다. 이들은 '표민수식', '장기오표'와 같은 나름대로 독특한 드라마 세계를 구현하기 때문에 마니아층을 형성하는 등 상징적으로 기여하는 바가 크다는 것이다.

작가와 수용자의 관계는 공동작가주의(co-authorship)라고 부를 수 있다. 이것은 두 가지 의미를 지닌다. 하나는 수용자가 작가와의 상상적 관계를 통해서 텍스트의 의미를 재구성해낸다는 것이다. 1960년대 이후 현대 비평에서 수용자(혹은 독자)의 위치가 강조되고 작가의 위치가 흔들리기 시작하면서 공동작가주의로서 수용자 개념이 확대되어왔다. 이것은 수용자가 단순히 작가가 부여한 텍스트의 의미를 그대로 받아들이는 것이 아니라 자신의 경험과 생활 속에서 의미를 재구성함으로써 새로운 자신만의 텍스트를 만들어낸다는 것이다.

또 다른 경향으로 수용자가 작가의 텍스트 제작에 직접 참여하는 것을 들 수 있다. 이렇듯 최근 들어 공동작가주의로서 수용자의 역할은 더욱 커지고 있다. 특히 한국에서는 드라마 전작제가 이루어지지 못하는 제작환경과 인터넷을 통한 수용자 참여가 확대되는 과정에서 수용자의 공동작가주의 위치는 강화되고 있다. 예를 들어 SBS의 <아름다운 날들>은 네티즌이 적극적으로 참여해 결말이 해피엔딩으로 바뀌었다. 애초에 제작진은 백혈병에 걸린 연수(최지우 분)의 죽음을 통해서 민철(이병헌 분)과 선재(류시원 분)의 형제간 갈등을 화해로 끝낼 예정이었지만, 연수를 살려내라는 네티즌의 압력이 결말을 바꾸어놓았다. 비록 수용자가 직접 작가가 되는 것은 아닐지라도 작가와 제작자에게 가하는 영향력을 무시할 수 없다는 점에서 공동작가주의 문제는 작가주의와는 다른 차원에서 깊이 있게 논의할 필요가 있다.

이 글은 텔레비전 작가 비평에 대한 입론(立論)으로 여러 가지 한계와 가능성을 논의했다. 텔레비전 작가 비평이 중요한 이유는 텔레비전이 단순히 오락매체로만 인식되고 산업으로만 받아들여지는 현실에서 대중예술로서 텔레비전의 위치와 정체성 문제를 규명하는 데 주요한 '단서'를 제공할 수 있기 때문이다. 일차적으로 우리는 텔레비전 작가의 중요성을 재조명할 필요가 있으며, 산업적·제도적 압력의 한계 내에서도 고급문화나 순수예술 작가와 마찬가지로 진지한 예술가로서 텔레비전 작가의 위치를 부각시켜낼 필요가 있다.

변주와 이탈 — 드라마 PD 표민수론
KBS2 <푸른안개> 외

텔레비전에도 작가주의가 있는가? 텔레비전 제작자는 있지만, 나름대로 세계관과 스타일을 만들어내는 작가는 없다는 편향이 지배적이다. 텔레비전이 시청률 경쟁에 빠져 있고, 방송사 제도는 보수적이며 텔레비전은 가벼운 오락매체일 뿐이라는 지배적인 생각이 텔레비전 작가를 가볍게 바라보게 만들었다.

그러나 텔레비전에서 작가를 인정하지 않으려는 태도는 지나치게 고급문화의 시각에서 바라보거나 문화적 엄숙주의에 빠져 있는 것이다. 텔레비전 제작자들은 단순히 기술자가 아니라, 제한적이지만 자신의 세계관과 표현방식을 펼쳐보이는 작가이기 때문이다.

표민수는 작가주의의 얼개를 그려나가고 있는 몇 안 되는 텔레비전 연출가 중의 한 사람이다. 표민수가 주목하고 있는 장르는 전통적인 멜로 드라마이다. 멜로 드라마의 영원한 공식은 불륜이다. 겉으로는 행복하게 보이는 부르주아 중년과 젊은 여자 사이의 사랑 이야기이다. 표민수는 진부한 불륜의 내용을 진지하게 다루고 상투성에서 벗어나고자 한다. 표민수는 멜로 드라마를 변주(變奏)해내는 능력을 갖고 있다.

표민수의 변주능력은 그만의 스타일이며 세계관이다. 표민수의 스타일은 무엇인가? 표민수 문체의 특징은 두 가지이다. 하나는 의미의 공백(의미를 직접 말하기보다 시청자로 하여금 의미를 생각하도록 이끈다는 점에서)을 만들어내는 능력이고, 다른 하나는 사운드트랙과 영상을 통해 이야기를 지배하는 솜씨이다.

의미의 공백을 만든다는 것은 의미를 압축하고 여운을 길게 끌어내는 것이다. 표민수의 드라마가 정서적 흡입력이 높은 이유는 의미의 공백을 시청자가 채우기 때문이다. 따라서 여느 아침 멜로 드라마처럼 이야기나 사건 자체가 중심이 되지 않고, 감성과 분위기 중심으로 드라마를 이끌어간다. 영상과 사운드트랙은 이와 같은 감성을 이끌어가는 수단으로 사용된다. 이런 까

표민수는 사건 자체나 극본을 그대로 따라가지 않고, 감성과 분위기를 중심으로 드라마를 이끌어간다(사진은 KBS2 <푸른 안개>).

닭에 표민수는 극본을 그대로 따라가지 않는다.

그러나 <푸른 안개>는 표민수가 이전에 보여주었던 <거짓말>이나 <바보같은 사랑> 등에 비교하면 좀 떨어지는 것 같다. 무엇보다도 드라마의 리얼리티가 약하기 때문이다. 윤성재(이경영 분)와 이신우(이요원 분)의 첫번째, 두번째 만남이 그렇고, 윤성재의 갈등도 여물지 않았으며, 윤성재와 김민재(김태우 분), 그리고 이신우와 노경주(김미숙 분)의 인물설정도 단순한 구도로 짜여 있다. 게다가 인간 내면의 감출 수 없는 사랑의 본질을 다루는 데에서 지나치게 표민수식 분위기만을 고집하고 있다.

표민수가 텔레비전 드라마 제도 내에서 나름의 작가주의를 발휘하는 것은 분명하지만, 그만의 스타일이 작품의 폭을 좁히는 것은 아닌가 하는 아쉬움이 있다. 표민수가 진정한 텔레비전 작가로 서기 위해서는 작품의 폭을 넓히는 작업이 필요해 보인다.

성역은 없다 — 다큐 PD 정길화론

MBC <이제는 말할 수 있다> < PD수첩> <인간시대> 외

정길화 프로듀서(PD)는 타고난 '방송쟁이'다. 프로그램에 대한 열의나 방송에 대한 뜨거운 애정으로 볼 때 그렇다. 좋은 프로그램을 만들 '천운'을 타고난 것 같기도 하다. 상대적으로 제작 여건이 좋은 MBC에서도 '알짜배기' 프로그램을 거의 섭렵했다는 점에서 그렇다.

정길화 PD는 1984년 MBC에 입사하여 20년 가까이 시사교양 프로그램을 연출하고 있다. 입사 후 1980년대 중후반까지 그가 관여한 주요 프로그램은 <지리산의 사계>, <한강의 사계>, <명작의 무대> 등 '자연주의적' 경향의 작품이었다. 1989년에 첫 역사 다큐멘터리 <다산 정약용>을 연출한 후 한동안 토크쇼 <세상사는 이야기>와 인연을 맺는다. <세상사는 이야기>는 황인용의 구수한 입담과 보통사람들의 평범한, 그러나 진솔하고 감동이 있었던 대표적 '한국형' 토크쇼였다. <세상사는 이야기>는 소위 잘 나가는 스타나 정치인이 아닌 보통사람이 주인공으로 등장하는 '전무후무'한 이야기 프로그램이었다.

정길화 PD는 1991년부터 <인간시대>(나중에 <신인간시대>로 바뀜) 팀에 합류하여 1995년까지 "왜 이다지 인간이 없느냐?"고 한탄하면서 '숨은 인간 찾기'에 골몰한다. 텔레비전의 불가피한 '영웅주의'와 인간 내면의 '허위의식'으로 상당한 갈등을 겪었을 법한 시기다.

그러다가 1995년부터 '문제'의 <PD수첩> 팀에 합류한다. 1991년 시작한 <PD수첩>은 비전향 장기수 문제, 월북 음악가, 인민군 유해 보존, 북파 공작원, 월남전 고엽제 피해자 등 국가권력에 대해 문제를 제기하고 분단시대의 '성역'에 도전하는 프로그램으로 PD저널리즘이라는 신조어를 만들 정도로 강력한 메시지를 전하는 프로그램이다. 그의 '성향'으로 볼 때, 그의 관심이 '인간' 문제에서 사회고발과 성역깨기라는 공격적 리얼리즘으로 바뀐 것은 당연해 보인다.

이후 최근까지 <PD수첩>과 인연을 맺으며 소위 '정길화 표'라고 할 수

MBC 교양국의 정길화 프로듀서는 '현실권력과 역사 그리고 인간' 문제에 천착해왔다.

있는 많은 작품을 연출한다. '조총련의 오늘'(1995), '사할린의 한인들'(1996), '추적 전두환 슬라이드 102장'(1996), '굶주린 북녘, 두만강 접경'(1997), '수수께끼의 침묵'(1997), '낙하산 인사의 문제'(1998), '위기의 한국 신문 개혁은 오는가'(1998), '다시 신문개혁을 말한다'(1999) 등이다. 그가 연출하는 프로그램은 늘 권력과 인간문제로 귀결한다. 그의 집요한 성역 깨기 작업은 많은 사람의 심금을 울렸고, 그 결과 '통일언론상', '앰네스티인권상', '이달의 프로그램', '방송위원회 기획상', '삼성언론상', '한국기자상 특별상' 등 상복을 누리기도 한다.

이렇듯 정길화 PD는 MBC 교양국 프로그램의 두 '기둥'이었다고 할 수 있는 휴먼 다큐멘터리<인간시대>와 시사 다큐멘터리 <PD수첩>을 거치면서 '휴머니즘'과 '전투적 리얼리즘'으로 중무장하였다. 이후 연출한 프로그램 대부분은 냉전, 미국, 박정희와 같은 거대권력과 그 속에서 죽어간 사람들 이야기였다. 그러면서 그의 관심은 현대사의 '미스터리' 쪽으로 확장하게 된다. 한국현대사는 '정당성이 없는 승자의 지배와 장악'과 '패자와 약자의 철저한 유린'의 역사이다. 그럼에도 해방 이후 반세기가 넘도록 무수한 정치적 격변과 사건의 진실들이 제대로 규명되지 못했다는 점에서 한국 현대사는 '다큐멘터리스트들의 도전의 대상이자 소재의 보고'일 수밖에 없다는 것이 그의 생각이다.

<PD수첩>은 시사고발을 근간으로 하기 때문에 역사성보다는 '당대성', 즉 저널리즘에 충실해야 하는 프로그램이다. 박통, 미국, 일본, 냉전, 북한 등을 집중해서 풀어가기는 어려운 형식일 수밖에 없다. 동료 PD들과 <이제는 말할 수 있다>를 기획한 것은 이러한 필요성과 무관하지 않다. 그의 전투적 리얼리즘은 <이제는 말할 수 있다>에서 만개한다. 그는 2003년으로 5년째가 되는 <이제는 말할 수 있다>에서 2000년, 20002년 팀장(CP)을 맡은 바 있다.

<이제는 말할 수 있다>의 이야기가 이미 다 알려진 것들이며, 기회주의적 프로그램이라는 일부 신문들의 비판에 대해 그는 이렇게 반론한다. "과거에 방송이 해야 할 말을 제때 제때 못 한 적이 많았다. 이 점은 분명히 인정하고 반성한다. 하지만 그렇다고 해서 지금도 가만히 있어야 하느냐. 지난날의 잘못을 사과하는 뜻에서라도 지금 더욱 치열하게 말을 해야 하지 않겠는가." 요컨대 <이제는 말할 수 있다>를 통해 방송은 자고로 '그때 그때 철저하게 말을 해야 한다'라는 당위를 보여주고 싶다는 것이다.

그가 <이제는 말할 수 있다>에서 연출한 주제를 보면 '언론통폐합과 언론인 강제 해직'(1999년), '94년 한반도 전쟁위기', '분단의 너울, 연좌제'(이상 2000년), '반민특위, 승자와 패자', '언론자유실천선언'(2001년), '53년만의 증언, 친일경찰 노덕술'(2002년) 등이다. 한국 현대사와 미국, 박정희와 분단, 군부권력의 나팔수였던 언론권력 단죄 등 당대 역사와 언론권력을 바로 세우고는 문제에 집중하였다.

이렇듯 '현실권력과 역사 그리고 인간' 문제에 천착하던 그가 2002년부터 모습을 감추었다. 시사제작국의 동료 PD들이 <미국> 10부작으로 여념이 없는 시절 그의 근황을 수소문해보니 '의외로' <와 이 멋진 세상>을 연출하고 있었다. "갑자기 웬? 멋진세상일까." 의문은 곧 풀렸다. 석사를 마치고 중국 연수 준비에 여념이 없었던 것이다. 그의 석사학위논문 제목은 「시사고발 프로그램의 방영금지가처분제도에 관한 연구」다. <PD수첩>과 같은 프로그램을 하면서 사이비종교단체나 보수권력의 '방송중단' 협박에 무수히 시달렸던 경험을 살리고 그 합법적 대응책을 고민한 결과물이다.

그는 지금 베이징 인민대학에서 '외유'중이다. 한국방송프로듀서연합회장을 하느라 1998년에 처음 현장을 떠난 이후 두번째로 자리를 비운 셈이다. 그는 텔레비전 프로그램만 잘 만드는 것이 아니라 말도 잘하고 글도 잘 쓰고 소위 '정치'도 잘한다. 게다가 결정적으로 무지하게 부지런하다. 거기에다가 자타가 공인하는 '만능엔터테이너'이기도 하다. 변화의 시기라서인지 그의 빈자리가 더욱 커 보인다. 그는 좋든 싫든 2003년 후반기에는 돌아와야 한다. '행동하는 방송인' 정길화 PD의 '중국 보따리'에 무엇이 담겨 있을지 벌써부터 궁금해진다.

TV 속의 풍경을 읽는 즐거움

KBS1 <TV문학관> '다리가 있는 풍경'

<TV문학관>(KBS1)을 보는 일은 풍경(영상)을 읽는 즐거움과 만나는 일이다. 2000년 송년특집으로 방영된 '다리가 있는 풍경'도 스쳐 지나가는 풍경을 읽어야 하고, 겨울산의 여백 속에서 의미의 깊이를 퍼올려야 한다.

'다리가 있는 풍경'은 다리(橋)에 관한 수많은 풍경들을 담고 있다. 은혜가 아버지의 애인 문계장을 처음 만난 다리, 아이들이 미친 여자에게 돌을 던지는 다리, 엄마가 문계장을 구박하던 다리, 괴로워하는 아버지가 새벽 홀로 서 있는 다리 등. 다리는 만남과 헤어짐 그리고 기억 속에 남아 있던 오해의 끈을 풀어주는 장소이자 공간이다. 게다가 다리의 한가운데에 은밀하게 모성(母性)이 자리잡고 있다. 모성은 다리를 매개로 과거에서 현재로 이어주는 영원의 실타래이다.

<TV문학관>을 읽는 일은 어떻게 소설이 텔레비전 안으로 들어오는가를 묻게 만든다. 문학과 텔레비전 사이의 중요한 논점은 소수의 취향이라는 순수문학과 다수의 즐거움이라는 오락 사이의 간극을 어떻게 메울 것인가 하는 점이다. 아마도 전통적 예술관에 따르면, 텔레비전의 영상은 정신적 이미지를 구성하는 데에서 문학적 경험의 복합성과 감성적 풍부함을 대신하기 어렵다고 말할 수 있다. 순수문학이 텔레비전 안으로 들어올 때 문학적 가치, 감성, 문체의 밀도 등이 약해질 수 있어서 책읽기의 즐거움이 감소될 수 있다.

그러나 그동안 방영된 <TV문학관>을 보면 이와 같은 우려는 기우인 것처럼 보인다. '아우와의 만남' '그가 걸음을 멈추었을 때' '길은 그리움을 부른다', 그리고 '다리가 있는 풍경'에 이르기까지 영상적인 것이 도리어 문학이 표현하지 못하는 것 이상을 그려내고 있으며, 소설이 지닌 문체의 힘을 넘어서는 영상의 힘을 느끼게 만든다. 텔레비전에서 영상의 힘은 풍경을 그려내는 밀도로부터 나오고 단순히 '보는' 것이 아니라 '읽게' 만든다.

가벼운 일상사의 신변잡기식 사랑이나 비윤리적인 가족 이야기가 주류를 형성하고 있는 한국 텔레비전 드라마의 현실에서 <TV문학관>의 주제의식

<TV문학과> 작가들은 풍경을 그려내는 영상의 힘을 통해서 작품을 단순히 '보는 것'이 아니라 '읽게' 만든다(사진은 KBS1 <TV문학관> '다리가 있는 풍경').

과 깊이는 한층 돋보인다. 이것은 일일연속극이나 미니시리즈가 도달할 수 없는 영역이다. 지난 20년 동안 네번째 다시 문을 연 <TV문학관>은 매달 한 편씩 방영하기로 계획되었지만 2000년에는 고작 세 번 방영되었다. 새해부터는 매달 한 번씩 <TV문학관>을 만나볼 수 있기를 희망한다. 텔레비전에서 풍경을 읽는 즐거움을 만나고, 텔레비전을 통해서도 예술적 향기를 맡고 싶기 때문이다.

영상미 속으로 실종되는 서사

KBS1 <TV문학관> '홍어'

2001년 3월 KBS1의 <TV문학관> '홍어'는 30년 만의 폭설이 주는 '선물'이다. 때마침 내린 폭설로 설국이 연출되지 않았다면 거위털 같은 눈이 첩첩이 쌓여 고립된 산간마을 이미지가 밑그림이 되어야 하는 김주영의 『홍어』를 찍기 어려웠을 것이기 때문이다.

널리 알려진 소설 『홍어』는 산마을 외딴집에 사는 소년의 눈으로 본 가족의 풍경이다. 성장소설답게 내용은 몽환적 이미지와 은유로 점철되어 있다. 간통사건으로 야반도주한 가장을 기다리는 삯바느질꾼 어머니와 외아들 세영이 사는 산골마을 외딴집에 거지소녀가 숨어든다. 어머니는 어쩔 수 없이 근본을 알 수 없는 이 만만찮은 소녀를 받아들여 삼례라고 부른다. 어머니는 문설주에 홍어를 걸어두고 돌아올 기약이 없는 아버지를 기다린다. 몽유병 등 기이한 행동을 일삼던 삼례는 겨울이 끝나가던 어느 날 사라졌다가 술집 작부가 되어 다시 나타난다. 세영의 삼례에 대한 연정을 눈치챈 어머니는 삼례를 떠나게 한다. 몇 가지 곡절 끝에 아버지가 돌아온 다음날 어머니는 '고무신을 거꾸로 신고' 눈길 속으로 사라진다.

소설 『홍어』를 끌고 가는 지배적 이미지는 눈과 홍어다. 아버지가 떠나던 날, 삼례가 숨어든 날, 술집색시가 되어 돌아온 삼례를 만나던 날, 어머니가 떠나버린 날도 어김없이 눈이 내린다. 이렇듯 눈은 『홍어』의 밑그림을 이루고 사팔뜨기 세영이가 몽환의 나래를 펴는 매개물이다. 문설주에 걸려 있는 홍어는 더 복합적인 은유다. 아버지의 별명에서 집을 떠난 아버지, 바람둥이, 바닷속을 자유롭게 유영하는 '새', 가오리연, 구속 없이 사는 삼례에서 집을 떠나는 어머니로까지 확장된다. 그러나 드라마 '홍어'에서 홍어라는 상징은 성공적으로 구현되지 않는다.

<TV문학관>은 지난 20년 동안 세 번 부활하였다. 오랜 기획기간을 거쳐 작품을 엄선하고 장인 의식이 투철한 제작자들이 만들기 때문에 그 영상미와 완성도가 다른 프로그램과 비교가 되지 않을 정도로 뛰어나다. 게다가 농

'홍어'는 텔레비전에서 서사가 영상 이미지 속으로 용해될 수밖에 없음을 잘 보여준다.

익은 배우들의 연기와 분위기를 이끌고 가는 절절한 음악, 무게 있는 해설이 이를 뒷받침한다.

 그러나 문학과 텔레비전의 만남을 보는 일이 마냥 즐거운 것만은 아니다. 텔레비전은 불가피하게 문학 텍스트의 서사와 사유공간을 이미지의 선택과 배제를 통해 재구성한다. 선택과 배제에 작용하는 힘은 지배적 가치체계다. 예컨대 드라마 '홍어'에서 무기력하고 파렴치한 아버지(임동진 분)와 다층적인 어머니(김해숙 분)의 이미지는 고전적 부친, 모친상으로 정형화되고, 세영의 욕망은 규범 속에서 거세된다. 또한 삼례 남편이라고 세영집을 찾아와 행패를 부리는 '양아치'는 원작과 무관하게 심한 전라도 사투리를 쓴다.

 이는 <TV문학관>의 문제라기보다는 텔레비전의 이미지 구축방식의 한계라고 할 수 있다. 텔레비전에서는 서사가 영상 이미지에 우선할 수 없으며, 소수취향 혹은 작가주의가 대중성 혹은 지배가치를 압도할 수 없기 때문이다. 하우저가 주장하듯, 텔레비전이 독서를 대신해줄 수는 있지만 자극하기는 어렵다. 문제는 텔레비전이 대신해주는 독서조차도 지극히 불구적이라는 데 있다.

시청자도 공동작가다
KBS 2 <겨울연가>

<겨울연가> 시청자 게시판을 읽다 보면 로브 라이너의 영화 <미저리>(1990)가 떠오른다. 베스트셀러 작가인 폴 셸던은 여주인공을 죽이는 것으로 로맨스 소설을 끝낸 후 자동차 전복사고를 당한다. 열광적 팬이자 전직 간호사인 애니는 폴 셸던을 치료하면서 소설의 여주인공이 죽었다는 사실을 알고 살려내라고 협박한다. 영화 <미저리>는 작가와 독자 사이의 관계를 심각하게 묻고 있는 셈이다. 과연 대중소설은 작가의 것인가 아니면 독자의 것인가?

<겨울연가> 시청자들도 연출가인 윤석호 씨와 극작가인 윤은경 씨 등에게 애교 있게 협박한다. 매일 시청자 게시판에 올라오는 7,000∼8,000건의 의견 중에서 반 이상은 준상(배용준 분)과 유진(최지우 분)이 사랑으로 결론 맺어줄 것을 간절히 요청하는 내용이다. 행복하게 결론을 맺지 않으면 KBS를 폭파하겠다는 무시무시한(?) 협박에서부터 "유진이가 10년 동안 그리워한 사람인데, 이렇게 죽게 만들 수는 없잖아요"라는 호소까지 준상이를 죽이지 말라고 간청한다.

시청자들이 작가에게 이렇게 폭발적으로 요구하는 것은 지극히 한국적 현상이다. 왜냐하면 우리의 드라마 제작환경은 전작제가 이루어지지 않고 있어서 제작자는 시청자의 반응에 따라 이야기 전개를 수시로 바꿀 수 있기 때문이다.

<가을동화>(2000)나 <아름다운 날들>(SBS, 2001)에서도 비슷한 시청자의 요청이 있었다. <가을동화>는 시청자의 요구를 받아들이지 않았고, <아름다운 날들>은 시청자의 바람에 따라 백혈병에 걸린 연수(최지우 분)를 살려냈다.

<겨울연가>는 일차적으로 연출가와 극작가의 작품이므로 반드시 시청자의 요청을 따라갈 필요는 없다. 비극이 갖는 정서적 환기력은 오랜 울림으로 남기 때문에 순수하고 아름다운 사랑의 본질을 묻게 만든다. 그러나 <겨울

시청자는 인터넷을 통한 적극적인 참여를 통해 프로그램이 작가의 것만이 아니라 시청자의 것이기도 하다고 주장한다(사진은 KBS <겨울연가>).

연가>가 보여주고자 했던 것이 아름다운 첫사랑의 순수였다면, 그것을 이미 충분히 그려낸 상황에서 굳이 준상을 죽음으로까지 몰고 가지 않아도 될 듯싶다. 다만 준상의 아버지가 누구인가와 관련해서 이야기가 지나치게 작위적으로 흐르는 것은 어색하다.

인터넷이 우리의 생활과 문화를 변화시키는 과정에서 시청자는 더 이상 수동적이지 않다. 시청자는 적극적인 참여를 통해서 작품이 작가의 것만이 아니라 시청자의 것이기도 하다고 주장한다. <겨울연가>의 시청자 게시판을 읽으며 시청자도 이제는 공동작가라는 점을 새삼 확인한다.

안이한 작가의식

MBC <고백>

MBC의 <고백>을 시청하다 보면 안타까움이 느껴진다. 제작진이 너무 쉬운 방법으로 시청자의 관심을 잡을 수 있으리라 판단한 것은 아닌가 하는 의구심 때문이다. <고백>은 이전에 방영된 <위기의 남자>와 유사하다. 물론 <고백>은 중년의 성 문제를 천착하고 있고, <위기의 남자>는 흔들리는 중산층 부부의 위기에 초점을 맞추고 있지만, 그렇다고 차이가 두드러진 것은 아니다.

스타일이 유사한 드라마를 연이어 제작·편성하는 안이함에 대한 시청자의 반응은 냉담했다. 방영시기가 다르기는 했지만 <허준>의 후광으로 제작된 <상도>가 참패한 것이나, <태조왕건>의 뒤를 이은 <제국의 아침>이 별다른 반응을 얻지 못하는 것은 시청자의 입맛이 까다롭기 때문이다. <고백>의 제작진이 시청자의 입맛을 너무 가볍게 생각한 것 같다.

제작의 안이함은 드라마 곳곳에서 찾을 수 있다. <고백>이 지니는 드라마 코드는 단선적이다. 유사한 불륜을 소재로 삼고 있어도 <위기의 남자>에는 변화하는 우리 사회의 문화적 코드들이 강하게 표현되어 있었다. 흔들리는 중산층 부부, 중년 남자와 여자의 위기, 연상 여자와 연하 남자의 관계 등에서 무너지는 남편과 아버지의 역할이나 변화되는 부부나 여성의 위치를 읽을 수 있었다.

그러나 <고백>에는 중년의 성 이외에 읽어낼 수 있는 코드가 없다. 관능이나 성을 좇는 것말고는 별다른 의미를 찾기 어렵다. 제작진은 결혼 이후 사랑이나 입양한 딸 나리를 통해서 가족의 의미를 묻고, 정윤미(원미경 분)와 이정희(이응경 분) 사이의 우정을 그리고 있다고 말하지만 드라마에서 제대로 형상화되지 못했다. 단지 <위기의 남자>에서 보여주었던 노골적이고 과감한 성 표현만을 더 강하게 끌고 갔을 뿐이다.

시나리오의 완결성도 떨어진다. 등장인물들을 제대로 형상화하지 못했으며, 특히 주변 등장인물들 중에서 살아 있는 인물을 찾기 어렵다. "내 눈 속

<고백>은 <위기의 남자>에서 그려낸 중년 부부의 위기를 곧바로 재탕함으로써 안이한 작가 의식을 보여준다.

에 네가 있다"와 같은 유치한 대사들이 많으며 재미를 만드는 긴장과 극적 장치도 약하다.

게다가 주인공인 원미경과 유인촌의 연기는 과거의 명성을 넘어서지 못한다. 원미경은 <아줌마>에서 보여준 연기의 굴레에서 벗어나지 못하고, 유인촌의 연기는 기대와 달리 자연스럽지 못하다.

멜로 드라마는 불륜을 다룰 수도 있고, 성의 문제를 과감하게 표현할 수도 있다. 그러나 <고백>은 윤리적 비판에 상관없이 멜로 드라마 자체로서 실패하고 있다. 시나리오, 연출, 연기, 주제의식에 이르기까지 돋보이는 것이 없기 때문이다. 이런 점에서 <고백>을 보다 보면 안타까움이 앞선다.

압축과 절제의 미학

SBS <사랑의 전설>

1990년대 초반 이후 멜로 드라마는 트렌디 드라마의 가볍고 발랄한 사랑 이야기에 밀려 별다른 인기를 끌지 못했다. <애인>(MBC)이나 <청춘의 덫>(SBS)과 같은 멜로 드라마가 잠시 높은 시청률을 기록했지만, 트렌디 드라마의 지속적인 인기를 따라잡지는 못했다. 게다가 아침 멜로 드라마들은 진부한 소재와 안이한 연출에서 벗어나지 못했다. 그만큼 솜씨 있게 만들어진 멜로 드라마를 찾기란 쉽지 않았다.

멜로 드라마의 전반적인 부진 속에서 중년의 사랑 이야기 한 편이 돋보인다. 수채화 같은 <사랑의 전설>(SBS)이 그것이다. <사랑의 전설>은 트렌디 드라마에서 볼 수 있는 화려함이나 작위적인 연출도 없으며, 멜로 드라마의 관습인 강한 긴장도 의도적으로 배제하고 있다.

이야기의 기본 구조만을 생각한다면 <사랑의 전설>은 새로울 것이 없다. 변호사 민석(최민수 분)이 결혼한 옛 연인 영희(황신혜 분)를 재회해서 사랑한다는 낡은 내용이기 때문이다. 그러나 이야기를 이끌어나가는 솜씨는 그렇게 낡지 않았다.

드라마 전체의 분위기를 담담히 이끌어나가는 섬세하고 깔끔한 연출력은 최근 멜로 드라마에서 가장 돋보인다. 극본의 압축과 절제에서 작가의 미세한 감각도 엿보이며, 최민수의 연기는 자연스러우면서도 흡입력이 있다. 민석과 영희가 산언덕 벤치에서 재회하는 장면은 이 드라마가 얼마나 절제되어 있는지를 보여준다. 민석과 영희 사이에 오가는 오랜 침묵과 벤치 끝에 서로 앉아 있는 거리는 일회적 사랑이 아니라 내면으로 발효된 사랑의 의미를 반추하도록 이끈다. 오히려 침묵과 거리감 속에서 만남, 헤어짐, 그리움의 깊이를 묻게 만들기 때문이다. 이것이 <사랑의 전설>의 미덕이다.

드라마가 중반을 접어들면서 침잠했던 인물들 사이의 극적 갈등이 급부상하고 있음에도 불구하고, 구성이 자연스러운 것은 민석, 영희, 지혜(이승연 분) 사이 미묘한 감정의 흐름이 섬세하고 차분하게 그려져왔기 때문이다.

<사랑의 전설> 제작진은 절제된 화면으로 감정의 흐름을 섬세하게 그려내고 있다.

　작가는 사랑에 대해서 두 가지를 말하는 듯하다. 하나는 사랑은 진술이 아니라 느낌이며, 다른 하나는 사랑은 시간과 추억의 산물이라는 것이다. 민석과 영희의 사랑은 기억 속 사랑의 연장이라는 점에서 그들은 여전히 추억 속에서 지내고 있다. 민석과 영희는 과거의 시간과 장소 속으로 돌아가고자 하지만, 현실은 그것을 가로막는다. 따라서 그들의 사랑은 제목이 암시하듯 전설로 끝날 가능성이 높다.

　<사랑의 전설>에서 아쉬운 점은 영희의 친정어머니와 시어머니의 역할이다. 그들은 극적 갈등을 제공하지만 지나치게 상투적이라는 점에서 극 전체의 분위기를 가끔씩 무너뜨린다. <허준>(MBC)의 인기에 밀려서 크게 시청자의 주목을 받지 못하고 있다는 점도 아쉽다.

제8장
방송구조 비평

1. 방송과 공익성 그리고 규제

방송에서 공공(public)이란 말처럼 오·남용되어온 용어도 드물다. 대부분의 국가에서는 방송 공공성 유지를 위해 공영방송(public broad-service)을 유지한다. 방송 정책이나 규제 논의는 방송이 공공재(public goods)인 주파수에 의존해야 하기 때문에 공공의 이익(public interests)에 부합해야 한다는 데서 출발한다. 그런 면에서 공공성이란 방송의 본질적 요소라고 할 만하다. 문제는 이러한 공공이라는 말이 정치체제와 방송환경에 따라 자의적으로 사용되는 경향이 있으며, 특히 국내에서는 공공방송, 공영방송, 관영방송, 공공채널, 정부채널과 같은 용어들이 구분 없이 사용됨으로써 국가와 사적 영역 사이에서 일반 국민의 보편적 이익 추구와 관련되는 공공, 공익이라는 말이 자리를 잡지 못하고 있다.

방송에서 공공성과 공익성을 강조하는 이유는 제반 사회에 존재하는 다원적 가치와 그것을 유통시키는 전파의 유한 희소성, 즉 사회적 가치의 다양성과 방송 전파의 제한성에서 생기는 문제점을 해결하기 위한 것이다. 특히 방송의 사회적 영향력이 갈수록 커지는 상황에서 방송이 공공성의 테두리를 벗어나 단순한 이윤추구 수단이나 권력의 도구로 전락할 경우 의견의 다양성과 그 수렴을 근거로 하는 현대 대의제 민주주의는 근본적으로 위협을 받을 수밖에 없다. 이러한 방송의 공공성이 각 사회의 역사적, 사회적 가치체계 속에서 구체적 방송 활동의 기준으로 구현된 것이 방송의 공익성이다.

어떤 사회에 공공의 이익이 존재한다고 가정할 때 우리는 그 의미 속에 흔히 보편화된 가치, 공동체의 권익, 재화나 용역의 사회적 효용가치 극대화, 미래의 이익이나 효용성, 다수의 이익, 사회적 약자의 이익과 같은 요소들을 포함시킨다. 이러한 공익 개념의 핵심 요소는 공동체의 유지, 자원의 효율적 배분, 사회적 약자의 보호로 요약될 수 있다. 그렇기 때문에 '공익'은 정치권력이 어떠한 정책을 집행하는 경우 그것이 제대로 된 것인지를 평가하는 윤리적 기준으로 기능할 수 있다. 그럼에도 불구하고 역사적으로 공익의 개념은 가변적이었고, 아직도 그 의미는 불명료한 면이 있다.

'공익근무요원'이라는 용어에서 드러나듯 공익이라는 말은 추상적인 구호나 관료적 통제를 은폐하기 위한 신화(myth)체계로 이용되어온 측면이 크기 때문이기도 하다. 공익에 대한 개념 정의는 국가나 사회의 가치와 연관되어 있어 다양하지만, 그것이 모든 행위나 정책에 대한 도덕적 정당성의 기준, 즉 최고의 윤리기준이 된다는 점에서 공통성을 띤다. 공익성은 방송사와 같이 공익업무를 수탁받은 대행자에 대한 도덕적 판단의 기준이나 좌표로서 사용될 수 있다. 그러나 공익성은 특정 입장이나 권력체를 정당화하기 위한 방편으로 표방되는 경우가 많기 때문에 악용될 소지가 있다.

지상파 방송의 경우 공영체제를 유지함으로써 혹은 공공 서비스 방송이라는 사회적 책무를 갖게 됨으로써 공공의 의무에 복무해왔다. 영국을 중심으로 한 서유럽 국가나 일본 등에서 공영방송을 유지하는 이유는 공영방송의 공익적 기능이 시장, 즉 상업방송을 통해서는 공급되기 어렵다고 보기 때문이다. 물론 상업방송도 '방송법' 등 관련법규에 따라 프로그램을 편성하고 제작하는 데 강하게 규제를 받는다. 이러한 규제의 근거는 당연히 사회의 보편이익 보호, 즉 공익성 유지라고 할 수 있다.

케이블 TV나 위성방송 실시로 다채널 시대가 열리게 됨으로써 방송의 공공성 문제는 새로운 국면을 맞고 있다. 채널 희소성이 약화됨으로써 시민사회 영역도 방송 채널 운영자로서 기능을 수행할 수 있게 되었기 때문이다. 케이블 TV나 위성방송과 같은 뉴미디어 방송은 일반적으로 시장중심으로 운영되기는 하지만 일정 수준의 공익성이 강제된다. 때문에 각국은 뉴미디어 방송을 도입하면서 시장에서 공급되기 어려운 교육문제나 정부 정책홍보, 시민사회의 다양한 요구 등이 방송에 포함될 수 있도록 공공채널을 다원적으로 제도화하고 있다.

2. 미디어 환경변화와 텔레비전

최근 방송 환경의 변화는 혁명적이라고 할 만하다. 1920년대에 라디오 방송이 처음 출현한 이후 첫번째 혁명이 1930년대 후반의 텔레비전의 출현이었다면, 1990년대 이후 디지털 방송의 대두는 두번째 혁명이라고 할 만하다. 한마디로 전파 미디어에서 영상 미디어로, 영상 미디어에서 디지털 미디어로 미디어 중심이 바뀌고 있는 것이다.

불과 몇 년 전만 해도 라디오 방송과 서너 개의 지상파 텔레비전 방송 채널이 방송 미디어의 전부였는데, 지금은 우리가 볼 수 있는 채널이 몇 개나 되는지 정확하게 헤아리기 어려울 정도가 되었다. 변화의 속도가 얼마나 빠른지 짐작할 수 있다. 흔히 말하는 다매체·다채널 시대가 열린 것이다. 그럼에도 전국을 대상으로 하는 지상파 방송의 영향력은 아직도 막강하며 당분간 지속되리라 예측할 수 있다. 누구도 앞으로 어떠한 변화가 얼마나 빠르게 진전될지 정확히 말하기는 어렵다.

이러한 뉴미디어 방송은 정치사회적 상황과 밀접한 관계를 지닌다. 그 영향력이 지대하고 정치적, 경제적 필요성과 연관되기 때문이다. 라디오와 통신기술, 텔레비전 기술을 이끌어온 것은 군사적, 산업적 실력자들이었다. 이는 한국에서 더욱 두드러졌다. 우선 개화파가 근대신문을 들여왔고, 식민통치를 위해 일제가 라디오 방송을 시작했으며, 5·16 군부와 10·26 신군부가 흑백 텔레비전과 컬러 텔레비전 방송을 시작했다. 1995년에 시작한 케이블 텔레비전이나 2002년 시작된 위성방송도 대통령 선거공약의 일환이었다는 점을 상기할 필요가 있다.

컴퓨터 네크워크를 이용하는 인터넷방송(webcasting)은 방송 개념의 근본적 변화를 요구하고 있다. 지점(point)과 대중(mass)을 연결하는 것을 방송(broadcasting)이라고 했을 때, 지난 1995년에 시작된 케이블 텔레비전은 규모상 협송(narrowcasting)이라 할 수 있고, 향후 네트워크를 이용한 방송은 쌍방향방송(intercasting)이라 부를 수 있다. 이러한 방송의 변화를 이끄는 것은 방송 내적인 힘이 아니라 컴퓨터를 중심으로 정보통신, 영상실업을 아우르는 새로운 정보기술(IT)이다. 경험적으로 볼 때 새로운 미디어는 기존의 미디어를 대체하기보다는 '보완'해왔다. 기존의 방송이 협송, 쌍방향방송, 개인방송(personal-casting) 등으로 확대된다고 해도 지상파 방송이 사라지지는 않을 것이라는 이야기다. 문제는 미디어 환경의 급속한 변화로 산업과 자본의 힘이 갈수록 커지고 있다는 점이다.

이러한 환경의 변화는 공익성을 근간으로 하는 기존의 지상파 방송의 위상을 크게 약화시키고 있을 뿐만 아니라 계층간 정보 격차의 확대, 미디어 융합(convergence, fusion)과 같은 근본적 문제를 야기하고 있기도 하다.

첫째, 방송 공공성·공익성 명제의 약화 혹은 쇠퇴를 들 수 있다. 공공서비스 방송 모델은 많은 나라에서 설득력을 잃고 있기도 하다. 통신부문과 방송부문의 결합은 개인적 미디어와 공공 커뮤니케이션 미디어의 결합이라는 점에서, 지금까지 공공적 미디어로서 방송의 성격을 불분명하게 할 뿐만 아니라 방송이 함축해온 공익성의 의미도 약화시키는 결과를 초래하고 있다.

둘째, 프로그램 제작비는 급등하고 있는 반면 광고료나 수신료와 같은 수입구조는 오히려 악화되고 있다는 점이다. 규모가 한정된 광고시장을 놓고 수많은 미디어가 경쟁해야 하며, 준조세 성격의 수신료에 대해서도 많은 사람들이 의문을 제기하고 있다.

셋째, 케이블 TV나 컴퓨터를 이용한 멀티미디어와 같은 새로운 형태의 커뮤니케이션 분배 기술이 일반화됨에 따라 대중이 점차 분산되거나 파편화(fragmentation)되고 있다는 점이다. 기존의 지상파 방송이 담당해온 국가적·민족적 통합기능 약화는 다채널 시대의 '역설'이라 할 수 있다.

이상에서 논의한 텔레비전 방송에 직접 영향을 주는 미디어 환경 변화 양상을 정리하면 다음과 같다. 디지털 기술 발전에 미디어간의 구별이 모호해지고 있는 점, 산업화와 사유화의 진전에 따라 방송의 공공성이 약화되고 있다는 점, 다매체·다미디어 실용화에 따라 방송 채널이 엄청나게 증가하고 있다는 점, 위성방송 일반화로 국경 개념이 없어지고 있다는 점뿐만 아니라, 공급자(방송사) 중심에서 소비자(수신자) 중심으로의 미디어 시장 변화, 미디어와 수용자의 세분화로 미디어의 통합기능 약화, 쌍방향 미디어의 실용화에 따른 수용자 참여 가능성 확대 등도 주목할 필요가 있다.

3. '방송법'과 사회권력

　방송은 한마디로 전파와 같은 공공자원을 이용하여 불특정 다수에게 특정한 정보를 전달하는 행위다. 발생 초기에는 희소한 전파자원의 효율적 분배와 혼신 방지를 위해 방송을 규제하였고, 방송이 사회의 주요 미디어 중 하나가 된 후에는 그 부정적 영향력을 최소화하기 위하여 규제하였다. 방송에서 규제완화가 일반화된 것은 방송이 주요한 광고 미디어이자 영상산업의 최대 창구(window)로서 위상이 확고하게 된 1980년대 이후의 일이다.
　방송은 공공자원을 이용하고, 사회적 영향력이 지대하며, 자연독점 산업이라는 성격이 있기 때문에 법에 의해 제약될 수밖에 없다. 이들 중 어느 측면이 중시될 것인지는 개별 방송 미디어의 기술적, 사회적 성격과 그 사회의 역사적, 문화적 특성에 따라 달라진다. 일반적으로 지상파 독점구조가 붕괴되고 관련산업과 연계성이 높은 케이블 TV나 위성방송이 등장함에 따라 문화적 측면보다는 산업적 측면이 중시되는 경향을 보인다.
　문화적 측면에서 방송법은 공공영역으로서 방송이 사회(국가) 법익과 개인 법익을 조화시킬 수 있도록 강제하는 조항을 담고 있다. 대표적인 사회 법익으로는 '표현의 자유보장', '음란 및 외설 규제', '국가기밀 유지', '사회적 약자의 보호' 등을 들 수 있다. 이는 방송 내용 제한의 근거가 된다. 반면에 개인적 법익으로는 '프라이버시권', '명예권', '저작권', '액세스권' 등을 들 수 있을 것이다. 방송사의 표현의 자유 보장과 개인 프라이버시 보호 문제가 흔히 충돌한다는 점에서 드러나듯 사회법익과 개인법익은 충돌할 개연성이 높다. 이러한 법익들을 조정하기 위해 일반적으로 방송법에서는 방송사 허가에 조건을 부가하거나 프로그램 내용에 대한 제한 조건을 두고 있는 것이다.

산업적 측면에서 방송법의 핵심 요소는 방송 영역에서 공익성이 유지되는 가운데 시장원리가 작동하게 하는 데 있다. 공영방송은 공익에 필요한 특정 서비스가 시장에서 공급되는 것이 불가능할 경우에 유지되는 제도이다. 1980년대 이후 민영화와 규제완화가 추진된 이유는 기술발전에 따른 다채널화와 '국가실패'에서 찾을 수 있다. 방송법에서는 시장에서 공익의 원리가 제대로 작동할 수 있도록 하기 위하여 독점의 금지, 겸영 제한과 같은 방송관련 미디어에 대한 소유 제한과 광고시간 규제, 초과이윤 환수와 같은 경영규제를 동시에 규정하고 있다. 이는 여론의 독과점을 막고 방송이 단순한 이윤추구 수단으로 전락하는 것을 막기 위한 것이다.

기술발전에 따른 미디어 융합 이외에도 방송법제에 영향을 미치는 요인은 많다. 국가권력의 상대적 약화에 따른 수용자 시민사회 및 제반 이익집단의 성장이 핵심이다. 좀더 세분해보면 방송 성격의 변화, 국가 및 정치행정의 성격 변화, 수용자 시민사회의 성장, 제반 이익집단의 전면화, 산업 측면에서 국가간의 경쟁 가속화 등이 방송제도 변화의 주요 동인이라 할 수 있다(황근·최영묵, 2000 참조).

우선 미디어 환경이 복잡해지면서 방송은 정치적, 산업적, 사회문화적으로 다양한 이해관계가 얽히는 '전장'이 되었다. 쌍방향화, 광대역화, 디지털화에 따라 기술적으로 별개의 영역에 속하던 방송과 통신의 융합이 가속화되고 있다. 따라서 지금까지 방송에 적용되던 기준만으로는 현실을 제대로 볼 수 없게 되었다. 보편적 서비스와 공공 자원 성격 때문에 국가독점 영역으로 간주되어왔던 통신분야, 문화의 일부로 주로 국가 외적 자율영역으로 존재해왔던 영상분야, 그리고 문화적·기술적·공공적 성격이 중첩되어 국가영역과 민간영역의 교차로에 존재해왔던 방송이 서로 융합되면서 그 성격 자체가 복잡해진 면이 있다. 요컨대 방송이 공적 문화기구로서보다는 고부가 가치를 창출하는 산업으로 인식되기 시작한 것이다.

둘째, 정치권력의 성격 변화를 들 수 있다. 1987년을 기점으로 권위주의체제가 후퇴하고 민주적 정치과정이 점차 확대되고 있다. 6공화국 정권은 정책 결정이나 집행에서 군사정권의 유산을 청산하지 못하고 권위주의 체제의 한계에 머물렀다면, 이를 계승한 김영삼 정부는 권위주의와 다원주의의 과도기였다고 할 수 있다. 1998년 헌정사상 최초로 수평적 정권교체에 성공한 김대중 정부는 정치환경을 민주적으로 크게 기여했다. 2003년 2월 25일 출범한 노무현 정부는 '국민참여정부'로 민주주의의 수준을 한층 높일 것으로 기대된다. 방송정책에서 다원주의의 확대란 정부도 하나의 경쟁주체로서 민간부문 또는 공공부문과 동등한 입장에서는 '경쟁자로서의 정부(government as competitor)' 위상을 갖게 되는 것을 의미한다.

셋째, 시청자 시민사회의 성장이다. 방송 서비스의 궁극적인 목표는 양질의 프로그램 제공을 통한 시청자 복지의 증진에 있다. 사실 공익실현이라는 방송의 궁극적 목표도 따지고 보면 시청자의 이익 극대화를 추상적으로 정의한 것일 뿐이다. 문제는 지금까지 공익이나 시청자 이익 개념이 시청자의 이해를 대변하여 규정된 것이 아니라 권력이 일방적으로 정한 것이라는 데 있다. 정치권력이 표방하는 시청자 이익이나 공익성은 민간영역을 통제하기 위한 이데올로기적 성격이 강할 수밖에 없다. 1990년대 이후 시청자 시민사회는 방송 정책이나 프로그램 제작에 적극적인 참여 확대를 축으로 하는 방송영역 민주화를 지속적으로 요구하고 있다.

넷째, 방송 관련 이익집단의 권력화 문제다. 국가권력의 상대적 약화로 정부기관, 유관단체, 노동조합, 제반 이익집단이 방송관련 이해관계를 놓고 첨예하게 대립하게 되었다. 이는 권위주의 정치 퇴조에 따른 당연한 전환기적 상황이라 할 수 있다. 예컨대 과거 정부의 일방적인 정책적 요구에 순응하거나 앞장서왔던 이익집단들이 자신의 이익을 위해 새로운 정책을 요구하기도 한다.

4. 텔레비전과 시청자의 권리

방송과 관련된 논의에서 언제나 가장 먼저 고려되는 주제 중의 하나가 시청자 주권이라는 말이다. 시청자 주권이란 명확한 법적 의미를 갖고 있다고 보기는 어렵다. 다만 시청자의 영향력이 높아진 이후 생성중에 있는 권리라고 할 수 있다. 시청자의 법적 지위를 보면 시청자 주권의 의미가 더 명확해질 수 있다. 우선 시청자인 국민은 공공재(public goods)인 주파수 스펙트럼의 실질적 소유자라는 점이다. 다음으로 시청자는 방송 내용의 소비자라는 점에서 '헌법'과 '소비자보호법'에서 보장하고 있는 일반 소비자의 지위를 갖는다는 점이다. 이는 소비자 주권으로서의 시청자 주권을 의미할 수 있다. 끝으로 시청자는 방송사 재원의 실질적 납부자라는 점에서 권리를 갖는다는 점이다. 수신료 형태이든 광고비 형태이든 궁극적으로 그 비용을 지불하는 것은 일반 국민일 수밖에 없기 때문이다.

이러한 시청자 주권은 시청자의 방송참여와 관련하여 다음 세 가지 권리 차원으로 외화된다.

첫째, 방송에 참여하여 자신의 견해를 개진할 권리, 즉 방송접근권을 갖는다. 이는 방송사와 다른 견해를 가지고 있는 경우 이를 개진할 수 있는 권리인 반론권을 포함하는 개념이다.

둘째, 시청자는 사람들이 세상을 살아가는 데 필요한 여러 가지 정보를 얻을 권리, 즉 방송이 제공하는 정보에 접근할 수 있는 권리를 갖는다.

셋째, 방송 내용에 의해 사생활을 침해받거나 개인이나 단체가 명예훼손을 입을 경우 피해구제를 받을 권리를 갖는다.

2000년에 발효된 '방송법'에서 시청자권리와 관련하여 우선 주목할 만한 것은 KBS와 케이블 텔레비전, 위성방송에 시청자가 제작한 프로그램이 방영될 수 있는 근거가 마련되었다는 점이다. 또한 시청자의 프로그램 제작, 시청자 단체, 시청자 평가원에게 방송발전기금을 직접 지원할 수 있도록 했으며 시청자 평가 프로그램이 법제화된 점도 대단히 중요하다. 초보적 형태의 액세스 프로그램이라 할 수 있는 시청자 제작물의 방영과 관련하여 가장 중요한 것은 편성권 문제이고, 시청자에 대한 기금지원 문제의 핵심은 방송위원회의 의지라고 할 수 있다. 시민 미디어가 상업 미디어와 경쟁하며 생존하기 위해서는 재원이 공적으로 지원되거나 상업방송 이윤 중 일부가 교차보조되는 방안이 제도화되어야 한다. 그러나 케이블 텔레비전과 위성방송 영역에 시민 액세스 채널은 강제되지 않았다. 다만 지역채널을 통해 액세스를 할 수 있도록 하고 있을 뿐이다.

과거 권위주의 정권은 현란한 '수사'로 치장된 법을 만들어놓고 실제로는 무력화시켰다. 그런 이유로 '방송법'과 관련해서는 법조항보다는 실제적 운용에 주목해야 했다. 권위주의 체제에서는 아무리 법이 잘 되어 있다고 해도 제대로 운영하지 않으면 무용지물에 불과할 수도 있지만, 이익집단들이 저마다 이해관계를 관철시키기 위해 혈안이 되는 다원주의적 정치상황에서 법은 가장 중요한 '게임의 법칙'일 수밖에 없다. "법대로 해라"라는 말이 실감나게 될 것이라는 이야기다. 그렇기 때문에 우리는 방송관련 법제에 더 적극적 관심을 가질 필요가 있다. 특히 법안에 선언적이거나 상투적으로 언급된 시청자 관련 조항들이 제대로 개정될 수 있도록 관심을 집중해야 하고, 필요하면 입법 청원 등 가능한 모든 방법을 동원하여 시청자 권리를 신장해야 할 것이다.

5. 뉴미디어 시대 시청자 시민운동의 전망

뉴미디어가 주도하는 정보사회에 대한 전망은 논자에 따라 다르지만 대체로 민주적 공론영역의 확장이라는 측면에 주목하는 사람과 새로운 기술파시즘의 강화 측면에 주목하는 학자로 크게 나뉜다. 컴퓨터 통신의 급속한 보급에 따른 새로운 시민 네트워크의 성장과 그러한 전자 공간 안에서 시민적 담론의 팽창은 시민사회의 성장과 시민 언론운동의 활성화를 예견할 수 있게 하는 희망의 지표로 보이지만, 다채널에 따른 수용자의 분산과 미디어의 사사화(私事化), 시민적 – 국민적 연대의 상실, 그리고 문화의 파편화 등의 징후는 광범위한 조직적 연대와 공공적 참여를 요구하는 시청자운동의 전망을 어둡게 하고 있다.

최근의 신자유주의를 표방한 약탈자본주의의 전면화와 갈수록 심해지는 국가간, 국가 내 빈부격차 등으로 미루어 볼 때, 뉴미디어 발전이 시민사회의 최고 단계라 할 수 있는 '지구가족'을 가능하게 할 것이라고 생각하기는 어렵다. 오히려 적극적으로 시민사회를 구축하고자 하는 노력을 기울이지 않는 한 전지구화된 자본과 신자유주의 경쟁논리에 의해 시민사회 영역은 황폐화될 가능성이 크다.

1980년대 중반 이후 이러한 시민사회 성장에 힘입어 언론민주화운동이 활성화되었다는 것은 주지의 사실이다. 관료적 권위주의 정권에 의해 일방적으로 통제되던 언론을 민주화하기 위해 각 언론사에 노동조합이 생기고, 언론의 편파왜곡에 분노한 시민들이 자발적으로 언론감시운동을 벌이면서 우리 사회에서 시청자운동이 사회운동의 주력군의 하나로 성장하게 되었다. 이는 한국 정치의 성격 변화에 따른 언론의 위상 변화를 반영한 것이지만, 다르게 보면 정치권력 성격 변화의 동력이 되었다고 할 수도 있다.

지금까지의 시청자운동에 대하여 흔히 제기되는 문제점과 과제는 다음과 같다. 첫째, 운동주체의 조직력이 약하고 지속성이 부족하다. 둘째, 운동조직이 정치적 지향성이 강하고, 상대적으로 전문성과 다양성이 약하다. 셋째, 운동방법과 관련하여 아직도 대중매체의 메시지나 관련제도, 정책에 대한 사후 비판적 대응이 주류를 이루고 있다. 넷째, 정보통신 기술의 발전에 따른 신속한 미디어 환경변화에 무관심하거나 적극적으로 대응하지 못하고 있다.

예를 들어 1980년대 중반 이후 대표적 시청자운동 영역으로 자리잡고 있는 방송 모니터운동을 생각해보자. 모니터운동은 언론 감시와 바로세우기에 많은 기여를 한 것이 사실이지만 여러 문제점을 드러내기도 했다. 늘 지적되어 온 문제로 크게 세 가지를 들 수 있다. 첫째, 모니터 활동이 각 단체별로 고립·분산적으로 이루어진다. 단체간의 연대활동이 미흡함으로써 역할 분담이나 모니터 노하우에 대한 공유 등이 제대로 이루어지지 않아 모니터의 수준이 향상되지 못하고 있다. 둘째, 사안에 따른 기동성 있는 모니터 활동이 취약하다. 즉각적 반응이 필요한 노동법 개정이나 뉴욕 세계무역센터 테러 사건 관련 보도에 대해서 적극적으로 대응하지 못한다는 것이다. 셋째, 모니터 요원들의 전문성이 결여되어 있으며 모니터 기준도 자의적이다. 일상적 모니터 보고서들이 사회적으로 크게 호응을 얻지 못하는 이유이기도 하다. 이는 시청자운동의 근본적인 한계이기도 한데 해결이 불가능한 것만은 아니다.

이러한 문제들 때문에 시청자운동은 새로운 미디어를 중심으로 급속하게 변하는 뉴밀레니엄 시대에 제대로 적응하지 못하고 있다. 그러한 한계를 극복하기 위해서는 운동 주체의 전문성 확보 및 강화, 운동의 대중화, 재원 확보를 통한 재정 자립, 실질적 연대활동의 강화, 뉴미디어의 적극적 활용 등이 필요하다고 할 수 있다. 약한 조직력, 인적자원 및 재원부족과 같은 문제는 시청자운동이 갖는 숙명적 한계이기도 한데, 새로운 미디어 환경은 이러한 한계를 극복할 수 있는 가능성을 열고 있기도 하다.

이렇게 변화무쌍한 환경 속에서 시청자운동이 생명력을 갖기 위해서는 두 가지 방안을 생각할 수 있을 것이다. 우선 제도적으로 수용자가 참여하여 자기 목소리를 낼 수 있는 대안적 미디어를 만드는 일이다. 영향력이 큰 방송에서도 진보적 시민 채널을 확보하는 것은 대단히 중요하다. 케이블 텔레비전과 위성방송의 액세스 채널 확보, 국민주 형태의 방송 설립 등을 예로 들 수 있다. 다음으로 기존의 모니터운동과 수용자 의식화 교육의 전문성을 강화하고 범위를 더욱 확대함으로써 영향력을 제고시키는 일이다. 즉 지금까지의 고립적이고 분산적인 모니터운동이나 의식화 교육을 지양하고, 방송국에 대한 허가 취소운동, 음란 영상물 고발 및 불매운동, 다양한 시민사회 단체의 연대운동, 모니터운동단체의 연대를 통한 역할 분담 및 체계화·전문화 등을 지향할 필요가 있다. 또한 영화, 케이블 TV 프로그램, 비디오, 뮤직 비디오뿐만 아니라 CD-ROM, 인터넷, 온라인 게임, DVD와 같은 새로운 영상 미디어에 대한 모니터운동을 더욱 활성화해야 할 것이다.

검찰과 시민단체의 '공조투쟁'

연예계 비리 수사

저질방송 정화와 연예계 비리 척결을 위해 검찰과 시민단체가 모처럼 공조투쟁(?)을 벌이고 있다. 프로그램의 수준 저하와 가수 등 출연자 선정을 둘러싼 비리는 우리 방송의 고질병이다. 주기적으로 PD가 구속되었고, 방송사의 자정선언도 있었지만 비리는 오히려 구조와 관행의 일부가 되었다.

문화연대와 대중음악개혁을위한연대모임은 연예·오락 프로그램 정화와 연예계 부패척결 운동을 벌이는 한편 검찰에 뇌물수수 관련자료를 제보하고 본격적인 수사를 요구한 바 있다. 그 영향인지 알 수 없지만 검찰은 전에 없이 강한 의지를 가지고 연예비리 수사를 벌이고 있다. 이전과 같은 '피라미 사냥'이 아니라 연예계 부패의 구조적 원인을 찾아 뿌리뽑는다고 한다.

연예계 비리와 저질 오락프로그램의 확산은 동전의 양면이다. 가요순위 프로그램, 연예정보 프로그램, 토크쇼, 주말 버라이어티쇼 등 지상파 방송의 오락 프로그램들은 최근 몇 년 사이에 크게 늘어 대형 연예기획사의 홍보무대가 되었다. 이들 프로그램을 보면 지향이 불분명한 가운데 소수 연예인의 겹치기 출연이나 특정 기획사 소속 가수의 무더기 출연에다가 음반이나 스타에 대한 노골적인 홍보가 판을 친다. 피해자는 매일매일 그 나물에 그 밥을 먹어야 하는 시청자와 방송에서 소외될 수밖에 없는 다수 뮤지션들이다.

시청자운동 단체에서 <서세원 쇼>(KBS) 폐지 운동에 박차를 가하는 이유도 명백하다. <서세원 쇼>는 지난 5년간 길게도 버티며 저질 오락프로그램의 '대표선수'가 되었다. '토크박스' 등과 같은 꼭지를 통해 그 무례함과 뻔뻔스러움으로 수년간 뭇사람의 눈살을 찌푸리게 했던 서세원이 김남일 선수 부친을 욕보이는 '실수'를 한 것은 치명적이다. KBS는 시청률로 '효자' 노릇을 하고 있는 <서세원 쇼>를 폐지하기가 쉽지 않을 것이다. 하지만 더 이상 서세원을 보호하는 '쇼'를 하는 것은 우매한 일이다. 이제 <서세원 쇼>를 통해 얻을 것이 별로 없기 때문이다.

텔레비전을 축으로 하는 우리 대중문화가 중국 본토를 '강타'할 정도로

연예계 비리와 수준 낮은 오락 프로그램의 확산은 동전의 양면과도 같다.

성장한 것은 사실이다. 하지만 그 이면에 비리를 통한 불공정 거래가 자리하고 있다. 연예비리를 척결하지 못하면 한류열풍이란 그저 '산업쓰레기'에 지나지 않는다. 모처럼 호기를 맞았다. 검찰은 명예를 걸고 '진공청소기'가 되어 연예계 비리를 쓸어 담아야 하고, 시민단체는 '붉은 악마'가 되어 저질프로그램에 대해 '전면 압박'을 계속해야 한다.

'저질 추방' 마침내 전면전이 시작됐다
시청자의 방송개혁운동

방송개혁을 위해 다시 시청자가 나섰다. 문화연대, 대중가요개혁을위한연대모임, 시청자연대회의 등은 지상파 방송의 저질 연예오락 프로그램 추방을 위해 방송 3사 앞 항의시위를 벌이고 있고, 이어 개선을 위한 공청회, 폐지를 위한 서명운동 등으로 개혁운동을 본격화할 예정이다. 지상파 방송에 저질 프로그램이 지나치게 많다는 지적은 새삼스럽지 않다. 하지만 시청자 여론조사를 통해 문제를 드러내고 그 개선을 위해 시민단체가 연대해 활동을 벌이고 있다는 점은 눈길을 끌 만하다.

요즘 텔레비전을 보면 그저 연예인들의 시시콜콜한 이야기만 넘쳐난다. 오로지 연예인 또는 스타만을 '먹이'로 삼다 보니 겹치기 출연은 기본이고 필요하면 '범죄자'도 등장시킨다. 인권이나 사생활 침해에 대해서는 최소한의 관심도 없다. 오죽하면 엽기텔레비전, 스포츠지 방송버전, 황색폭력이라는 말까지 나올까.

과거에도 저질방송 문제가 불거진 적이 여러 번 있었다. 방송 3사 사장단이 모여 방송사에서 시청률표를 추방하겠다고 선언한 적도 있고, 주무부처 장관이 '장관직'을 걸고 저질프로그램 추방을 공언한 적도 있다. 일부 시청자단체에서는 주기적으로 '텔레비전 끄기운동'을 벌이기도 했다. 그런데도 오락 프로그램은 늘었고 상대적으로 공익성은 더 떨어졌다.

막강한 권한을 가진 방송위원회가 출범했지만 '빅3' 방송사를 규제하기에는 아직 역부족이고, 틈새에서 성장한 일부 연예기획사는 저질오락물 범람에 크게 이바지하고 있다. 우리 모두가 알고 있듯이 한국은 '공영방송 공화국'이다. 문제는 '무늬만' 공영이라는 데 있다. KBS는 1채널을 통해서, MBC는 일정 시간대의 공익편성을 통해서, SBS는 가뭄에 콩 나듯 한두 가지 프로그램 방송을 통해서 공적 책무를 피해가고 있을 뿐이다.

얼마 전 공영방송의 민영화 안을 담은 전국경제인연합회의 보고서가 나왔다. 방송가 안팎에서 강하게 반발하고 있다. 방송을 '불확실한' 시장에 맡

방송사 앞 항의시위, 공청회, 서명운동 등 방송 프로그램 개선을 위한 시청자 단체의 활동이 활발해지고 있다(사진은 문화연대의 연예오락 프로그램 폐지운동).

길 수는 없는 일이다. 과거에 지상파 방송의 시청률 경쟁은 대체로 방송사의 자존심 차원이었지만 이제는 광고수익 확대라는 생존차원으로 바뀌었다.

수익 동기를 규제하지 않는 한 방송이 달라질 가능성은 별로 없다. 시장지배력을 기준으로 일정 수준을 넘을 경우 발생하는 이익을 환수해 교육방송이나 공익방송을 지원하도록 하는 방안이다. 이번 시민단체의 개선운동이 '전면전'인 이유는 방송 규제제도 개선방향까지도 고민에 포함하고 있기 때문이다.

보수세력과 전면전, '독립방송' MBC

≪조선일보≫, 한나라당과 MBC

요즘 MBC는 '동네 북'이다. 거대 야당에서 사사건건 소송이다 항의다 물고 늘어지고, ≪조선일보≫는 가능한 모든 수단을 동원하여 MBC 죽이기에 나서고 있다. 친북세력명단공개추진본부라는 단체에서는 신문광고를 통해 '지금 당장 대한민국 품안으로 돌아오라!'는 등 시대착오적인 광고로 윽박지르기도 했다.

그동안 MBC는 <이제는 말할 수 있다>, <미디어 비평>, <뉴스데스크>와 같은 프로그램을 통해 독재의 상흔을 치유하거나 성역 허물기, 남북 화해 분위기 조성에 앞장서왔다. 이에 대한 일부 세력의 헐뜯기나 색깔시비는 이 땅에서 상식과 양식을 말살하고자 하는 일종의 '극우 총궐기론'을 연상하게 한다.

한나라당은 사안별 소송이나 민영화 등 제도개편을 들먹이며 전방위 압박을 가하고 있다. 오만하게도 자신들의 의지에 따라 MBC를 민영화할 수도 있고 국정감사 대상에 포함시킬 수도 있다고 믿는 듯하다. 민영화에서 국정감사까지 극단을 오가는 그 정책의 수준은 논외로 해도, 결국 그들은 MBC에 재갈을 물리고 싶은 것이다.

≪조선일보≫의 반민주성과 반민족성은 당연히 MBC의 뉴스나 비평 프로그램의 주요 비판 대상이었다. ≪월간조선≫은 8월호에서 '버림받은 MBC 뉴스'라는 기사를 통해 서해교전에 대한 MBC의 보도를 별다른 근거도 없이 '오보'로 몰고 여론에서 고립되고 있다고 터무니없는 낭설을 유포했다. 이어 9월호에서도 'MBC는 지금……'이라는 집중취재를 통해 서해사태 관련보도, 한나라당과의 갈등, 민영화론 대두와 같은 일련의 일들이 마치 MBC의 '오류'에서 기인하고 이것이 MBC의 '위기'인 것처럼 왜곡하고 있다.

얼마 전까지 국내에서 방송은 정치권력이나 기득권 신문의 '밥'이었다. 문화방송이 관료적인 공영방송이나 사주가 전횡하는 상업방송이었다면 현재와 같은 '전면전'은 불가능했을 것이다. 향후에도 민영화니 국정감사니 하

MBC는 <미디어 비평>, <이제는 말할 수 있다>, <100분 토론> 등의 프로그램을 통해 권력 비판, 성역 허물기, 남북 화해분위기 조성에 앞장서고 있다.

는 제도적 압박과 좌익방송이니 하는 사상검증 시도가 더욱 거세질 것 같다.

MBC를 압박하기 위한 극우 기득권 세력의 총공세는 오히려 현재 '공민영' MBC가 공영방송의 폐해와 상업방송의 맹목을 극복할 수 있는 '독립방송' 모델일 수도 있음을 역설로 보여주고 있다.

한나라당 의원들이 MBC로 몰려간 까닭은?

방송과 정치

<그것이 알고 싶다>(SBS) 진행자 출신 박원홍 씨 등 몇몇 한나라당 의원들이 MBC에 몰려갔다. 지난 2002년 5월 5일 방송한 '국민참여 경선 1부 – 시민이 정치를 바꾼다'가 편파적이라고 항의하기 위해서였다. 한나라당 편파방송대책특위(위원장 현경대) 소속인 이들은 '국민참여 경선'이 출연진의 성향이나 편집으로 볼 때 노사모 및 노무현 후보 중심의 편파방송이라고 주장하고 공식사과와 재발 방지를 요구했다. 말이 항의 방문이지 사실상 '무력시위'로 보였다. 이들은 노사모를 '정치룸펜', '사이비 종교집단' 등의 말과 연루시켰다.

MBC는 모든 요구를 거부했고, 한나라당은 MBC와 인터뷰 등을 전면거부하기로 했다. 탈없이 '모욕'을 당한 노사모는 한나라당사 앞에서 사과를 요구하며 시위를 벌이는 한편, 박원홍 의원 등을 명예훼손 혐의로 고소했다.

한나라당의 이번 항의 방문과 인터뷰 거부는 사실상 '생트집'이다. 2부작 다큐멘터리 프로그램의 전편만 보고 불공정 운운하며 달려간 것은 아무리 생각해도 거대 권력의 횡포라고 할 수밖에 없다. 자신의 주장이 무모한 트집잡기라는 사실을 그들이 모를 리가 있을까? 그런데도 느닷없이 '쳐들어간' 데에는 그럴 만한 이유가 있을 것이다. 약간의 정치적 부담을 지더라도 여러 모로 '남는 장사'라고 계산했을 것이다.

우선은 편파방송이라고 몰아감으로써 수구 기득권 세력 비판에 앞장서고 있는 MBC를 압박할 수 있다는 점이다. 거대 야당의 집중공격을 받다 보면 아무리 MBC라도 약해질 것이라는 계산이다. 불공정 방송의 근거가 드러나지 않으니까 "특정 지역 출신 인사가 많다"고 우겨 지역감정으로 몰아가려 했다는 점이 이를 잘 보여준다.

동시에 인터넷을 중심으로 선거정국의 '태풍의 눈'이 된 노사모의 바람을 차단하고자 했을 것이다. 항의 대상이 MBC인데도 노사모를 '사이비 종교집단 비슷한 조직' 또는 '정치룸펜 모임'으로 낙인찍으려 했다. 한나라

한국의 '수구' 정치권력은 방송사를 자신의 입맛대로 조종하려는 습성이 있다(사진은 한나라당 의원 총회 장면).

당과 보수 신문의 밀월관계로 볼 때 이런 '낙인작전'은 나름대로 파괴력을 갖는다.

덤으로 보수언론에 '먹이'를 제공하고, 결집시키는 데 기여했다. ≪조선일보≫, ≪동아일보≫ 등이 한나라당의 이런 행보에 적극 '화답'하고 있는 것은 이를 잘 드러낸다. SBS도 <그것이 알고 싶다>를 진행하던 문성근 씨를 교체하는 기민함을 발휘했다.

정치집단이 언론미디어, 방송사를 자신의 입맛대로 조종하려는 것은 한나라당 전신인 민정당, 민자당, 신한국당 정권 때 신물나게 보아왔다. 문제는 이에 대한 해당 언론사의 앞으로 행보다. '약한 모습'을 보이며 타협하는 것은 최악의 선택이다. MBC는 공정성을 무기로 정면대응할 수밖에 없다.

서세원과 KBS의 부적절한 동거

KBS2 <서세원 쇼> 폐지운동

시청자의 <서세원 쇼> 폐지 혹은 '서세원 퇴진운동'이 거세다. 주요 시청자단체 연대모임 선정 '최악의 연예오락 프로그램', 경실련 미디어워치 선정 '나쁜 프로그램', 폐지를 위한 온라인 서명 및 해당 게시판 글 올리기, 계속되는 방송사 앞 1인 시위 등 <서세원 쇼> '퇴출'을 위해 가능한 모든 방법을 동원하고 있다. 하지만 한국방송이나 서세원 씨는 별다른 반응을 보이지 않고 있다.

여타 프로그램에 비해 <서세원 쇼>가 특별히 문제가 있다고 생각하지 않거나 아니면 시청자를 무시하거나 둘 중의 하나다. 방송연예계 비리에 대한 집중 수사로 가뜩이나 살벌한 판에 시청자들은 수많은 프로그램 중에서 하필이면 왜 <서세원 쇼>만을 문제삼고 있는지 의아할 수도 있다. 일부는 서세원 씨가 특유의 순발력과 부담 없는 진행으로 한국 토크쇼 '발전(?)'에 나름대로 기여한 바도 있다고 지적하기도 한다.

하지만 서세원과 <서세원 쇼>에 대한 시청자의 거부반응은 새삼스러운 게 아니다. 특정 연예인의 중복출연이나 무더기 출연, 출연자에 대한 인신공격성 발언이나 연예인 사생활 침해, 사담과 농담을 중심으로 한 방송의 사적 공간화, 시청자를 무시하는 듯한 서씨의 오만방자한 태도 등 그 윤리적 수준을 주로 문제삼았다.

이번 '퇴출운동'은 <서세원 쇼>의 수준 문제뿐만 아니라 연예권력 문제와 관련이 있다. 먼저 <서세원 쇼>가 연예산업의 홍보창구로 전락했다는 점이다. 매회마다 새로 나오는 음반, 영화, 광고, 자사 드라마의 홍보 창구 노릇을 해왔을 뿐만 아니라 서세원 씨가 공영방송 프로그램을 자신의 권력과 사업 수단으로 삼고 있다는 지적도 있다. 서씨가 제작한 <조폭마누라>에 대한 노골적 광고로 문제가 된 바 있고, 최근 <긴급조치 19호>에는 <서세원 쇼> '고객' 60여 명이 무더기로 출연하기도 했다. 이 정도라면 서세원 씨 스스로가 물러나는 것이 순리다.

방송 프로그램의 '사적 공간'이자 '연예산업 홍보 창구'로 전락시켰다는 비판을 받던 <서세원 쇼>(KBS2)는 2002년 말 폐지되었다(사진은 <서세원 쇼> 폐지를 위한 문화연대의 1인시위).

최근 시청자와 KBS의 관계는 최악이다. 스스로 만든 공영성 지수 조사에서 KBS2가 꼴찌를 했고, 자사가 임명한 시청자평가원들이 출연을 거부하는가 하면, 주요 사안에 대한 보도에서도 공영방송으로서 최소한의 공정성도 보이지 않는다. 게다가 '최악의 프로그램' <서세원 쇼>를 보호하는 '만용'까지 부리고 있다.

시청자는 더 이상 방송권력과 연예권력 사이에서 리모콘에 의지한 채 살아가는 '핫바지'가 아니다. 서세원 퇴진운동은 다채널 경쟁 환경에서 갈수록 프로그램 수준이 떨어지고 있는 '지상파 방송 구하기'이자, 향후 빈발하게 될 방송연예권력과 시청자의 전면적 갈등의 서막이기도 하다.

알맹이 논의 없이 고화질 껍데기만……

지상파 디지털 방송

디지털 방송은 아직도 '뜨거운 감자'다. 2001년 말부터 지상파 3사가 본 방송을 시작했지만 전송방식 비교시험에 따른 논란은 이제 시작 단계이고, 2002년 3월부터 한국디지털위성방송이 시작되지만 지상파 재전송 문제가 마무리되지 않았기 때문이다. 디지털 문제는 2002년 한 해도 방송계를 뜨겁게 달굴 것 같다.

시청자의 관심은 디지털 방송으로 달라지는 것이 무엇이냐 하는 점일 것이다. 최근 자연다큐멘터리나 영화 혹은 일부 토크 프로그램 등을 보다 보면 화면 한 귀퉁이에 찍혀 있는 고화질(HD)이라는 표시를 볼 수 있다. 방송위원회의 방침에 따라 각 방송사는 주당 10시간 이상씩 고화질 프로그램을 내보내야 하기 때문에 등급표시 하듯이 '고화질'임을 표시하고 있는 것이다. KBS는 신년 특집으로 영화 <어 퓨 굿맨>, 자연다큐멘터리 <숲>, 특집드라마 <다연> 등을 HD로 내보냈고, MBC는 <생방송 화제집중>, <베스트극장>, 자연다큐멘터리 <나비> 등을 HD로 제작·방송한 바 있다. 디지털 방송을 먼저 시작한 SBS는 <진실게임>, <한선교, 정은아의 좋은 아침>, <생방송 인기가요>와 같은 정규 프로그램을 HD로 내보내고 있다. 현재 각 방송사는 아날로그와 디지털 동시방송(Simulcasting)을 하고 있다.

문제는 HD방송이라는 것이 별도의 디지털 채널을 통해서 나가는 것이기 때문에 대부분 시청자에게는 '무늬만' 고화질일 뿐이라는 점이다. 일반 시청자가 HD프로그램을 보기 위해서는 300만 원이 넘는 디지털 수상기나 셋톱박스를 구입해야 하며, 구입한다 해도 관악산 중계소를 중심으로 한 수도권 지역에서만 볼 수 있다. 그럼에도 각 방송사는 경쟁적으로 프로그램에 HD라는 표시를 하고 있고 신문의 프로그램 소개에도 HD프로그램이라는 표시를 해주고 있다. 지금 디지털 채널에서 이 프로그램이 HD로 나가고 있으니 서둘러 고화질 디지털 수신기를 구입하시라는 권고 이외에는 별 의미가 없다.

지상파 디지털화의 핵심 문제는 고화질 여부가 아니라 수신 용이성, 이동수신, 자원 활용, 보편적 서비스 여부에 있다.

고화질은 다채널, 쌍방향성, 다기능을 축으로 하는 디지털 방송의 한 측면일 뿐이다. 게다가 최근 디지털 방식 비교시험 결과를 보면 화질, 수신용이성, 이동수신, 주파수 활용의 효율성 등 거의 모든 측면에서 한국이 확정한 미국식보다 유럽방식이 우월한 것으로 나타났다. 지금 중요한 것은 HD라는 화질 문제가 아니라 무엇을 위한 디지털이고, 어떻게 디지털로 갈 것인지에 대한 근본적 재검토다. 최근 지상파 디지털 방송 실시 시기를 놓고 논란을 벌이고 있는 일본, 전송방식을 유럽식으로 바꾼 대만 등의 사례를 타산지석으로 삼을 필요가 있다.

공익성이 상업주의의 포장지?
각 방송사 편성 개편

세 방송사가 2000년 가을 프로그램 개편을 마쳤다. 저마다 '쇄신'과 공익성 강화를 표방하고 있다. EBS와 KBS는 이미 새로 단장한 프로그램을 내보내고 있고, SBS는 2000년 9월 16일부터 개편된 프로그램을 내보내게 된다. 최근 보도기능 약화와 시청률 저하로 내홍을 겪고 있는 MBC의 경우 9월 말쯤에야 개편이 단행될 것으로 보인다. 이번 가을 개편은 새로운 방송위원회 출범, EBS의 공사 전환, 조직화된 시청자의 목소리의 강화 등 현실변화에 대한 각 방송사의 첫번째 공식 반응이라는 점에서 주목할 필요가 있다.

공사시대를 맞은 EBS는 지난 2일 대대적인 개편을 단행했다. '환골탈태'를 통해 공익성과 경쟁력을 동시에 강화하겠다는 야심적인 내용이었다. 많은 사람이 '보는 방송'을 지향함으로써 시청률을 끌어올리겠다는 것이다. 교육과 오락의 결합(에듀테인먼트)이라는 말은 그럴듯하지만, 이를 위해 토크 쇼나 드라마를 강화하고 스타시스템을 활용한다는 것은 쉽게 납득하기 어렵다. 상업방송의 시청률 지상주의와 크게 달라 보이지 않기 때문이다. EBS의 '신공영방송'으로의 변신 시도에 기대보다 우려가 앞서는 이유다.

공익채널(1TV)과 상업채널(2TV)을 동시에 운영하며 최근 보도와 드라마에서 강세를 보이고 있는 KBS는 가을 개편도 상대적으로 여유가 있어 보인다. 그런 탓인지 개편방향은 외형상 '모범답안'에 가깝다. 제2텔레비전의 공익성을 강화하여 '방송 그린벨트'를 구축하겠다고 선언했고, 화해와 공존의 민족공동체 건설을 위한 프로그램(<북한리포트 서울에서 평양까지> <북녘땅—고향은 지금>)을 강화했으며, 시청자 참여 프로그램(<열린채널>)을 정규 편성했기 때문이다. 그러나 '저질시비'가 있는 오락 프로그램이 거의 살아남았고, 북한관련 프로그램이 어떤 수준일지 알 수 없으며, 시청자 참여 프로그램 편성은 구체적으로 정해지지 않았다는 점에서 앞으로 두고 보면서 '방송 그린벨트'의 의미를 찾아봐야 할 것 같다.

창사 10주년을 맞은 SBS도 <남희석 이휘재의 멋진 만남> 등 10개 프로그

방송사의 편성개편은 '패션쇼'가 아니라 주기적인 시청자와의 약속이다.

램을 폐지하는 등 큰 폭의 변화를 꾀하고 있다. SBS는 전문 연구기관의 조사나 시청자 단체 모니터 보고서 등에서 프로그램 선정성과 방송저질화의 '주범'으로 지목되어왔다. 이런 오명에서 벗어나기 위하여 품위를 해치는 프로그램을 과감히 폐지하고 변하는 시청자 요구에 적극 부응한다는 것이 개편의 핵심이다. 이를 위해 대화를 이어주는 가족 프로그램 확대, 실험적인 새 유형의 프로그램 개발, 드라마 다양화, 수준 높은 오락 프로그램 강화 등을 내세우고 있다. 하지만 사례로 제시된 프로그램의 면면을 보면 이전과 크게 달라진 것을 기대하기는 어려울 것 같다. 계속 문제가 되었던 프로그램들이 건재할 뿐만 아니라 새로 생긴 프로그램들도 외양만 바뀐 것으로 보이기 때문이다. 시청자 단체에서 세 방송사가 같은 시간대에 편성하고 있다고 계속 이의를 제기한 옴부즈맨 프로그램(<열린TV 시청자 세상>)도 KBS와 같은 시간대에 편성하고 있다.

　방송사의 편성개편은 주기적인 시청자와의 약속이다. 공익성, 건전방송, 시청자 복지 등 언제나 구호는 화려했지만 크게 달라지지 않았다. 지상파 방송에서 공익성은 시청자 복지보다는 자신의 존재근거라는 점이 더 중요하다. 언제까지 '공익성'을 상업주의의 '포장지'로 이용할 것인가?

외주 프로그램 편성비율 지켜야

편성 규제

　　KBS와 텔레비전 독립제작사들은 '외주 프로그램 편성비율'(방송사가 의무적으로 독립제작사가 만든 프로그램을 방영하는 것)을 놓고 갈등을 빚고 있다. KBS가 5퍼센트 이상을 KBS 제작단에 배정했기 때문이다. 텔레비전 독립제작사 협회의 분석에 따르면, 현재 KBS의 외주 편성비율은 12.5퍼센트로 MBC 17.0퍼센트와 SBS 19.1퍼센트에 비해서 매우 낮다.

　　정부는 독립제작자 육성을 위해서 각 방송사가 편성하고 있는 전체 프로그램 중에서 16퍼센트 이상(자회사 제작 제외)을 독립제작사에 배정토록 하고 있으며, 2001년 하반기부터 18퍼센트 선까지 상향 조정한다는 방침을 세워놓고 있다. 또한 정부는 2002년까지 독립제작사 프로그램의 의무 편성비율을 30퍼센트로 확대할 계획을 수립해놓고 있다.

　　독립제작사를 육성해야 하는 이유는 명백하다. 첫째, 시청자에게 다양하고 질 좋은 프로그램을 서비스하기 위해서이다. 물론 현재 독립제작사 프로그램의 질은 높지 않은 편이다. 이것은 방송사들이 시장을 독과점함으로써 발생한 것이다. 독과점 체제는 방송의 공정한 시장의 원리를 파괴함으로써 경쟁을 통한 다양성과 질의 확보를 무너뜨려왔다. 방송 시장을 넓혀주고 왜곡된 시장 구조를 변화시킨다면, 독립제작자가 좋은 프로그램을 제작할 가능성은 높아진다.

　　둘째, 영상산업의 인프라 구축과 문화 정체성의 확보를 위해서이다. 1999년 말에 통합방송법이 통과되면 2000년 말부터 위성방송은 시험방송에 들어간다. 60~80개의 디지털 채널이 생겨날 경우, 이들 채널에 채워 넣을 프로그램의 부족 현상이 심각하게 제기될 것이다. 현실적으로 지상파, 케이블, 위성방송 사이의 차별화된 편성이 어렵게 될 뿐만 아니라, 수입 프로그램이 지상파 이외의 방송을 지배할 가능성을 배제하기 어렵다.

　　셋째, 방송사의 비효율적인 경영구조를 개선하기 위해서이다. 궁극적으로 편성과 제작 기능의 분리를 통해서 프로그램 유통구조를 혁신하고 방송사들

독립제작자를 육성해야 하는 이유는 질 좋은 프로그램을 제작하고, 영상산업의 인프라를 구축하며, 방송사의 비효율적인 경영구조를 개선하기 위해서이다(사진은 KBS 전경).

은 비효율적인 경영구조를 개선해나가는 것이 방송 발전의 기본 방향이 될 수밖에 없다.

독립제작사는 1988년 서울올림픽, 1991년 SBS 출범, 1995년 케이블 방송 개국 등으로 방송 시장이 확대되면서 함께 성장했어야 했다. 그러나 기존 방송사들의 독과점 체제, 정책의 실패, 독립제작사의 인력과 기술 능력 부족 등으로 성장 기회를 잃어버렸다. 더 이상 기회를 놓칠 경우 한국의 영상산업과 방송문화는 심각한 위기에 직면할 것이다. 더욱이 OECD의 방송영상 시장 개방은 우리의 경제위기로 잠정적으로 유보되었지만, 최근 들어 미국은 영상 시장의 완전개방을 요구하고 있다. 정부가 얼마나 효율적으로 시장개방에 대처할 수 있을지는 미지수지만, 내부적으로 우리가 해야 하는 일은 방송 인프라의 구축이며 그중의 하나가 독립제작자의 육성이다.

KBS가 방송영상산업을 활성화해야 하는 이 시점에서 오히려 외주 편성비율을 지키지 않음으로써 찬물을 뿌리고 있다. KBS는 정상적으로 16퍼센트 외주편성 비율을 지켜야 한다. 이것은 공영방송으로서 KBS가 지켜야 할 작은 상식이다.

사이버 시청자는 누구인가?

KBS2 <웹 매거진>, MBC <웹 투나잇>, SBS <토커넷 쇼>

인터넷 시대에도 지상파 방송이 살아남을 수 있을까? 이미 부분적으로 입증되고 있듯이 뉴스의 지배력이 약화되는 등 영향력은 많이 줄어들겠지만, 기득권을 십분 발휘하면 생존에는 크게 지장이 없을 것이라는 것이 일반적 예측이다. 국내 방송 3사도 인터넷 시대에 살아남기 위하여 나름대로 발빠르게 대응하고 있지만 전망이 그다지 밝아 보이지 않는다.

"사이버 시청자를 잡아라!" 인터넷 인구가 급증하는 등 그 영향력이 확대되자 방송사들은 인터넷을 시청자 참여의 통로로 인식하고, 안으로는 모든 프로그램에서 이메일을 통한 참여를 일상화하고, 밖으로는 인터넷 방송을 설립하여 주문형 방송, 실시간 중계와 같은 새로운 서비스를 시작하였다. 인터넷을 통한 시청자 참여는 이제 정착단계에 이르고 있지만 방송사에서 설립한 인터넷 방송은 딜레마에 빠져 있는 것으로 보인다. 시스템의 구축과 유지를 위해서는 상당한 비용이 필요하지만 이를 통해 수익을 올릴 수 있는 방법이 거의 없고 인터넷 서비스가 잘된다고 해서 오프라인 방송이 성공하는 데 크게 도움이 되지 않기 때문이다.

"네티즌을 텔레비전 속으로 끌어들여라!" 최근 방송사들은 인터넷을 더 적극적으로 이용하는 프로그램을 내보내고 있다. '심야족' 프로그램으로 정착한 <웹 매거진>(KBS2, 월요일 밤 12시 10분), <웹 투나잇>(MBC, 금요일 밤 12시 20분), <토커넷 쇼>(SBS, 토요일 밤 12시 50분) 등과 SBS의 지상파 인터넷 동시방송 드라마 <그녀를 보라>를 꼽을 수 있다.

<웹 매거진>과 <웹 투나잇>은 사이버 공간 관련 정보 중심으로 구성되는 인터넷 매거진형이고, <토커넷 쇼>는 인터넷의 쌍방향성을 이용한 인터넷 활용형이라고 할 수 있다. 기획취재, e게시판, 사이버 월드, 웹투데이, 웹토크, 쿨 사이트 등과 같이 인터넷 관련소식이나 정보, 관계자와의 대화 코너 등을 중심으로 구성되는 매거진형 프로그램의 경우 사이버 공간을 적극적으로 알리고 활용방법을 소개하는 등 '계몽'에 치중하고 있다. 한마디로 인터

각 방송사는 인터넷 시대를 맞아 인터넷 서비스를 확대하고 관련 프로그램을 신설하는 등 대응에 부심하고 있다(사진은 MBC <웹 투나잇>).

넷을 소재로 한 정보 프로그램이다. 인터넷 활용형 프로그램이라 할 수 있는 <토커넷 쇼>는 기존의 토크 쇼와 인터넷을 연결한 양상이다. 쌍방향 대화를 통해 네티즌과 하나됨을 추구한다고 표방하고 있지만 내용을 들여다보면 팬이 스타에게 인터넷을 통해 질문을 하는 정도다.

디지털 기술로 무장한 인터넷의 특성 중 방송사가 주시해야 할 측면은 상호작용성, 시간과 공간으로부터의 자유, 이용자 중심, 전지구적 무한경쟁 등 네 가지다. 일방적이고 시간에 철저히 구속되며, 자기가 중심인데다가 독과점 지위를 유지하고 있는 지상파 방송과는 극단적으로 다르다. 시청률을 중심으로 하는 다수주의 가치나 프로그램의 '양념' 정도로 시청자를 참여시키는 아날로그 방식이 통용되지 않는 것은 당연하다.

인터넷이 확장된다고 해도 양질의 프로그램 등 축적된 자원, 확실하게 구축되어 있는 이미지, 생활 미디어라는 지상파 방송의 강점을 사라지지 않는다. 오히려 지상파 방송 위기의 근원은 인터넷의 도전이 아니라 스스로 '존재의 이유'를 허물어온 만성적 선정주의 경향에서 찾아야 한다.

교차보조 등 공적 지원 제도화해야

위성방송 시민채널

시민채널 설립이 가시화되고 있다. 새로 시작될 위성방송을 통해 시민채널을 운영하고자 하는 시민방송설립추진위원회 발기인대회가 열린 데 이어 언론개혁시민연대 산하 국민주방송설립추진위원회에서도 방송사 설립허가를 준비하고 있다. 국내에도 정치권력과 자본으로부터 자유로우며, 시민 누구나가 참여할 수 있는 시민채널에 대한 기대가 높아지고 있다.

그런데 몇 가지 의문이 있다. 우선 국내외 방송환경으로 볼 때, 하나의 시민채널을 운영하기도 벅찰 것으로 보이는데 왜 두 단체에서 동시에 이를 추진하려고 하느냐는 점이다. 다음으로 두 단체에서 시민채널의 허가를 받을 경우 비용과 프로그램을 어떻게 충당할 것이냐 하는 점이다.

한국디지털위성방송(KDB) 컨소시엄에 참여하고 있는 시민방송의 경우, 한국디지털위성방송사의 지원을 받아 스튜디오 등을 마련하고 그 자체 채널 중 하나를 이용하여 방송을 할 계획이라고 한다. 기업들로 구성된 위성사업자의 지원을 받으면서 어떻게 독립성을 유지할 것이냐 하는 점도 의문이지만 향후 프로그램 제작에 필요한 재원을 어떻게 확보할 것인지도 불분명하다. 모금운동 등을 통해 자금을 마련한다고 하지만 이를 통해 얼마나 모을 수 있을지는 미지수이기 때문이다. 이미 5년 전부터 국민주 모금 형식으로 '한겨레 방송'을 설립하기 위해 노력해온 국민주방송설립위 쪽에서도 새로운 방송위원회에 방송채널 사업자로 허가를 신청할 계획이지만 전도가 불투명하기는 마찬가지다.

시민방송이든 국민주방송이든 이름을 무엇으로 하든 간에 시민채널의 생명은 독립성과 공익성, 시청자의 참여에 있다. 문제는 독립성의 딜레마다. 시민채널 운영을 위해서는 안정적 재원을 확보하는 것이 가장 중요한데 현재의 법제도하에서는 요원해 보인다. 손쉽게 모금을 이야기하지만 그 성공 가능성은 희박하다. 시민방송의 경우처럼 특정 사업자와 결합하는 경우에는 시민채널로서의 정당성, 독립성, 정체성 시비로부터 자유로울 수 없다.

2001년 9월 '시민의 방송'과 '국민주 방송'이 통합되었으며, 통합주체는 한국디지털위성방송의 시민채널 사업자가 선정되었다.

이런 문제를 해결하는 유일한 방법은 시민채널이 생존 가능한 구조 혹은 제도적 장치를 마련하는 일이다. 미국의 액세스 채널과 독일의 개방채널은 대표적인 시민채널이다. 미국의 케이블방송사 액세스 채널의 경우 지역정부가 허가과정에서 사업자에게 일정 수의 무료 액세스 채널 운영과 총수익의 5퍼센트 범위에서 액세스 채널을 지원하도록 의무화하고 있기 때문에 생존이 가능한 것이다. 독일 개방채널의 경우 상업위성방송 허가의 반대급부로 시민들의 요구가 제도화된 것이다. 독일은 개방채널 운영을 위해 공영방송 수신료의 2퍼센트의 범위 내에서 일부를 지원하도록 하고 있으며, 그밖에도 지역정부는 개방채널 운영을 위해 문화예산 등의 일부를 지원한다.

'방송법'에서 케이블이나 위성방송사업자가 시청자 제작 프로그램을 지역채널을 통해 편성하도록 의무화하고 있기 때문에 현재 시점에서 채널 설립은 그리 중요한 일이 아니다. 오히려 시민채널이 생존할 수 있는 안정적 재원구조 제도화를 위하여 노력을 기울여야 한다. 시민의 제작 능력만 있으면 다양한 채널을 통해 전송할 수 있기 때문이다. 방송위원회는 시민채널의 정착을 위하여 현재의 방송발전기금 이외에도 수신료의 일부, 유선방송과 위성방송사업자 수익 중 일부를 지원하는 방안을 검토할 필요가 있다.

지상파 방송도 미디어 교육에 나서야 한다
케이블 텔레비전 OUN <TV 바로보기>

방송위원회는 저질이라는 이유로 경인방송의 김형곤 입에 '재갈'을 물렸다. 제작자들은 부당하다고 항변한다. SBS를 비롯한 세 지상파 방송사는 경쟁적으로 백양의 비디오 소식을 연일 내보낸다. 각 신문은 사생활을 침해하고 인권을 유린하는 방송사가 각성해야 한다고 목소리를 높인다. 텔레비전에 대한 논란은 반복된다. 한번은 저질시비로 한번은 선정성 문제로. 그러나 달라지는 것은 없다. 오히려 조금씩 더 악화될 뿐이다.

시청자들이 현명하게 선별할 수만 있다면 문제의 프로그램들은 자연스럽게 도태될 것이다. 그러기 위해서는 텔레비전의 안과 밖에서 텔레비전에 대한 교육이 이루어져야 한다. 시청자 단체에서 시청자 평가 프로그램이나 제작 프로그램 편성 강제를 요구한 이유도 여기에 있다. 그러나 힘있는 지상파 방송에서는 아직까지 시청자의 목소리나 미디어 교육에 관련된 프로그램을 찾아보기 어렵다.

방송대학TV(OUN)에서 모처럼 <TV 바로보기>라는 미디어 교육 프로그램을 집중 기획해서 내보냈다. 2000년 9월 5일부터 11월 28일까지 13회 방영된 <TV 바로보기>에서는 방송보도, 방송언어, 광고, 편성, 제작시스템과 같은 구조 문제에서 내용상의 선정성·폭력성·성차별·상류취향·무시되는 어린이와 노인 문제, 나아가 좋은 방송은 무엇이고 방송비평은 어떻게 할 것인가 하는 점에 이르기까지 중요한 미디어 교육의 내용을 포괄하고 있다. 당위론에 빠져 딱딱해질 수 있는 내용을 자료화면, 현장탐방, 인터뷰, 칼럼 등을 통해 자연스럽게 드러내는 데 성공하고 있으며, 현 단계 시청자 단체의 미디어 교육 현장과 연결고리를 마련하고자 했다는 점이 특히 주목할 만하다.

매회 구성을 보면 방송전문기자와 방송학자가 고정 출연하여 각 주제의 핵심 포인트와 관련한 최근 동향에 대하여 이야기를 나누는 것을 기본 형식으로 하고 있다. 주제별로 문제가 되는 장면을 간략하게 편집하여 제시하는 '즐거운 비평, TV를 켜라', 주요 시청자운동 단체의 미디어 운동현장을 찾아가는 '나

뉴미디어 시대를 맞아 지상파 방송도 미디어 교육에 적극 나설 필요가 있다.

도 비평가, 내가 본 TV 세상', 신문사 방송담당기자가 최근 현안을 예리하게 분석하는 'TV프리즘' 등 세 부분으로 구분하여 배치한 구성도 돋보이는 면이 있다.

특히 '나도 비평가' 코너에서는 민주언론운동시민연합, 매비우스(매체비평우리스스로), YMCA 좋은 방송을 위한 시청자모임, 시청자 연대회의, 경실련 미디어워치, 여성민우회 미디어운동본부 등과 같은 대표적 시청자운동단체의 미디어 교육현장을 보여주고 일군들의 활동을 적극적으로 소개하였다. 이 프로그램은 미디어 교육이 시민사회와 방송이 함께 수행해야 할 막중한 임무라는 사실을 명확하게 보여주었다.

<TV 바로보기>는 그 주제의 집중성, 진지한 접근자세, 지루하지 않은 구성 등 여러 측면에서 향후 시청자 프로그램 제작이나 미디어 교육관련 비디오 제작에서 좋은 참고가 될 것으로 보인다. 아쉬운 점도 있다. 주제가 지나치게 오락 프로그램 내용에 치중되어 있어 방송구조나 제작시스템, 비오락 장르 등이 경시된 면이 있고, 영역별 전문가를 적극적으로 발굴하지 못했다는 점 등이다. 물론 가장 아쉬운 점은 이 프로그램을 방영한 OUN이 케이블 채널이었다는 점이다.

제8장 방송구조 비평 349

전문 진행자 발굴, 종합세트 제작 시급

유아교육 프로그램

어린이 프로그램이 방송사로부터 홀대받고 있다는 사실은 어제오늘 일이 아니다. 우리나라 어린이들은 평일 2시간 이상, 주말 3시간 이상 텔레비전을 시청하고 있지만, 방송사들은 어린이 프로그램의 영향력에 대해서는 관심이 없다.

한때 방송사들은 어린이 프로그램의 편성비율을 확대했다. <텔레토비>의 영향으로 좋은 어린이 프로그램을 제작하면 경제적 이윤을 얻을 수 있다는 판단 때문이었다. 그러나 2001년 현재 어린이 프로그램의 편성비율은 작년(2000년) 봄과 비교할 때 KBS2가 16.5퍼센트에서 11.1퍼센트로 5.4퍼센트, MBC가 7.0퍼센트에서 3.6퍼센트로 3.4퍼센트 감소했다. SBS는 6.3퍼센트로 편성비율의 변화는 없지만 만화 중심일 뿐 유아교육 프로그램을 제작하지 못하고 있다.

어린이 프로그램의 모든 영역이 심각한 수준이지만, 유아교육 프로그램은 각별히 개선이 요구된다. 현재 방영중인 유아교육 프로그램은 KBS의 <TV 유치원 하나, 둘, 셋> <혼자서도 잘해요> <수수께끼 블루> <동화나라 꿈동산>과 MBC의 <뽀뽀뽀>이다. 모든 유아교육 프로그램들은 유아교육 전문가로 구성된 자문위원조차 제대로 두지 않고 있으며, 프로그램 내용이 유아의 행동, 학습, 언어, 발달 과정에 맞추어져 있지도 못하다.

유아교육 프로그램은 세 가지 점에서 분명히 개선되어야 한다. 첫째, 유아교육 프로그램을 위한 종합 세트가 제작되어야 한다. 유아교육 프로그램의 세트를 보면 한심하기 그지없다. 유아교육 프로그램의 세트는 상상력과 창의력의 공간을 열어주는 장소이기 때문에 매우 중요하다.

몇 해 전 세계적인 열풍을 일으켰던 <텔레토비>는 텔레토비 랜드라는 오픈 스튜디오를 제작하는 데 30억 원을 투자했다. 우리의 현실적 여건을 고려할 때, 그렇게 많은 비용을 투자하기 어렵지만 지금처럼 미니세트를 합성해서 유아교육 프로그램을 제작하는 방식은 반드시 벗어나야 한다.

둘째, 유아교육 프로그램은 전문 진행자를 교육·발굴해야 한다. 현재 유

유아교육 프로그램의 직접 제작비는 편당 500만 원밖에 되지 않을 정도로 제작 환경은 열악하다 (사진은 MBC <뽀뽀뽀>).

아교육 프로그램의 주진행자 5명은 탤런트 3명, 개그맨 1명, 전문 진행자 1명으로 탤런트 중심이다. 보조 진행자는 7명 모두 개그맨이다. 탤런트와 개그맨은 유아와 어린이들에게 친근감을 주지만, 이들이 언어를 부적절하게 사용하는 경우가 적지 않다. 유아교육 프로그램을 전문으로 담당하는 진행자를 발굴함으로써 유아와 어린이가 좋은 언어습관을 갖도록 해야 한다.

셋째, 유아교육 프로그램의 제작인력이 확대되어야 한다. 예를 들어 KBS의 <TV유치원 하나, 둘, 셋>은 피디 3명, 에이디 1명, 작가 5~6명 정도가 참여하고 있다. 피디 1명당 3주마다 1주일 분량의 프로그램을 제작한다. 제작자들이 시간을 갖고 연구할 수 있는 여건이 마련되지 않고 있다.

제작인력의 확대와 전문 진행자의 발굴은 방송사가 효율적으로 인력을 활용하면 손쉽게 해결될 수 있다. 다만 방송사들은 종합세트를 제작하기 위해서 어느 정도 투자해야 한다. 유아교육 프로그램의 직접 제작비가 편당 500만 원 정도밖에 되지 않을 정도로 제작환경은 열악하다. 그러나 60분짜리 역사 드라마 한 편 제작비로 1억 원 이상을 쓰면서 몇 년 동안 이용할 수 있는 종합세트 제작에 몇 억 정도 투자하는 것은 왜 그렇게 아까워하는 것일까. 문제는 돈이 아니라 인식이다. 바로 지금이 미래의 꿈인 유아와 어린이들을 위한 방송사의 인식전환이 필요한 시점이다.

모든 프로그램이 '오염'되고 있다
넘치는 간접광고

시도 때도 없이 등장하는 간접광고는 한국방송의 고질병 중의 하나다. 간접광고란 방송의 일반 프로그램 안에서 특정인이나 업체, 상품, 사실 등을 홍보하는 것을 말한다. 말이 간접광고지 프로그램 속에서 잘 나가는 배우나 가수들이 상호나 브랜드를 직접 드러내기 때문에 사실상 직접광고에 가깝다.

간접광고 관련 방송위원회의 심의 의결 건수를 보면, 2000년 9월에 28건, 10월에 24건으로 가장 높은 비중을 차지하고 있다. 최근 심의위원들이 모여 간접광고 최소화를 위해 제재 수위를 강화하겠다는 결의를 했다고 한다. 간접광고는 오락 프로그램 전 영역에 걸쳐 나타나는 데 대체로 세 가지 유형이 있다.

첫째, 심야 연예정보 프로그램에서 시도 때도 없이 상업광고 촬영현장을 찾아가 갖가지 이야기를 나누는 것이다. 이미 나온 것을 보여주는 것이 아니라는 점에서, 연예인 관련 정보의 일부라는 점에서 규제의 그물을 피할 수는 있다. 하지만 그 대부분이 조만간 방송되는 광고라는 점에서 직접광고보다 더 강한 영향을 미칠 수 있다.

둘째, 방송법상 허용된 '협찬고지'를 악용하는 경우다. 방송법을 보면 제작과정에서 시상품 또는 경품을 제공하거나 특수한 장소·의상·소품·정보 등에 대하여 협찬을 받을 수 있도록 허용하고 있다. 이를 악용하여 협찬사의 의상 등을 여러 차례 노출하거나 심지어는 진행자가 직접 협찬사를 광고하는 사례도 빈발하고 있다. 방송법에서 협찬고지를 허용하는 것은 제작비 부담을 줄임으로써 방송사가 좀더 다양한 양질의 프로그램을 제작할 수 있게 하기 위함이다. 이렇게 악용된다면 폐지하는 것이 마땅하다.

셋째, 최근 빈번하게 나타나는 가수, 탤런트 등 연예인들이 특정 상품이나 브랜드를 입고 프로그램에 출연하여 광고하는 경우다. 제작자들은 이것이 간접광고를 금하는 현행법의 위반이라는 것을 알기 때문에 필요한 경우 의상에 모자이크 처리를 하기도 하지만 최근에는 대담하게 드러내는 일이 비일비재해졌다.

간접광고는 방송사와 방송인 양식의 문제로 규제를 통해 근절하기는 어렵다.

　방송위원회 심의규정에는 방송이 특정 상품이나 기업, 영업장소 또는 공연 등에 관한 사항을 구체적으로 소개하거나 의도적으로 부각하여 광고효과를 주어서는 안된다고 규정하고 있다. 각 방송사의 프로그램 제작지침에서도 간접광고가 방송사나 제작자에 대한 시청자의 신뢰를 손상시키는 요인이라 보고 제작자가 양식에 따라 의심과 오해의 소지가 없도록 해야 한다고 강조하고 있다. 방송위원회도 빈발하는 간접광고가 방송의 공익성과 공공성을 훼손하는 대표적인 사례로 보고 근절하려고 노력하고 있지만 별반 성과를 기대하기 어려운 상황이다.
　이렇듯 간접광고 문제는 방송사와 기업, 연예인과 후원업체의 이해관계가 맞물린 사안이라서 쉽게 해결되기는 어렵다. 부당한 간접광고로 멍드는 것이 궁극적으로 시청자라는 점에서 좀더 근본적 대책이 필요하다.
　결국 제작자와 연예인의 양식 문제로 귀결된다. 방송위원회의 징계로 해결될 수 없는 문제라는 것이다. 특히 최근 방송 뉴스에서 거리낌없이 자사 홍보를 내보내기도 하고 프로그램에서 간접광고가 늘어나는 것은 방송 전체의 상업화 경향을 대변하는 것이지만 공익성이 허물어지는 징표이기도 하다.

시기별·단계별 전략이 필요하다

월드컵 방송론

2002년 한일 월드컵이 2년도 채 남지 않았다. 월드컵은 세계의 스포츠 축제 이상으로 국제 정치이고 경제이며 문화이다. 그러나 월드컵의 핵심요소 중의 하나는 의심할 나위 없이 방송이다. 1998년 프랑스 월드컵의 함의는 프랑스가 월드컵을 '미디어 이벤트'로 구성해냄으로써 성공적인 문화관광 마케팅을 했다는 점이다. 프랑스는 2조 원의 매출액과 약 1천 250억 원의 순익을 올렸다. 그러나 프랑스가 월드컵 이후 얻은 지속적인 파급효과까지 고려하면 경제적 이익은 이를 훨씬 상회할 것이다.

월드컵 방송에 주목해야 하는 이유는 간명하다. 경제적 이익을 극대화하고, 문화적 이미지를 높이는 데 방송의 역할이 지대하기 때문이다. 현재 Sporis/Kirch는 북미지역을 제외한 전세계 방송권을 소유하고 있다. 두 회사가 설립한 주관방송사 HBC가 월드컵 방송을 담당함으로써 한국과 일본은 방송권료를 지급하고 권리를 획득해야 한다. Sporis/Kirch와 한일 방송사 사이의 방송권료 협상은 타결되지 않은 상태이다.

우리 방송사가 먼저 서두를 필요는 없다. 분명한 것은 방송권료 협상이 타결된 이후 HBC 참여문제를 결정해야 한다는 것이다. 그렇지만 우리 방송이 서둘러 준비해야 할 세 가지 사항들이 있다.

첫째, 방송을 통한 한국문화 알리기이다. 이것은 지상파 텔레비전에만 국한되지 않는다. 인터넷과 위성방송을 이용하고, 아리랑 TV와 KBS 국제방송인 RKI와 같은 국내 국제 방송의 활용이 구체화되어야 한다. 또한 방송문화의 교류를 아시아 지역을 넘어서 확대시켜야 한다.

둘째, 다양한 방송 미디어를 이용해서 체계적인 관광정보망을 구축해야 한다. 한국의 관광자원과 상품을 광고하기 위해서 필수적이다. 2000년 5월 말 한국 월드컵 조직위원회의 문화행사와 개최도시별 문화관광 행사 프로그램이 확정되면, 방송 미디어를 통한 관광 마케팅 전략을 수립하고 실행해야 한다.

셋째, 월드컵 이전과 기간중 방송의 효율적 운영도 심도 있게 논의되어야

월드컵 방송전략은 한국 문화 알리기, 체계적인 관광 정보망 구축, 월드컵 기간중의 효율적인 방송운영을 위해서 수립되어야 한다.

한다. 월드컵 기간중 중계방송의 기술문제는 HBC와 한일 방송사 사이에 원만히 해결될 것이므로, 월드컵 관련 프로그램 제작과 매체별 채널별 차별화 전략이 구체화되어야 한다.

 월드컵 방송전략은 세 단계나 네 단계별로 구분해서 세우는 것이 필요하다. 그렇지만 불행히도 현재까지 다각적인 월드컵 방송의 운용에 대해서 별다르게 논의된 것이 없다. 2002년 월드컵은 일본과 공동으로 개최된다는 사실을 기억해야 한다. 우리 방송의 전방위적 매체 전략이 면밀히 수립되지 않으면, 일본이 우리보다 더 많은 월드컵 특수(特需)를 챙겨갈 것이다.

중계권 싸움 월드컵까지 번질라
방송과 스포츠 중계권

 방송 3사가 스포츠 독점중계권을 놓고 '혈투'를 벌이고 있다. MBC가 선제의 칼을 뽑아 박찬호 독점중계권을 따냈다. KBS도 프로야구와 프로축구 독점중계 계약을 맺었다. 1998년 12월 29일 방송 3사 사장들은 스포츠 중계 경쟁에서 벗어나서 해외 스포츠 순차중계를 실시한다고 합의했었다.

 그동안 방송 3사는 합동 중계방송을 원칙으로 종목별 중계권료 협상 때에 연합전략을 펼쳐왔다. 올림픽이나 월드컵과 같은 국제 스포츠 행사의 경우, 방송 3사는 한국방송단(Korean Pool)을 만들어 무한경쟁을 피하고 외화유출과 전파의 낭비를 막았다. 그러나 한국방송단이 깨짐으로써 과열경쟁으로 치닫고 있다.

 MBC가 원인을 제공했다. 신문 보도에 따르면, MBC는 미국 메이저리그 중계권을 주관하는 MLBI(Major League Baseball International)와 연 800만 달러 정도로 4년간 총 3천만 달러 이상의 엄청난 액수를 지불하기로 독점중계권을 맺었다. MBC는 2000년 국내 프로야구를 단 3번 중계했을 뿐이었다. MBC의 모험은 최근 고조되는 위기감에서 비롯된 것이지만, 터무니없이 높은 중계권료를 지불함으로써 위기의 탈출이 아니라 더 깊은 위기 속으로 빠져들 가능성이 높아졌다. 왜냐하면 지나치게 외화를 낭비해서 박찬호 야구 중계의 광고수입으로 그만큼의 이익을 내기 어려울 뿐만 아니라, 2001년 오전 프로그램 편성이 한꺼번에 무너질 수 있기 때문이다.

 방송 3사의 합동중계방송 세칙이 깨짐으로써 더 치명적인 문제는 월드컵 중계협상이 난항에 빠질 것이라는 점이다. 그동안 KBS를 중심으로 한 월드컵 중계권 협상에서 ISL과 1,700만 달러 정도로 이견을 좁힌 것으로 알려졌다. 그러나 ISL이 갑자기 태도를 바꾸어 3,000만 달러 정도를 지불해야 한다는 입장을 내세우고 있다. MBC가 박찬호 중계권료로 연 800만 달러나 지불하기로 계약했기 때문이다.

 일본은 월드컵 지상파 방송 방영권료로 63억 엔(660억 원)을 지불하기로 계

방송 3사는 합동중계방송 세칙을 깨뜨림으로써 스포츠 과열 경쟁으로 치닫고 있어 월드컵을 앞두고 우려가 확산되고 있다.

약했다. 한국 광고시장이 일본의 1/10인 것을 고려하면 ISL의 주장은 터무니없이 높은 가격이다. 그러나 MBC가 박찬호 중계권료를 너무 비싸게 산 탓에 ISL과의 협상에서 선제권을 잡기 어렵게 되었다.

　방송 3사는 월드컵 중계권료 협상을 위해서 획기적인 조치를 취해야 한다. 무엇보다 무너진 한국방송단을 회복해서 합동중계방송 원칙을 다시 세워야 한다. 그렇지 않으면 월드컵 장사꾼에게 방송 3사가 놀아날 가능성이 높다. 국내 경제사정이 어려운 이 시점에 방송사들의 과열경쟁으로 터무니없이 많은 월드컵 중계권료를 지불하게 된다면, 방송 3사는 이에 대한 국민적 비난을 피하기 어려울 것이다.

박진감 넘치는 월드컵 중계
방송기술 발전의 현주소

한국 축구가 월드컵 4강 신화 창조를 눈앞에 두고 있다. 월드컵 중계 방송에 빠져 있었던 탓인지 축구경기 이외의 다른 방송 프로그램에서 흥미를 느끼지 못하고 있다. 드라마를 보아도 극적 긴장감을 찾기 어렵고, '개그콘서트'를 보아도 예전만큼 재미있지 않다. 필자만의 느낌은 아닐 것이다.

여기에는 여러 가지 복합적인 요인들이 있다. 한국 축구가 새로운 신화를 만들어나가고, 붉은 악마가 저녁 노을처럼 거리를 물들이고, 국민 모두가 강한 정서적 유대감을 느끼기 때문일 것이다. 그러나 월드컵 중계의 기술적 요인 또한 간과하기 어렵다.

월드컵 중계방송에서 돋보이는 기술은 '슈퍼 라이브 슬로 모션'이다. 이 기법은 1998년 프랑스 월드컵부터 사용되었는데, 8대의 카메라를 통해 선수들의 표정을 물론이고 근육의 움직임이나 내면의 감정까지 섬세하게 읽어낸다. '슈퍼 라이브 슬로 모션'은 사람의 눈높이에 맞추는 기존 중계 카메라와 달리 허리 정도의 높이로 설치되며, 테이프 녹화방식이 아니라 디스크 녹화방식을 취함으로써 기존의 장비보다 몇 배 빠르게 방송된다. 이것이 경기장과 안방 사이의 거리를 좁히면서 시청자를 몰입시킨다.

월드컵 중계에서 '슈퍼 라이브 슬로 모션'은 세 가지 방식으로 활용되고 있다. 우선 선수를 가까이 찍음으로써 내면의 감정을 읽어낸다. 태극전사에 패배한 포르투갈의 루이스 피구 선수가 두 손으로 얼굴을 감싸는 장면이나 슈팅을 하고 난 이후 안정환 선수가 아쉬워하는 장면은 객관적 모습이기보다 주관적 감정을 잡아낸다.

'슈퍼 라이브 슬로 모션'은 경기의 박진감을 높이는 데도 기여한다. 설기현 선수가 골문으로 야생마처럼 달려나오면서 슬라이딩하는 장면은 입체영화를 보는 듯하다. 마치 설기현 선수가 텔레비전 밖으로 튀어나와 안방으로 들어오는 듯한 생동감을 준다.

게다가 '슈퍼 라이브 슬로 모션'은 증거로서도 활용된다. 심판의 판정이

2002년 월드컵 중계방송은 고화질 화면, 3차원 애니메이션, 가상화면 등을 통해 시청의 즐거움을 극대화했다.

정확했는지를 입증해주기 때문이다. 미국, 이탈리아와 경기에서 우리가 페널티킥을 얻는 과정에서 카메라가 잡아내는 선수들 사이 몸싸움은 심판 판정이 옳았다는 것을 정확히 보여준다.

축구는 야구나 골프 등과 달리 개인적 움직임보다 조직적 움직임이 중요하기 때문에 시청자가 몰입하기 어렵다. 경기를 하는 선수들 전체의 움직임을 보여주기 때문이다. 그러나 이번 월드컵에서 더욱 발전된 '슈퍼 라이브 슬로 모션'은 축구 중계의 재미를 만끽하게 한다.

비록 월드컵 중계는 주관방송사인 HBC가 모든 것을 담당하고 있지만, 고화질 화면, 3차원 애니메이션, 가상 화면 등 다양한 기법과 기술들을 활용해서 시청의 재미를 증폭시키고 있다. 새롭게 도입되는 방송기술들이 우리 스포츠 중계방송을 한 단계 높이는 데 기여했으면 싶다.

노골적인 민족주의 상업화
월드컵 중계방송

　　방송 3사의 '월드컵 전쟁'도 이제 막바지다. 운 좋은 몇만 명은 경기장에서, 몇십만 명은 길거리 전광판 앞에서, 나머지 대부분의 시민은 삼삼오오 모여 가정의 텔레비전 앞에서 기도하는 마음으로 포르투갈과의 경기에 눈을 고정시킬 것이다. 결과가 어찌 나오든, 이후의 월드컵 방송은 달라져야 한다. 무모한 과열경쟁의 한계가 이미 드러나고 있기 때문이다.

　　지난 2주일 동안 텔레비전에서 월드컵과 '한국 16강' 이외의 이야기는 실종되다시피 했다. 3사의 동시중계로 채널 선택권이 없어졌고, 시도 때도 없이 중계를 하다 보니 기존의 시간대별·요일별 편성관행도 사라졌다. 중계방송뿐만 아니다. 주요 뉴스는 '스포츠 뉴스'로 변했고 쇼와 오락프로그램이나 시트콤, 광고 할 것 없이 월드컵과 '한국 16강' 이야기를 내보냈다.

　　방송3사는 국제축구연맹에서 제공하는 똑같은 그림을 중계할 수밖에 없기 때문에 시청자 눈길을 끌기 위해 '묘기 대행진'을 벌이기도 한다. 차별전략의 핵심은 스타급 해설자 기용과 '낯 뜨거운' 홍보, 첨단기술을 이용한 관련 화면 제공 등이다. 과열경쟁의 이유는 당연히 상업주의다. 방송3사가 국제축구연맹에 내준 중계권료는 방송사별로 150억 원 안팎이다. 이번 월드컵 중계를 통해 방송 3사는 각각 400억 원 이상의 광고수익을 올릴 것으로 보인다. 거의 광고를 확보하고 있는 데도 시청자 수를 놓고 '지존' 경쟁을 벌인다.

　　덕분에 방송기술이 발전하고 현실보다 더 현실적인 '영상'의 진수를 맛보기도 한다. 20여 대의 카메라가 곳곳을 누비며 선수의 미묘한 표정이나, 반칙, 절묘한 골의 장면들을 되풀이 재생해서 보여주거나 그래픽 화면이나 3차원 애니메이션을 통해 공격방향과 주도율, 골인 장면을 분석해주기도 한다.

　　민족주의와 강팀 사대주의도 노골적이다. 미국과의 경기를 앞두고 부지런히 '오노'를 상기시켰고, 안정환 선수가 극적 골뒤풀이로 화답했다. 독일, 브라질 등의 강팀 편들기는 민족우월주의의 변종이기도 하다. 텔레비전의 화려한 영상의 이면에는 맹목적 민족주의와 다국적기업의 착취, 국제축구연

지상파 방송은 월드컵 중계를 통해 상업화된 민족주의와 강팀 사대주의를 드러냈다.

맹의 상업주의가 있다.

'붉은 악마'가 대표하는 시민들은 차분한 관전, 질서정연한 거리응원 등으로 축구 자체를 즐기는 새로운 문화를 만들어가는 데 반해, 방송은 '저급한' 민족주의에 목을 매고 있는 형국이다. 이렇듯 국내 텔레비전의 하드웨어는 21세기 미디어의 '총아'가 되었지만 소프트웨어는 여전히 옛 시대의 '유물'로 보인다.

창조적 모방인가 관행적 베끼기인가?
프로그램 '표절' 논란

모방(mimesis)은 모든 예술적 지적 활동의 출발이다. 아리스토텔레스에서 최근의 포스트모던 이론가들에 이르기까지 모방은 지속적인 관심의 대상이 되어왔다. 아리스토텔레스는 '현실(자연) 모방'을, 포스트모던 이론가들은 '텍스트의 모방'을 탐구했지만, 모방이 창조적 활동과 밀접한 관계를 맺고 있다는 데는 의심할 여지가 없다.

그럼에도 불구하고 예술적 지적 작업에서 모방이 창조적 작업의 일부인지, 아니면 작가정신의 부재에 기인하는 것인지에 대한 논란의 불씨는 꺼지지 않고 있다. 예술의 모방에 대한 평가는 작가의 도덕성이나 미학적 수준에서 설명되기 때문에 사회적 영향이나 문화적 정체성은 관심 밖에 놓이는 경향이 있다. 반면 대중문화에서 모방은 예술적·미학적 문제보다는 제도, 작가, 문화적 정체성의 수준에서 논의된다.

텔레비전을 포함한 대중문화는 본질적으로 이중성을 지닌다. 그것이 '창조(inventions)'와 '관습(conventions)'의 공통분모 속에서 형성되기 때문이다. 텔레비전 문화가 순수예술처럼 창조만을 강조할 때 시청자는 그것을 수용하는 데 적지 않은 어려움을 겪을 것이고, 동시에 관습에만 빠져 있을 때는 진부함을 느끼게 될 것이다.

창조와 관습 사이의 조화는 텔레비전 문화를 이해하는 핵심 고리 중의 하나이다. 여기서 중요한 것은 중심축이 어느 방향을 향하고 있으며, 관습의 범위가 어느 정도인가 하는 점이다. 우려되는 것은 관습이 지나치게 관행화되는 것이고, 더욱 문제시되는 것은 관습이 표절이나 짜깁기를 통해서 유지되는 것이다.

MBC 미니시리즈 <청춘>은 텔레비전 제작의 관습이 표절이나 도용을 통해서 이루어졌다는 점에서 비난의 화살을 피하기 어렵다. 표절 문제는 <청춘>에 국한된 것은 아니라 다른 연예·오락 프로그램에도 적용되고, 포괄적으로 한국 대중문화 전반에 걸쳐 있는 현상이다.

한국 대중문화의 표절은 비판 없이 1950년대 중반 이후 진행되어왔다. 그것은 무차별적으로 편재하는 뿌리 깊은 것이다. 최초의 표절 논쟁에 휘말린 영화는 1957년 유현목 감독의 <잃어버린 청춘>이었고, 1997년 인기를 끌었던 <접속>이나 <산전수전>에 이르기까지 그 수를 헤아릴 수 없다. 대중가요의 경우도 엔카풍의 금지에서 룰라의 '천상유애', HOT의 '열맞춰!'에 이르기까지, 그리고 방송, 만화, 광고, 패션 등에서 우리는 표절의 제국이란 오명에서 벗어나지 못하고 있다.

우리나라의 텔레비전 표절은 1960년대 중반 이후부터 나타났다. 그 당시 텔레비전 연출자들은 일본 텔레비전을 시청할 수 있는 부산에 가서 다양한 일본 프로그램의 장르나 형식들을 모방해왔다. 1970년대 한국 텔레비전 문화는 미국의 수입 프로그램에게 압도당했거나, 대부분 국내 제작 프로그램도 일본 프로그램의 모방에 지나지 않았다.

1961년 KBS가 개국하고 1964년 TBC, 1969년 MBC가 잇따라 설립되면서 텔레비전 문화가 대중문화의 고갱이로 부상하게 되었다. 1960년대 중반과 1970년대 한국 텔레비전의 모방은 어느 정도 변명할 수 있는 근거를 갖고 있다. 왜냐하면 초창기 연출자들이 텔레비전의 매체적 특성을 제대로 알지 못했고, 프로그램 제작에 대한 지식이 충분하지 못했기 때문이다. 더욱이 초기 연출가들은 선배들로부터 어떤 교육을 받기 어려웠고, 제작기술이나 환경은 더할 나위 없이 열악했기 때문이다. 이것은 모방이 용인될 수 있다는 것을 말하는 것이 아니라 그 당시의 현실적인 한계를 지적하는 것이며, 초기 연출가들은 무엇인가 새로운 것을 배워야 한다는 동기를 갖고 있었다는 것이다. 이와 같은 동기는 1990년대 텔레비전 연출가들이 갖고 있는 동기와는 질적으로 다른 것이다.

초기 텔레비전 역사에서 모방은 변명의 여지가 있다. 이것은 새로운 매체가 한 사회에 등장하게 될 때, 그리고 초기 문화 수용과정에서 보편적으로 나타나는 현상이다. 유럽과 미국 등에서도 마찬가지였다. 텔레비전이 처음 등장했을 때, 유럽과 미국의 텔레비전 연출가들은 텔레비전에 담을 내용을 제대로 알지 못했다. 하드웨어가 소프트웨어를 앞서갔기 때문이다. 그들은 라디오 프로그램을 모방하면서 텔레비전 프로그램을 만들어냈다. 따라서 한국의 초기 텔레비전 연출가들은 모방을 장르 개발의 기회로 활용했다고 볼 수 있다.

1980년대에 들어와서 다양한 프로그램 장르를 개발하면서 외국 텔레비전 프로그램은 서서히 텔레비전 편성에서 사라지게 되었다. 한국 텔레비전 편성에서 외국 프로그램이 주변적 지위로 밀리게 된 것이 단순히 텔레비전이란 매체의 문화적 친숙성(cultural proximity) 때문만은 아니다. 1980년대 텔레비전 편성은 현재보다 장르가 더 다양했다. 이것은 텔레비전이 영화와 다르게 이룩해낸 가치 있는 성과이다.

그러나 문제는 모방이 관습화되고 제작자들이 창의적인 사고를 하지 못하면서 마구잡이로 행하는 표절이다. 모방과 표절 문제는 1980년대 말이나 1990년대 초반에 날카롭게 제기되었어야 했다. 이것은 네 가지 이유에서이다. 첫째, 한국 텔레비전이 더 이상 표절에 의존하지 않는 프로그램을 만들 수 있는 충분한 지식과 노하우를 지니게 되었고, 둘째, 한국의 텔레비전 시장구조가 안정적인 지위를 확보했고, 셋째, 뉴미디어와 새로운 매체 기술의 등장으로 지구화 현상이 급격히 나타나면서 문화적 정체성의 문제가 본격적으로 제기되었기 때문이다. 마지막으로, 1991년 SBS의 등장으로 방송사간의 치열한 경쟁은 곧바로 표절이나 모방의 손쉬운 선택을 취할 것이기 때문이다.

1999년의 <청춘>이 아니라, 1992년 <질투> 같은 드라마가 표절에 대한 비판적 논의의 실마리를 제공했어야 했다. 한국 대중문화에서 모방의 문제는 거의 10년 가까이 비판의 유예기간을 헛되게 보낸 셈이다. 이 충분한 유예기간 동안 텔레비전 연출가들은 시청률 경쟁을 이유로 마구잡이 베끼기 사냥을 해왔다. 이것은 변명될 수 없는 모방이다.

텔레비전 연출자들은 모방을 창조적 행위의 일부로 자위할 수 있다. 하늘 아래 새로운 것이 어디 있겠느냐고 반문할 수도 있다. 하늘 아래 새로운 것은 별로 없고, 모방은 창조의 동기를 부여한다. 그러나 창조적 모방과 표절 사이에는 분명한 차이가 있다. 창조적 모방에는 자기 것으로 만들어내려는 생산적 변용의 과정이 포함되어 있다. 따라서 창조적 모방은 나름의 고유성을 갖는다. 과거 우리가 중국 문화를 받아들였지만 모방이 아닌 것은 우리의 문화 내에 창조적 변용의 과정을 거쳤고 독자성을 확보했기 때문이다.

게다가 창조적 모방은 모방을 해야 하는 미적·문화적 동기가 있다. 텍스트의 모방을 패러디나 패스티시라는 이름으로 합리화한 포스트모던 문화 이론가들은 모방을 단순한 짜깁기로 사용하지 않았다. 이들은 텍스트의 모방을 예술적 권위나 오리지널 텍스트(original text)의 권위를 해체하는 미적 수단으로 사용했기 때문이다. 20세기 후반에 텔레비전, 음악, 소설 등 (대중)예술의 각 장르에서 패러디가 압도적으로 나타나게 되었다. 왜냐하면 (대중)예술은 원래 자연을 모방하는 것인데, 그것이 더 이상 현실을 표현할 수 없다고 생각되면서 기존 텍스트를 모방하는 자기반성적 양식이 더 예술적이고 사회적이라고 판단되었기 때문이다.

그러나 1990년대 텔레비전 프로그램의 모방과 표절을 창조적 모방이라고 부르기는 어렵다. 텔레비전 프로그램이 창조적 변용으로 발전하지 못했고, 또 다른 한편으로 모방해야 하는 문화적, 미적 동기가 미약하기 때문이다.

시청률 경쟁과 열악한 제작 환경은 모방과 표절에 대한 정당한 근거가 되지 못한다. 유럽, 미국, 일본 등의 상업방송사들이 우리와 마찬가지로 치열한 시청률 경쟁을 하고 있지만, 한국의 텔레비전처럼 심각한 표절 불감증을 앓고 있지는 않다. 연출가들은 열악한 제작환경과 제작비의 부족을 지적하고 있지만 이것도 이유가 되지 못한다. 왜냐하면 제작비가 거의 들지 않는 오락·연예 프로그램에 표절이 집중되기 때문이고, 한국 텔레비전의 제작환경이 실제로 그렇게 열악하지 않기 때문이다.

표절 문제가 부각되자 ≪PD 연합회보≫(1999년 3월 25일)에 실린 기사 내용들은 이 사건을 제작 구조 변혁의 계기로 활용해야 한다고 지적한다. 제작 구조의 문제가 해결되지 않으면 텔레비전 모방의 고질적 병폐는 계속된다는 것이다. 게다가 방송 연출가들이 모방을 조장하는 제작 구조의 피해자라고 말하는 것은 본말이 전도된 것이다. 제작 환경을 바꾸기 이전에 작가정신의 부재와 비윤리적 의식이 바뀌어야 한다. 제작 구조가 해결되어도 의식이 바뀌지 않으면 모방은 계속될 것이기 때문이다.

아쉬운 것은 텔레비전 연출가들이 갖고 있는 모순성이다. 1997년 방송 3사 연출가 186명을 대상으로 한 조사에 의하면, 59.1퍼센트의 연출자들이 외국 프로그램의 모방실태가 심각하다고 답변했으며, 표절의 원인으로 53.2퍼센트가 지나친 시청률 경쟁을 들었다(≪중앙일보≫ 1997년 10월 15일). 연출가들은 모방의 심각성을 인식하고 있지만, 시청률 경쟁과 열악한 제작환경을 고려하면 일본 텔레비전을 보는 것이 불가피하다는 것이다.

방송 연출가들은 표절의 원인을 자신들로부터가 아니라 외부의 문제로 돌리는 것은 잘못된 것이다. 가난하다고 해서 남의 물건을 훔치는 것이 정당화되지 못하는 것과 같다. 표절은 제도적·법적 차원의 문제가 아니라 윤리와 도덕성의 문제이며, 일차적으로 연출가들의 창의력과 윤리의식이 부족해서 일어나는 것이다.

<표 7-1>은 1998년부터 1999년 3월 말까지 각 지상파 텔레비전 프로그램 중에서 표절 의혹이 제기된 프로그램들이다. 아마도 부분 표절은 이보다 훨씬 많을 것이다. 전체 17편의 프로그램 중에서 3편만이 드라마이고, 나머지는 모두 연예·오락 프로그램이라 부를 수 있는 버라이어티 쇼, 토크 쇼, 퀴즈 쇼, 음악 프로그램이다. 연예·오락 프로그램은 드라마와 다르게 포맷이 가장 중요한 요소이다. 포맷을 베끼는 것은 프로그램 전체를 베끼는 것과 다를 바가 없다. 가장 쉽게 모방할 수 있는 프로그램 장르를 중심으로 표절이 확산되는 것이다.

표절 문제가 사회적 쟁점으로 떠오른 데는 직접적으로 일본 대중문화의 개방과 관계 있다. 일본 대중문화가 개방되지 않았다면 표절 문제가 지금처럼 심각히 논의되지 않았을지도 모른다. 따라서 이번 표절 문제는 우리의 일본에 대한 감정적, 역사적, 문화적 정서가 깊이 개입되어 있다.

그러나 표절이 문제시 되어야 하는 본질적인 이유는 일본 문화를 베꼈다는 것보다도 표절은 지식의 도둑질이기 때문이다. 일본 대중문화를 모방한 것이 문제인 것처럼, 미국 대중문화나 한국의 다른 대중문화의 형식을 표절한 것도 마찬가지로 강력하게 비판받아야 한다.

이번 표절 문제와 관련되어 간과되고 있는 것 중의 하나는 <청춘>이 MBC 자회사 작품이라는 것이다. 아마도 방송법이 통과되면 텔레비전 편성에서 외주 제작비율은 급속히 증가하게 될 것이다. 장기적인 시각에서 외주 제작 비율의 증가는 제작 기반을 활성화하고 다양성과 질의 확보를 위해서 바람직하다. 다만 단기적인 측면에서 방송사보다 열악한 독립제작사들이 모방과

<표 7-1> 모방의혹 프로그램: 1998~1999년 3월

방송사	프로그램명	모방대상	비고
MBC	청춘	러브 제너레이션(후지TV)	표절*
	일요베스트 - 결혼 2주전	내 남자 친구의 결혼식 (미국 영화)	표절
	기인열전	투고 특보왕국(NTV)	표절
	일요일 일요일 밤에	다마오가 간다(TBS)	부분 표절**
	휴먼 TV 즐거운 수요일	금요TV의 별 - '97 정말 창피한 대상(TBS)	부분 표절
KBS2	이색 도전 별난 대결	헤이세이 왕 대결(NTV)	표절
	20세기 한국 톱 20	랭크왕국(TBS)	표절
	TV는 사랑을 싣고	평성 초연담의(후지 TV)	표절
	KBS 빅쇼	두 사람의 빅쇼(NHK)	표절
	학교(미니시리즈)	구타교실(하이텔 연재소설)	부분 표절
SBS	호기심 천국	강력 목요 스페셜(후지TV)	부분 표절
	특명! 아빠의 도전	행복 가족계획(TBS)	표절
	신동엽, 이영자의 기분 좋은 밤	랭크왕국(TBS)	부분 표절
	머리가 좋아지는 TV	헤이세이 교육위원회(후지TV)	부분 표절
	서세원의 좋은 세상 만들기	삼마의 슈퍼트릭(TBS)	부분 표절
	결정! 당신이 주인공(1999년 당신의 꿈은 무엇입니까?)	신년 당신의 소원을 이루어 드립니다(TBS)	표절
	감동, 아이 러브 아이	감동의 베이베린픽(NTV)	부분 표절

*시청자에 대한 사과와 연출 - 출연정지명령.
**경고 및 연출자 경고.

표절의 유혹에 빠질 가능성이 높다. 따라서 이번 표절 문제는 미래를 위해서도 명확히 짚고 넘어가야 한다.

무분별한 모방과 표절의 역기능으로는 역사의식의 부재, 창조를 위한 진지한 노력의 결핍, 과거 양식의 무모한 차용, 제작자의 몰개성과 창의성 부족, 대중매체의 현란한 이미지에의 의존, 얄팍하고 피상적인 기교 등을 들 수 있다. 이것들은 살아 있는 삶의 문화나 질 좋은 문화를 구성하는 데 저해요인으로 작용한다. 우리는 텔레비전 문화에서 살아 있거나 질 좋은 것만을 기대할 수는 없을 것이다. 그렇다고 해서 그 같은 창조적 능력을 스스로 포기하는 자세는 열등감과 무능함을 드러낼 뿐이다.

참고문헌

강대영. 1992, 「한국 TV다큐멘터리의 변천」, ≪방송개발≫ 창간호.
강준만. 1993, 『TV의 반역』, 장백출판사.
김금동. 1993, 「다큐멘터리의 이상과 현실」, ≪영상포럼≫ 통권 6호.
김서중. 1991, 「다큐멘터리의 이데올로기에 있어서 영상의 역할」, ≪영상포럼≫ 통권 2호.
김승수·이정표. 1994, 「다매체 시대의 한국형 시트콤」, ≪방송시대≫ 통권 7호.
김응숙. 1999, 「토크쇼와 미디어 논쟁」, 황인성 편, 『텔레비전 문화연구』, 한나래.
김진호. 1984, 「한국 신문의 텔레비전 비평에 대한 내용분석 연구」, 고려대 석사학위 논문.
김창남. 1998, 『대중문화의 이해』, 한울.
김창남 외. 1991, 『TV를 읽읍시다』, 한울.
김포천 외. 1998, 『김수현 드라마에 대하여: 한국 TV드라마 40년 김수현 드라마 30년』, 솔출판사.
김훈순. 1994, 「일간신문의 방송비평 연구: 동아일보, 조선일보, 중앙일보, 한국일보를 중심으로」, ≪언론연구≫.
김훈순·박동숙. 1999, 「TV드라마 여성작가 연구: 여성주의적 글쓰기의 가능성과 한계」, ≪언론과 사회≫, 통권 24호.
남성우. 1992, 「TV 다큐멘터리-그 논의를 위한 사적고찰(1)」, ≪방송시대≫ 가을(통권 3호).

_____. 1993, 「TV 다큐멘터리-그 논의를 위한 사적(史的) 고찰(考察)(2)」, ≪방송시대≫ 가을·겨울(통권 5호).

로사 P. 1982, 『기록영화론』(유현목 역), 영화진흥공사.

로젠탈, A. 1997, 『다큐멘터리 기획에서 제작까지』(안정임 역), 한국방송개발원.

마동훈. 1997, 「국내 방송의 교양 문화프로그램 심층분석과 발전방안 연구」, 방송문화진흥회 편, 『영상시대의 방송소프트웨어』, 한울.

맥루한, M. 1988, 『미디어는 맛사지다』(김진홍 역), 열화당.

박성봉. 1995, 『대중예술의 미학 - 대중예술의 통속성에 대한 미학적인 접근』, 동연.

박인규. 1996, 「1994년 한국 영국 다큐멘터리 분석 비교」, ≪방송시대≫ 통권 8·9호.

박철희·김시태. 1995, 『문예비평론』, 탑.

부르디외, P. 1998, 『텔레비전에 대하여』(현택수 옮김), 동문선.

손병우. 1991, 「방송비평, 욕망의 뿌리 찾기: 방송비평 인식의 한 시도」, ≪저널리즘≫ 가을호.

_____. 2003, 『풍자 바깥의 즐거움: 텔레비전 코미디』, 한나래.

송창의. 1998, 「<남자셋 여자셋>의 기획 의도」, ≪방송개발≫ 통권 10호.

손타그, S. 1982, 「플라톤의 동굴에서」, 김안례 역, 최민 성완경 편, 『시각과 언어 1: 산업사회와 미술』, 열화당.

아른하임, R. 1982, 『시각적 사고: 미술의 인지심리학적 기초』(김정오 옮김), 이화여대출판부.

아사버거, A. 1990, 『대중매체 비평의 기초』(한국사회언론연구회 매체비평분과 옮김), 이론과 실천.

베르그송, A. 1992, 『웃음 - 희극성의 의미에 관한 시론』(정연복 옮김), 세계사.

오명환. 1994, 『텔레비전 드라마의 사회학』, 나남.

원용진. 2000, 『텔레비전 비평론』, 한울.

원춘건. 1991, 「다큐멘터리 인물사 - 존 그리어슨(John Grierson)」, ≪영상포럼≫ 통권 2호.

이동연. 2001, 「한국 대중음악 시스템의 문제와 개선을 위한 과제들」, 문화개혁시민연대 대중음악개혁을 위한 제3차 정책포럼 자료집.
이민웅. 1996, 『한국 TV저널리즘의 이해』, 나남.
이병훈. 1997, 「TV史劇의 변천과 특성에 관한 연구」, 한양대 언론정보대학원 석사학위논문.
장기오. 1997, 『TV 드라마 바로 보기, 바로 쓰기』, 박영률출판사.
장한성. 1992, 「세계의 텔레비전 다큐멘터리 — 영·미 작품을 중심으로」, ≪방송개발≫ 창간호.
쟈네티, L. 1987, 『영화의 이해』(김진해 역), 현암사.
정순일·장한성. 2000, 『한국 TV 40년의 발자취 — TV프로그램의 사회사』, 한울.
주은우. 1998, 「현대성의 시각체계에 관한 연구: 원근법과 주체의 시각적 구성을 중심으로」, 서울대 대학원 사회학과 박사학위청구논문.
최영묵. 1993, 「문민시대의 텔레비전 읽기 1. 토크쇼와 이데올로기」, 한국사회언론연구회편, ≪한국사회와 언론 3≫, 한울.
쿠퍼 첸, A. 1996, 『지구촌 게임쇼』(이영음 역), 한국방송개발원.
하우저, A. 1983, 『예술의 사회학』(최성만·이병진 역), 한길사.
하종원. 1996, 「매스미디어와 비평」, 한국사회언론연구회 엮음, 『현대사회와 매스커뮤니케이션(개정판)』, 한울.
하종원·손병우. 1996, 「TV 오락프로그램의 심층분석 및 발전방안 연구」, 방송문화진흥회편, 『영상시대의 방송 소프트웨어』, 한울.
한국방송진흥원. 2000, 「연예·오락 프로그램 전문가 평가 및 평가결과 분석 Ⅱ」, 현안연구 00-14.
한국방송프로듀서연합회 엮음. 1991, 『어제 그 프로 봤어?』, 도서출판 친구.
한국언론정보학회. 2001, 『이제는 말할 수 있다』, 커뮤니케이션북스.
현실문화연구 편. 1993, 『TV: 가까이서 보기, 멀리서 읽기』, 현실문화연구.
황근·최영묵. 2000, 「사회조합주의 방송정책에 관한 연구」, ≪한국방송학보≫ 통권 14-1호.
황인성. 1999, 「트렌디 드라마의 서사구조적 특징과 텍스트의 즐거움에 관한 이론적 고찰」, ≪韓國言論學報≫ 43권 3호.
황인성 편. 1999, 『텔레비전 문화연구』, 한나래.

Adkins, G. R. 1983, "Radio-Television Criticism in the Newspapers: Reflections on a Deficiency," *Journal of Broadcasting*, 27(3), pp.279-283.

Allen, R. 1987, *Channels of Discourse: Television and Contemporary Criticism*, 김훈순 역, 1992, 『텔레비전과 현대비평』, 나남.

Barthes, R. 1977, "The Death of the Author," In *Image-Music-Text*, Glasgow: Fontana.

Blumer, J. G. 1991, "In Pursuit of Programme Range and Quality," *Studies of Broadcasting*, No.27, pp.21-80.

Brecht, B. 1983, "Radio as a Means of Communication: A Talk of the Function of Radio," In A. Mattelart & S. Siegelaub(eds.), *Communication and Class Struggle: 2. Liberation, Socialism*, NY: International General, pp.169-171.

Brown, M. E. 1994, *Soap Opera and Women's Talk: The Pleasure of Resistance*, London: Sage.

Brunsdon, C. 1990, "Television: Aesthetics and Audience," In P. Mallencamp(ed.), *Logics of Television: Essays in Cultural Criticism*, Bloomington and Indianapolis: Indiana Univ. Press.

Buscombe, E. 1981, "Ideas of Authorship, Originally published in 1973," in Caughie, J.(ed.), *Theories of Authorship*, London: Routledge.

Cantor, M. G. and Pingree, S. 1983, *The Soap Opera*, Beverly Hills: Sage.

Caughie, J. 1981, *Theories of Authorship*, London: Routledge.

Chatman, S. 1979, *Story and Discourse: Narrative Structure in Fiction and Film*, 김경수 역, 1990, 『영화와 소설의 서사구조: 이야기와 담화』, 민음사.

Dahlgren, P. 1995, *Television and the Public Sphere: Citizenship, Democracy and the Media*, London: Sage.

Eagleton, T. 1984, *The Function of Criticism*, Londor: Verso.

Feuer, J. 1984, "Melodrama, Serial Form and Television Today," *Screen*, 25(1), pp.4-16.

Fiske, J. 1987, *Television Culture*, London: Methuen.

Fiske, J. & Hartly, J. 1978, *Reading Telvision*, London: Methuen.

Frye, N. 1957, *Anatomy of Criticism*, Princeton: N. J., Princeton Univ. Press, 임철규 역, 1982, 『비평의 해부』, 한길사.

Garnham, N. 1992, "The Media and the Public Sphere," In Craig Calhoun(ed.), *Habermas and the Public Sphere*, Cambridge: The MIT Press.

Geertz, C. 1973, *The Interpretation of Culture*, New York: Basic Books.

Geraghty, C. 1991, *Women and Soap Opera: A Study of Prime Time Soaps*, Cambridge: Polity Press.

Gitlin, T. 1994, *Inside Prime Time(revised edison)*, London: Routledge.

Goodwin, A. & Whannel, G. 1990, *Understanding Television*, London: Routledge, 하종원·김대호 옮김, 1995, 『텔레비전의 이해』, 한나래.

Grote, D. 1983, *The End of Comedy: The Sit-com and the Comedic Tradition*, Hamden, Conn.: Archon Books.

Heath, S. 1972, *The Nouveau Roman: A Study in the Practice of Writing*, London: Elck Books.

Himmelstein, H. 1994, *Television Myth and the American Mind*, Second Edition, Westport: Praeger.

Hough, A. 1981, "Trials and Tribulations: Thirty years of sitcom," In A. Adler, *Understanding Television*, New York: Praeger.

James, Clive. 1991, *On Television: Criticism form the Observer 1972-1982*, London: Pan Books

Keller, Douglas. 1995, *Media Culture: Cultural Studies, Identity and Politics Between the Modern and the Postmodern*, London: Routledge, 김수정·정종희 옮김, 『미디어 문화』, 새물결.

Kilborn, R. 1992, *Television Soaps*, London: Batsford.

Littlejohn, D. 1981, "Thoughts on Television Criticism," In R. Adler(ed.), *Understanding Television: Essays on Television as a Social and Cultural Force*, New York: Praeger.

Longworth, J. 2000, *TV Creators: Conversations with American Top Producers of Television Drama*, Syracuse: Syracuse University Press.

Mintz, L. 1985, "Situation Comedy," In B. Rose(ed.), *TV Genres: A Handbook and Reference Guide*, Westport: Greenwood Press.

Mulgan, G. 1990, "Televsion's Holy Hrail: Seven Types of Quality," In G. Mulgan(ed.), *The Question of Quality*, London: British Film Institute.

Neale, S. 1980, *Genre*, London: BFI.

_____. 1992, "The Big Romance or Some Wild?: Romantic Comedy Today," *Screen*, 33(3): pp.284-299.

Neale, S and Krutnik, F. 1990, *Popular Film and Television Comedy*, 강현두 역, 1996, 『영화 속의 코미디, TV속의 코미디』, 한국방송개발원.

Newcomb, H. 1974, *TV: The Most Popular Art*, New York: Anchor Books.

_____. 1986, "American Television Criticism, 1970~1985," *Critical Studies in Mass Communication*, 3(2): pp.217-228.

Newcomb. H and Alley, R. 1983, *The Producer's Medium: Conversations with Creators American TV*, New York: Oxford University Press.

Orlik, P. 1994, *Electronic Media Criticism: Applied Perspective*, 박기태 역, 2000, 『전자미디어 비평』, 한울.

Philips. P., 1996, "Star and Auteur: An Approach to Hollywood Cinema," J. Nelmes (ed.), *An Introduction to Film Studies*, London: Routledge.

Rossman, J. 1975, "The TV Critic Column: Is it Influential?," *Journal of Broadcasting*, 19(4), pp.401-411.

Rybacki, K. & Rybacki, D. 1991, *Communication Criticism: Approaches and Genres*, Belmont: Wadsworth Pub.

Sarris, A. 1979, "Notes on the Auteur Theory in 1962," originally published in 1962, In Mast and M. Cohen(eds.), *Film Theory and Criticism*, 2nd Edition, Oxford: Oxford University Press.

Schrag, R. 1982, "Detente in Television: A critic's Obligation," *Journal of Broadcasting*, 26(4), pp.835-838.

Shelby, M. E. 1966, "Patterns in Thirty Years of Broadcasting Criticism," *Journal of Broadcasting*, 11(Winter), pp.27-40.

Sperry, S. Lynn. 1981, "Television News as Narrative," In R. Adler(ed.), *Understanding Television: Eassys on Telvision as a Social and Cultural Force*, New York: Praeger, pp.295-312.

Stoddart, H. 1995, "Auteurism and Film Authorship Theory," J. Hollows and M. Jancovich(eds.), *Approach to Popular Film*, Manchester & NewYork: Manchester Univ. Press.

Thompson, R. 1991, "Stephen J. Cannell: An auteur analysis of the adventure/action genre," in L. Vande Berg & L. Wenner(eds.), *Television Criticism: Approaches and Applications*, New York & London: Longman.

Tuchman, Gaye. 1978, *Making News: A Study in the Construction of Reality*, New York: Free Press, 박흥수 역, 1995, 『메이킹 뉴스 – 현대사회와 현실의 재구성 연구』, 나남.

Vande Berg, L. R., Wenner, L. A., Gronbeck, B. E. 1998, *Critical Approaches to Television*, Boston and New York: Houghton Mifflin Company.

Watson, M. A. 1985, "Television Criticism in the Popular Press," *Critical Studies in Mass Communication*, 2(1), pp.66-75.

Williams, R. 1976, *Keywords: A Vocabulary of Culture and Society*, London: Fonta Press.

_____. 1975, *Television: Technology and Cultural Form*, London: Routledge.

Wollen, P. 1972, *Signs and Meaning in the Cinema*, 3rd edition, London: Secker & Warburg.

찾아보기

ㄱ

<개그콘서트> 286
<겨울연가> 310
<경찰 24시> 92
<경찰청 사람들> 92
<고백> 312
<고선지> 112
<공개수배 사건 25시> 92
<그것이 알고 싶다> 92
<긴급구조 119> 92

ㄴ

<난상토론> 47
<남과 여 아름다운 공존> 110
<남자 셋 여자 셋> 256, 262
<남희석 이휘재의 멋진 만남> 238
<남희석의 색다른 밤> 234, 240
<네 멋대로 해라> 176
<노자와 21세기> 80
<뉴 논스톱> 276
<느낌표> 222

ㄷ

<대선후보 TV토론> 72
<더 투나잇 쇼> 205
<덕이> 156
<도올의 논어 이야기> 80

<도전 퀴즈퀸> 246
<동강> 87
<동화나라 꿈동산> 350

ㄹ

<리얼 TV> 92

ㅁ

<매시(M*A*S*H*)> 23
<목표달성 토요일> 232, 248
<몽골리안 루트> 87
<뮤직뱅크> 207, 228
<미국> 106
<미디어 비평> 39, 84

ㅂ

<보고 또 보고> 172
<부부클리닉 사랑과 전쟁> 170
<북한리포트 서울에서 평양까지> 340
<뽀뽀뽀> 350
<100분 토론> 47, 66, 68, 70, 76
<VJ특공대> 92, 128

ㅅ

<사랑을 그대 품안에> 144
<삼국기> 145
<상도> 164

<생방송 인기가요> 228
<생방송 퀴즈가 좋다> 246
<서세원 쇼> 240, 336
<성공시대> 92, 136
<세 친구> 257
<소나기> 190
<쇼! 일요천하> 220
<수수께끼 블루> 350
<순간 포착 세상에 이런 일이> 99
<순수청년 박종철> 192
<순풍산부인과> 268, 270
<시 잇 나우(See it now)> 91
<시대공감> 130
<시사매거진 2580> 92
<시청자 칼럼 우리 사는 세상> 124, 126
<신비한 TV 서프라이즈> 216
<심야토론> 47, 50
<10대 리포트> 128

ㅇ

<아름다운 성> 242
<애인> 314
<야생의 초원, 세렝게티> 87
<야인시대> 194
<어미 새의 사랑> 87
<여인천하> 49
<역사스페셜> 87, 92, 95, 96, 116
<열린음악회> 210
<열린채널> 340
<열린TV 시청자 세상> 341
<영상기록 병원 24시> 92, 128
<온달왕자들> 156
<용의 눈물> 158, 162
<우리가 정말 사랑했을까> 172
<웬만해선 그들을 막을 수 없다> 272

<웹 매거진> 344
<웹 투나잇> 344
<위기의 남자> 180
<윤도현의 러브레터> 205, 214
<은실이> 172, 174
<음악캠프> 207, 228
<이제는 말할 수 있다> 92, 96, 104
<이홍렬 쇼> 244
<인간극장> 134
<인간만세> 91
<인간승리> 91
<인간시대> 92
<인기가요> 207
<일요스페셜> 87, 92, 116
<임꺽정> 158
<21세기 위원회> 204
<LA아리랑> 256, 269
MBC <뉴스데스크> 54
SBS <8시 뉴스> 56
SBS '달터공원 버섯 이야기' 118

ㅈ

<자유선언! 오늘은 토요일> 204, 230, 248
<장미와 콩나물> 172
<전원일기> 147, 152, 154
<제3지대> 92

ㅊ

<차인표의 블랙박스> 218
<청춘> 362
<청춘의 덫> 172, 314
<추적 60분> 83, 108

ㅋ

<카메라 초점> 91
<카메라의 눈> 91
<코미디하우스> '허무 개그' 284
<코스비 가족(Cosby Show)> 254
<퀴즈 천하통일> 246
KBS <9시 뉴스> 52

ㅌ

<타임머신> 216, 218
<태양은 가득히> 156
<태조왕건> 49, 145, 164, 166
<텔레토비> 350
<토론 공방> 47
<토마토> 172
<토커넷 쇼> 344
<특선 다큐멘터리> 120
<TV 바로보기> 348
<TV동화, 행복한 세상> 224
<TV문학관> '다리가 있는 풍경' 306
<TV문학관> '홍어' 308
<TV유치원 하나, 둘, 셋> 350
<TV특종 놀라운 세상> 216

ㅍ

<평양생방송> 62
<피자의 아침> 58
<PD수첩> 39, 76, 92

ㅎ

<하나뿐인 지구> 87, 92, 120, 122
<학교> 174
<한 지붕 세 가족> 252, 255
<한국 100년, 우리는 이렇게 살았다> 114
<한국의 미> 92
<한밤의 TV연예> 226
<해결! 대작전 일요일 일요일 밤에> 204
<허준> 162, 164
<호기심 천국> 204
<혼자서도 잘해요> 350
<홍국영> 168
<환경스페셜> 87, 92, 116, 120
<황금마차> 186
<휴먼TV 아름다운 세상> 128

기타

<Father Knows Best> 278
<Friends> 279
<I Love Lucy> 278
<Leave It To Beaver> 278
<Married… with Children> 280
<Roseanne> 280
<The Addams Family> 279
<The Simpsons> 280, 282

■ 지은이

최영묵

한양대 신문방송학과 및 동 대학원 석사, 박사
방송개혁위원회 전문위원
한국방송진흥원 방송영상연구정보센터 수석팀장
현재 성공회대학교 신문방송학과 교수
MBC 시청자 위원
민주언론운동시민연합 ≪시민과 언론≫ 편집위원장
문화연대 매체문화위원장

저서: 『현대사회와 매스커뮤니케이션』(공저, 2000)
　　　『국민참여 방송의 이론과 실천』(공저, 1999)
　　　『방송의 공익성에 관한 연구』(1997)
역서: 『언론과 민주주의』(공역, 1995)

주창윤

한양대 신문방송학과 및 동 대학원 석사
영국 글래스고(Glasgow) 대학 Film & Television학과 석사 및 박사
한국방송진흥원 책임연구원
SBS 시청자위원
현재 서울여자대학교 언론영상학과 교수

시집: 『물 위를 걷는 자 물 밑을 걷는 자』(1989)
　　　『옷걸이에 걸린 羊』(1998)
저서: 『텔레비전 문화연구』(공저, 1999)
　　　『매스미디어와 수용자』(공저, 1999) 외
역서: 『비디오 저널리즘』(1999)

한울아카데미 535
개정판 텔레비전 화면깨기

ⓒ 최영묵·주창윤, 2003

지은이 | 최영묵·주창윤
펴낸이 | 김종수
펴낸곳 | 도서출판 한울

편집책임 | 곽종구
편집 | 장우봉

초판 1쇄 발행 | 2003년 3월 25일
초판 2쇄 발행 | 2008년 2월 10일

주소 | 413-832 파주시 교하읍 문발리 507-2(본사)
　　　121-801 서울시 마포구 공덕동 105-90 서울빌딩 3층(서울 사무소)
전화 | 영업 02-326-0095, 편집 02-336-6183
팩스 | 02-333-7543
홈페이지 | www.hanulbooks.co.kr
등록 | 1980년 3월 13일, 제406-2003-051호

Printed in Korea.
ISBN 978-89-460-3863-9　93070

* 가격은 겉표지에 표시되어 있습니다.